국정의 상상력 II

발간등록번호
12-1071000-000079-01

국정의 상상력 Ⅱ

국정과제협의회 정책기획시리즈 **21**

조 대 엽
김 선 혁
양 종 곤
문 진 영
김 경 희
곽 채 기
구 갑 우

공 편

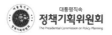

대통령직속
정책기획위원회
The Presidential Commission on Policy Planning

차 례

국정의 상상력 Ⅰ

제1부 민주주의의 실현

제2부 일자리 경제와 혁신 성장

제3부 포용적 복지 국가

국정의 상상력 II

제6부 코로나19 위기 대응과 한국판 뉴딜

표 차례

그림 차례

국정과제협의회 정책기획시리즈
발간에 붙여

대통령직속 정책기획위원회

위원장 조대엽

1. 문재인 정부 5년, 정책기획위원회 5년을 돌아보며

　문재인 정부가 출범한 지 5년차가 되었습니다. 돌이켜보면 전국의 거리를 밝힌 거대한 촛불의 물결과 전임 대통령의 탄핵, 새 정부출범에 이르는 과정은 '촛불혁명'이라고 할 만했습니다. 2016년 촛불혁명은 법과 제도의 틀에서 전개된 특별한 혁명이었습니다. 1,700만 명의 군중이 모여 촛불의 바다를 이루었지만 법의 선을 넘지 않았습니다. 전임 대통령의 탄핵과 새 대통령의 선출이 법과 정치적 절차의 훼손 없이 제도적으로 진행되었습니다. '제도혁명'이라고도 부를 수 있는 참으로 특별한 정치 과정이 아닐 수 없습니다. 세계적으로 대의 민주주의의 위기와 한계가 뚜렷한 가운데 2017년 문재인 정부의 출범 과정은 현대 민주주의의 범위와 내용을 제도적으로 확장한 정치사적 성과라고도 할 수 있습니다.

　현대 민주주의의 괄목할 만한 진화를 이끌고 제도혁명으로 집권한 문재인 정부가 5년차를 맞았습니다. 선거 후 바로 대통령 취임과 함께 국정기획자문위원회가 출발해 100대 국정과제를 선별하면서 문재인 정부의 정치 일정이 시작되었습니다. 집권 5년차를 맞으며 인수위도 없이 출발한 집권 초기의 긴박한 과정을 떠올리면 문재인 정부는 임기 마지막까지 국정의 긴장을 늦출 수 없는 운명을 지녔습니다. 어쩌면 문재인 정부는 '제도혁명정부'라는 특별한 성격을 갖는다는 점에서 거의 모든 정부가 예외 없이 겪었던 임기 후반의 '레임덕'이라는 표현은 정치적 사치일 수 있습니다. 문재인 정부의 남은 시간 동안 지난 5년의 국정 성과에 이어 마지막까지 성과를 만들어냄으로써 국정의 긴장과 동력을 잃지 않는 일이 무엇보다 중요한 시점입니다. 그것이 문재인 정부의 역사적 소명이기도 합니다.

정책기획위원회는 지난 5년간 대통령 직속기구로서 폭넓은 국정자문 활동을 했습니다. 정책기획위원회의 주된 일은 국정과제 전반을 점검하고 대통령에게 필요한 내용들을 보고하는 일입니다. 지난 5년 정책기획위원회의 역할을 구분하면 정책 콘텐츠 관리와 정책 네트워크 관리, 정책소통 관리라는 세 가지로 요약할 수 있습니다.

먼저, 정책 콘텐츠 관리는 국가 중장기 발전전략 및 정책 방향 수립과 함께 100대 국정과제의 추진과 조정, 국정과제 관련 보고회의 지원, 국정분야별 정책 및 현안과제 연구, 대통령이 요구하는 국가 주요 정책 연구 등을 포괄합니다. 둘째로 정책 네트워크 관리는 청와대, 총리실, 정부부처, 정부출연 연구기관, 정당 등과의 협업 및 교류가 중요하며, 학계, 전문가 집단, 시민단체 등과의 네트워크 확장을 포함합니다. 특히 정책기획위원회는 대통령 소속 위원회를 통괄하는 기능을 갖기도 합니다.

대통령 소속의 9개 주요 위원회로 구성된 '국정과제협의회'의 의장

위원회로서 대통령 위원회의 소통과 협업의 구심 역할을 했습니다. 셋째로 정책소통 관리는 정부부처 간의 소통과 협력을 매개하는 역할이나 정책 쟁점이나 정책 성과에 대해 국민들이 공감할 수 있도록 정책 담론을 생산하고 확산하는 일을 포괄합니다. 연구용역이나 주요 정책 TF 운용의 결과를 다양한 형태의 간담회, 학술회의, 토론회, 언론 기고, 자체 온라인 방송 채널을 통해 공유하기도 했습니다.

정책기획위원회의 1기는 정부 출범 시 '국정기획자문위원회'가 만든 100대 국정과제의 관리와 '미래비전 2045'를 만드는 데 중점이 두어졌습니다. 말하자면 정책 콘텐츠 관리에 중점을 둔 셈입니다. 정책기획위원회의 2기는 위기적 정책 환경에 대응하는 정책 콘텐츠 생산과 집권 후반부의 성과관리라는 측면에서 과제가 큰 폭으로 늘었습니다. 주지하듯 문재인 정부의 후반부는 세계사적이고 문명사적인 아주 특별한 시대적 위기를 맞고 있습니다. 코로나19 팬데믹이라는 문명사적 위기는 정책기획위원회 2기의 정책 환경을 완전히 바꾸었습니다. 정책기획위원회는 코로나19 발생 이후 포스트 코로나시대에 새롭게 부가되는 국정과제를 100대 과제와 조정 보완하는 작업, 감염병 대응과 보건의료체제 혁신을 위한 종합 대책의 마련, 코로나19 이후 거대 전환의 사회변동에 대한 전망, 한국판 뉴딜의 보완과 국정자문단의 운영 등을 새로운 과제로 진행했습니다.

정책기획위원회의 2기는 코로나19 팬데믹으로 인한 방역위기와 경제위기를 뚫고 나아가는 국가 혁신전략들을 지원하는 일과 함께, 무엇보다도 문재인 정부의 국정성과를 정리하고 〈국정백서〉를 집필하는 일이 남아 있습니다. 우리 위원회는 성과관리를 단순히 정부의 치적을 정리하는 수준이 아니라 국정성과를 국민의 성과로 간주하고 국민과 공유해야 한다는 차원에서 정책 소통의 한 축으로 간주하고 있습니다.

우리 위원회는 문재인 정부가 촛불혁명의 정부로서 그리고 제도혁명의 정부로서 지향했던 비전의 진화 경로를 종합적 조감도로 그렸고 이 비전 진화의 경로를 따라 축적된 지난 5년의 성과를 포괄적으로 정리하기도 했습니다. 다양한 정책성과 관련 담론들을 세부적으로 만드는 과정이 이어지는 가운데, 우리 위원회는 그간의 위원회 활동 결과로 생산된 다양한 정책담론들을 단행본으로 만들어 대중적으로 공유하면 좋겠다는 데에 뜻을 모았습니다. 이러한 취지는 정책기획위원회 뿐 아니라 국정과제협의회 소속의 다른 대통령 위원회도 공유함으로써 단행본 발간에 동참하게 되었습니다. '국정과제협의회 정책기획시리즈'가 탄생했고 각 단행본의 주제와 필진 선정, 그리고 출판은 각 위원회가 주관해서 진행하는 것으로 했습니다.

정책기획위원회가 출간하는 이번 단행본들은 정부의 중점 정책이나 대표 정책을 다루는 것이 아닙니다. 또 단행본의 주제들은 특별한 기준에 따라 선별된 것도 아닙니다. 이번에 출간하는 단행본 시리즈의 내용들은 정부 정책이나 법안에 반영된 것도 있고 그렇지 않은 것도 포함되어 있습니다. 따라서 이 책의 내용들은 정부나 정책기획위원회의 공식 입장이라고 할 수 없습니다. 정책기획위원회에서 지난 5년간 다양한 방식으로 논의된 정책담론들 가운데 비교적 단행본으로 엮어내기에 수월한 것들을 모아 필진들이 수정하는 수고를 더한 것입니다. 문재인 정부의 정책기획위원회에 모인 백여 명의 정책기획위원들이 다양한 분야에서 국가의 미래를 고민했던 흔적을 담아보자는 취지라 할 수 있습니다.

2. 문재인 정부 5년의 국정비전과 국정성과에 대하여

문재인 정부는 촛불시민의 염원을 담아 '나라다운 나라, 새로운 대한민국'을 약속하며 출발했습니다. 지난 5년은 우리 정부가 국민과 약속한 나라를 만들기 위해 진지하고도 일관된 노력을 기울인 시간이었습니다. 지난 5년, 국민의 눈높이에 미흡하고 부족한 부분이 있었습니다. 그러나 예상하지 못한 거대한 위기가 거듭되는 가운데서도 정부는 국민과 함께 다양한 국정성과를 만들었습니다.

어떤 정부든 공과 과가 있기 마련입니다. 한 정부의 공은 공대로 평가되어야 하고 과는 과대로 평가되어야 합니다. 아무리 미흡한 부분이 있더라도 한 정부의 국정성과는 국민이 함께 만든 것이기 때문에 국민적으로 공유되어야 하고, 국민적 자부심으로 축적되어야 합니다. 국정의 성과가 국민적 자부심과 자신감으로 축적되어야 새로운 미래가 있습니다.

정부가 국정 성과에 대해 오만하거나 공치사를 하는 것은 경계해야할 일이지만 적어도 우리가 한 일에 대한 자신감과 자부심 없이는 대한민국의 미래 또한 밝을 수 없습니다. 정책기획위원회는 이 같은 취지로 2021년 4월, 『문재인 정부 국정비전의 진화와 국정성과』라는 제목의 보고서를 만들었고, 이 보고서를 바탕으로 5월에는 문재인 정부 4주년을 기념하는 컨퍼런스도 개최했습니다.

문재인 정부는 2017년 출범 후 '국민의 나라, 정의로운 대한민국'을 국가비전으로 제시하고 5대 국정목표, 20대 국정전략, 100대 국정과제를 제시했습니다. '국민의 나라, 정의로운 대한민국'이라는 국정의 총괄 비전은 "대한민국의 모든 권력은 국민으로부터 나온다"라고 하는 헌법 제1조의 정신입니다. 여기에 '공정'과 '정의'에 대한 문재인 대통령의 통치 철학을 담았습니다. 정의로운 질서는 사회적 기회의 윤리인 '공정', 사회적 결과의 윤리인 '책임', 사회적 통합의 윤리인 '협력'이라는 실천윤리가 어울려 완성됩니다. 문재인 정부 5년은 공정국가, 책임국가, 협력국가를 향한 일관된 여정이었습니다. 그리고 문재인 정부의 국정성과는 공정국가, 책임국가, 협력국가를 향한 일관된 정책의 효과였습니다.

돌이켜보면 문재인 정부 5년은 중첩된 위기의 시간이었습니다. 집권 초기 북핵위기에 이은 한일통상위기, 그리고 코로나19 팬데믹 위기라는 예측하지 못한 3대 위기에 문재인 정부는 놀라운 위기 대응 능력을 보였습니다. 2017년 북핵위기는 평창올림픽과 다자외교, 국방력 강화를 통한 한반도 평화 프로세스로 위기 극복의 성과를 만들었습니다. 2019년의 한일통상위기는 우리 정부와 기업이 소부장산업 글로벌 공급망을 재편하고 소부장산업 특별법 제정 등 모든 수단을 동원해 제조업의 경쟁력을 강화함으로써 위기를 극복했습니다. 일본과의 무역마찰을 극복하는 이 과정에서 '아무도 흔들 수 없는 나라'를 만들겠다는 대통령의 약속이 있었고 마침내 우리는 일본과 경쟁할 만하다는 국민적 자신감을 갖게 되었습니다.

이제는 핵심 산업에서 한국 경제가 일본을 추월하게 되었지만 우리 국민이 갖게 된 일본에 대한 자신감이야말로 무엇보다 큰 국민적 성과가 아닐 수 없습니다.

2020년 이후의 코로나19 위기는 지구적 생명권의 위기이자 인류 삶의 근본을 뒤흔드는 문명사적 위기라 할 수 있습니다. 우리는 개방, 투명, 민주방역, 과학적이고 창의적 방역으로 전면적 봉쇄 없이 팬데믹을 억제한 유일한 나라가 되었습니다. K-방역의 성공은 K-경제의 성과로도 확인됩니다. K-경제의 주요 지표들은 우리 경제가 코로나19 이선으로 회복되었을 뿐 아니라 성공적 방역으로 우리 경제가 새롭게 도약하고 있다는 사실을 보여주고 있습니다.

문재인 정부 5년 간 겪었던 3대 거대 위기는 인류의 문명사에 대한 재러드 다이아몬드식 설명에 비유하면 '총·균·쇠'의 위기라 할 수 있습니다. 인류문명을 관통하는 총·균·쇠의 역사는 제국주의로 극대화된 정복과 침략의 문명사였습니다. 그러나 문재인 정부가 지난 5년 총·균·쇠에 대응한 방식은 평화와 협력, 상생의 패러다임으로 인류의 신문명을 선도하는 것이었습니다. 세계가 이 같은 총·균·쇠의 새로운 패러다임에 주목하고 있습니다. 문재인 정부가 총·균·쇠의 역사를 다시 쓰고 인류문명을 새롭게 이끌고 있다고 감히 말할 수 있습니다.

문재인 정부는 지난 5년, 3대 위기를 극복함으로써 '위기에 강한 정부'의 성과를 얻었습니다. 또 한국판 뉴딜과 탄소중립 선언, 4차 산업혁명과 혁신성장, 문화강국과 자치분권의 확장을 주도해 '미래를 여는 정부'의 성과를 만들었습니다. 돌봄과 무상교육, 건강공공성, 노동복지 등에서 '복지를 확장한 정부'의 성과도 주목할 만합니다. 국정원과 검찰·경찰 개혁, 공수처 출범 및 시장권력의 개혁과 같은 '권력을 개혁한 정부'의 성과에도 주목해야 합니다. 나아가 문재인 정부는 한반도 평화유지와 국방력 강화를 통해 '평화시대를 연 정부'의 성과도 거두고 있습니다.

위기대응, 미래대응, 복지확장, 권력개혁, 한반도 평화유지의 성과를 통해 강한 국가, 든든한 나라로 거듭나는 정부라는 점에 주목하면 우리는 '문재인 정부 국정성과로 보는 5대 강국론'을 강조할 수 있습니다. 이 같은 '5대 강국론'을 포함해 주요 입법성과를 중심으로 '대한민국을 바꾼 문재인 정부 100대 입법성과'를 담론화하고, 또 문재인 정부 들어 눈에 띄게 달라진 주요 국제지표를 중심으로 '세계가 주목하는 문재인 정부 20대 국제지표'도 담론화하고 있습니다.

2021년 4월 26일 국정성과를 보고하는 비공개 회의에서 문재인 대통령은 "모든 위기 극복의 성과에 국민과 기업의 참여와 협력이 있었다"는 말씀을 몇 차례 반복했습니다. 지난 5년, 국정의 성과는 오로지 국민이 만든 국민의 성과입니다. 그래서 문재인 정부 5년의 성과는 오롯이 우리 국민의 자부심의 역사이자 자신감의 역사입니다. 문재인 정부 5년의 성과는 국민과 함께 한 일관되고 연속적인 국정비전의 진화를 통해 축적되었습니다. '국민의 나라, 정의로운 대한민국'이라는 국가비전이 구체화되고 세분화되어 진화하는 과정에서 '소득주도성장·혁신성장·공정경제'의 비전이 제시되었고, 이러한 경제운용 방향은 '혁신적 포용국가'라는 국정비전으로 포괄되었습니다.

3대 위기과정을 극복하는 과정에서 문재인 정부는 '아무도 흔들 수 없는 나라', '위기에 강한 나라'라는 비전을 진화시켰고, 코로나19 팬데믹 위기에서 '포용적 회복과 도약'의 비전이 모든 국정 방향을 포괄하는 비전으로 강조되었습니다. 코로나19 팬데믹으로 인한 방역위기와 경제위기를 극복하는 과정에서 대한민국은 새로운 세계표준이 되었습니다. 또 최근 탄소중립시대와 디지털 경제로의 대전환을 준비하는 한국판 뉴딜의 국가혁신 전략은 '세계선도 국가'의 비전으로 포괄되었습니다.

이 모든 국정비전의 진화와 성과에는 국민과 기업의 기대와 참여가 있었습니다. 그러나 우리는 문재인 정부의 임기가 그리 많이 남지 않은 시점에서 국민의 기대와 애초의 약속에 미치지 못한 많은 부분들은 남겨놓고 있습니다. 혁신적이고 종합적인 새로운 그림이 필요한 부분도 있고 강력한 실천과 합의가 필요한 부분도 있습니다. 무엇보다도 민주주의에 대한 새로운 기획이 필요합니다. 문재인 정부는 촛불혁명이라는 제도혁명을 통해 민주주의를 진화시킨 정치사적 성과를 얻었으나 정작 민주주의에 대한 새로운 전망을 제시하는 데는 미치지 못했습니다. 문재인 정부는 헌법 제1조의 민주주의를 실현하고자 했으나 문재인 정부 이후의 민주주의는 국민의 행복추구와 관련된 헌법 제10조의 민주주의로 진화해야 할지 모릅니다. 민주정부 4기로 이어지는 새로운 민주주의의 디자인이 필요합니다.

둘째는 공정과 평등을 구성하는 새로운 정책비전의 제시와 합의가 요구됩니다. 오늘날 대부분의 국가는 정의로운 공동체를 추구합니다. 정의로운 질서는 불평등과 불공정, 부패를 넘어 실현됩니다. 이 같은 질서에는 공정과 책임, 협력의 실천윤리가 요구되지만 우리 시대에 들어 이러한 실천윤리에 접근하는 방식은 세대와 집단별로 큰 차이를 보입니다.

신자유주의 시대에 성장한 청년세대는 능력주의와 시장경쟁력을 공정의 근본으로 인식하는 반면 기성세대는 달리 인식합니다. 공정과 평등에 대한 '공화적 합의'가 필요합니다. 소득과 자산의 분배, 성장과 복지의 운용, 일자리와 노동을 둘러싼 공정과 평등의 가치에 합의함으로써 '공화적 협력'에 관한 새로운 그림이 제시되어야 합니다.

셋째는 지역을 살리는 그랜드 비전이 새롭게 제시되어야 합니다. 공공기관 이전을 통한 중앙정부 주도의 혁신도시 정책을 넘어 지역 주도의 메가시티 디자인과 한국판 뉴딜의 지역균형 뉴딜, 혁신도시 시즌

2 정책이 보다 큰 그림으로 결합되어 지역을 살리는 새로운 그랜드 비전으로 제시될 필요가 있습니다.

넷째는 고등교육 혁신정책과 새로운 산업 전환에 요구되는 인력양성 프로그램이 결합된 교육혁신의 그랜드 플랜이 만들어져야 합니다.

다섯째는 커뮤니티 케어에 관한 혁신적이고 복합적인 정책 디자인이 준비되어야 합니다. 지역 기반의 교육시스템과 지역거점 공공병원, 여기에 결합된 지역 돌봄 시스템이 복합적이고 혁신적으로 기획되어야 합니다.

이 같은 과제들은 더 큰 합의와 더 많은 시간이 필요합니다. 그러나 이러한 쟁점들이 다음 정부의 과제나 미래과제로 막연히 미루어져서는 안 됩니다. 문재인 정부의 국정성과들이 국민의 기대와 참여로 가능했듯이 이러한 과제들은 기존의 국정성과에 이어 문재인 정부의 마지막까지 국민과 함께 제안하고 추진함으로써 정책동력을 놓치지 않는 것이 중요합니다.

코로나19 변이종이 기승을 부리면서 여전히 코로나19 팬데믹의 엄중한 위기가 진행되는 가운데 국민의 생명과 삶을 지켜야 하는 절체절명한 시간이 흐르고 있습니다. 문명 전환기의 미래를 빈틈없이 준비해야하는 절대시간이기도 합니다. 여기에 대응하는 문재인 정부의 남은 시간이 그리 길지 않습니다. 그러나 인수위도 없이 서둘러 출발한 정부라는 점과 코로나 상황의 엄중함을 생각하면 문재인 정부에게 남은 책임의 시간은 길고 짧음을 잴 여유가 없습니다.

이 절대시간 동안 코로나19보다 위태롭고 무서운 것은 가짜뉴스나 프레임 정치가 만드는 국론의 분열입니다. 세계가 주목하는 정부의 성과를 애써 외면하고 근거 없는 프레임을 공공연히 덧씌우는 일은 우리 공동체를 국민의 실패, 대한민국의 무능이라는 벼랑으로 몰아가는 것과 다르지 않습니다. 국민이 선택한 정부는 진보정부든 보수정부든 성공해야 합니다. 책임 있는 정부가 작동되는 데는 책임 있는 '정치'가 동반되어야 합니다.

정책기획위원회를 포함한 국정과제위원회들은 문재인 정부의 남은 기간 동안 국정성과를 국민과 공유하는 적극적 정책소통관리에 더 많은 의미를 두어야 합니다. 문재인 정부의 성과를 정확하게, 사실에 근거해서 평가하고 공유하는 데 더 많은 시간을 써야 합니다. 다른 무엇보다도 객관적이고 종합적인 국정성과에 기반을 둔 세 가지 국민소통 전략이 강조됩니다.

첫째는 정책 환경과 정책 대상의 상태를 살피고 문제를 찾아내는 '진단적 소통'입니다. 둘째는 국정성과에 대한 이해를 통해 민심과 정부 정책의 간극이나 긴장을 줄이고 조율하는 '설득적 소통'이 중요합니다. 셋째는 국민들이 삶의 현장에서 정책의 성과를 체감할 수 있게 하는 '체감적 소통'을 강조할 수 있습니다. 위기대응정부론, 미래대응 정부론, 복지확장정부론, 권력개혁정부론, 평화유지정부론의 '5대 강국론'을 비롯한 다양한 국정성과 담론들이 이 같은 국민소통전략으로 공유될 수 있기를 바랍니다.

정책기획위원회의 눈으로 지난 5년을 돌이켜보면 문재인 정부의 시간은 '일하는 정부'의 시간, '일하는 대통령'의 시간이었습니다. 촛불 혁명으로 집권한 제도혁명정부로서는 누적된 적폐의 청산과 산적한 과제의 해결이 국민의 명령이었기 때문에 옆도 뒤도 보지 않고 오로지 이 명령을 충실히 따라야 했습니다. 그 결과가 '일하는 정부', '일하는 대통령'의 시간으로 남게 된 셈입니다.

정부 광화문청사에 있는 정책기획위원회 위원장실에는 한 쌍의 액자가 걸려 있습니다. 위원장 취임과 함께 우리 서예계의 대가 시중(時中) 변영문(邊英文) 선생님께 부탁해 받은 것으로 "先天下之憂而憂, 後天下之樂而樂"(선천하지우이우, 후천하지락이락)이라는 글씨입니다. 북송의 명문장가였던 범중엄(范仲淹)이 쓴 '악양루기'(岳陽樓記)의 마지막 구절입니다. "천하의 근심은 백성들이 걱정하기 전에 먼저 걱정하고, 천하의 즐거움은 모든 백성들이 다 즐긴 후에 맨 마지막에 즐긴다"는 의미로 풀어볼 수 있습니다. 국민들보다 먼저 걱정하고 국민들보다 나중에 즐긴다는 말로 해석됩니다. 일하는 정부, 일하는 대통령의 시간과 닿아 있는 글귀입니다.

문재인 정부의 남은 시간이 길지 않지만, 일하는 정부의 시간으로 보면 짧지만도 않습니다. 결코 짧지 않은 문재인 정부의 시간을 마지막까지 일하는 시간으로 채우는 것이 제도혁명정부의 운명입니다. 촛불시민의 한 마음, 문재인 정부 출범 시의 절실했던 기억, 국민의 위대한 힘을 떠올리며 우리 모두 초심으로 돌아가야 합니다.

앞선 두 번의 정부가 국민적 상처를 남겼습니다. 진보와 보수를 떠나 국민이 선택한 정부가 세 번째 회한을 남기는 어리석은 역사를 거듭해서는 안 됩니다. 문재인 정부의 성공이 우리 당대, 우리 국민 모두의 시대적 과제입니다.

3. 책의 기획과 구성에 관하여

정책기획위원회는 문재인 정부의 씽크탱크로서 지난 2019년부터

정부 정책방향과 분야별 정책 현안에 대한 제언 등을 담고, 위원회 주요 활동과 성과를 소개하기 위한 소통과 공론의 장으로 계간지 성격의 정기간행물 「열린정책」을 발간하였습니다. 「열린정책」은 2019년 1월 창간호를 시작으로 매분기마다 빠짐없이 발행되었으며, 2022년 3월 말 '특집호'를 마지막으로 총 13권이 발간되었습니다. 국정과제협의회 정책기획시리즈의 마지막을 장식하는 이 책은 정책기획위원회 정기간행물 「열린정책」에 실렸던 원고 중 정책기획위원들이 직접 집필에 참여한 '국정과제광장' 코너에 담겼던 글들을 모아서 출간한 단행본입니다.

이 책에 포함된 글들은 정책기획위원회에 속한 6개의 분과위원회(국민주권, 국민성장, 포용사회, 지속가능사회, 분권발전 그리고 평화번영)에서 매호마다 발간 시점의 시의성과 중요성 등을 고려하여 분과별로 다루고 있는 정책분야에서 일정한 주제를 정하고, 각 분과에 소속된 위원들 중 한 분이 필진으로 선정되어 작성된 글들입니다. 따라서 이 책이 발간되는 2022년 4월 현재 시점에서 보았을 때 사실관계나 필자의 견해가 일부 달라졌을 수도 있으며, 각 원고들은 기본적으로 필자의 개인적인 견해로 정책기획위원회의 공식적인 입장이나 의견은 아니라는 점을 고려할 필요가 있습니다.

'국정의 상상력'이라는 이 책의 제목은 문재인 정부 국정운영의 성과를 극대화하기 위해 정책기획위원회에 참여한 모든 위원들이 가진 상상력을 최대한 발휘하여 정책에 대해 고민하고 소통했던 노력의 흔적과 결과물이라는 의미에서 정하였습니다. 민주주의 실현, 일자리 경제와 혁신 성장, 포용적 복지 확대, 자치분권·균형발전, 한반도 평화와 번영 그리고 코로나19 위기 극복과 한국판 뉴딜과 같은 핵심적인 정책과제에 대한 정책기획위원들의 깊은 생각과 담론을 형성했던 과정을 들여다 볼 수 있는 책으로서 정책기획위원회의 국정자문 활동에서 중요한 의미를 갖는 활동의 하나였다고 할 수 있습니다.

4. 한없는 고마움을 전하며

아무리 작은 일이라도 일이 마무리되고 결과를 얻는 데는 드러나지 않는 많은 분들의 기여와 관심이 있기 마련입니다. 정책기획위원회는 앞에서 밝힌 바와 같이 정책 콘텐츠 관리와 정책 네트워크 관리, 정책 소통 관리에 포괄되는 광범한 활동을 수행하고 있습니다. 사실 이 책과 같은 단행본 출간사업은 정책기획위원회의 관례적 활동과는 별개로 진행되는 여벌의 사업이라 할 수 있습니다. 이러한 부가적 사업이 가능한 것은 6개 분과 약 백여 명의 정책기획위원들이 위원회의 정규 사업들을 충실히 해낸 효과라 할 수 있습니다. 무엇보다도 정책기획위원회라는 큰 배를 위원장과 함께 운항해주신 두 분의 단장과 여섯 분의 분과위원장께 감사의 말씀을 드려야 합니다. 미래정책연구단장을 맡아 위원회에 따뜻한 애정을 쏟아주셨던 박태균 교수와 2021년 하반기부터 박태균 교수의 뒤를 이어 중책을 맡아주신 추장민 박사, 그리고 국정과제지원단장을 맡아 헌신적으로 일해주신 윤태범 교수께 각별한 마음을 전합니다. 김선혁 교수, 양종곤 교수, 문진영 교수, 곽채기 교수, 김경희 교수, 구갑우 교수, 그리고 지금은 자치분권위원회로 자리를 옮긴 소순창 교수께서는 6개 분과를 늘 든든하게 이끌어 주셨습니다. 한없는 고마움을 전합니다.

단행본 사업에 흔쾌히 함께 해주신 정책기획위원뿐 아니라 비록 단행본 집필에는 참여하지 않았지만 지난 5년 정책기획위원회에서 문재인 정부의 다양한 정책담론을 다루어주신 1기와 2기 정책기획위원 모는 분께 이 자리를 빌려 그간 가슴 한 곳에 묻어두었던 고마운 마음을 전합니다.

위원들의 활동을 결실로 만들고 그 결실을 빛나게 만든 것은 정부 부처의 파견 공무원과 공공기관의 파견 위원, 그리고 전문위원으로 구성된 위원회 직원들의 공이었습니다. 국정담론을 주제로 한 단행본들이 결실을 본 것 또한 직원들의 헌신 덕분입니다. 행정적 지원을 진두지휘한 김주이 기획운영국장, 김성현 국정과제국장, 백운광 국정연구국장, 박철웅 전략홍보실장께 각별한 감사를 드리며, 본래의 소속으로 복귀한 직원들을 포함해 정책기획위원회에서 함께 일한 직원들 한 분한 분께도 감사의 마음을 전합니다.

한국판 뉴딜을 정책소통의 차원에서 국민적으로 공유하기 위해 정책기획위원회는 '한국판 뉴딜 국정자문단'을 만들었고, 지역자문단도 순차적으로 구성한 바 있습니다. 한국판 뉴딜 국정자문단의 자문위원으로 함께 해주신 모든 분들께도 이 자리를 빌려 감사드립니다.

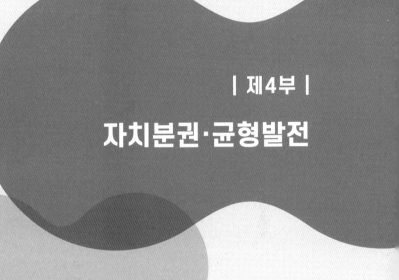

| 제4부 |

자치분권·균형발전

제32장

자치분권의 성과와 과제

소순창 정책기획위원회 분권발전분과위원장, 건국대 행정학과 교수

들어가는 말

우리 사회는 전환기적 위기에 처해 있다. 고령화·저출산으로 고비용·저성과 사회의 중턱에 있다. 특히 출산율이 2017년 1.05명에서 2018년에는 1명 이하로 떨어지는 재앙에 맞닥뜨리고 말았다. 청년실업은 베이비붐 세대가 퇴직하면 여유가 있다고 하지만 현재는 사회적 큰 부담으로 작용하고 있다.

한편 국가 운영 시스템은 부분적인 혁신을 지속적으로 추진해왔지만 여전히 그 성과는 미흡한 수준에 머물러 있다. 그 적나라한 민낯이 지난 박근혜 정부의 최순실 국정 농단 사건이다. 중앙 부처, 중앙 정치, 중앙 언론, 그리고 재벌들은 중앙집권적 국가 운영체제를 통하여 기득권을 누리는 철의 사각 연대이다.

이들 중앙집권적 국가 운영 세력들은 수도권과 비수도권, 대도시와 중소 도시의 격차를 고착화시켜 포용적 자치분권을 외면해왔다. 또한 지방정부가 할 수 있는 종합 행정의 자율성을 훼손하였고, 희망의 미래 국가 공동체를 함께 설계하는 대신 자신들만의 태평성대를 구가하고 있다. 기존의 중앙집권적 국가 운영 시스템이 기능부전의 진단서를

받았음에도 철의 사각 연대는 그들의 기득권을 내려놓지 않고 오히려 철옹성을 공고히 쌓고 있다.

문재인 정부는 연방제 수준의 지방분권 국가를 건설하겠다고 약속하였다. 자치분권과 균형발전을 통하여 지방이 건강한 나라, 골고루 잘사는 대한민국을 건설하겠다는 것이다. 또한 국가균형발전을 지역 주도로, 지방정부 스스로 추진할 수 있도록 국정 운영 시스템을 개혁하고자 했다. 그러나 지난한 험로에 놓여 진척이 더디다. 대통령 직속 자치분권위원회가 자치분권 종합계획을 발표하였으나 비판의 목소리가 적지 않다. 중앙집권적 국가 운영 세력의 철옹성을 무너뜨리고, 새로운 미래 국가 운영 시스템의 초석으로는 턱없이 부족한 계획이라는 평가이다.

하지만 역대 정부가 그랬듯이 세워놓은 계획이 성과 없이 그저 계획으로만 끝나는 어리석음을 범하지는 말아야겠다. 앞으로 부족한 자치분권 종합계획일지라도 그 계획이 제대로 실행되는 것이 중요하다. 연방제 수준의 지방분권 국가를 구축하기 위한 종합설계로는 후퇴한 점이 있지만, 선정한 자치분권 과제의 실행 계획을 제대로 만들어서 결실을 맺는 것이 무엇보다 중요하고 시급하다.

따라서 주민주권의 토대 위에 분권과 자율의 자치분권 시스템을 구축하여 새로운 대한민국을 건설해야 한다. 국가균형발전도 중앙정부 주도에서 지역 중심(지방정부)의 발전 패러다임으로 전환해야 한다. 궁극적으로 다시 한번 헌법 개정을 통한 지방분권 국가를 구축하고, 국가 운영 패러다임을 새롭게 전환할 필요성이 대두되고 있다.

역대 정부 자치분권 과제에 대한 중요도와 만족도[1]

공무원의 지방분권 과제별 만족도와 중요도 인식

지금까지 역대 정부가 다양한 지방분권 과제를 발표하였다. 이러한 분권 과제들에 대하여 그 중요도와 만족도를 설문조사를 통하여 분석하였다. 지방공무원은 '자치사무와 국가사무의 구분 체계 정비', '중앙 권한 및 사무의 지방 이양', '특별지방행정기관 정비', '국가와 지방자치단체의 협력 체계 정비', '지방재정 확충 및 건전성 강화', '도의 지위 및 기능 재정립', '교육자치와 지방자치 연계 통합 노력'이라는 분권

[그림 4-1] 지방분권 종합계획의 과제별 분석 (공무원) [그림 4-2] 지방분권 종합계획의 과제별 분석 (주민)

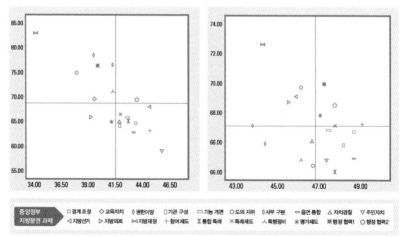

x축: 만족도, y축: 중요도

1 정책의 중요도와 만족도를 분석하여 중요도가 높고, 만족도가 낮은 정책을 '최우선 개선 과제'로 추진해야 한다는 IPA 분석의 도구를 활용하여 정책의 추진 전략을 모색하는 것이다.

과제들이 중요하다고 생각하고 있으나 그 만족도는 낮은 것으로 분석되었다.

이들 분권 과제들이 다른 분권 과제들보다 '최우선 개선 과제'로 추진되어야 한다[그림 4-1]. 다시 말해 지방공무원들이 이들 분권 과제를 중요하게 여기지만 그 만족도는 낮다고 인식하고 있다. 따라서 만족도를 제고하기 위하여 이들 분권 과제를 최우선적으로 추진하여야 한다.

지역 주민의 지방분권 과제별 만족도와 중요도 인식

지역 주민은 자치분권 과제 중에서 '지방재정 확충 및 건전성 강화', '지방선거제도 개선', '지방의회 활성화 및 책임성 제고', '교육자치와 지방자치 연계 통합 노력', '자치사무와 국가사무의 구분 체계 정비'가 '최우선 개선 과제'로 추진되어야 한다고 인식하고 있다. 공무원이 '지방선거제도 개선'을 중요도와 만족도가 모두 높은 '현상 유지 과제'로, '지방의회 활성화 및 책임성 제고'는 중요도와 만족도가 모두 낮은 '점진 개선 과제'로 인식하는 것과는 차이를 보이고 있다.

따라서 지방분권 종합계획에 대하여 공무원과 지역 주민 간 차이가 있음을 인식하고, 향후 자치분권의 과제를 추진하기 위한 전략을 모색하는 데 활용할 필요가 있다. 특히 공무원과 지역 주민들이 모두 가장 우선시해야 한다는 자치분권 과제로는 지방재정분권과 국가사무와 지방사무의 재배분에 관한 것이다. 이들 두 과제는 자치분권을 추진하는 과정에서 가장 '최우선적으로 추진되어야 할 과제'로 자치분권의 핵심 과제라 할 수 있다. 향후 문재인 정부가 지방재정과 기능(사무) 배분에 관한 분권 과제를 가장 강력하게 추진해야 할 논리적 근거이다.

자치분권 종합계획의 성과와 한계

문재인 정부의 자치분권 종합계획에서 설정한 자치분권 과제들은 〈표 4-1〉과 같다. 6개 분야에 33개 자치분권 과제를 제시하였다. 현정부가 가지고 있는 자치분권의 의지를 종합적으로 담은 것이다. 연방제 수준의 자치분권을 구현하겠다는 계획에는 많이 부족하다. 현정치권 구도의 한계와 앞서 기술한 중앙집권 세력의 철옹성이 높다는 한계를 다시 한번 직시할 수 있다. 문재인 정부 자치분권의 종합계획이 하나의 성과라고 한다면 이들 과제를 어떻게 추진할 것인지가 앞으로 남은 과제이다.

이 자치분권 종합계획에는 민주주의의 질적 제고를 위하여 지방정부의 정책 과정에서 주민 참여 부족과 관(官) 중심의 주민자치를 주민이 '스스로 자신의 삶을 바꾸는' 주민주권으로 전환하고자 하는 의지가 엿보인다. 지역 주민이 정책 과정에 참여하여 주민 중심의 지방자치를 운영하는 체제를 확립하고, 주민자치의 활성화로 풀뿌리 민주주의를 정착하도록 자치분권 종합계획을 설정한 것이다.

그러나 새로운 국가 운영 체계로 지방자치를 실시한 지 20년이 지났음에도 아직도 국가사무 대 지방사무 비율이 7:3, 국세 대 지방세 비율이 76:24로 지방정부의 자치권과 자율성이 크게 미흡하다.

2018년 지방자치의 날(10.29)에 지방소비세 인상을 골자로 하는 지방재정분권에 대한 내용을 발표하였다. 그러나 중앙 부처의 논리와 교묘함이 숨어 있어 향후 재정분권의 내용을 담보하기에는 한계가 있다. 지방소비세를 1단계 4%(2019년), 2단계 6%(2020년)로 확대하겠다는

〈표 4-1〉 문재인 정부의 자치분권 종합계획 과제

추진 전략	과제명
주민주권 구현	주민 참여권 보장 숙의 기반의 주민 참여 방식 도입 주민자치회 대표성 제고 및 활성화 조례 제·개정의 주민직접발안제도 도입 주민소환 및 주민감사청구 요건의 합리적 완화 주민투표 청구 대상 확대 주민 참여예산 제도 확대
중앙 권한의 획기적인 지방 이양	중앙-자치단체 간 사무 재배분 중앙 권한의 기능 중심 포괄 이양 자치분권 법률 사전 협의제 도입 특별지방행정기관 정비 대도시 특례 확대 광역 단위 자치경찰제 도입 교육자치 강화 및 지방자치와의 연계·협력 활성화
재정분권의 강력한 추진	국세·지방세 구조 개선 지방세입 확충 기반 강화 고향사랑 기부제 도입 국고보조사업 개편 지방교부세 형평 기능 강화 지역상생발전기금 확대 및 합리적 개편
중앙-지방 및 자치단체 간의 협력 강화	중앙-지방 협력기구 설치·운영 자치단체 간 협력 활성화 지원 제주·세종형 자치분권 모델 구현
자치단체의 자율성과 책임성 확대	지방의회 인사권 독립 및 의정 활동 정보 공개 자치조직권 강화 및 책임성 확보 지방인사제도 자율성 및 투명성 확보 지방공무원 전문성 강화 지방재정 운영의 자율성 제고 지방재정 정보 공개 및 접근성 확대 자치분권형 평가 체계 구축 자치단체 형태 다양화
지방행정체제 개편과 지방선거제도 개선	지방행정체제 개편 방안 모색 지방선거제도 개선 방안 모색

안이다. 한편 3.5조 원 규모의 국가사무가 지방정부로 이양되고, 지방교부세 감소분에 대한 보전 대책이 없이 시도에 조정교부금으로 해결하라고 한다. 실질적인 지방세의 세수 증대 효과는 미미한 수준에 그치고, 지방정부에게 부담이 되고 마는 교묘함이 숨어 있다.

향후 자치분권의 방향과 전망

연방제 수준의 자치분권

앞서 기술한 바와 같이 우리 사회는 저출산·고령화로 인한 성장과 복지의 악순환, 고용 없는 성장으로 인한 청년실업과 장기불황에 허덕이고 있다. 시대적 난제들이 켜켜이 쌓여 있다. 한편 우리의 국가 운영 시스템은 낡고 병들어 있다. 중앙 정치인들은 일명 형님예산, 쪽지예산, 카톡예산으로 나눠 먹기식 예산 배분에 혈안이다. 중앙 부처는 수천 개의 보조금과 위임사무로 지방정부를 길들이고 있다. 재벌 기업은 내부거래, 일감 몰아주기, 순환출자 등으로 내 배 채우기에 여념이 없다. 그리고 지난 정부의 중앙언론들은 건전한 비판 능력을 상실해 국민들의 안타까움을 사고 있었다.

이 낡은 국정 운영 시스템을 해결할 수 있는 열쇠는 무엇일까? 먼저, 국가적 차원에서 '국민주권'을 부르짖듯이, 지역적 차원에서도 '주민주권'을 회복해야 한다. 이게 연방제 수준 지방분권의 첫 단추이다. 주민주권은 '실리' 이전에 '당위'이다. 주민주권의 '당위'가 '실리'를 선물한다는 경험적 사례는 적지 않다.

둘째, 정부가 일하는 방법을 고쳐야 한다. 이제 중앙 정치, 중앙정부가 모든 일을 할 수 없다. 문재인 정부의 '사회 혁신'은 사회 활력을 활성화하여 민관이 협력하여 일을 하겠다는것이다. 중앙정부, 중앙 정치 위주로 국가의 일을 도모하는 것은 한계에 이르렀다. 한 예로 고용장려금 등 일자리 지원 대상이 5인 이상 기업 위주로 되어 있다. 실제 지역에는 5인 미만 사업체가 전국 평균 80.3%여서 대부분의 영세 소상공인이 국가 지원에서 소외되어 있다. 이것은 지역의 실정을 모르는 중앙정부의 탁상공론이다. 따라서 중앙정부와 지방정부의 기능을 획기적으로 재배분하고, 중앙정부가 담당했던 기능을 지방정부가 자율적으로처리할 수 있도록 해야 한다. 이뿐 아니라 중앙정부와 지방정부가 일(기능)을 배분하면서 '일'만 이양하면 안 된다. 일과 함께 돈(재정)과 힘(권한)도 지방정부에 이양해야 한다. 또한 사무 단위로 배분하는 것이 아니라 '지역 경제 활성화 기능', '노인 복지 기능', '초중고 교육 기능' 등과 같이 대규모 기능별 일괄 이양을 해야 한다.

셋째, 국가재정, 즉 돈 쓰는 방법을 고쳐야 한다. 부모가 자녀에게 용돈을 주는 방법에서 교훈을 얻을 수 있다. 성인이 된 자녀에게 용돈의 사용처를 일일이 정해주고, 심지어 자녀가 긴요하게 쓰기 위하여 저축한 용돈까지 뺏어, 부모가 시킨 일을 하도록 한다면 어떻게 될까? 자녀는 성년이 되었음에도 스스로 자신에게 절실한 취업, 학업, 그리고 연애 등에 용돈을 사용하지 못하고 부모의 '시킴'에 따를 수밖에 없다. 용돈의 비효율적인 집행이다. 용돈의 효과 또한 절감된다. 자녀는 무능력자가 될 수밖에 없다. 우리의 중앙정부와 지방정부가 이러한 모습이다. 수천 개의 보조금사업으로 중앙정부는 부모가 자녀에게 용돈 나눠 주듯이 지방정부에 배분하고 있다. 합리적인 배분보다는 '힘'

에 의한 나눠 먹기 식이 되고 있는 실정이다. 힘깨나 쓰는 어떤 지역에 1.3km의 둘레길을 조성하기 위하여 약 100억 원을 쓴 보조 사업도 있었다고 한다.

마지막으로, 국가 운영의 틀(지방행정체제)을 고쳐야 한다. 쉬운 과제는 아니다. 여러 차례 지방행정체제의 개편이 난항을 겪었던 것을 보면 쉽게 달려들 것도 아니다. 먼저, 과거 이명박 정부가 시도했던 '5+2 광역경제권'의 규모로 '광역정부조합'을 운영한다. 다음 단계에서 미국의 주와 같은 '지역연합정부'를 구축하여 연방정부 수준의 지방분권을 완성하면 될 것이다.

자치분권의 방향

'골고루 발전하는 지역'을 구현하기 위해서는 1차적으로 '자치분권'이라는 시스템을 구축하고, 2차적으로 '균형발전'을 추진하는 전략적 선택이 필요하다. 국가 주도적인 균형발전은 지역이 수동적, 소극적이고 중앙정부 의존적으로 될 수 있다는 것이 참여정부의 경험이다. 자치분권이라는 시스템을 선행적으로 구축하고, 지역이 스스로 자생할 수 있도록 해야 한다. 이러한 추진 과정에는 우리 사회가 처해 있는 위기에 대응하여, 당면 과제인 일자리, 지역 경제, 교육, 복지 문제를 해결하기 위하여, 지금까지 중앙정부가 주도적으로 관리해왔던 지역 경제 기능, 공교육 기능, 그리고 복지 기능은 '기능별 지방 일괄 이양법'을 제정하여 우선적으로 지방정부로 이양해야 한다.

더불어 국세·지방세의 비율을 7:3에서 6:4까지 점차적으로 조정하고, 국고보조금의 집행을 효율화하며, 지속적으로 교부세를 확충하고 격차 있는 지방정부가 골고루 발전할 수 있도록 조정해주어야 할 것이다.

마지막으로 이러한 기능을 집행하기 위하여 중앙정부가 통제하고 지방정부는 집행하는 수직적 관계를 탈피하고, 지방정부가 스스로 책임 있는 집행을 할 수 있도록 ① 자치입법권, ② 자치행정권, ③ 자치재정권, 그리고 ④ 자치복지권을 충분히 보장해야 한다.

〈표 4-2〉 '골고루 발전하는 지역' 구현을 위한 전략

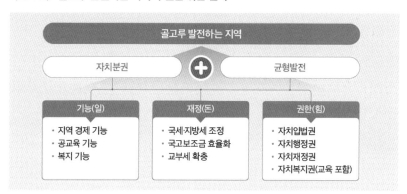

지방분권과 지역균형 발전은 수레의 앞뒤 바퀴라고 할 수 있다. 지방분권은 시스템 구축이라 할 수 있고, 균형발전은 분권을 통하여 지역이 자율적으로 살아갈 수 있는 하드웨어를 채워가는 것이다.

지방분권과 균형발전이 함께 가야만이 지역의 문제를 스스로 해결할 수 있는 자율적 시스템이 구축되는 것이다. 이로써 중앙의 눈치를 보지 않고, 또 중앙의 힘을 빌리지 않고 자립적으로 지역이 살아갈 수 있는 힘(권한), 돈(재정), 사람(인력)이 지방으로 포괄적으로 이양되어야 '지역이 골고루 발전할 수 있는 지속가능한 자치분권 생태계 구축'이

이루어질 수 있다.

자치분권 종합계획에서도 제시되었지만, 이전의 '사무 중심'에서 벗어나 '기능 중심'의 이양 방식으로 개혁이 추진되어야 한다. 문재인 정부의 분권 과제에서도 말은 '기존 단위 사무 중심이 아닌 기능 중심의 포괄 이양 방식을 통해 지방의 실질적 권한 확대'를 주장하고 있지만 실제 내용은 사무 중심의 이양에 그치고 있다. 말 그대로 기능 중심의 포괄적인 지방 이양의 방식으로 패러다임을 전환해야 한다.

참여정부를 반면교사 삼아 균형발전이 먼저이고, 지방분권이 뒷전이 되면, 지역균형 발전은 중앙정부에 의하여 수동적인 정책에 그치고 말 것이다. 각 지방자치단체가 자율적으로 지역 발전을 도모할 수 있는 체제의 구축 없이 중앙정부의 '떡고물'만 받아먹으려는 수동적 자세에 안주할 것이기 때문이다. 굳이 '자치분권'이 '균형발전'보다 앞서는 가치라고 주장하고 싶지는 않지만 균형발전과 자치분권의 시스템 구축이 함께 추진되어야 한다.

기존의 내용을 보수적인 차원에서 답습하고 논의하는 것은 새로운 '이상 세계'에 도달할 수 없는 한계가 있다. 지금까지의 자치분권 및 균형발전 정책에 대한 논의가 그런 점에서 답보 상태에 있었다는 것을 반성하고 새로운 전략을 도모해야 한다. 개혁적이고, 이상적인 발전 방향을 제시하고, 이제는 추진력을 가동해야 하는 의지가 문재인 정부에 절실히 요구되고 있다.

제33장

문재인 정부의 성공적인 재정분권 추진을 위한 정책 과제

곽채기 정책기획위원회 분권발전분과위원, 동국대학교 행정학과 교수

문재인 정부의 재정분권 과제 추진 배경과 목적

현재 우리나라의 세출분권화(0.429)는 OECD 국가의 평균 수준(0.329)을 크게 상회하는 높은 수준을 유지하고 있으나, 세입분권화(0.170)는 OECD 국가의 평균 수준(0.193)에도 미치지 못하고 있다. 이로 인해 우리나라 지방재정은 세입-세출 분권화 수준 간의 격차, 즉 재정 갭(gap)이 크게 존재하는 문제점을 노정하고 있다. 또한 이러한 재정 갭을 중앙정부가 운영하는 지방교부세, 국고보조금 등과 같은 이전 재원으로 보전하는 과정에서 지방정부의 중앙정부에 대한 재정 의존성이 심화되어왔다. 특히 세입분권화가 수반되지 않은 상황에서 높은 수준의 세출분권화로 국고보조금 규모와 역할의 비대화를 초래했다. 그 결과 2018년 당초 예산 기준으로 전체 70.7조 원의 국고보조사업을 수행하기 위해 지방정부는 자체 재원 중 23.4조 원을 지방비로 부담하고 있다. 아울러 국세 수입의 54.2%가 지방재정조정 재원으로 지방정부(지방교육자치단체 포함)에 이전되고 있고, 지방정부는 지방세의 1.864배에 해당하는 수입을 중앙정부로부터 이전 재원으로 이전받고

있다. 그 때문에 지방정부는 실질적으로 국세 수입의 64.5%를 사용하고 있음에도 이를 직접 자주 재원으로 확보하는 비율이 낮아 지방재정 운용에서 책임성과 재정 규율이 약화되는 문제점이 발생하고 있다. 이러한 중앙정부와 지방정부 간 재정분권의 문제점은 지방정부 내의 광역과 기초자치단체 간에도 동일한 형태로 존재하고 있다.

현재 우리나라 지방재정(지방교육재정 포함)이 안고 있는 이러한 문제점을 해소하는 한편 획기적인 자치분권의 추진을 뒷받침하기 위해 문재인 정부는 100대 국정과제 중 하나로 '지방재정 자립을 위한 강력한 재정분권'을 설정해 추진하고 있다. 이러한 재정분권 과제의 핵심 내용은 국세-지방세 비율을 7:3을 거쳐 장기적으로 6:4 수준까지 개선하고, 이와 연계해 이전 재원 조정 및 재정 균형을 달성하는 것이라고 할 수 있다. 이를 위해 정부는 2018년 10월 30일에 관계 부처 합동 재정분권 추진 방안을 발표했다.

2018년 10월에 발표한 관계 부처 합동 재정분권 추진 방안과 문제점

100대 국정과제 중 하나인 재정분권 추진을 위해 문재인 정부는 2018년 10월 30일 관계 부처 합동 재정분권 추진 방안을 발표했다. 정부가 마련한 전체적인 재정분권 추진 방안의 기본 틀은 [그림 4-3]과 같다. 지방의 자율과 책임성을 제고하는 지방재정제도 개혁과 재정분권을 통한 국가 균형 발전 촉진 및 재정 격차 완화를 목표로 단계적 재정분권 추진으로 조속한 성과 창출과 실효성 제고를 도모하는 기

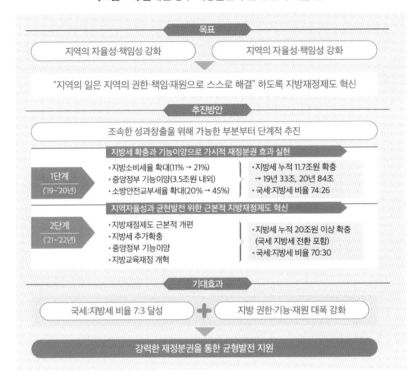

[그림 4-3] 문재인 정부 재정분권 추진 방안의 기본 틀

목표

> 지역의 자율성·책임성 강화   지역의 자율성·책임성 강화

"지역의 일은 지역의 권한·책임·재원으로 스스로 해결" 하도록 지방재정제도 혁신

추진방안

> 조속한 성과창출을 위해 가능한 부분부터 단계적 추진

1단계 (′19~′20년)
지방세 확충과 기능이양으로 가시적 재정분권 효과 실현
- 지방소비세율 확대(11% → 21%)
- 중앙정부 기능이양(3.5조원 내외)
- 소방안전교부세율 확대(20% → 45%)
- 지방세 누적 11.7조원 확충
  → 19년 33조, 20년 84조
- 국세:지방세 비율 74:26

2단계 (′21~′22년)
지역자율성과 균형발전 위한 근본적 지방재정제도 혁신
- 지방재정제도 근본적 개편
- 지방세 추가확충
- 중앙정부 기능이양
- 지방교육재정 개혁
- 지방세 누적 20조원 이상 확충 (국세 지방세 전환 포함)
- 국세:지방세 비율 70:30

기대효과

> 국세:지방세 비율 7:3 달성 **+** 지방 권한·기능·재원 대폭 강화

강력한 재정분권을 통한 균형발전 지원

본 원칙에 따라 제1단계(2019~2020) 재정분권 추진 방안과 제2단계(2021~2022) 재정분권 추진 방안을 다음과 같이 마련했다.

우선 1단계(2019~2020)로 지방소비세 세율을 10%p 인상하고, 소방안전교부세의 교부율을 25%p 인상한다. 2020년에는 3.5조 원 상당의 중앙정부 기능의 지방 이양을 추진하고, 지방세 확충 과정에서 발생하는 재정 격차 완화를 위해 수도권 자치단체로 하여금 지방소비세 세율 추가 인상분에 대한 지역상생발전기금 출연 등을 추진한다. 이어서 2단계(2021~2022)로 지방재정제도를 근본적으로 개편해 2022년까지 현재 77%:22% 수준인 국세 대 지방세 비율을 7:3으로 상향 조정할 계획이다.

　이러한 관계 부처 합동 재정분권 방안이 차질 없이 추진될 경우, 2020년에는 지방세가 총 8.4조 원 이전되어 국세 대 지방세 비중이 74:26으로 개선될 것으로 예상된다. 또한 관계 부처 합동 재정분권 관련 2단계 재정분권이 추진되는 2022년에는 국세의 지방세 전환을 포함해 20조 원 이상의 지방세가 늘어나 국세 대 지방세 비중이 7:3으로 개선될 것으로 전망되고 있다.

〈표 4-3〉 관계 부처 합동 재정분권 추진 방안의 실행 효과

(단위: 원, %)

구분	1단계				2단계	합계
	2019년	2020년	소계 (2019년~2020년)		2021 ~2022년	
			순종	누적		
지방세 확충	3.3조 *지방소비세율 +4%p	5.1조 *지방소비세율 +6%p	8.4조	11.7조	12조+a *국세 지방세 전환 포함	20.4조+a
소방직 지원	0.3조 *소방안전 교부세율 +15%p	0.2조 *소방안전 교부세율 +10%p	0.5조	0.8조	-	-
기능 이양	-	-3.5조 내외	-3.5조 내외		-	-
지방재정 순확충**						
국세 : 지방세 (2016년 76:24)	75:25	74:26	74:26		70:30	70:30

* 2019년: 2019년 예산안, 2020년: 2018~2022 국가재정운용계획 기준
** 지방세 확충(+), 소방직 지원(+), 기능 이양(-), 교부세 감소분(-) 등 감안

　2018년 정부가 발표한 이러한 재정분권 추진 방안은 1단계 계획만

구체화되어 있고, 2단계는 아직까지 구체화되지 않은 상황이다. 그런데 1단계 재정분권 추진 방안에 따라 재정분권이 추진되고, 2단계 계획이 제대로 이행되지 않을 경우에는 다음과 같은 문제점이 발생할 것으로 예상된다. 즉 1단계 재정분권 추진 방안은 광역자치단체 중심의 지방세 확충 방안만 제시하고 있을 뿐 기초자치단체를 위한 재정분권 추진 방안은 마련되지 않았다. 또한 수도권 자치단체와 대도시 자치단체에 유리한 재정분권 방안이다. 그 때문에 1단계 재정분권 추진 방안은 지역 간, 자치단체 간, 자치단체 계층 간 재정 형평화 기능을 저해하는 결과를 초래할 위험성이 있다.

첫째, 관계 부처 합동 재정분권 추진 방안은 중앙정부와 지방정부 간 수직적 재정 불균형 조정에 초점을 맞추고 있는 나머지, 지방정부 내에서 광역과 기초자치단체 간 균형 있는 재정분권 추진 방안을 제대로 마련하지 못했다. 특히 제1단계 재정분권 추진 방안의 핵심 내용인 지방소비세율 10%p 인상안만 실현되고, 제2단계 추진 방안이 무산될 경우에는 현재 광역자치단체 세목인 지방소비세 확충만 이루어지고 기초자치단체의 세원 확충은 전혀 이루어지지 않게 된다. 만일 1단계 기간 중 추진하는 것으로 계획되어 있는 3.5조 원 내외의 기능 이양 방안이 지역 밀착형 기능의 지방 이양, 예를 들어 국가균형발전특별회계의 시·군·구 자율편성사업이 지방 이양 대상 국고보조사업으로 선택될 경우에 기초자치단체는 지방세 이양은 이루어지지 않은 채 사무만 이양받는 상황을 초래할 수 있다. 또한 지방소비세 확충 과정에서 지방교부세 규모가 감소함에도 이에 대한 보전이 이루어지지 않은 것도 기초자치단체 입장에서는 지방교부세를 통한 재원 확보 규모를 감소시키는 결과를 불러올 수 있다. 다만 현행 지방재정제도가 그대로 유지된 채 제1단계 재정분권 추진 방안이 시행될 경우 광역자치단체 세목인 지방소비세 세율 10%p 인상에 따라 광역자치단체가 추가적으로 확보하게 되는 세수입 중 일부가 시·군 조정교부금제도와 자치구 조정교부금제도를 통해 기초자치단체에 배분될 수 있다. 시와 군은 시·군 조정교부금제도를 통해 추가적으로 확보되는 지방소비세 수입의 27%(인구 50만 이상의 시와 자치구가 아닌 구가 설치되어 있는 시는 47%)를 조정교부금으로 배분받을 수 있다. 그리고 자치구는 자치구 조정교부금제도를 통해 특별시와 광역시별로 조례로 정한 비율에 따라 20~23.9% 수준으로 지방소비세 수입을 배분받게 된다. 그러나 이렇게 되면 결과적으로 기초자치단체의 광역자치단체에 대한 재정 의존도를 심화시키는 또 다른 문제를 초래하게 된다.

둘째, 1단계 재정분권 추진 방안의 핵심 내용인 지방소비세율을 10%p 인상해 확보한 지방세 수입을 광역자치단체 간에 배분하는 과정에서 2009년에 지방소비세 신설 당시 확보한 지방소비세율 5%분에 적용하고 있는 지역별 가중치(수도권:광역시:도=1:2:3)를 지방소비세율 추가 인상분에 그대로 적용하더라도 결과적으로는 수도권 자치단체에 상대적으로 유리하게 세수입이 배분된다. 이번 지방소비세율 확충 과정에서 최초 도입된 지방세율 5%에 적용하고 있는 지역상생기금 출연(수도권 3개 자치단체의 지방소비세 수입의 35% 출연)의 일몰 시한을 그대로 수용해 기존 5% 세율에 적용되는 지역상생기금 출연 의무가 해소될 경우에는 수도권 3개 자치단체는 2018년 기준으로 4,213억 원의 지방세 수입을 추가로 확보할 수 있게 된다. 또한 1단계 재정분권 추진 방안에 따라 추가로 확보된 지방세비세율 10%p를 대상으로 2020년부터 적용하는 것으로 계획되어 있는 수도권 자치단체의 지역상생기금 출연도 기존 5%p에 적용된 일몰제도를 적용하는 방식으로 제도를 설계할 경우에는 역시 일정 기간이 지난 후에 해당 출연금이 다시 수도권 자치단체에 귀속될 것이다. 따라서 1단계 재정분권 추진 방안은 상대적으로 수도권에 유리한 지방세 확충 방안이라고 할 수 있다.

셋째, 1단계 재정분권 추진 방안에 포함되어 있는 지방소비세율 10%p 인상이나 소방안전교부세율 인상 등의 재정분권 추진 방안은 특별시, 광역시, 인구 50만 이상의 시 등 대도시 지역 자치단체에 상대적으로 유리한 지방세 확충 방안이라 할 수 있다. 그 결과 군 단위 자치단체는지방소비세율 인상이나 소방안전교부세율 인상 과정에서 감소하는 지방교부세 수입을 보전받지 못한 채 새로운 세원 확충 효과도 미미한 수준에 그쳐 상대적으로 재정력 격차가 더욱 확대될 수밖에 없는 상황이다.

넷째, 1단계 재정분권 추진 방안의 핵심 내용인 지방소비세율 10%p 인상 방안을 통한 지방세 확충 방안은 과세자 주권 확대를 통한 재정분권 추진 측면에서는 별다른 효과를 기대할 수 없다. 지방소비세는 부가가치세의 중앙-지방정부 간 공동 이용 방식에 따라 지방자치단체는 세수 이용권만을 보장받을 뿐 세목과 세율을 정할 수 있는 조세입법권이나 탄력세율제도를 보장받을 수 없고, 조세행정권도 행사할 수 없는 세목이므로 진정한 지방세라고 보기는 어렵다. 현재 지방소비세는 세수입 배분 과정에서 지역 간, 자치단체 간 형평성 확보를 위해 가중치를 적용하고 있다. 그뿐 아니라 취득세 감소분 등 재정 보전을 위해 확보한 지방소비세율 6%분에 대해 적용하고 있는 세수 배분 방식은 사실상 새로운 방식의 지방재정조정제도의 성격이 가미되어 있다. 결과적으로 지방소비세 배분 과정에서 적용하고 있는 현재의 복잡한 세수 배분 방식은 지방세로서의 지방소비세의 성격을 퇴색시키는 문제를 노정하고 있다.

〈표 4-4〉 향후 지방소비세 운영 체계

구분	지방소비세 재원 규모	최초 5%p분 지방소비세	취득세수 감소 보전 등 6%p분	지방소비세 추가 인상분
2018년	부가가치세수의 11%	지역별 가중치, 수도권 지역상생발전기금 출연	현행 방식 유지	해당 없음
2019년	부가가치세수의 15%	지역별 가중치, 수도권 지역상생발전기금 출연	현행 방식 유지	지역별 가중치, 수도권 지역상생발전기금 출연
2020년	부가가치세수의 21%	지역별 가중치만 적용 수도권 지역상생발전기금 출연 폐지	현행 방식 유지	지역별 가중치, 수도권 지역상생발전기금 출연

다섯째, 지방소비세 세율 인상과 소방안전교부세 교부율 인상을 중심으로 한 1단계 재정분권 추진 방안은 결과적으로 지역 간, 자치단체 간, 자치단체계층 간 재정 형평화 기능을 저해하는 결과를 초래할 위험성이 있다. 기존 선행 연구에 따르면 지방교부세 중 보통교부세의 재정 형평화 기능이 2002년 이후 개선되는 추세를 보이다가 2014년 이후 악화되고 있으며, 수도권과 비수도권 간 재분배 기능도 약화된 것으로 확인된다. 이러한 상황에서 현재의 지방교부세 배분 방식을 그대로 유지한 채 지방소비세와 지방소득세 확충을 통한 재정분권을 추진할 경우 수도권과 비수도권 간 재정 형평성이 후퇴하게 되며, 자치단체 간 상대적 박탈감도 확대될 것으로 추정된다. 특히 지방소비세 확충 과정에서 감소하게 되는 지방교부세 수입에 대한 보전 대책이 마련되지 않고, 지방교부세 배분 방식에 대한 개선도 이루어지지 않을

경우에는 재정분권 추진 과정에서 자치단체 간, 지역 간 재정 형평성은 더욱 악화될 수밖에 없을 것으로 전망된다.

제대로 된 2단계 재정분권 추진 방안 설계를 위한 정책 과제

문재인 정부가 2018년 10월에 발표한 1단계 재정분권 추진 방안이 안고 있는 상기한 여러 문제점을 발전적으로 해소하기 위해서는 2019년 중에 논의하는 것으로 상정한 2단계 재정분권 추진 방안을 마련하는 과정에서 다음과 같은 기본 원칙과 방향에 따라 구체적인 정책 방안을 설계할 필요가 있다.

첫째, 문재인 정부의 재정분권 추진 핵심 목표인 국세 대 지방세 비율을 7:3으로 조정하는 것을 통해 구현하고자 하는 정책 목표가 무엇인가를 명확하게 정의하는 것이다. 특히 '증세 없는 재정분권 추진'을 견지하는 조건하에서 지방세 비율 상향 조정을 통해 지방정부가 사용하는 재원 규모를 증대하는 지방재원 확충을 지향할 경우, 중앙정부의 역할과 기능의 축소가 불가피하다. 그러므로 국세 대 지방세 비율 상향 조정의 목적이 무엇인지에 대한 명확한 정의가 요구된다.

둘째, 재정분권을 추진하는 과정에서 광역자치단체와 기초자치단체 간 균형 있는 재정분권 추진 및 재원 확충이 이루어져야 한다. 이러한 점에서 1단계 재정분권 추진 방안은 광역자치단체의 지방세 확충에 중점을 두었기 때문에 2단계에서는 기초자치단체의 지방세 확충을 중심으로 한 재정분권 추진 방안이 집중적으로 검토될 필요가 있다.

셋째, 재정분권은 중앙정부와 지방정부 간 역할과 기능 배분 체계, 재원 배분 체계, 정부 간 재정 관계 및 재정조정제도 등이 함께 어우러져 하나의 시스템을 구축해야 한다. 이런 점에서 재정분권을 통해 구현하고자 하는 지방재정 시스템은 '협조적 분권 모델'을 지향할 필요가 있으며, 이러한 지방재정 모델을 전제로 지방세-지방교부세+국고보조금을 상호 연계한 패키지 개혁이 이루어져야 한다.

이러한 기본 원칙과 방향을 전제로 제2단계 재정분권 추진 방안을 구체적으로 제시하면 다음과 같다.

첫째, 기초자치단체의 지방세 확충을 위한 재정분권 추진 방안과 관련해서는 지방소득세의 세율 인상과 담배 관련 개별소비세 수입을 지방세인 담배소비세로 이양하는 방안을 검토하는 것이다.

둘째, 광역자치단체의 추가적인 지방세 확충을 위한 재정분권 추진 방안과 관련해서는 현재 국세인 지역성 관련 개별소비세(특정한 장소 입장 행위, 특정한 장소에서의 유흥·음식 행위, 특정한 장소에서의 영업 행위), 유연탄 화력발전소에 대한 개별소비세 세원을 지방세(레저세, 지역자원시설세)로 이양하는 방안, 특정 자원분 지역자원시설세 과세 대상 확충 방안, 레저세 과세 대상 확대 방안(카지노, 체육진흥투표권, 복권 등) 등을 검토하는 것이다.

셋째, 재정분권 추진 과정에서 불가피하게 발생할 수밖에 없는 지역 간, 자치단체 간 재정 불균형을 완화하기 위해서는 지방교부세 배분 방식에 대한 전면적 개편을 통해 재정 형평화 기능을 강화할 필요가 있다. 또한 지방소비세율 인상 과정에서 초래되는 수도권과 비수도권 간 재정력 격차를 완화하기 위해 수도권 자치단체의 출연을 통해 조성할 예정인 지역상생발전기금을 자치단체 간 수평적 재정조정제도로 보다 안정적이고 투명하게 운영할 수 있도록 이 제도의 위상과 역할 및 배분 방식을 전면적으로 개선하는 것이다.

넷째, 재정분권을 통해 중앙정부의 역할과 기능 및 재원의 실질적인 지방 이양을 확대하기 위해서는 현재의 국고보조사업에 대한 적극적인 개혁 조치가 수반되어야 한다. 이를 위해 국고보조사업의 개혁은 기본적으로 '인력-조직-재원 일괄 지방 이양 방식'에 따라 추진되어야 하며, 국민 최저 보장(national minimum)을 위한 국고보조사업(기초연금, 장애인연금, 기초생활보장)은 국가사업화하는 방식으로 지방비 부담 의무를 조정하는 것이다.

제34장

농어업·농어촌특별위원회 출범
: 농정 틀 전환의 계기

오현석 정책기획위원회 분권발전분과위원, 농어촌특별위원회 위원·사무국장

설립 배경과 목적

농업계에서 흔히 '문재인 농정 공약 1호'라고 언급되었던 농어업·농어촌특별위원회(이하 농특위)가 우여곡절 끝에 2019년 4월 25일 출범했다. 농특위 설치·운영 관련 법률이 2018년 12월 24일 국회를 통과한 뒤 4개월 만의 일이다. 농특위는 지난 참여정부 시절 처음 설치되어 한·칠레 FTA 협상 등 변화하는 국제무역 환경에 대비하여 농어업·농어촌 발전을 위한 중장기 정책 방향과 실천 계획을 수립하는 등 대통령 자문기구로 활동하다가, 이명박 정부가 들어서면서 농림수산식품부로 소속이 바뀐 후 폐지되었다. 이번 농특위 출범은 대통령 자문기구로서 농특위의 부활인 셈이다.

그러나 단순한 부활이 아니다. 문재인 대통령이 후보 시절 언급한 "국가 농정의 기본 틀을 바꾸기 위한" 목적을 안고 새롭게 탄생한 것이다. 후보 시절이던 2017년 4월 문재인 대통령은 "현재 농어업·농어촌의 위기는 경쟁과 효율만 강조해왔기 때문입니다. 저는 농정에 대한 국가철학과 기조를 바꾸겠습니다. 농업·환경·먹거리가 조화롭게 균형

을 이루는 지속 발전 가능한 농업으로 농정의 목표와 방향을 근본부터 바꾸겠습니다. 이를 힘 있게 추진하기 위해 대통령 직속으로 농어업 특별 기구를 설치하겠습니다"라고 농정 공약을 발표하는 자리에서 농특위의 설립 목적을 직접 밝힌 바 있다. 농특위는 위원장 및 당연직 위원 5인(기재부장관·농식품부장관·해수부장관·국무조정실장·식약처장)과 대통령이 위촉하는 농어업인 대표 10인, 시민사회·소비자, 학계 등 전문가 대표 12인 등 28명으로 구성되었다. 이들은 앞으로 5년 동안 농어업·농어촌의 지속가능한 발전 방향을 협의하고, 의결 사항을 관계 기관에 통보해 이행을 촉구하는 역할을 수행한다.

농어업·농어촌의 복합 위기는 한국 사회의 지속가능성을 위협

농어업·농어촌의 위기는 정치적으로나 사회적으로 이미 식상해져 버린 이슈일 수도 있다. 이미 오래전부터 농어업·농어촌의 위기 문제가 반복적으로 제기되어왔으나 뾰족한 해결책 없이 농어촌의 어려움이 가중되면서 사회적으로 이미 '익숙한 위기'가 되었기 때문이다. 그러나 익숙하다고 해서 위기가 아니라고 할 수는 없다. 현재의 위기는 복합적이며 글로벌한 측면을 내포하고 있다.

한국 농업은 40여 년 전인 1980년대부터 개방 압력을 받아왔다. 이 시기에 국제적으로 농업 무역의 공급과잉 구조가 심화되고, 그 결과 우루과이라운드(UR) 협상이 있었으며, 이후 농업 무역 자유화가 확대되었다. 그로 인해 국제 농업 투자 자본의 대이동이 일어나고, 국제 농산물 실질 가격이 지속적으로 하락했다. 세계무역기구(WTO) 등 국제 협약에 따라 가격 지지를 통해 농업을 지원하는 방식이 점차 많은 제약을 받게 되면서 선진국은 물론 개발도상국의 수많은 가족농이 급격히 붕괴하기 시작했다. 그나마 재정 여력이 있는 유럽연합(EU) 등 선진국들은 직접지불제(직접 소득 지원)를 통해 농업 지지 방식의 변화가 가져온 충격을 흡수할 수 있었으나, 그렇지 못한 대다수 국가의 가족농은 매우 어려운 상황으로 내몰리게 되었다.

지난 40년간의 개방농정은 한국 농업, 농촌의 붕괴 현상을 심화시켜왔다. 경제성장을 위해서는 농업, 농촌 부문의 희생을 당연시하는 정책 기조가 정권의 성격 여부와 관계없이 이어져왔다. 농업 부문은 경제성장 기여도가 낮고, 시장 개방을 저해하며, 시대를 역행하는 보호주의의 진원지로 인식되어왔다. 그러는 사이 농업, 농촌의 붕괴는 한국 사회의 지속가능성을 위협하는 요인이 되고 있다. 특히 식량과 에너지의 과도한 의존, 불평등과 양극화의 심화 등은 경제적 지속가능성에 위기를 초래하고, 흙, 물, 산림자원 파괴, 환경 파괴적 관행 농업은 생태적 지속가능성을 위협하고 있다.[2] 경제 및 삶의 질 차원에서 도농 간 격차가 확대되면서 지방 소멸 등 지역사회의 지속가능성이 위기 국면으로 치닫고 있으며, 공동체 및 전통문화의 해체, 지역 정체성의 와해는 사회·문화적 지속가능성을 위협하고 있다.

2 2017년 자급률은 곡물 23.4%, 육류 66.7%, 우유 50.3%. 기본 먹거리의 해외 의존도가 높아 기후변화, 지정학적 위기 등이 발생할 경우 국가적 위험 요소로 작용할 가능성이 매우 높다.

[그림 4-4] 농업·농촌의 복합 위기

경제적 지속 가능성 위기	불평등과 양극화의 심화, 고용 없는 저성장 혹은 성장의 정체, 일자리 부족 특히 청년 실업, 식량과 에너지의 과도한 해외 의존, 지역 경제의 붕괴 등
생태적 지속 가능성 위기	경쟁력 지상주의로 인한 난개발, 과도한 화석 에너지 사용, 흙·물·산림 자원의 파괴, 환경 파괴적 관행 농업
공간적 지속 가능성 위기	도시와 농촌의 격차 심화, 수도권 및 대도시 인구 집중, 시군 및 농촌 지역의 쇠퇴 등
사회·문화적 지속 가능성 위기	공동체 정신의 파괴, 전통 및 문화의 해체, 소수자 배려 부족, 풀뿌리 민주주의 위기, 지역 주체성의 위기

개방농정 파고 속에서 표류해온 한국 농정

한국 농업은 개방화가 가속화하는 가운데 여건 변화에 대응하기 위해 다양한 정책 수단을 강구해왔다. 시장 개방 대응 차원의 농업 경쟁력 제고는 물론 친환경 농업, 직불제, 경영 다각화, 농촌 지역개발 등 농업, 농촌의 여건 변화와 사회적 요구 변화에 대응하기 위해 여러 방면에서 노력했다. 농업, 농촌 부문을 지원하기 위해 농특세라는 특별한 재원도 마련했다. 그러나 정권이 바뀌면서 정책의 일관성이 결여되었다.

농업 생산성은 정체의 악순환에 빠져 있다. 한국 농업은 여전히 소농 구조여서 노동생산성이 낮은데 시장 개방으로 농산물 가격은 하향화하는 한편, 투입재 가격은 상승해 농업 경영이 악화되어 농업 소득 기반이 허약해지고 있다. 그 결과 혁신 역량을 갖춘 신규 농업인 유입이 어려워지고, 이것은 다시 생산성 향상을 더욱 어렵게 하는 결과를 낳고 있다. 한국 농업의 혁신성장을 위한 핵심 과제는 상대적으로 낮은 농업 부문의 생산성을 끌어올리고 새로운 상품(가치)과 시장을 창출하는 것이다. 정부의 각종 투입재 보조 지원 정책에 대한 의존도를 줄이고, 농산업 부문의 시장 기능을 회복해 혁신 역량을 키워나가는 것이 중요하다.

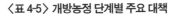
〈표 4-5〉 개방농정 단계별 주요 대책

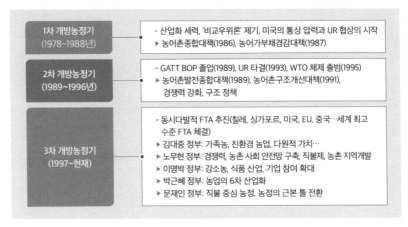

1차 개방농정기 (1978~1988년)	- 산업화 세력, '비교우위론' 제기, 미국의 통상 압력과 UR 협상의 시작 ▶ 농어촌종합대책(1986), 농어가부채경감대책(1987)
2차 개방농정기 (1989~1996년)	- GATT BOP 졸업(1989), UR 타결(1993), WTO 체제 출범(1995) ▶ 농어촌발전종합대책(1989), 농어촌구조개선대책(1991), 경쟁력 강화, 구조 정책
3차 개방농정기 (1997~현재)	- 동시다발적 FTA 추진(칠레, 싱가포르, 미국, EU, 중국…세계 최고 수준 FTA 체결) ▶ 김대중 정부: 가족농, 친환경 농업, 다원적 가치… ▶ 노무현 정부: 경쟁력, 농촌 사회 안전망 구축, 직불제, 농촌 지역개발 ▶ 이명박 정부: 강소농, 식품 산업, 기업 참여 확대 ▶ 박근혜 정부: 농업의 6차 산업화 ▶ 문재인 정부: 직불 중심 농정, 농정의 근본 틀 전환

한국 사회의 발전과 농정 패러다임의 전환

한국 경제의 성장과 사회적 변화는 농업, 농촌에 대한 새로운 요구를 낳고 있다. 이제 소비자는 단순한 농산물 생산 기능이 아닌 고품질의 안전한 농산물을 원한다. 그뿐 아니라 농업, 농촌의 다원적 기능에 대한 사회적 요구도 크게 증가해 농업 활동이 관광은 물론, 교육·체험, 문화, 레저, 사회복지 영역과 결합해 새로운 부가가치를 창출하고 있다. 더불어 베이비부머 세대의 은퇴 인구 급증에 따라 귀농, 귀촌 인구도 급증하는 추세이다.

농정에 대한 사회적 수요에 큰 변화가 일어나고 있으나, 그동안의 생산 중심 농정은 이러한 변화에 기민하게 대응하지 못했다. UR 협상 이후 농정 기조의 주요 축은 구조조정과 함께 농업 생산성을 높이고 가격 경쟁력을 강화하는 것이었다. 농업의 대내외 여건과 농정에 대한 사회적 요구의 변화에도 이러한 기조는 강고히 유지되어왔다. 최근 농업 성장률이 둔화되고 가축 질병이 해마다 발생하는 한편, 농업의 환경 부하 증가와 농식품 안전성 문제가 심화되면서 집약적·고투입 등 양적 성장이 아닌 질적 성장으로의 전환이 모색되고 있다. 중앙정부가 계획·실행·관리를 주도하는 설계주의 농정이 아니라 지방정부와 민간 부문의 자발성과 창의성이 강조되는 분권과 협치의 농정이 요구되고 있으며, 농업 예산 배분의 효율성을 높여야 한다는 목소리가 커지고 있다.

향후 농특위는 농정의 비전을 지속가능한 농업과 농촌으로 설정하고 농정 이념과 농정 목표, 농정 대상, 추진 방식을 모두 바꾸는 농정 패러다임의 전환을 모색해야 하는 역사적 과제를 안고 있다. 농정 이념을 생산주의와 효율성에서 다기능성과 지속가능성으로, 농정 목표는 경쟁력 있는 농업에서 국민의 삶의 질 향상에 기여하는 농업으로, 농정 대상은 농업, 농민 중심에서 농업, 먹거리, 농촌, 국민, 미래 세대로 확대해야 한다. 추진 방식도 중앙집권적 설계주의에서 분권과 협치에 기반한 방식으로 전환하는 것이다.

농특위의 이러한 역할과 기능은 농정을 공공 정책의 중요한 일환으로서 바로 세워 농업·농촌의 혁신은 물론 국민의 삶의 질 개선과 지속

[그림 4-5] 경제발전 단계별 농업·농촌의 역할

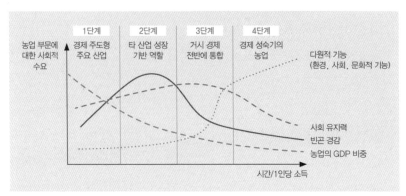

* 우리나라의 경우 3단계에서 4단계로 이행 중이며, 4단계로 원활하게 이행하면 해당 부문뿐 만 아니라 경제·사회 전반의 편익 증가(Timmer, 1998. Zawojska, 2013).
* 3단계: 도시 가구 지출 중 식료품비 비중 감소, 농업 부문 효율성 증대 요구, 도농 소득 격차 문제 등.
* 4단계: 소득분배의 정치 의제화, 타 산업 부문 실업 증가로 인한 농업 부문의 지역 인력 흡수 요구 증대, 환경과 삶의 방식에 대한 관심 증가 등 농업의 공익적 가치 극대화, 경제발전에 따른 사회적 수요 변화와 다원적 기능의 중요성을 고려해 사회가 요구하는 핵심 공공재를 공 급하는 사회적 책임을 강조한 농업(socially responsible agriculture)으로의 전환 필요.

[그림 4-6] 농정 패러다임의 전환

3   발전국가 모델은 농업·농촌을 생산주의 관점에서 먹거리 공급 기반으로만 인식한 다. 포용국가로의 이행 과정에서 지속가능한 농정으로의 근본적 패러다임 전환이 필 요하다.

가능한 사회 구현에 기여하도록 하는 것이다. 이는 문재인 정부의 주요 정책 기조인 소득주도성장, 혁신적 포용국가, 자치분권·균형발전을 위한 중요한 실천 수단이기 때문이다.

다기능과 지속가능성은 선진국 농정의 키워드

EU 등 주요 선진국들은 농정 혁신의 방향을 글로벌 스탠더드(자유로운 교역, 생산 연계 보조의 대폭 축소) 유지를 전제로 하여 농정의 전략적 성격을 강화하는 한편, 정책적 개입 영역과 추진 방식을 주기적으로(주로 5년 주기) 조정해가면서 정책의 효율성을 높여나가고 있다. 농정이 농업의 성장·생산성 중심에서 탈피해 다양한 사회적 요구에 대응하는 방식으로 전환되고 있는 점이 눈길을 끈다. 농정은 영역 면에서도 농업은 물론 농촌, 지역, 환경, 먹거리 등으로 확장하고 있으며, 국가 개입의 기초 영역으로서 국민적 이해 확대를 위한 노력을 강화하고 있다.

WTO 이후 글로벌 스탠더드로 수렴되었던 농정 전략은 국가마다 지향점에 차이를 보이며 다기화하고 있다. EU는 재정의 40%를 농정에 투입하고 있는데, 공동 농업 정책(CAP)의 예산 총액을 유지하면서 농업 활동의 환경적·사회적 기여(균형발전)를 강화하기 위한 직불제 개혁, 4차 산업혁명 등 과학기술 성과의 접목을 통한 농업 시스템의 혁신과 생태, 환경, 에너지 등 새로운 도전 과제(기후변화 등)에 대응해 농촌 지역을 지속가능한 생태 기반 경제(Bioeconomy)로 전환하고 있다.

또한 최근에는 먹거리 정책까지 포괄하는 큰 틀의 농정 재편을 강조하고 있다. 미국의 경우에는 국제 식량 가격 상승에 따른 농업 경영체의 책임성과 수입 보험 체제 강화에 힘쓰고 있으며, 농업 경영체의 소득·가격 안정(주요 전략 작목 중심)과 재해 등 리스크 대응 중심의 정책 지원을 확대하고 있다. R&D 및 환경 보전, 파머스마켓 등 보완적인 정책 수단도 확대하고 있다. 일본은 아베 정부 등장 이후 농업 정책과 농촌 정책을 분리하고, 공세적 농업과 다각화된 농촌의 역할을 동시에 추구하는 한편, 2000년대 이후 신자유주의·시장 중심의 제도 개혁을 집중적으로 추진하고 있다.

[그림 4-7] 농업·농촌 분야의 범정부 차원 대응 해외 사례

프랑스	일본
• 에마뉘엘 마크롱(Emmanuel Macron) 대통령의 지시로 범정부 차원 **국가먹거리플랫폼 운영** (2017) - Egalim, "농민에겐 정당한 가격을, 시민들에겐 안전하고 좋은 품질의 먹거리 접근권 보장을" • 프랑수아 올랑드(Francois Hollande) 전 대통령은 **농촌을 위한 범부처공동위원회(CIR) 운영**, 국가-농촌 계약 도입(2015)	• 아베 총리, '**마을·사람·일자리 창생본부**', "지방이 없으면 나라도 미래도 없다!" - 총리 주재하 농업·농촌종합발전, 지역 불균형 완화, 도농 상생, 지방 살리기 범정부 공동 대응 체제 구축

그린 뉴딜을 포함한 보다 폭넓은 관점에서
농정 전환도 고민해야

UN의 'Post 2015 지속가능발전목표(SDGs)' 등 2050년을 향한 글로벌 이슈는 '지속가능성'이다. 지속가능한 지구를 위해 기후·환경 변화에 대응한 새로운 협약이 필요하며, 에너지 전환과 새로운 일자리 창출을 동시에 추구하는 '그린 뉴딜(Green New Deal)'에 대한 논의가 확산되고 있다[4] 2019년 2월 미국 민주당의 유력 의원들이 당의 중심 정책으로 '그린 뉴딜'을 제시하고 법제화를 추진하고 있는 만큼 차기 대선에서는 핵심 공약으로 부상할 가능성이 커 보인다.

그린 뉴딜은 환경 보전형 농업 생산, 재생에너지 산업, 지역 협동 사회·경제망 구축 등으로 농업·농촌의 지속가능성을 제고하고, 농어촌 지역에 새로운 소득원과 일자리를 창출하는 것을 목표로 하고 있다. 따라서 향후 그린 뉴딜은 농업·농촌뿐 아니라 국가 미래 비전의 핵심 전략 과제로 추진할 필요가 있다.

---

4 2019년 세계경제포럼(다보스포럼)에서 페드로 산체스 스페인 총리가 그린 뉴딜 정책을 주장했으며, 미국의 오카시오 코르테스(Alexandria Ocasio-Cortez) 의원도 2019년 2월 7일에 미국 의회에 '그린 뉴딜 결의안'을 제출하면서 세계적으로 논의가 확산되고 있다.

제35장

수산 재정의 구조적 특징과 향후 과제

장영수 정책기획위원회 분권발전분과위원, 부경대 해양수산경영학과 교수

수산업의 지원 정책

수산업은 국민에게 양질의 단백질을 공급하는 식품 산업으로 그 중요성은 두말할 나위가 없다. 우리나라 수산업은 산업 성장기를 거쳐 이제는 성숙기에 도달한 상태로 대내외적 환경 변화 속에서 지속적인 성장을 위한 새로운 성장동력을 찾고 있다. 과거에 비하면 전체 국내 총생산(GDP)에서 차지하는 부가가치 비중은 줄어들었으나 수산업은 여전히 국가 식품 산업으로서 중요한 위치를 차지하고 있다.

현재 세계 수산업은 중국, 동남아시아, 인도 등 개발도상국을 중심으로 수산물 공급이 증가하고 있다. 이들 국가에게 생산된 수산물은 가격경쟁력뿐 아니라 높은 품질까지 갖추고 있어 국내 소비 시장에서 점유율을 더욱 높여가고 있는 상황이다. 2018년 수산물 수입량은 187만 톤으로 국내 어패류 공급량의 약 50% 이상을 차지하고 있다. 이러한 대내외적인 변화 속에서 국내 수산업은 수입산 수산물과 경쟁하는 동시에 생산량 감소, 인건비 등 비용 상승으로 경쟁력을 확보하기 더욱 어려운 구조로 변화하고 있다. 즉 새로운 혁신과 성장을 위한 구조적 변화가 필요한 시점에 도달한 것이다.

수산업의 중요성이 큰 만큼 정권별로 다양한 지원 정책을 펼치며 수산업의 발전과 성장을 위해 노력해오고 있다(〈표 4-6〉). 이명박 정부 때는 FTA에 대응하기 위한 경쟁력 강화를 목표로 수산물 유통 구조 개선, 식품 산업 육성, 수산 식품 분야의 미래 성장 기반 확충을 위한 산지 거점 유통센터 건립(FPC), 소비지분산물류센터 건립 사업이 추진되었다. 박근혜 정부는 어촌 6차 산업화, 수산물 수출 지원 확대, 국제사회 대응 재편 등 수산업 진흥과 전통 해양 수산업의 미래 산업화 실현을 목표로 한 정책을 추진하였다. 문재인 정부에 들어서는 수산업의 미래 산업화와 어가 소득 증대, 해양 수산 신산업 육성과 일자리 창출을 목표로 어촌뉴딜 300, 어선원 및 어선 재해보험, 양식 수산물 재해보험, 공익형 직불제, 스마트 팜 양식 등이 추진되고 있다. 이처럼 수산 정책은 정권별로 내세우는 목표에는 차이가 있었으나 과거부터 기존 사업 부문에 대한 보수성을 유지하는 가운데 점증적인 변화를 추구하는 기조를 유지하고 있다.

정부 정책 사업을 추진하기 위한 수산 재정은 크게 중앙정부의 일반회계·특별회계 예산과 수산발전기금으로 구성되어 있다. 지난 10년간 수산 재정은 어촌·어항 활성화, 수산자원 관리 및 조성, 어업인 소득 안정 지원 등 세 가지 부문에 약 80%에 달하는 예산을 분배해왔다([그림 4-8]). 정부의 수산 재정은 수산물의 생산 구성 요소에 해당하는 어항, 어장, 자원, 어촌, 어업인에 집중적으로 분배되고 있는 것을 알 수 있다. 이러한 생산 부문은 수산업의 산업적 시작점이자 뿌리에 해당하는 근본적인 요소라고 할 수 있다. 따라서 수산 재정의 근본적인 목적은 수산물 생산량 증가와 어업인 경영 지원(소득 증대) 두 부문에 재정을 집중적으로 편성하는 구조라 할 수 있다. 특히 어업인의 경

〈표 4-6〉 해양수산부 수산 정책 운용 기조 변화

구분	예산 편성 기본 방향	키워드	주요 세부 사업
2008년 ~2012년	수산업 자생력 확보와 어업인 삶의 질 향상. 경쟁력 있는 수산업 육성과 살기 좋은 어촌 실현. FTA 대응 경쟁력 강화.	경쟁력 있는 수산업 육성 수산물 유통 구조 개선 수산물 가격 안정 및 유통 효율화 식품산업육성, 수출 확대 수산 식품 분야 미래 성장 기반 구축 어가 소득 및 경영 안정 농어촌 지역 활성화	어업인 교육 훈련 및 기술 보급, 양식 수산물재해보험 수산물 산지 및 소비지 유통 자금, 산지 거점 유통 센터 건립(FPC), 소비지 분산 물류 센터 수산 자원 사업단 지원(한국수자원관리공단) 천일염 산업 육성 지원, 수산 식품 거점 단지 조성, 수산물 유통 시설 건립 친환경 양식 어업 육성 어선원 및 어선에 대한 보험 지원 확대
2013년 ~2016년	체계적인 관리, 지속가능한 이용을 통해 국민 행복, 일자리 창출, 국가 발전의 선순환 체계 구축. 수산업 진흥 중점 투자. 전통 해양 수산업의 미래 산업화 실현.	어가 경영 정상화 수산물 유통구조 개선 어촌어항 자생 기반 마련 맞춤형 전문 인력 양성 지속가능한 수산물 공급 환경 구축 연안 주민 삶의 질 제고 지역 경제 활성화 해양 수산 분야 R&D 투자 지속 확대	어촌 관광 활성화, 어항 특화 개발 등 가공 선진화 단지, 산지 거점 유통 센터 해외시장 개척 지원, 수출 전략 품목 육성 등 수산물 수출 지원 수산 자원 회복 프로그램, 자율 관리 어업 육성 조성 등 서부아프리카 원양어선 감축, 원양어선 감독 관리 체계 구축, 국제기구 협상 및 대응 등 국제 사회 대응 재편 어업인 교육 훈련 및 기술 지원, 어업인 재해 공제 어업인 복지 지원, 귀어귀촌 활성화, 수산업 창업 투자 지원 어촌 6차 산업화 지원, 친환경 양식 기반 구축
2017년 ~현재	수산업의 미래 산업화 및 어가 소득 증대. 해양 수산 신산업 육성과 일자리 창출.	수산업의 미래 산업화, 어가 소득 증대 어촌 혁신을 위한 어촌 뉴딜 300 추진 지속가능한 생산 체계 구축 첨단 양식 및 위생 강화 유통 혁신 및 수산 식품 산업 육성 소득 안정 강화, 공익형 직불제	어촌 뉴딜 300, 국가 어항 수산 자원 조성 사업 지원, 수산 자원 조사선 건조 친환경 양식 어업 육성, 스마트 팜 양식 어선 및 어선원 보험, 양식수산물재해 보험 확대 위생형 산지 위판장 및 부산 공동 어시장 현대화 수산물 해외시장 개척, 우수 수산물 지원, 수산 식품 수출 단지 조성

출처: 해양수산부, 예산 및 기금 운용 계획 개요, 2013~2019년.
농림수산식품부, 예산 및 기금 운용 계획 개요, 2009~2012년.

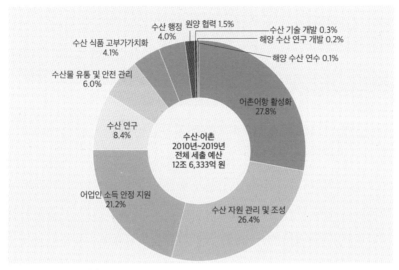

[그림 4-8] 해양수산부 수산·어촌 프로그램별 세출 예산

수산 행정 원양 협력 1.5%
4.0%
수산 기술 개발 0.3%
수산 식품 고부가가치화 해양 수산 연구 개발 0.2%
4.1%
해양 수산 연수 0.1%
수산물 유통 및 안전 관리
6.0%
어촌어항 활성화
27.8%
수산 연구
8.4%
수산·어촌
2010년~2019년
전체 세출 예산
12조 6,333억 원
어업인 소득 안정 지원
21.2%
수산 자원 관리 및 조성
26.4%

주: 수산발전기금 제외.
출처: 해양수산부 각목명세서, 각 연도.

영을 지원하는 수산 정책 보험, 수산 정책 자금은 대표적인 금융·보험
적 지원 사업으로 어업인의 소득 향상에 큰 역할을 담당하고 있다.

수산 재정의 산업적 투입

유엔 해양법 협약이 발효됨에 따라 각국이 광범위한 배타적경제수
역을 선포하는 등 새로운 국제 어업 질서가 형성되었다. 이에 수산발
전기금은 어업협정에 의해 어업 활동 등에 제한을 받는 어업인에 대
한 효과적인 지원 대책을 강구하고, 지속가능하고 경쟁력 있는 수산업
발전을 도모하기 위하여 2001년부터 연간 약 5,000억 원 규모의 세출

예산을 편성하고 있다. 수산발전기금은 약 80%가 융자 사업으로 구성되어 있으며, 산지 및 소비지 유통자금, 우수 수산물 지원, 수산물 수매지원 등을 통해 수산업 종사자들에게 저금리로 수산 정책 자금을 공급하는 기능과 수산물 가격 안정(비축·수매 사업) 기능을 수행하고 있다.

현재 수산업에 투입되고 있는 수산 부문 정책 자금 지원 규모는 약 3조 5,000억 원이다. 이 중 어업인을 대상으로 한 단기 운전성 자금인 영어 자금과 원양어업 경영 자금, 사료 구매 자금 등이 약 70%를 차지하고 있다. 즉 어업인의 소득 보전과 수산 기업의 운영 경비 조달에 지원되는 구조다. 수산 정책 자금 지원과 함께 어업용 면세유 지원 사업 또한 어가 소득 향상에 중요한 역할을 수행하고 있다. 어업용 면세유 감면액은 연간 6,000억 원 규모로 연근해 어업용 선박, 양식어업용 시설, 수산물생산 기초 시설 등에 공급되어 어업인의 비용 감소와 어가 소득 향상에 기여하고 있다.

이러한 수산 재정의 산업적 투입은 생산 단계에 집중되는 특성이 있다([그림 4-9]). 2019년 해양수산부 일반회계, 특별회계 세출예산은 약 80%가 생산 단계에 해당하는 어항, 어촌, 어장을 중심으로 한 생산 공간과 연근해 양식, 원양어업, 그리고 어업인에 대한 금융·보험·교육 및 기술 지원과 수산 연구 부문으로 책정되어 있다. 이는 구조적으로 유통, 가공, 소비, 서비스 단계로 갈수록 재정 분배가 줄어드는 흐름을 보인다. 즉 수산 재정은 현재 생산 단계를 제외하고 수산물 유통 2.6%, 수산물 가공 2.2%, 수산물 소비 1.9% 순으로 구성되어 있다. 이와 같은 수산 재정의 구조적 한계는 가치사슬 면에서 봤을 때 생산 단계에서 발생한 가치가 유통, 가공, 소비, 서비스 단계로 연결되면서 확대되는 것이 아닌 정체 또는 감소한다는 것이다.

[그림 4-9] 수산·어촌 가치사슬별 재정 분배(2019)

생산 1조 3,467억 원(80.2%)		유통 440억 원(2.6%)	가공 371억 원(2.2%)	소비 32억 원(1.9%)	서비스 2,198억 원(13.1%)

생산

생산 공간 -어장, 어항, 어촌

어항 개발관리	4,381
수산 자원 조성 및 관리	1,563
어업 지도 관리	820
수산물 위생 및 안전 관리	267
합계	7,032
비중(%)	41.8

생산 요소 -어업인

금융 지원	1,237
보험 지원	1,473
교육 및 기술 지원	599
복지 지원	135
합계	3,444
비중(%)	20.5

생산-어업

연근해 어업	257
천해 양식	929
원양 어업	221
내수면 어업	130
합계	1,538
비중(%)	9.2

수산 연구

국립수산과학원	1,266
수산 R&D	196
합계	1,462
비중(%)	8.7

유통

산지 유통

수협 지원	131
수산물 유통 시설	80
수산물 유통 지원	46
합계	257
비중(%)	1.5

소비지 유통

수산물 유통 시설	82
비중(%)	0.5

수산물 품질 관리

수산물 품질 관리	101
비중(%)	0.6

가공

수산 가공

수산 식품 산업 육성	175
천일염 산업 육성	941
합계	370
비중(%)	2.2

소비

수출 시장

수산물 수출 지원	295
비중(%)	1.7

국내 시장

수산물 소비 촉진	29
비중(%)	0.2

서비스

어촌 관광

어촌 관광 및 개발	2,198
비중(%)	13.1

출처: 해양수산부, 2019 각목명세서.
주 1) 수산발전기금 제외.
주 2) 수산행정 프로그램(본부 인건비) 제외.

예를 들어, 대표적 양식 품목인 광어의 경우 1990년대부터 인공 종묘 생산을 통한 대량 양식 체제를 갖추었음에도 생산량은 2000년대부터 5만 톤을 넘어서지 못하고 있으며, 공급과잉으로 산지 가격이 생산비보다 낮게 형성되는 현상이 나타나고 있다. 이는 생산 단계에서 만들어낸 가치가 소비 단계에서 확대되지 못하는 단적인 한계를 보여주는 사례라 할 수 있다. 현재 생선회 소비 시장은 광어회가 아닌 노르웨이산 연어회에 열광적인 반응을 보이고 있다. 한때 고급 횟감으로서 그 가치를 인정받던 광어회는 현재 20대 등 젊은 세대를 중심으로 그 가치가 낮게 평가되고 있다는 조사 결과가 있다.

수산 재정의 문제점

수산 재정이 당면한 구조적인 문제는 현재까지 성장동력으로 역할을 해오던 수산물의 생산량 증대와 어업인 경영 지원을 바탕으로 한 산업 성장이 한계에 다다르고 있다는 점이다. 연근해 어업은 2016년 생산량 100만 톤이 붕괴되는 현상이 발생하는 위기를 겪기도 했다. 그동안 수산 자원 조성과 자원 관리에 대한 정책적인 노력이 이루어져 왔으나 기후변화, 불법 어획 등 외부 영향으로 인한 생산 불확실성은 더욱 가중되고 있는 상황이다. 어가 인구는 2018년 약 11만 7,000명으로 감소세가 지속되고 있어 향후 어촌 사회의 지속가능성에 대한 위기감 또한 고조되고 있다.

양식어업은 1970년대~1980년대에 걸쳐 광어, 조피볼락, 굴, 전복, 김 등 주요 생산 어종의 인공 종묘 생산에 성공하면서 대량생산 체제를 확립했다. 이에 2018년에는 연간 225만 톤을 기록할 정도로 성장했으나 약 80%가 해조류 생산에 집중되어 있는 불균형적인 모습을 보이고 있다. 이러한 해조류 중심의 증산은 국민적인 소비가 많은 어패류 공급을 양식 산업이 뒷받침하지 못한다는 한계를 뜻한다. 또한 김을 제외한 미역 및 다시마류는 연간 생산량이 100만 톤에 이르고 있으나 부가가치가 높은 상품으로 가공되는 것이 아니라 상당 비중이 전복 양식장의 먹이로 사용되고 있는 실정이다.

원양어업은 과거 외화벌이와 수출 주력 산업으로 국가 경제에 이바지하였던 산업 부문이다. 하지만 수산업은 우루과이 라운드 타결 이후 1997년 수산물 수입 자유화로 인한 시장 개방, 유엔 해양법 발효 이후 연안국 자원 관리 및 조업 규제 강화 등으로 현재 생산량과 어선 세력이 지속적으로 감소하고 있는 상황이다. 러시아 등 수산 자원국들의 자국 자원 보호 기조가 더욱 심화되는 추세로 향후에도 추가적인 어장 개척이나 확보는 더욱 어려워질 것으로 보인다.

수산물 가공 산업은 전통적인 수산 식품 산업이라 할 수 있는 대다수의 품목의 소비가 감소하면서 산업 자체가 쇠퇴하고 있다. 이러한 배경에는 국내 원료 공급의 불안정성, 수입산 원료에 대한 높은 의존도, 단순 가공의 한계, 가공 인건비 상승, 가격경쟁 중심 구조, 수입산 가공품과의 경쟁 심화, 소비 감소 현상이 자리하고 있다. 한편 조미김과 어묵은 새로운 혁신과 변화를 통해 해외시장을 개척하고, 성장 산업으로 나아가고 있다는 점에서 긍정적인 희망을 보여주고 있다.

우리나라의 수산업 현황

이러한 가운데 수산물 무역수지는 1990년 초까지 연간 10억 달러 흑자를 기록하고 있었으나 2001년 약 4억 달러 규모의 적자를 시작으로 2018년에는 37억 달러로 적자 폭이 가파르게 상승하는 구조로 변화하고 있다. 현재 우리나라의 수산업은 과거 수출 중심의 외화벌이 산업에서 현재는 수입 중심의 산업 구조로 변화한 실정이다. 국내 수산물 소비 시장은 연어, 새우, 바닷가재, 킹크랩 등과 같은 고가 수산물의 소비가 늘어나는 등 소비자들의 라이프스타일 변화에 따라 그 수요가 다양화되고 있다. 그러나 이러한 수요 증가에 따른 기회를 국내산 수산물이 아닌 수입산 수산물이 차지하고 있다는 게 문제다.

수산업과 농업은 국가 경제발전 과정 초기에 외화 획득 산업으로서 산업 발전을 위한 자금을 획득하는 역할을 수행하고 경제적 역량을 높이는 데 중요한 기회를 제공하였다. 하지만 경제발전기를 거쳐 선진국에 가까워질수록 수산업의 기존 무역수지 관계는 역전되고 수출국에서 수입국으로 전환되었다. 이는 사실 자연스러운 변화 과정이라고 볼수 있다. 그러나 노르웨이와 같은 국가를 보면 수입국으로 전환되는 것이 아닌 전략적인 투자와 혁신을 통해 연어 품목으로 세계 수산물 시장에서 소비 열풍을 일으키고, 거대한 수출 산업으로 발전시킨 것을 확인할 수 있다. 이처럼 성공하는 사례가 있다는 점에서 우리나라 수산업의 현 상황을 다시금 되짚어볼 필요가 있다.

노르웨이는 연어 양식 육성을 위해 1970년대부터 연어 육종 연구

[그림 4-10]

출처: 기장군청.

를 비롯해 정부 주도의 사료 쿼터제(Feed Quota)를 통한 생산량 조절 체계, 어류 질병에 대한 백신 개발 성공, 그리고 1990년대 정부 주도의 양식 기업 수직 계열화 추진을 통한 규모화를 추진하는 등 특정 품목에 집중적으로 자원을 투입하여 MOWI(전 Marine Harvest) 같은 세계적 수산 기업을 육성하는 데도 성공하였다. 이러한 노르웨이의 연어 양식 기업들은 유럽뿐 아니라 남미, 북미, 아시아를 중심으로 글로벌 가치사슬을 구축하고 있다. 노르웨이 국가의 수산업 육성 정책은 생산과 같은 특정 가치사슬뿐 아니라 가공, 유통, 소비에 이르기까지 전 가치사슬 체인을 지원하여 최종 소비자에게 전달되는 부가가치를 확대시키고 있다.

한국의 경우에도 이런 노력의 흔적을 찾아볼 수 있다. 노르웨이 연어, 고등어를 취급하는 대형 마트, 음식점에는 노르웨이 수산물을 홍보하는 책자가 비치되어 있으며, 아예 모니터를 설치해 소비자에게 노르웨이 수산물의 우수성을 홍보하는 영상을 보여주는 모습도 볼 수 있다. 이는 노르웨이라는 나라가 얼마나 정밀하고 섬세한 수산물 수출 지원 전략을 수립하고 있는지를 알 수 있는 대목이다.

우리 정부도 노르웨이와 같은 수산물 수출 주력 품목을 양성하려는 노력을 이어오고 있다. 대표적으로 2011년에는 글로벌 수산 강국으로 도약하기 위한 수산물 수출 전략 품목을 선정하고 집중 육성하는 '10대 수산물 수출 전략 품목 육성 계획'을 수립하기도 하였다. 10대 수산물 수출 전략 품목으로는 넙치, 전복, 해조류, 해삼, 뱀장어, 참다랑어, 갯벌참굴, 관상어, 능성어, 새우가 선정되었다. 여기에는 수산 종자 개발부터 생산, 가공, 유통, 수출 지원, R&D에 이르기까지 전체 가치사슬을 지원하는 정책이 수립되었다. 결론적으로 10대 전략 품목 중 김은 미국 등 해외시장 개척에 성공하여 새로운 성장 패러다임을 달성하였지만 이를 제외한 다른 품목은 아직까지 괄목할 만한 성과를 보이지 못하고 있는 실성이다.

글로벌 수산 강국을 위한 수산 혁신 2030

해양수산부는 최근 '수산 혁신 2030' 계획을 통해 위기에 직면한 수산업의 중장기적 미래 비전을 밝히고 체질 개선 실행 계획을 선포했다. 2030년까지 수산업 매출액 100조 원, 어가 소득 8,000만 원 달성을 목표로 올해 1단계 사업에 나섰다.

이러한 추진 전략은 연근해 어업을 생산 지원 중심에서 자원 관리 중심으로, 양식어업을 규모화·스마트·예방 양식 중심으로, 어촌을 정주·여가 공간 중심으로, 수산 기업을 창업·성장 지원 중심으로, 유통·소비를 소비자 권리 중심으로 전환하는 정책 패러다임을 제시하고 있다. 특히 '어촌 뉴딜 300'은 어촌·어항의 혁신적 현대화를 바탕으로 한 어촌 재생 사업으로서 2019년에 1,729억 원이라는 대규모 재정이 편성되었다. 이는 기존 보수적 관점의 어항 및 어촌 인프라 지원 사업에서 새로운 부가가치를 창출하는 혁신 공간 조성 사업이라는 점에서 향후 성과를 기대해볼 만하다.

수산 재정은 향후 생산 단계에서 창출된 가치를 유통, 가공, 소비, 서비스 단계를 거쳐 확대·재생산되는 혁신 생태계를 어떻게 조성할지 고민해야 할 것이다. 결국 현재와 같이 생산 단계에 집중적으로 수산 재정을 조정, 분배하여 어촌·어항 개발, 수산자원 관리 및 조성, 어업인 소득 안정 지원 등 세 가지 부문에 대한 선택적 집중 투자와 함께 선진형 생산 시스템을 구축하고 전방위적으로는 새로운 부가적 가치 사슬을 창출시켜 국내 소비자는 물론 나아가 세계 수출 시장으로 전달하는 산업 생태계를 조성하여야 할 것이다.

제36장

국가균형발전을 위한 광역경제권 구축 방안

원희연 정책기획위원회 국민성장분과위원, 부산대 산학협력단 산학협력중점교수

들어가면서

2020년 7월 20일에 있었던 국회 교섭단체 대표 연설에서 더불어민주당 김태년 원내대표는 수도권 집중 문제 해결을 위한 방안으로 '행정수도이전'을 전격적으로 제안하였다. 이와 함께 코로나19로 인한 경제위기 극복을 위해 정부가 추진하고 있는 '한국판 뉴딜'의 주요 의제로 '균형발전뉴딜'의 필요성이 강조되면서 '국가균형발전'이 다시금 시대적 과제로 부각되고 있다. 사실 수도권 집중 문제는 최근 논란의 중심에 있는 부동산 가격 상승뿐 아니라 지역 경제 침체, 지역 인재 유출, 지역 대학 붕괴 등 지방소멸과 관련된 많은 문제와 밀접하게 연관되어 있다.

이에 따라 최근에는 부산·울산·경남, 대구·경북, 대전·세종 등 지자체들 간에 수도권 집중에 대한 대응과 지역 경쟁력 강화를 위해 지자체의 광역적 통합을 위한 논의가 활발하게 진행되고 있다. 따라서 이 글에서는 수도권 집중의 현황과 문제점을 살펴보고 국가균형발전을 위한 대안으로 광역경제권 구축 방안을 제안해 보고자 한다.

수도권 집중의 심화와 지방 소멸 위기의 확산

1990년대 이후 수도권 집중 현상이 심화됨에 따라 수도권의 인구, 생산, 소득, 제조업 생산의 전국 대비 비중은 지속적으로 증가하는 추세에 있다. 반면 부산, 대구, 광주, 대전, 울산 등 5대 광역시의 인구, 지역내총생산(GRDP), 제조업, 지식서비스업의 전국 대비 비중은 모두 지속적으로 감소하는 추세로 나타나고 있다. 이에 따라 비수도권 광역시들의 일자리 창출 역량이 떨어지고 있으며, 특히 산업 구조조정에 따른 지역 중소 산업 도시들의 경제 침체와 일자리 감소가 심각한 실정이다.[5]

한국고용정보원(이상호 연구위원)의 〈한국의 지방소멸 2018〉 보고서(고용동향브리프 7월 호, 2018)에 따르면 지방의 인구 감소에 따라 2018년 현재 전국 228개 시·군·구 중 89개(39%)가 소멸 위험지역[6]이라는 분석 결과가 도출되었다. 이는 소멸 위험지역이 2013년 75개(32.9%)에서 2018년에는 89개(39%)로 증가하는 추세에 있으며, 지방 소멸 위험이 농어촌 낙후 지역에서 지방 대도시권으로 확산되고 있음을 나타낸다. 그리고 이러한 분석 결과는 수도권 집중이라는 구조적 요인이 저출산·고령화라는 시대적 요인과 함께 지속적으로 지방 소멸의 원인으로 작용하고 있음을 의미한다.

---

5   김영수(산업연구원), 〈혁신도시의 네트워크형 혁신 연계 강화 방안〉, 1+10 혁신도시 포럼(2018. 11. 14) 발표 자료 참조.

6   한 지역의 임신이 가능한 20~39세 여성 인구수를 65세 이상 노인 인구수로 나눈 지표를 소멸위험지수라고 한다. 이 수치가 낮을수록 인구 감소로 인해 소멸할 위험이 높은 지역으로 분류된다.

통계청 주민등록 인구 현황 자료를 보면 2019년 12월 기준으로 수도권 인구 비중이 50.002%로 50%를 돌파한 것으로 나타났다. 이를 통해 수도권 집중에 따른 지방 소멸 위기가 점차 확산되고 있는 실정임을 알 수 있다.

문재인 정부 균형발전 정책의 현황과 한계

문재인 정부는 2018년 2월 1일 세종시 정부세종컨벤션센터에서 열린 '국가균형발전 비전 선포식'에서 '문재인 정부 국가균형발전 비전과 전략'을 발표하였다. 그 핵심적 내용을 보면 먼저 국가혁신클러스터를 구축해 혁신도시 중심의 4차 산업혁명에 대응한 신성장 거점을 육성한다는 계획이다. 다른 한편으로는 계획계약 제도(지역발전투자협약 제도)를 통해 지역 주도로 지역 혁신 정책을 추진할 수 있도록 포괄 보조 형식으로 지원하겠다는 것이다. 그러나 이러한 균형발전 정책이 수도권 집중의 구조적 문제 해결을 위한 처방으로는 매우 미흡하다는 것이 전문가들의 중론이다.

또한 당시 이해찬 더불어민주당 대표는 2차 공공기관 지방 이전과 관련하여 2018년 9월 4일 국회 교섭단체 대표 연설에서 "「국가균형발전 특별법」에 따라 이전 대상이 되는 122개 공공기관의 지방 이전을 재추진할 것"을 천명하였다. 그러나 공공기관의 지방 이전은 아직 가시화되지 않고 있으며, 2차 이전의 효과에 대해서도 1차 때의 효과에 비추어 회의론이 있는 상황이다.

문재인 정부는 또 2019년 1월 29일 발표한 '제4차 국가균형발전 5

[그림 4-11]

출처: 국가균형발전위원회 홈페이지.

개년 계획'에서 2022년까지 175조 원을 투자할 것이라고 밝혔다. 그 중 24조 1,000억 원 규모의 23개 비수도권 사업에 대해서는 국가균형 발전 차원에서 비예타사업(예비타당성조사 면제 사업)으로 추진한다고 전했다. 그런데 이 계획은 국가균형발전 차원이라기보다 지역 경제 활성화 차원의 목적이 더 커보인다는 평가가 있다. 다른 한편으로는 향후 사업 추진 과정에서 수요 부족에 따른 사업성 저하 등 부작용 발생도 우려된다.

　　'광역시·도별 지역 산업 특성화 발전 전략'도 국가적 차원에서 볼 때 행정권역과 경제권역의 불일치로 심각한 정책적 비효율성을 초래하는 것이 현실이다.

요컨대 문재인 정부는 참여정부의 균형발전 정책 계승을 자처하면서도 국가균형발전 시스템에 대한 비전과 추진 전략이 미흡하다는 비판에 직면해있다.[7] 이는 문재인 정부의 균형발전 정책이 수도권 집중이라는 구조적 문제를 해결하지 못하고 있는 데시 기인한 것이나. 따라서 '국가 경쟁력 강화'와 함께 '지역 경쟁력 제고'라는 중장기적인 관점에서 수도권 집중 문제를 해결하기 위한 보다 근본적인 대안 모색이 절실히 요구되는 상황이라 할 수 있다.

현행 17개 광역시·도 행정구역 체계, 지방 소멸 위기 심화시킬 것

현행 17개 광역시·도 중심의 행정구역 체계는 지역 경제의 심각한 비효율을 초래하고 있을 뿐 아니라 수도권 집중 심화 및 지방 소멸 위기 확산의 원인으로 작용하고 있다.

먼저 행정권역, 경제(산업)권역, 생활권역이 불일치한 상황에서 광역시·도 중심의 지역 정책이 실행되어 중복 투자, 협력 부재 등과 같은 비효율적인 문제가 발생하고 있다. 즉 행정구역상 광역시·도가 다르면 인접한 지역이라도 유사한 인프라, 시설 등을 중복적으로 투자할 뿐 아니라 상호 간의 협력도 어려운 상황이 지속되고 있는 것이다. 실제 '광역시·도별 지역 산업 특성화 발전 전략'도 국가적 차원에서 볼

---

7 "다시 균형발전이다 - 균형발전 빠진 지방분권, 지역 양극화만 부추겨", 〈한겨레〉, 2019. 05. 06., 〈http://www.hani.co.kr/arti/area/area_general/892730.html#csidxab9a1c 4478121eaacdc52fded233ff4〉접속일: (2020. 08. 28) 참조.

때 행정권역과 경제권역의 불일치로 심각한 정책적 비효율성을 초래하는 것이 현실이다.

둘째, 광역시·도 차원의 통합적 관리·조정 체계 부재로 지역(산업) 정책의 집행 과정에서 심각한 정책적 비효율성이 초래되고 있다. 부처별로 유사한 기관의 설립 경쟁이 이루어지고, 지역에서는 새로운 기관의 유치 경쟁이 가속화하면서 지역 혁신 기관들이 광역시·도별로 경쟁적으로 설립되었다. 실제 지역별로 지역혁신체계(Regional Innovation System:RIS) 기관과 국가혁신체계(National Innovation System:NIS) 기관의 수가 2000년대 이후 양적으로 급증하였다. 그중 RIS 기관으로는 1990년대 이후 지역특화센터·지역산업평가단(산업통상자원부), 테크노파크·창조경제혁신센터·창업보육센터(중소벤처기업부), 지자체연구소·과학기술진흥원(지자체), 연구개발특구·연구개발지원단·지방과학기술진흥센터(과학기술정보통신부), 지역혁신센터(교육부) 등이 지속적으로 설립

[그림 4-12]

출처: 세종시청 홈페이지.

되어왔다.[8] 또한 RIS 기능을 하는 NIS 기관도 2010년 이후 급속히 증가하여 정부 출연 연구원 지역 분원(61개), 전문 생산기술연구소(15개) 등이 전국에 걸쳐 난립하고 있는 상황이다. 이러한 혁신 기관들은 그 기능이 서로 중복되고, 연계·협력이 부족할 뿐 아니라 지역 산업 육성 사업 지원채널의 복잡·다기화 및 분산·분절적 지원 체계에 따라 기업의 혼란과 함께 중복적·비효율적 지원을 초래하고 있다. 그럼에도 중앙정부와 지방정부 차원에서의 '통합적 기획·관리·조정 체계'가 마련되지 않아 부처별 지원 예산이 지역 차원에서 분산·고립되어 집행되는 비효율이 발생하고 있다. 즉 산업부, 과기정통부, 중기부 등의 예산이 부처별·사업별로 칸막이식 지원으로 이루어져 지역 여건에 맞는 사업 계획의 수립 및 시너지 효과 창출이 불가능한 것이 현실이다. 더불어 혁신 기관의 설립과 운영을 위한 자원과 역량이 지역별로 분산되어 효과적으로 운영할 수 없는 것도 문제이다.

셋째, 광역시·도 간 연계·협력 사업의 실효성이 미흡하다. 경제협력권산업육성사업은 2015년부터 산업 생태계, 산업 클러스터 등이 광역시·도의 경계를 넘어 분포하여 개별 육성보다 광역시·도 간에 협력 육성하는 것이 더 효과적이라는 판단에 따라 1인당 부가가치·고용 창출효과가 큰 주력 산업을 대상으로 추진되어왔다. 그런데 이 사업의 취지와는 달리 사업을 수주한 광역시·도가 사업비를 각자 분리하여 집행함으로써 현실적으로 광역시·도 간 연계·협력이 이루어지지 않고 있다. 따라서 광역시·도 간 행정구역의 경계를 초월한 시너지 효과 창출이라는 경제협력권산업육성사업의 본래 취지가 퇴색되고 있는 것이

---

8 현재 국가과학기술지식정보서비스(NTIS) 기준으로 750여 개에 달한다.

다. 이는 현행 광역시·도의 경계가 행정구역 분리에 따른 경제적·산업적 비효율을 구조적으로 내포하고 있음을 의미한다.

이상에서와 같이 현행 17개 광역시·도 중심의 행정구역 체계 및 정책 거버넌스는 그 자체로 심각한 문제점을 초래하고 있을 뿐 아니라 수도권 집중 심화 및 지방 소멸 위기 확산의 원인으로 작용하고 있다. 이러한 문제점을 해결하기 위하여 과거 이명박 정부는 5+2 광역경제권 정책을 추진하였다. 그러나 결과적으로 이 정책은 실패한 것으로 평가되고 있다.

이명박 정부 5+2 광역경제권 정책의 실패가 주는 교훈

5+2 광역경제권 정책은 오랫동안 고착화된 행정구역 중심의 지역발전정책을 지양하고 행정구역을 초월한 자치단체들 간의 협력을 바탕으로 경쟁의 단위를 광역화함으로써 지역의 글로벌 경쟁력을 높이는 동시에 지역들 간의 균형발전을 도모하려는 취지에서 출발하였다. 이러한 취지를 기반으로 한 5+2 광역경제권 정책의 목적은 다음과 같이 요약할 수 있다.

우선 세계적 관점에서 볼 때 지역 발전 정책의 광역화를 통한 글로벌 지역 경쟁력 강화 및 세계적 경쟁 거점을 구축하려는 것이다. 또한 국가적 관점에서 볼 때는 광역경제권 육성을 통해 지역들 간의 균형발전과 상생적 국가 발전을 도모하는 것이다. 나아가 지역적 관점에서는 지역의 자립 역량 강화 및 차별화된(내생적) 특화 발전을 추진하는 것이라 할 수 있다.

그러나 5+2 광역경제권 정책은 이러한 본래의 취지와 목적을 제대로 실현하지 못하였으며 지자체 간의 갈등으로 다양한 부작용을 초래한 것으로 평가되고 있다. 먼저 정책 공간과 행정구역의 불일치에 따른 심각한 정책적 비효율을 초래하였다. 즉 행정구역 단위의 나눠 먹기식 자원 배분에 따른 투자의 비효율성, 지자체 간 갈등에 따른 정책결정의 비합리성과 비효율성 등이 나타났다. 광역경제권 정책을 실행하는 광역발전위원회와 사무국의 위상 및 기능이 유명무실한 것도 문제였다. 광역발전위원회는 집행 기능이 결여된 의결기구로서 독자적으로 사업을 집행할 재정 수단이 결여되어 있었다. 사무국은 계획 수립, 연계 협력 사업 발굴, 사업의 관리·평가 등 외연적 관리 업무만 담당하였다. 이렇듯 광역경제권 사업은 추진 조직의 분산 및 통합 조정 기능의 부재로 총체적 광역 거버넌스가 불가능한 상태였다.

이러한 상황에서 광역경제권선도산업육성사업, 광역경제권선도산업 인력양성사업, 광역경제권연계·협력사업 등이 서로 다른 추진 기구에 의해 분리되어 추진되었다. 그러다 보니 선도산업 육성, 인적자원 양성, 발전 거점 조성 등이 유기적으로 연계된 '경쟁 거점 구축 전략'을 실현할 수 없었다. 또한 기존 유관 지원 조직(테크노파크, 지방중소기업청, 중소기업진흥공단지역본부, 산업단지공단 지역본부, 경제자유구역청 등)과도 기능적으로 중복되었으며, 협력 체계도 매우 미흡한 실정이었기에 실패는 당연한 결과였다.

광역경제권 선진국의 추진 경험이 주는 정책적 시사점

광역경제권 추진과 관련해 선진국이라고 할 수 있는 일본, 영국, 프랑스의 추진 경험을 검토하여 도출한 광역경제권 구축을 위한 정책적 시사점을 요약하면 다음과 같다.

첫째, 수도권 집중에 대응하여 지역 경쟁력을 강화하기 위해서는 내생적 발전이 가능한 일정 규모 이상의 광역경제권이 구축되어야 하며, 광역경제권구축이 완성되기 위해서는 궁극적으로 행정 체계 통합이 필수적으로 요구된다. 둘째, 광역시·도 간의 광역 사업 시스템은 광역경제권의 행정 체계 통합을 위한 과도기적 중간 단계로서 의미가 있으나 실질적인 통합 효과를 창출하는 데는 여전히 한계가 있다. 셋째, 광역경제권 구축을 위해서는 광역경제권 제도를 실효적으로 추진할 수 있도록 정부 주도로 실질적인 재원과 권한을 가진 공식적인 추진 기구의 설립이 필수적이다. 넷째, 광역경제권이 구축되면 중앙정부 산하의 특별지방행정기관을 지방정부로 일원화하고 행정 체계가 통합된 광역 경제권 차원에서 통합 관리해야 한다. 다섯째, 지방분권을 통한 지자체의 책임성과 효율성 강화는 광역경제권 구축을 통한 지역 경쟁력 강화가 선행된 이후에 추진되어야 한다.

광역경제권 구축을 위한 두 가지 추진 방안의 제안

앞에서 살펴본 선진국의 광역경제권 추진 경험에서 도출한 정책적 시사점을 기반으로 우선 광역경제권 공간 구조의 구축 방안을 제안하

고, 이를 구체적으로 실현하기 위한 3단계 추진 방안을 제안하고자
한다.

먼저 광역경세권 공산 구조 구축과 관련한 추진 방안을 제안하면
다음과 같다. 현재 문재인 정부는 균형발전 정책과 지방분권 정책을
동시에 추진하면서 상호 간에 가치 충돌 문제를 발생시키고 있다. 균
형발전 정책은 소외지역을 배려하기 위한 중앙정부의 역할이 대단
히 중요한 반면 지방분권은 지자체의 자기 책임성을 강화함으로써 시
장 원리에 따른 정책적 효율성을 높이려는 것이다. 따라서 원리적으로
'국가 개입 강화' 대 '시장 원리 충실'이라는 상호 간에 상충할 수밖에
없는 정책을 동시에 추진하는 모순이 발생한다. 결과적으로 현행 17
개 광역시·도 행정구역 체계의 문제점이 존재하는 상황에서 지방분권
이 강화될 경우 지금과 같은 비효율적 정책 거버넌스가 고착화될 우려
가 매우 크다. 또한 수도권 집중에 따른 불균형 발전 문제도 더욱 심화
될 가능성이 높다.

[그림 4-13]

출처: 국가균형발전위원회 홈페이지.

출처: 국가균형발전위원회 홈페이지.

국가 경쟁력 강화와 함께 지역 경쟁력 제고라는 중장기적 관점에서 수도권 집중 문제를 해결하기 위한 방안은 수도권에 대응할 수 있는 지역의 광역경제권을 구축하는 것이다. 그리고 이를 위해서는 내생적 발전이 가능한 적정 규모의 광역경제권 설정과 함께 이를 제도화하기 위한 행정구역 개편이 추진되어야 한다. 다만 광역경제권의 범위와 관련해서는 다양한 차원의 혁신 생태계 공간 단위, 경제 생태계 공간 단위 등 최근의 연구 성과를 반영한 좀 더 심층적 논의가 필요할 것으로 사료된다. 그러나 현실적으로는 현재의 행정구역을 완전히 무시한 새로운 범위의 광역적 공간 단위를 설정하는 데 어려움이 있을 것이다. 그러므로 행정권역과 경제권역 그리고 생활권역을 일치시키는 광역경제권 구축이 우선되어야 할 것이다. 이를 통해 세계화와 지방화를 함께 이루고자 하는, 이른바 세방화(glocalization) 시대에 걸맞은 '권역별 특성화 발전'과 '지역 경쟁력 강화'를 동시에 추구할 수 있을 것으로 기대된다.

다음으로 광역경제권 행정구역 체계 구축을 구체적으로 추진하기 위한 3단계 추진 방안을 제안하면 다음과 같다.

1단계 통합 거버넌스는 (가칭)광역발전위원회를 설립하여 과거 영국의 지역개발청(Regional Development Agency: RDA)과 유사하게 지역 산업정책(R&D 정책, 인력 양성, 기업 지원 서비스 등)을 기획·집행·평가하는 기능을 수행하는 준정부조직화하는 것이다. 여기서 준정부조직이란 광역경제권별로 정부의 지역별 산업 정책 예산을 집행하는 조직을 의미한다. 또한 공무원이 아닌 민간 전문가 중심의 조직으로서 정부 부처로부터 어느 정도 독립성을 가진 조직을 말한다. 즉 (가칭)광역발전위원회의 기획조정·재정권 확립을 통한 광역 사업의 실효성 및 효율성을 제고하고, 준정부조직화를 통해 광역권 발전 사업의 지자체 간 갈등 조정 및 정책 결정의 합리성을 제고하는 것이다.

2단계 통합 거버넌스는 (가칭)광역발전위원회를 (가칭)광역발전청으로 확대 개편하고, 사업 영역을 확장하는 것이다. 즉 1단계에서 구축된 지역 산업 정책 중심의 기능을 SOC 구축, 산업 인프라 등 다양한 광역발전 사업으로 확장하고 지방중기청, 중소벤처기업진흥공단 지역본부, 산업단지공단 지역본부 등 유사 기능의 특별지방행정기관, 공공기관 지역본부 등을 (가칭) 광역발전청으로 통폐합하는 것이다.

끝으로 3단계 통합 거버넌스는 행정구역 개편을 통한 '광역자치주'를 구현하는 것이다. 이를 위해 대선, 지방선거 일정과 연계한 '행정구역 개편로드맵'을 수립하고, 행정구역 개편 후 (가칭)광역발전청의 기능을 '광역자치주'로 이관하는 절차가 필요할 것이다.

제37장

행정수도 이전과 국가균형발전을 위한 광역 메가시티 구상

진종헌 정책기획위원회 국민주권분과위원, 공주대 지리학과 교수

균형발전과 국가 경쟁력 강화를 위한 행정수도 이전의 필요성

2020년 7월 20일 김태년 더불어민주당 원내대표가 교섭단체 대표 연설에서 청와대, 국회, 그리고 나머지 전 행정부처의 세종시 이전을 통해 행정수도를 '완성'해야 한다고 주장했다. 이후 행정수도 완전 이전 문제가 새롭게 국가적 쟁점으로 부각되고 있다. 사실상 현재에도 세종시가 행정수도의 기능을 수행하고 있기에 '행정수도 완성'이라는 표현 또한 의미가 있다. 그런데 일각에서는 이 쟁점이 느닷없이 제기되었다며 정략적이라고 비판적 시각을 보였다.

하지만 행정수도 이전 문제를 급작스럽게 제기된 정략적 의제로 치부하기에는 우리나라의 공간적·지리적 불균형, 서울 및 수도권과 지방의 격차 문제가 더 이상 미룰 수 없는 심각한 수준에 이르렀다. 최근에서야 서울의 부동산 문제를 계기로 수도권 집중 문제가 다시 부각되었지만, 실은 지난 10여 년간 가속화된 서울과 수도권 과밀화는 국가적 미래에 어두운 그림자를 드리우고 있다. 인재를 키워내는 대학 교

육의 서울-지방 간 격차는 사회·경제적 격차보다 더 심각하다는 점에서, 반전이 없다면 미래의 전망은 더 어두울 것으로 예측된다. 이러한 격차 확대와 서울 집중 가속화는 서울의 과밀화 비용을 증가시켜 글로벌 시티로서의 경쟁력을 손상시키고 나아가 국가 경쟁력에 부정적인 영향을 미치고 있다.

따라서 나머지 행정부처와 국회, 청와대 등 주요 국가기관의 전면 이전을 통해 서울 집중을 완화하는 국가 전략을 시급히 추진해야 한다. 이와 함께 국토 전체의 균형발전에 대한 보다 적극적이고 장기적인 대처 방안 역시 필요할 것이다. 궁극적인 국가균형발전을 실현하기 위해서는 수도권 집중 완화만으로는 부족하기 때문이다. 결국은 지역이 어떤 방향으로 발전해 나아갈 수 있을지를 말해야 한다. 이에 이 글에서는 균형발전의 관점에서 행정수도 이전과 국토 전체의 광역권 발전 전략으로 권역별 메가시티를 제안하고자 한다. 행정수도 이전 방법 등 기타 법적·정치적 쟁점 부분은 다음 기회로 미루도록 하겠다.

행정수도 이전과 메가시티 형성의 가능성, 국토균형발전의 관점

행정수도가 이전하게 된다면 세종·대전·충청권에 거대 도시권이 형성될 것이라는 점은 쉽게 예상할 수 있다. 그런데 국토균형발전의 관점에서 볼 때 그 의미는 다소 혼란스러운 측면이 있다. 예컨대 경기연구원이 2012년에 발표한 〈메가 리전 형성에 관한 기초연구와 시사점〉 연구결과에 따르면, 당시 진행되고 있던 행정복합도시 이전과 관련하여 수도권-세종·대전·충청권으로 연결되는 메갈로폴리스(연담도시화)가 형성될 가능성이 크다고 보고 있다. 사실상 수도권과 세종시의 그렇게 멀지 않은 거리(양재IC에서 세종시까지 약 130km)를 고려할 때 이는 상당히 현실성 있는 예측이었으며, 현재도 메갈로폴리스는 형성 과정에 있다고 볼 수 있다. 더군다나 현재의 행정복합도시를 넘어 행정수도 이전이 본격적으로 진행된다면 이 같은 예측의 현실성은 더 높아질 가능성이 크다. 2012년은 서울 대도시권의 메가도시 전략에 대해 경쟁력 차원에서의 논의가 분분하던 시절이었고, 균형발전 관점에서의 문제의식은 미약했다. 그러나 현재는 국토균형발전의 관점에서 서울·충청 메가 리전의 가능성에 대해 비판적으로 고찰할 필요가 있다.

세종시가 본격적인 행정수도의 모습을 갖추고 지금보다 더 많은 인구와 기관 및 다양한 기업을 유인하게 된다면, 나아가 주변 지역과 함께 대도시권을 형성하게 된다면 균형발전 차원에서 이중적·모순적 결과를 초래할 가능성이 있다. 우선 세종시로의 행정수도 이전은 수도권으로부터 인구 및 산업 분산을 유인하여 수도권 집중을 완화하는 데 기여할 것이다. 이것이 참여정부 당시 행정수도 이전을 최초로 제기한 맥락이기도 하다. 그러나 다른 한편으로 수도권과 세종·충청권이 단일한 메가시티(메갈로폴리스) 형태로 연결된다면 이는 수도권의 연장이자 공간적 확대라는 의미를 가질 수도 있다. 즉 기존의 수도권이 서울을 중심으로 방사상 형태를 갖추었다면, '서울-세종'의 메갈로폴리스는 개뼈다귀 혹은 아령 형태의 메가시티를 형성하여 전체 국토의 중추 역할을 하게 될 가능성이 크다. 이는 수도권으로부터의 분산이라는 긍정적 의미를 갖는 동시에, 수도권의 외연적 확대와 타 지역과의 격차 심화(혹은 유지)라고 해석될 수도 있다. 그리고 당연하게도 타 지역

[그림 4-15]

출처: 세종시청 홈페이지.

의 소외감과 반발을 불러 일으키게 될 것이다. 이러한 결과는 국토 전체의 균형발전과 이를 통한 국가 경쟁력 강화라는 목표를 달성하는 데 걸림돌이 될 수 있다. 이 같은 부정적 파급효과가 발생할 가능성을 방지하고 행정수도 이전을 국토의 균형적 발전을 위한 필수적인 첫 단계 전략으로 만들기 위해서는 광역권의 관점과 권역별 발전 전략에 따라 행정수도 이전을 추구해야 할 것이다.

광역권 발전 전략의 중요성과 최근 경향: 해외 사례

행정수도 이전과 함께 광역권 발전 전략이 필요하다는 주장에 공감대가 형성되어 있다. 그 이유는 아마도 로컬(local: 기초지자체, 마을공동체 등) 단위로 잘게 쪼개진 지역 규모로는 정책을 둘러싼 중앙정부에 대응하는 협상력에서 한계가 있다는 판단에 의한 것이다. 더 나아가 현행의 광역시도 또한 국제적 경쟁력이 있는 인구 및 경제규모와 대정부 협상력 양 측면에서 부족하다는 인식에서 최소한 동남권, 대경권, 충청권, 호남권 등의 공간 규모가 논의되고 있다. 이는 기존의 '5+2' 접근과 크게 다르지 않다.

균형발전의 관점을 중시할 때 광역을 강조하는 것은 해외 사례에서 쉽게 찾아볼 수 있다. 가장 전형적인 사례로 프랑스의 균형발전 정책이 있는데, 이 정책은 광역 단위를 강조하는 방향으로 점점 진화되어 왔다. 2016년 1월 22개 레지옹(région, 지역)을 13개로 개편하고 광역의 계획 권한 및 협상력을 강화하여 국토균형발전과 국가 경쟁력 강화를 추구하고 있다. 또한 영국은 보수당과 노동당의 집권에 따라 로컬 중심 정책과 (분권화를 수반하는) 광역화 정책이 교차하고 있으며, 2014년 이후에는 광역 단위의 자율성에 기초한 도시권 협상(City Deals)과 도시연합광역시가 출범했다. 2010년 보수당 연정 집권 당시 기존 노동당 정부의 9개 광역 단위 지역개발청(Regional Development Agency: RDA)을 폐지하고 로컬리즘에 기초하여 39개의 로컬기업파트너십(Local Enterprise Partnerships: LEPs)을 출범하였다. 그런데 광역 단위의 분권화 필요성을 절감하여 '도시연합광역시' 전략으로 선회한 것이다(정준호 교수의 〈영국 보수당 연정 지역정책의 중앙집권화〉(2011) 참조). 미국 또한 오바마 정부 이후 광역 대도시권 강조를 통한 국가 경쟁력 강화 전략을 분명히 하고 있다. 영국이나 프랑스와 달리 균형발전에 대한 강조라기보다는 인구의 다수가 11대 메가(시티)리전에 거주하는 현실 속에서 광역 대도시권을 혁신의 중심이자 국가 번영의 추진 동력으로 간주하게 된 것이다. 이렇듯 강조점은 각각 다르지만 세 나라 모두 균형발전 및 국가 경쟁력 강화를 위해 광역권(혹은 광역 대도시 지역)을 강조하는 방향으로 도시 및 지역 정책이 발전해가고 있다.

네트워크형 메가시티를 추구해야

이러한 이유에서 행정수도 완성과 함께 국토 전체를 구성하는 여러 개의 광역권 발전 방안을 제안하는 것은 매우 중요하고 필수적이다. 그렇다면 광역권 발전과 경쟁력 강화 방안은 구체적으로 어떠해야 하는가? 많은 이들은 이미 그 답이 권역별 메가시티라는 점에 공감하고 있다. 그러나 그 실현 방식에 대해서는 보다 심화된 논의가 필요하다고 본다. 이는 메가시티 개념에 대한 이해와도 깊이 관련되어 있다.

형식적 정의에서 메가시티는 인구 1,000만 명을 넘는 거대 도시를 의미한다. 인구 규모를 기준으로 한 메가시티 순위에서 서울 대도시권(수도권)의 인구는 이미 2,000만 명을 훨씬 넘어 세계 5위권에 달한다. 인구 순위에서 뉴욕권, 도쿄권 등을 제외하고 세계 10대 메가시티의 대부분은 개도국에 위치하고 있다. 따라서 단순 인구 기준의 메가시티 정의에 기반하면 그 의미는 제한적이다. 반면 도시 경쟁력을 기준으로 한 세계 10대 메가시티는 〈표 4-7〉에서 알 수 있듯이 대부분 선진국의 대도시권으로 큰 차이를 보이고 있다. 여러 차이점 중 가장 중요한 특징은 미래지향적 메가시티가 수평적 네트워크 도시를 지향한다는 점이다.

<표 4-7> 세계 10대 메가시티 현황: 경쟁력 기준

순위	도시권 (국가)	1인당 GRDP (단위: $)	인구 (단위: 명)	면적 (단위: ㎢)
1	뉴욕권(미국)	55,900	21,500,000	33,725
2	런던권(영국)	33,722	15,500,000	20,590
3	도쿄권(일본)	32,913	34,400,000	13,281
4	로스앤젤레스권(미국	46,899	16,400,000	87,940
5	란스타드권(네덜란드)	33,753	7,250,000	6,888
6	파리권(프랑스)	41,947	11,130,000	12,001
7	싱가포르(싱가포르)	27,800	4,480,000	710
8	시카고권(미국)	48,491	9,600,000	21,986
9	라인-루르권(독일)	27,519	13,220,000	9,800
10	오사카권(일본)	27,278	17,060,000	14,399
11	서울-인천권(한국)	19,638	23,480,000	11,861

출처: "메가시티 미래의 경쟁력", 〈동아비즈니스리뷰〉 38호, 2009.

전통적인 대도시권(metropolitan area)과 네트워크형 메가시티리전 (Mega City Region: MCR) 사이에는 큰 구조적 차이가 있다. 기존의 대도시권이 거점 성장과 수직적 계층화에 기초하여 형성되었다면 메가시티는 구성하는 (대)도시들의 수평적 협력 및 상호 의존 관계를 통해 발전하는, 웹 네트워크를 지향하는 도시이다. 또 기존의 대도시권이 중심과 주변으로 나누어진다면, 네트워크형 메가시티에서는 다양한 흐름이 교차하는 결절성(nodality)이 중요하다. 각각의 결절은 다양한 중심지를 형성한다. 이처럼 새로운 공간 구조에서 메가시티는, 세계적 도시 학자 마누엘 카스텔(Manuel Castells)의 말처럼 "진정한 발전 동력"이자 "문화적·정치적 혁신의 중심"이고 "지구적 네트워크에 접속하는 연결점"이 될 것이다.

[그림 4-16] 란스타드를 구성하는 도시들

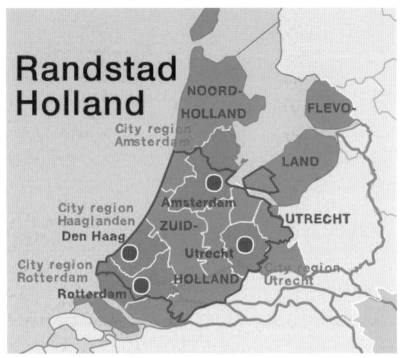

출처: Hans Pluckel, 〈RANDSTAD HOLLAND building a competitive and livable egion〉, Presentation for the OECD Working Party on Territorial Policy in Urban Areas (2006. 06. 06).

　　네트워크형 메가시티의 가장 성공적이고 전형적인 사례로 네덜란 드의 '란스타드(Randstad)'가 언급된다. 란스타드는 분권화 시대의 새 로운 국토 공간 구조로 로테르담, 암스테르담, 헤이그, 위트레흐트 등 여러 개의 주요 도시들이 환상형 구조로 연계되어 네덜란드 경제생활 권의 중심을 이루고 있다. 그런데 란스타드는 역사적으로 문화적 동질 성을 갖춘 지역이 아니라 1998년 4개 도시를 네트워크로 연결하는 대 도시권 계획(DeltaMetropolis)으로 수립되었다. 도시 간 교통 네트워크 의 강화, 지속가능하고 친환경적인 도시 발전, 특화된 산업 기반과 국제경쟁력 강화 등이 특징이다. 이는 지속가능하고 경쟁력 있는 통합적 도시 공간 환경 네트워크로서 의미가 있다. 개별 도시들의 규모는 크지 않지만 도시권 전체의 경쟁력은 세계적 수준이라고 평가받는다. 즉 특성화된 도시 간의 상호 협력을 통해 시너지가 창출되는 것이다. 행정수도 이전과 함께 미래에 완성될 새로운 국토 공간 구조의 핵심은 이처럼 상호 협력과 연계성에 기초한 네트워크형 메가시티가 되어야 할 것이다.

메가시티를 다핵 거점 연계 발전축으로

앞서 서술한 것처럼 전통적인 위계적 도시 체계와 수평적 네트워크 도시의 차이를 인식하지 못하면 기존의 5+2 광역권과 유사한 권역 구분에 기초하여 수도권과 함께 부산, 대구, 대전, 광주를 중심으로 광역권을 발전시키자는 주장에 쉽게 유혹될 수 있다. 그러나 광역권 강화 전략에서 거점형 발전 전략은 현실성이 낮은 이상적인 주장이다. 서울이 수도권과 국토 전체의 중심으로 기능하는 것은 사회·경제적인 '중심성(centrality)'이 강력하게 작동하기 때문이다. 그냥 내버려두어도 사람과 자본을 블랙홀처럼 빨아들이는 구심력이 있기에 가능한 모델이다. 동남권에서 부산이 그런 역할을 할 수 있는가? 호남권에서 광주가 그런 역할을 할 수 있는가? 아마도 쉽지 않을 것이다. 수도권 모델을 복제하는 전략은 비생산적이며 성공 가능성이 낮은 길이다. '부울경 메가시티'론이 등장한 것은 그래서 자연스러운 현상이다. 부산이 동남권의 제1도시이고 중심 도시이긴 하지만 사회·경제·문화 등 모든 분

[그림 4-17] 권역별 발전축 형태

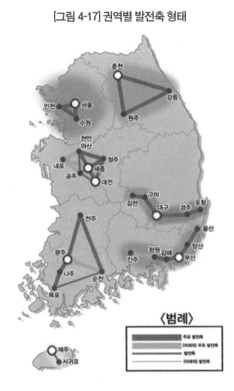

〈범례〉

야의 절대적인 중심으로서 서울과 같은 역할을 하기는 힘들다.

따라서 권역 내에서 여러 개의 거점 도시로 구성된 다핵의 공간 구조가 필요하고, 나아가 '다핵 거점'을 연계하는 발전 전략으로서 메가시티를 구상해야 한다. 그런 점에서 여러 개의 거점을 연계하는 (공간적) 발전축이 대단히 중요하다. 그리고 이러한 발전축은 미래의 완성된 네트워크 도시로 나아가는 징검다리이다. [그림 4-17]을 보면 각 권역의 발전축은 다양한 형태를 띠고 있는데 이는 크게 세 가지 형태로 구분할 수 있다. 첫째, 회랑형(Corridor) 발전축(대경권과 동남권), 둘째, 트라이앵글형 발전축(호남권과 강원권), 셋째, 다이아몬드형 발전축(세종·대전·충청권)이다. 단핵 도시(거점 도시)에서 회랑형 연담도시를 거쳐 수평적·입체적 네트워크 도시로 진화하는 메가시티의 발전 과정에서 보면, 회랑형보다 트라이앵글형 발전축이 더 긍정적 형태로 보일 수 있다. 그러나 동남권의 회랑형 발전축은 수십 년간의 산업투자가 누적된, 촘촘하게 이어진 대도시의 연담화 라인으로 메가시티 전략에서 다른 지역보다 오히려 나은 조건에 있다. 회랑형 도시축이지만 쉽게 네트워크형으로 진화할 수 있는 조건에서 더 유리하다는 점이다. 즉 각 형태의 장단점이 있다고 말할 수 있다.

新수도권으로서의 세종·대전·충청권 메가시티

세종·대전·충청권의 다이아몬드형 발전축은 현재는 단지 가능성이지만 매우 이상적인 형태이다. 세종시의 입지적 우수성과 발전성에서 강조할 점은 주변에 중요 도시 및 대도시(대전, 청주, 천안·아산, 내포, 공주)를 동서남북 방향으로 적절한 거리에 두고 있다는 것이다. 주변으로의 확장성과 순환성 면에서 다른 권역에 비해 장점을 갖고 있다. 또한 이들 도시가 현재 대체로 세종시보다 인구 규모가 훨씬 크다는 점도 발전성 면에서 긍정적인 요소이다. 한 가지 문제는 세종시를 기준으로 했을 때 동쪽으로 편향되어 있다는 점이다. 이는 충청남도의 도청 소재지인 내포가 도시 형성 초기 단계에 있으며 적은 인구와 함께 타 도시들과의 연결성도 아직은 미약한 수준이기 때문이다. 하지만 내포가 도시 체계의 결절(node)로서 적절한 역할을 수행할 때 세종시 행정수도의 파급효과가 충청 지역 곳곳으로 뻗어나가고 순환적인 흐름이 완성될 수 있다.

세종시로의 행정수도 이전 추진 과정에서는 주변 광역시도와의 연계성 강화 또한 중요한 부분이다. 광역 교통망 강화를 통해 연계성이 좋아질수록 파급효과가 공간적으로 멀리까지 뻗어나가고 오히려 주변 지역에서 인구를 빼앗아오는 제로섬 현상이 줄어들 수 있다. 다만 교통망을 강화하되, 그 방향과 원칙이 무엇보다도 중요하다. 서울(수도권)과 비교하자면 서울 대도시권은 전형적인 거점형 도시의 발전 과정을 거쳐 메가시티의 규모로까지 성장했다. 그 과정에서 지방의 자원과 사람을 거침없이 흡수했다. 교통망 역시 이러한 공간 관계를 반영하듯 서울을 중심으로 (완전하지 않은) 방사상 패턴으로 발달했다. 교과서적 의미에서 방사형 가로망은 중심에서 주변의 여러 방향으로 뻗어나가는 길과 이를 가로지르는 동심원 상의 환상 가로망의 이상적 형태로 구성되지만, 일부 계획도시의 중심부를 제외하고는 대체로 환상 가로망이 늦게 발달하여 방사상의 도로 중심으로 도시 발달이 이루어진다. 이러한 방식으로 서울 중심의 공간 구조가 강화되어온 것이다. 이같은 방사형 공간 구조는 서울 집중을 지속적으로 재생산하는 계기가되었다. 서울 중심의 공간 구조에서는 인천, 수원, 춘천 등 모든 곳에서서울로 가는 길이 우선이었다. 외곽을 연결하는 교통망은 서울 집중이한참 진행되고 나서야 형성되기 시작했다. 세종·대전·충청권 메가시티는 이와는 다른 방식으로 만들어져야 한다.

세종·대전·충청권 메가시티의 순환적 공간 구조

세종·대전·충청권 메가시티의 공간 패턴은 수도권과 달리 연계성과 순환성을 기초로 구성되어야 할 것이다. 교통망은 신수도권 중심과외곽을 연결시키는 동시에 외곽의 도시 지역을 순환적으로 연계하도록 구축될 것이다.

[그림 4-18]을 참조하면, 1차 내부 순환은 대체로 세종시를 중심으

로 충청의 주요 도시들, 즉 대전, 청주, 천안·아산, 내포, 공주를 연결하는 다이아몬드 모양을 공간축으로 형성될 것이다. 가까이는 공주가, 멀리는 내포가 다이아몬드의 서쪽 끝을 형성하는 가변적인 공간 구조를 가정할 수 있다. 서울(수도권)이 좁은 중심부에서 고밀화를 견디다 못해 외곽으로 터져 나오기 시작한 네거티브적 도시 확산의 패턴을 따랐다면 세종 신수도권은 이미 뼈대가 형성된 네트워크적 공간 구조에서 지나친 과밀을 지양하면서 충

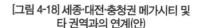

[그림 4-18] 세종·대전·충청권 메가시티 및 타 권역과의 연계(안)

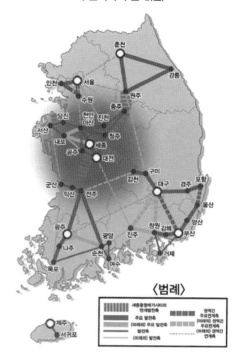

출처: 필자.
※ 그림17과 그림18은 5대 광역권(5+2)에 기초한 예시로 3대(초)광역권 메가시티전략, 그리고 강원, 제주, 전북 등 특성이 분명한 지역에 대한 강소권역 전략과 함께 최종안 도출을 위해 심층적 검토가 필요함.

분히 넓고 쾌적한 공간 규모로 광역의 중심부를 형성할 것이다. 그리고 1차 순환축의 주요 도시들은 각각 특화된 산업 기반 및 인프라와 발전 목표를 구축하면서 서로 협력 관계를 형성하게 된다. 그러한 연계성이 제대로 발휘될 수 있도록 장기적으로 수도권의 ITX 혹은 GTX급의 순환 교통망을 통해 각 지역을 촘촘하게 연결할 것이다.

네트워크 도시에서는 거점 간 시간 거리가 중요하기에 고속의 연계

교통망은 필수적이며, 예비 타당성의 논리를 넘어 메가시티의 국가 경쟁력 차원에서 정부가 재정을 지원해야 한다(이는 당연히 타 권역의 메가시티에도 해당된다). 그리고 외곽의 2차 외곽 순환은 서산-당진-천안·아산-진천-충주(원주)-김천·구미-전주·익산·군산으로 이어지는 오각형(pentagon)에 가까운 환상(環狀)형 교통망을 통해 이루어진다. 이 외곽 순환축 결절상의 도시들은 신행정수도권의 외곽 지대를 연결하면서 세종·대전·충청권 메가시티의 사회·경제적 파급효과를 국토 공간의 타 권역으로 연계시키는 외부 결절을 구성한다. 중심부의 다이아몬드에서 전국으로 뻗어나가는 발전축과 이를 수직으로 연결하는 외곽의 순환선은 연계를 통한 시너지를 가능케 하는, 문자 그대로 웹 네트워크 도시 체계를 형성하게 된다.

메가시티의 발전 경로와 동남권 메가시티
(혹은 영남권 그랜드 메가시티)

그리하여 다시 한번 메가시티의 발전 방향을 정리하면 다음과 같다. 첫째, 메가시티를 구성하는 주요 거점 도시들 간의 기능 전문화가 중요하다. 역할이 특화되어야 무익한 경쟁보다 상호 의존의 시너지가 발생한다. 둘째, 발전축의 여러 도시에 중요 기능을 분산시킨다. 셋째, 거점 도시 간 연계 광역 교통망을 강화한다. 넷째, 궁극적으로 순환형, 입체적 네트워크 도시를 지향한다. 달리 말하면 각 권역의 메가시티는 단일 거점(점, nodes)⇒ 회랑형 중심축(선, corridor)·순환형 네트워크 도시(면, network)의 방향으로 진화해 갈 것이다([그림 4-19] 참조).

[그림 4-19] 메가시티 발전 경로

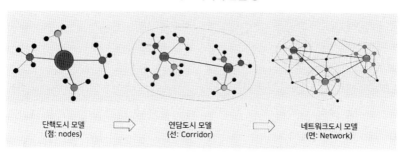

단핵도시 모델　　　　연담도시 모델　　　　네트워크도시 모델
(점: nodes)　　　　　(선: Corridor)　　　　(면: Network)

[그림 4-20] 영남권 메가시티 공간구조(안)

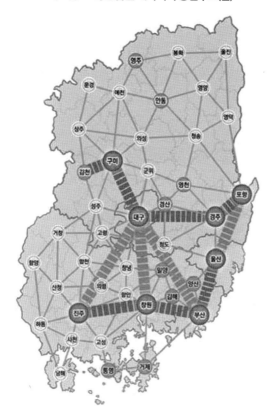

출처: 필자.

순환형 메가시티는 광역 지방정부의 유연한 리스케일링(re-scaling) 전략과 결합될 수 있다. [그림 4-20]에 나타난 것처럼, 동남권과 대경권의 현재 발전축은 상대적으로 강력하지만 그다지 입체적이지 않다. 그러나 이 둘을 연계시켜 하나의 (초)광역 단위로 구성한다면 입체적이고 순환적인 체계의 가능성이 훨씬 높아진다는 것을 알 수 있다. 이러한 점에서 최근 동남권과 대경권이 협의 수준이 낮은 편이지만 초광역 단위의 협의체를 구성하겠다고 나선 것은 상당히 합리적인 선택이 될 수 있다.

행정수도 이전과 메가시티 전략의 의미

행정수도의 이전과 완성뿐 아니라 광역권 발전 전략을 메가시티(리전)의 전략하에서 추진하는 것의 의미는 국민들이 모든 지역에서 적정한 삶의 질을 유지할 수 있도록 국토의 균형발전을 추구하는 데 있다. 나아가 메가시티는 국가 경쟁력 강화를 위한 엔진이자 발전축이다. 비유하자면 지금까지 우리나라는 수도권이라는 하나의 강한 엔진으로 달리는 차였다고 할 수 있다. 잘 달리고 있어도 불안하고 리스크가 있는 것이다. 권역별 메가시티 전략을 통해 대한민국을 3개 혹은 그 이상의 엔진으로 달리는 차로 만들어야 한다. 행정수도 이전 또한 궁극적으로 국가의 경쟁력과 국민의 지속가능한 삶을 위한 것이다. 하향평준화하는 균형을 원하는 이는 아무도 없다. 중요한 것은 균형을 맞추며 '발전'하는 것이다. 미국이 오바마 정부 이후 메가(시티)리전을 국가 도시 전략의 중심 과제로 삼고 있는 것을 참고할 필요가 있다.

행정수도 이전과 메가시티 전략을 통해 글로벌 시티 수도권의 국제 경쟁력은 더욱 강화될 것이다. 행정수도의 기능을 양보하는 대신 다국적기업의 본사 및 국제기구 유치, 국제금융의 허브 역할 강화 등을 통해 경제수도로서의 경쟁력은 오히려 강화될 것이다. 세계는 바야흐로 메가시티의 시대이며, 메가시티는 부인할 수 없는 글로벌 트렌드이다. 세계화와 분권화(지역화)가 동시에 강화되는 시대적 환경에서 네트워크형 공간 구조와 메가시티는 매력적인 국토 전략이다. 메가시티 전략을 통해 수도권뿐 아니라 동남권, 세종·대전·충청권, 그리고 여러 광역권이 새로운 혁신의 네트워크로 변모해야 할 것이다.

제38장

'지속가능한 자치분권·균형발전 생태계'의 구축

소순창 정책기획위원회 분권발전본과 위원장, 건국대 교수

서론

한국 사회는 저출산·고령화, 청년 실업, 공교육비의 부담 증가, 고용 없는 장기 저성장으로 전환기적 위기를 맞고 있다. 따라서 주민주권의 토대 위에 분권과 자율의 지방자치시스템을 통한 국가 개조를 단행하고, 국가균형발전도 기존의 중앙정부 주도에서 지역 중심(지방정부)의 패러다임으로 전환할 필요성이 대두되고 있다.

그러나 중앙집권적인 국가 운영은 비효율적 방향으로 진행되고 있다. 한편, 중앙집권세력(예: 중앙정부, 중앙정치, 중앙언론, 재벌)은 연대하여 중앙집권체제를 공고히 하였고, 국가 운영이 왜곡되고, 편향되는 것에 일조하고 있다. 또한 이들 중앙집권세력은 수도권과 비수도권의 격차를 고착화시키고, 지방정부의 자율성을 훼손하며, 장기적으로 국가 발전의 동력을 왜곡하는 방향으로 작동하고 있다.

따라서 한국 사회는 당면한 위기와 과제를 해결하기 위하여 중앙정부와 지방정부, 수도권과 비수도권, 대도시와 중소도시(농촌 포함)가 함께 상생할 수 있는 '지속가능한 자치분권·균형발전 생태계'를 구축해야 하는 전환기적 상황에 놓여 있다.

지속가능한 자치분권·균형발전의 가치와 비전

자치분권은 기본적으로 자유시장경쟁 시스템이 작동하도록 하는 '자율'의 가치에 근거하고 있다. 반면 균형발전은 지역이 골고루 잘 사는 '형평'의 가치에 뿌리를 두고 있다. 자치분권을 강조하여 추진하다면 분명 지역 간 격차가 심해질 것이다. 이러한 지역 격차는 이미 도를 넘어 국가 발전의 걸림돌이 되고 있다. 따라서 문재인 정부는 이러한 심대한 격차를 줄이고 함께 '골고루 발전하는 지역'을 목표로 균형발전을 추진하고 있다.

"지방분권이 지방을 망친다"라는 주장은 자치분권이 강화될수록 지역 간의 격차가 극심해진다는 것이다. 그래서 균형발전으로 지역의 자생력을 어느 정도 키우고 나서 자치분권을 추진해야 한다는 주장이다. 재정 등의 역량이 높은 지역은 지속해서 경쟁에서 이기는 반면 재정역량이 떨어지는 곳은 도태되고, 궁극에는 소멸한다는 극단적인 주장이다.

자치분권 없는 균형발전은 지역의 자율성을 약화시켜 수동적이고 중앙정부에의 의존적인 내성만 키우게 될 것이고, 균형발전 없는 자치분권은 지역 간의 격차만 심화시켜 국가의 부담으로 작용할 수 있다. 따라서 지속가능한 자치분권·균형발전 생태계의 구축은 자치분권과

〈표 4-8〉 지속가능성, 자치분권, 균형발전의 이념적 지향과 가치

구분	지속가능성	자치분권	균형발전
이념적 지향	상호주의	자유주의	평등주의
추구하는 가치	공정	자율	형평
실천적 전략	자생적, 지속적	자율적, 경쟁적	의도적, 강제적

균형발전의 수레바퀴가 함께 작동할 때 가능하다.

　모든 지역이 지속가능한 생태계를 구축하려면 1차적으로 '자치분권'이라는 시스템을 구축하고, 2차적으로 '균형발전'을 추진하는 전략적 선택이 필요하다. 국가 주도적 균형발전은 지역이 수동적, 소극적이고 중앙정부에 의존적이게 될 수 있다. 따라서 '자치분권'이라는 시스템을 선행적으로 구축하고, 지역이 스스로 자생(自生)할 수 있도록 지속가능한 생태계를 구축해야 한다.

　지방이 스스로 '지속가능한 자치분권 및 균형발전 생태계'를 구축하기 위하여 최소한 핵심적인 초·중·고 및 대학의 교육 기능, 복지 기능, 그리고 지역산업 및 경제 활성화 기능을 지방정부(초광역지역정부)에

[그림 4-21] 2020년 10월 13일 청와대 영빈관에서 열린 제2차 한국판 뉴딜 전략회의에서 김영록 전남도지사가 전남의 '해상풍력단지 조성을 통한 그린뉴딜' 정책을 발표했다. 문재인 대통령, 홍남기 부총리, 전국 17개 시도지사가 참석해 한국판 뉴딜의 지역 확산과 창조적 구현 방안을 논의했다.

출처: 전라남도지사 홈페이지.

이양해야 한다. 더불어 기능(일)뿐 아니라 그 기능을 수행하기 위한 재정(돈), 인력(사람), 그리고 권한(힘)이 동시에 이양해야 한다.

다시 말해 우리 사회가 처한 위기에 대응하고, 당면 과제인 일자리·지역경제·교육·복지문제를 해결하기 위하여 지금까지 중앙정부가 주도적으로 집행해왔던 지역산업 및 경제 활성화 기능, 공교육(초·중·고·대학교육) 기능, 그리고 복지 기능은 '기능별 지방일괄이양법'을 제정하여 우선해서 지방정부에 이양해야 한다.

더불어 이러한 기능을 수행하기 위하여 국세·지방세의 비율을 7:3에서 6:4까지 점차 조정하고, 중앙정부가 처리했던 위의 3가지 핵심기능에 따른 재정을 지방정부에 함께 포괄적으로 이양해야 한다. 궁극적으로 자치분권 및 균형발전의 지속가능한 생태계가 지방정부에 구축되도록 하여 지역 간 격차를 해소하고 지역이 고루 발전하여 국가의 경쟁력을 강화하는 방향으로 나아가는 전략적 선택이 필요하다.

마지막으로 이러한 핵심적인 3대 기능을 집행하기 위하여 중앙정

〈표 4-9〉 '골고루 발전하는 지역' 구현을 위한 전략

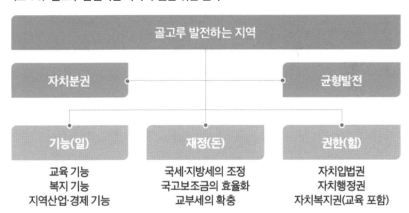

[그림 4-22] 지속가능한 자치분권 및 균형발전 생태계의 비전체계

비전	지속가능한 자치분권·균형발전 생태계의 구축

↑

목표	지속가능한 자치분권 생태계 구축 (분권수준 목표 : 지방분권 수준 40% 이상 달성)	**+**	지역선순환 구조의 균형발전 구축 (균형수준 목표 : 수도권 집중도 30% 미만 달성)

↑

전략	• **자치분권 전략** - 초광역지방정부 구축 - 획기적 역할 배분 - 재정구조 건전화	**+**	• **균형발전 전략** - 인구 분산 전략 - 경제·생활권 재편 - 혁신역량 강화
	• **종합전략** - 미래 혁신형 정부조직 개편		

↑

과제	• **초광역지역정부 구축 전략** 　① 광역계층 재편, ② 특례도 설치, ③ 광역시 일반시 전환 • **획기적 역할 배분 전략** 　① 연방제 수준 분권 목표 설정, ②기능배분 방식 전환, ③ 핵심기능 지방이양 • **재정구조 건전화 전략** 　① 세입세출 균형화, ② 이전재원 조정(국고보조금 폐지) • **인구분산 전략** 　① 제2차 공공기관 지방이전, ② 국회 등 이전 • **경제·생활권 재편전략** 　① 초광역 경제·생활권 구축, ② 균형발전 기능 이양 • **혁신역량 강화 전략** 　① 특화산업 배치, ② 산학연 연계 네트워크 구축, ③ 지역별 특화정책 수립 • **미래 혁신형 정부조직개편 전략** 　① 교육-복지(의료)-지역경제(산업)기능의 지방이양을 전제한 정부조직개편 　② 일(기능)-돈(재정)-사람(공무원)을 포괄적으로 지방이양한 정부조직개편 　③ 자치분권과 균형발전을 통합적으로 추진하는 '국가균형원'(가칭)의 설치

부가 기획 및 통제하고, 지방정부는 집행만 하는 수직적 관계를 탈피하고, 지방정부가 스스로 기획부터 집행까지 책임 있는 행정을 할 수 있도록 ① 자치입법권, ② 자치행정권, ③ 자치재정권, 그리고 ④ 자치복지권을 충분히 보장해야 할 것이다.

'지속가능한 자치분권·균형발전 생태계'의 구축은 '지속가능한 자치분권 생태계'의 구축과 동시에 '지역 선순환구조'의 균형발전 기반 확립을 통하여 국가주도가 아닌 지역주도의 발전 기조를 구축하는 통치구조의 전환이다. 이를 통하여 국가대비 지방의 분권수준을 40% 수준으로 달성하여 지방정부의 자율적 정책기반을 구축하고, 수도권의 편중도를 현재의 50% 수준에서 30% 미만 수준으로 완화하여 전국이 골고루 잘사는 국가를 구축하는 것이다.

지속가능한 자치분권 및 균형발전 생태계의 공간단위

문재인 정부는 연방제 수준의 자치분권을 천명하였다. 이러한 개혁 작업은 지방분권형국가로 국가운영의 기본 틀을 혁신하고자 하는 것이다. 그러나 이러한 작업의 초기 전략이었던 지방분권형 개헌은 국회의 벽을 넘지 못하고 미완으로 그치고 말았다.

아쉽지만 이러한 개혁 작업을 추진하는 것을 지속한다면 무엇보다도 중요한 것은 국가운영의 틀(구조)이다. 그 중에서 자치분권과 균형발전을 동시에 추진하기 위하여 지속가능한 자치분권 및 균형발전 생태계의 공간단위에 대한 논의가 필요하다.

먼저, 우리나라는 지자체의 평균 인구가 다른 나라와 비교할 때, 1

개 지방정부 당 인구가 약 205,000명으로 가장 많다. 또한 평균 면적을 보면 호주(12,900km²), 뉴질랜드(3,700km²), 캐나다(2,700km²), 스웨덴(1,550 km²), 영국(562km²), 덴마크(440km²), 그리고 한국이다. 지방정부의 평균 면적이 연방국가를 제외하면 동메달감이다. 이러한 인구나 면적의 현실을 무시하고 지난 국회에서는 현재의 기초지자체 3~4개를 통합하려는 시도를 감행하였다. 그러나 지방자치제도의 본질을 흔들 수 있다는 비판으로 무산되었다. 그럼에도 자치분권과 균형발전을 함께 추진할 수 있는 자치분권 및 균형발전 생태계를 구축하기 위한 공간단위의 논의는 지속적으로 추진되어 왔고, 최근 부울경(부산·울산·경남), 대구·경북, 광주·전남, 그리고 대전·세종이 초광역지역정부의 구성에 대한 내용을 심도 있게 논의하고 있다.

먼저, 이승종 교수는 광역시와 도 간 분리에 따른 문제점을 해소하기 위해 광역시와 도를 통합하여 현행 1특별시, 7광역시(세종시 포함), 8도(제주도 포함)의 16개 시도체제를 1특별시, 9개시도 체제로 전환하는 안을 제기하였다. 광역시는 인구와 산업이 집중해 있는 대도시의 특성을 감안하여 기초지방자치단체화 하되, 도(道)로 부터의 감독범위를 축소하고 일반시보다 높은 수준의 자율권을 부여하는 것이었다.

또한 과거 선진당 이회창 총재는 16개 시도를 경기권, 충청권, 호남권, 경상권으로 개편하고, 지역적 특성을 감안하여 서울, 강원도와 제주특별자치도는 현행대로 유지하는 '강소국연방제안'을 발표한 적도 있다. 지리적 경계선을 허물고 경제권 중심으로 국가경쟁력을 제고하자는 안이다.

해외에서도 지방정부의 광역화를 통한 지역의 경쟁력을 확보하고 궁극적으로 국가경쟁력을 제고하려는 논의가 다양하게 이루어지고 있

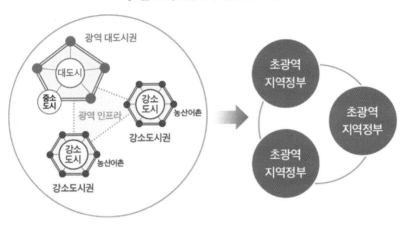

[그림 4-23] 초광역지역정부의 구상

다. 일본의 도주제(道州制), 프랑스의 대규모 하천 유역을 중심으로 6개 대권역 통합안, 그리고 독일의 베를린, 브레멘, 함부르크를 제외한 8개 주를 6개 주로 통합하려는 안이 논의되고 있다.

이제 자치분권과 균형발전을 지역주도로 추진하기 위하여 기존의 지방행정체제를 연방제 수준의 지방분권 추진을 위하여 새로운 지방행정체제로 개편하는 작업이 필요하다. 과거 참여정부 말에 제안하고, 이명박 정부가 추진하려 했던 '5+2 광역경제권'을 중심으로 연방제 수준의 지역정부를 구축하는 새로운 지방행정체제의 개편이 필요한 전환기적 시대이다. 저출산·고령화시대와 제4차 산업혁명의 시대에 대응하고, 통일을 대비한 지속가능한 자치분권 및 균형발전 생태계를 구축하는 차원에서 심도있는 논의가 필요하다.

지속가능한 자치분권 및 균형발전 생태계는 중앙정부와 지방정부의 획기적인 역할 재정립이 필요하며, 현재 중앙정부가 수행하고 있는 '교육 기능', '복지 기능', '지역경제 활성화 기능'을 중심으로 '초광역

지방정부'에 이양해야 한다. '기능'(일)뿐 아니라 '권한'(힘), '재정'(돈), '중앙정부의 인력'(사람)을 포괄적으로 지방정부에 이양하여 지역의 교육, 복지, 지역경제산업을 활성화하도록 하여 '지속가능한 자치분권 및 균형발전 생태계'를 구축하도록 하여야 할 것이다. 궁극적으로 교육-복지-지역경제산업을 연계 활성화하여 지역주민의 편익을 도모하고, 지역의 일자리까지 창출할 수 있으며, 더 나아가 국가경쟁력을 제고할 수 있는 방향으로 확대해야 한다.

이를 위하여 현재 중앙부처(교육부, 보건복지부, 산업통상자원부 등)가 수행하고 있는 교육, 복지, 지역경제활성화 기능이 '초광역지역정부'에 획기적으로 이양되는 중앙부처의 '국가개조론'이 과감하게 추진되어야 한다. 이러한 국가 개조론은 최소한 교육 기능, 복지 기능, 그리고 지역경제 기능을 '초광역지역정부'로 이양하기 위한 '기능별 지방일괄이양법'의 제정으로부터 추진할 수 있다.

[그림 4-24] 2020년 11월 16일 당·정·청이 한자리에 모여 개최한 제3차 한국판 뉴딜 전략회의에서 강훈식 더불어민주당 지역균형발전분과장이 발표하고 있다.

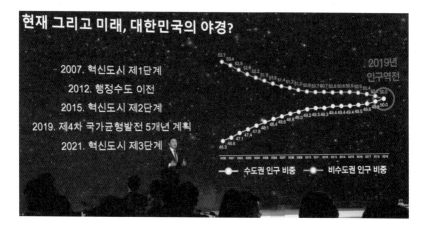

방향과 전망

자치분권과 균형발전은 수레의 앞뒤 바퀴라고 할 수 있다. 자치분권은 시스템의 구축이라 할 수 있고, 균형발전은 자치분권을 통하여 지역이 자율적으로 살아갈 수 있는 소프트웨어를 채워가는 것이라고 할 수 있다. 자치분권과 균형발전이 함께 가야만이 지역의 문제를 스스로 해결할 수 있는 지속가능한 시스템이 구축될 수 있다.

이로써 중앙정부의 눈치를 보지 않고, 또 중앙정부의 힘을 빌리지 않고 자립적으로 지역이 살아날 수 있는 일(기능), 힘(권한), 돈(재정), 그리고 사람(인력)을 지역으로 포괄적으로 이양하여, '지역이 골고루 발전할 수 있는 지속가능한 자치분권·균형발전 생태계의 구축'이 우선적으로 추진되어야 한다.

참여정부를 반면교사 삼아 균형발전이 먼저이고, 자치분권이 뒷전이게 되면 지역균형발전은 중앙정부에 의하여 수동적인 정책에 그치고 말 것이다. 각 지방정부가 자율적으로 지역발전을 도모할 수 있는 균형발전과 자치분권의 구축이 동시에 이루어지지 않으면, 지방정부는 중앙정부의 '떡고물'만 받아먹으려는 수동적 자세에 안주할 수 있다.

따라서 '자치분권'의 시스템을 구축하면서 동시에 '균형발전'을 추진하는 전략이 요구된다. 지속가능한 자치분권 및 균형발전 생태계는 수도권과 비수도권, 대도시와 중소도시, 그리고 중소도시와 농촌이 서로를 포용하는 시스템을 자치분권과 균형발전이라는 양 수레바퀴를 통하여 추진해나가야 할 것이다.

기존의 내용을 보수적인 차원에서 답습하고 논의하는 것은 새로운

'이상 세계'에 도달할 수 없는 한계가 있고, 지금까지의 자치분권 및 균형발전에 대한 논의가 그런 점에서 답보 상태에 있었다는 것을 반성하고 새로운 결단 및 추진전략을 도모해야 한다.

균형발전을 논의하는 국가균형발전위원회, 자치분권을 추진하는 자치분권위원회, 그리고 국정과제를 조정 및 관리하는 정책기획위원회가 통합·연계하여 논의하는 것도 필요하다. 자치분권과 균형발전의 정책 과제를 추진하는 과정에서 할거되어 있는 중앙부처를 통합하고 주도하여 추진하는 중앙정부의 조직이 필요하다.

제39장

문재인 정부의 자치분권과 균형발전의 성과와 과제
: 지속가능한 생태계의 구축

소순창 정책기획위원회 분권발전본과 위원장, 건국대 교수

서론

지방분권 및 국가균형발전은 김대중 정부에서 디딤돌을 놓았고, 참여정부에서 대통령의 남다른 의지로 강력하게 추진하였으나 미완의 과제로 남게 되었다. 그 후 10여 년간 미온적이고, 답보 상태였던 자치분권 및 균형발전 정책은 '촛불혁명'을 통하여 문재인 정부가 출범하면서 남다른 기대와 함께 '고르게 발전하는 지역'의 국정목표 아래 4년간 노력을 기울여왔다.

문재인 정부는 5대 국정목표 중에서 자치분권과 균형발전의 국정목표를 '고르게 발전하는 지역'으로 설정하고, '풀뿌리 민주주의를 실현하는 자치 분권', '골고루 잘 사는 균형발전' 그리고 '사람이 돌아오는 농산어촌'이라는 3대 추진전략과 11개의 국정과제를 추진하여 왔다. 문재인 정부 출범 4년에 즈음하여 자치분권 및 균형발전 정책의 추진성과를 돌아보면서 큰 기대만큼 실망 또한 없지 않으나 또 새로운 여정을 위한 평가와 방향을 제시할 필요가 있다.

자치분권 및 균형발전의 국정과제는 정부의 의지만 있다고 해결되

[그림 4-25] 정책기획위원회와 새마을운동중앙회의 한국판 뉴딜의
지역기반 강화를 위한 공동선언(2021.04.13)

출처: 정책기획위원회.

는 과제가 아니다. 기존의 질서체계에서 이해관계를 달리하고 있는 세
력들과의 대결구도를 새로운 혁신적 질서체계로 개혁하는 과정이다.
역대 정부가 자치 분권 및 균형발전의 추진성과가 미흡한 것은 기존
질서체계에 안주하거나 타협하고 말았기 때문일 것이다. 과연 문재인
정부는 풀뿌리 민주주의를 실현하는 자치분권과 골고루 잘사는 균형
발전 그리고 사람이 돌아오는 농산 어촌으로 과감한 개혁을 추진하고
있는지를 돌아보고 앞으로의 과제를 제시해 보고자 한다.

자치분권의 성과와 과제

문재인 정부는 풀뿌리 민주주의의 실현을 위한 '자치분권 로드맵'
을 대통령소속 '자치분권위원회'에서 2017년 10월에 발표하여 ① 중
앙권한의 획기적 지방 이양, ② 강력한 재정분권 추진, ③ 자치단체의

자치역량 제고, ④ 풀뿌리 주민자치 강화, ⑤ 네트워크형 지방행정체계 구축 등 5가지 핵심전략을 마련하였다.

첫째, 중앙권한의 획기적 지방 이양은 「지방일괄이양법」을 제정하여 16개 중앙부처 소관 46개 법률이 규율하던 400개 사무를 일괄적으로 지방정부에 이양하는 등 중앙정부의 권한을 획기적으로 지방정부에 이양하였다. 물론 국회의 이양 심의과정에서 이양이 제외된 사무도 있었으며, 보다 적극적으로 중대사무의 '기능'별 일괄 이양으로 추진하지는 못하였지만 역대 정부에서 추진하지 못했던 일괄 이양을 추진하였다는 점에서 획기적 성과라 할 수 있다. 향후 중앙행정권한을 지방으로 이양하기 위하여 지방 이양이 가능한 중앙사무를 추가 발굴할 경우, 소단위 사무의 이양이 아니라 중·대단위의 '기능'별 일괄 이양의 방향으로 추진해야 할 것이다.

둘째, 강력한 재정분권 추진은 '1단계 재정분권'을 통하여 연간 약 8조 5천억 원의 재원을 중앙에서 지방으로 이전하는 지방재정 확충의 기반을 마련하였다. 앞으로 '2단계 재정분권'을 통하여 국세와 지방세의 비율을 합리화 하고, 지역의 '일'을 지역이 자율적으로 결정하여 처리할 수 있는 재정적 확충이 완성되어야 할 것이다. 향후 '2단계 재정분권'이 연내에 이루어지도록 관련 부처 및 지방4단체의 협력적 노력이 요구되고 있다.

또한 지방의 자율성·책임성 강화를 위하여 2020년 3조 6천억 원 규모의 국고보조사업을 지방정부의 일반사업으로 전환하고, 지역상생기금 규모 확대 및 소방안전교부세율 25%p 인상 등으로 재정분권의 가시적 성과를 창출하였다. 지방세·세외수입 체납징수를 강화하여 체납률을 감소시키고 재정 건전성을 제고하였다.[9] 그리고 주민참여예산 제도의 참여범위를 예산편성에서 예산의 편성·집행·결산 등 예산 전 과정으로 확대하여 운영하고 있으며, 예산바로쓰기 국민감시단의 확대·편성 등으로 지방재정 운영의 투명성을 강화하였다. 주민참여예산 규모도 2017년 1만 3천 개 사업, 1조 9백억 원에서 2020년 2만 8천 개 사업, 1조 6천억 원으로 확대하였다. 17개 시·도별 국민감시단을 구성하여 245명에서 300명까지 확대 운영하고 있다.

향후 지방재정 확충 등을 위하여 「고향사랑 기부금법」의 조속한 제 정이 필요하며, 주민참여예산제도의 활성화를 위하여 주민참여예산기 구 설치 및 차세대 지방재정관리시스템과 연계한 온라인 플랫폼 구축 등의 방안 모색이 필요하다.

셋째, 자치단체의 자치역량 제고 및 풀뿌리 주민자치 강화의 추진 과제는 2020년 12월, 32년 만에 지방자치법 전부 개정안이 통과되면 서 상당 부분 성취되었다. 자치단체 자치입법권의 보장 및 강화와 지 방의회의 정책지원 전문인력 도입 및 지방의회 인사권의 독립을 통하 여 자치단체의 자치역량이 제고되었다. 특히 주민 참여권 신설, 주민 투표·주민소환·주민조례발안[10]·주민감사에 관한 법률 제·개정, 주민 참여예산제도 확대 등 지방자치단체의 정책과정 전반에 주민 참여를 확대하여 풀뿌리 주민자치가 강화되었다. 또한 주민자치회 및 마을공

---

9 지방세 체납률은 2016년 5.11% → 2017년 4.71% → 2018년 4.13% → 2019년 3.73% 로 낮아졌으며, 지방세 외수입 체납률은 2016년 16.0% → 2017년 16.2% → 2018년 15.1% → 2019년 13.0%로 낮아졌다.

10 투표 최소구역 조정, 주민소환 요건 완화, 그리고 청구연령 하향(19세 → 18세) 등의 규정을 개정할 필요가 있다.

동체의 활성화를 통하여 풀뿌리 주민자치를 구현하기 위하여 주민자치회 활성화 '표준조례안'을 개정(2020년 4월)하고 주민자치회를 2014년 47개, 2018년 95개, 2019년 408개, 2020년 626개 지자체로 확대하여 시범실시하고 있다. 마지막으로 공공서비스 제공 기관 연계를 통해 지역문제를 해결하는 공모사업도 2019년 49개 지자체에서 2020년 52개 지자체로 확대하여 운영하고 있다.

[그림 4-26] 자치분권 비전 및 5대 핵심전략

비전	내 삶을 바꾸는 자치분권
목표	연방제에 버금가는 강력한 지방분권
핵심전략	① 중앙권한의 획기적 지방이양
	② 강력한 재정분권 추진
	③ 자치단체의 자치역량 제고
	④ 풀뿌리 주민자치 강화
	⑤ 네트워크형 지방행정체계 구축
추진기반	지방분권형 개헌 지원

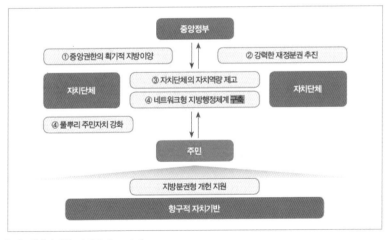

출처: 행정안전부 자치분권 로드맵.

향후 「지방자치법」 전부 개정 시 '주민자치회'에 대한 본격적 운영을 위한 근거 조항을 제외하여 주민자치위원회와의 차별화 및 주민자치회 위원의 정치적 중립 방안 등 운영 방식에 대하여 추가적으로 논의할 필요가 있다. 또한 자치분권 실현을 위하여 「중앙·지방협력회의법」, 「주민조례발안법」, 「마을공동체 활성화 기본법」의 제정 및 「주민투표법」과 「주민소환법」의 개정을 연말까지 국회에서 완료하도록 하여야 할 것이다.

넷째, 네트워크형 지방행정체계 구축이라는 추진 과제는 지방자치법 전부 개정안의 통과와 함께 인구 100만 이상 대도시의 특례시 및 지자체 간 행정 구역 경계 조정절차 등을 마련하여 네트워크형 지방행정체계의 구축을 위한 기반을 마련하였다.

향후 저출산·고령화 시대에 대응하여 사라지는 중소도시 및 농산어촌 지자체의 네트워크, 수도권과 비수도권의 불균형 심화를 해소하기 위한 새로운 초광역행정구역의 통합과 스마트 시티의 구축을 위한 새로운 노력과 대응이 정부차원에서 요구되어지고 있다.

다섯째, 교육 민주주의 회복 및 교육자치의 강화를 위하여 역사교과서 검정제 전환, 점진적 교과서 자유발행제 도입 등을 통하여 교과서의 다양성 확보를 위한 기반을 조성하였으며, 사립대학에 대한 감시역량 강화 등 사학에 대한 신뢰 회복을 위해 노력하였다. 초·중등 교육의 지방 이양 과제 131개 중 122개 과제 정비를 완료(93.1%)하여 유·초·중등 교육 지방 이양을 지속 추진하고 대학 총장 선출 방식을 자율화하는 노력을 추진하였다.

향후 교육 민주주의 회복 및 교육자치의 강화를 위하여 국가교육위원회의 설치 및 운영을 위해 조속한 법률제정 및 사학에 대한 국민의 신뢰를 높이기 위한 노력을 강화할 필요가 있다.

마지막으로, 세종특별자치시 및 제주특별자치도 분권모델의 완성을 위하여 다양한 정책을 추진하였으나 세종특별자치시의 지속적인 발전을 위하여 이전 기관의 능동적인 참여 유도가 미흡하였다. 또한 제주도의회의 의결 지연으로 후속 입법절차가 늦어진 '7단계 제도 개선 과제'의 신속한 입법화(『제주특별법』 개정)를 위하여 추가적인 노력이 요구된다.

균형발전의 성과와 과제

문재인 정부는 '골고루 잘사는 균형발전'을 위하여 지난 4년간 다양한 국정과제를 추진해 왔다.

첫째, 지자체가 자율적으로 지역발전계획을 수립하고 중앙정부와 협의 및 조정 후 부처 간 칸막이식이 아니라 다부처 묶음식으로 지역발전투자협약을 체결하고 추진하였다. 11개 광역시·도와 생활SOC 복합화사업과 관련된 7개 중앙부처(국조실, 문체부, 복지부, 여가부, 국토부, 교육부, 행안부)가 참여하여 생활SOC 복합화사업을 정부와 지자체의 공동 협력을 통하여 보다 안정적으로 추진할 수 있는 기반을 마련하였다.

둘째, 문재인 정부는 2019년 1월 29일에 '예비타당성 조사면제'를 통하여 총 사업비 24조 1천억 원에 해당하는 지역 전략산업 육성 및 지역 도로·철도 확충 사업 등 23개의 사업을 선정하였다. 이명박 정부 60조 6천억 원과 박근혜 정부 23조 6천억 원에 해당하는 사업의 예비타당성 조사면제에 비하여 문재인 정부는 국가재정지출사업의 88조

출처: 행정안전부.

원에 해당하는 사업이 예비타당성 면제를 받게 되었다.

향후 예비타당성조사가 현재의 문제에 대응하는 '위기대응 역량'에서 미래 수요창출을 위한 '미래대응 역량'의 방향으로 변화되어야 할 필요성이 제기 된다. 현재의 시점에서 벗어나 미래의 수요 창출의 방향으로 개선되어야 할 필요성이 있다는 것이다.

셋째, 도시재생뉴딜 사업지를 2017년 68곳에서 2020년 117곳으로 확대하여 총 401곳을 선정하여 지원하였다. 또한 지역·주민 주도형 도시재생 추진을 위한 지역역량 강화 및 주민·지역상인 상생을 추진하고 상권 활성화를 위한 저리 기금[11]을 지원하였다.

향후 도시재생 뉴딜사업의 개선 및 보완사항으로는 현재 공적재원이 투입되는 마중물 사업으로 추진되고 있으나, 향후 사업성과의 지속

---

11 상가 리모델링·창업지원 261곳 4.5천억 원, 도시재생지원 출·융자 15곳 11.5천억 원, 소규모 주택정비 178곳 11.1천억 원, 노후산단융자 7곳 2.7천억 원 등 약 3조 원(누적 기준)을 지원하였다.

적 확대를 위하여 민간 영역의 적극적 참여가 요구되고 있다. 또한 도시재생 뉴딜사업 보조금은 연례적으로 집행이 저조한 실정이기 때문에(2018년 37%, 2019년 67%, 2020년 70%) 철저한 사업관리가 요구된다.

마지막으로, 문재인 정부는 2020년 7월 코로나19 위기 극복 및 포스트-코로나 시대 경제·사회구조 변화에 대응하기 위하여 「한국판 뉴딜」을 발표하였다. 투입예산 160조 원 중 실질적으로 지역에 투자되는 예산은 약 75조 원(47%)에 달하며, '지역'이야말로 「한국판 뉴딜」의 핵심 축이다. 코로나19, 인구감소 등으로 활력을 잃어가고 있던 지역은 지역 중심의 「한국판 뉴딜」이 지역경기 활성화를 위한 촉매제가 될 것으로 믿고 있다.

향후 코로나19로 인한 지역별 주력산업의 위기가 지역경제의 위기로 전이될 우려가 높은 상황에서 산업위기 대응 특별지역에 대한 지원을 위하여 「지역산업 위기대응 및 지역경제 회복을 위한 특별법안」의 입법이 필요하다. 또한 혁신도시 정책이 정주인구, 입주기업, 지역인재 채용 증가 등의 성과가 있었으나, 지역의 성장거점으로 자리 잡을 수 있도록 지속적인 기업유치 및 정주여건 개선 등의 노력이 추가적으로 요구되고 있다.

농산어촌 발전의 성과와 과제

문재인 정부는 '사람이 돌아오는 농산어촌'을 위하여 지난 4년간 다양한 국정과제를 추진하여 왔다.

첫째, '해운·조선 상생을 통한 해운강국 건설'을 위하여 국적선사의

[그림 4-28] 허태웅 농촌진흥청장이 경북 의성 청년 스마트팜 시설을 살펴보았다(2021.03.11).

출처: 농촌진흥청.

경쟁력 강화 및 수출 기업 지원 확대, 해운·조선의 동반성장 기반 마련 그리고 국내 항만의 글로벌 경쟁력 강화의 기반을 조성하는 노력을 하였다.

향후 스마트항만 추진에 따른 일자리 감소 우려의 해소를 위해 직무전환 기술 교육 및 업무 재배치 등을 통한 기존 일자리 감소를 최소화함과 동시에 신규 산업을 통한 일자리 창출 등 고용안정 방안을 강구하는 노력이 필요하다.

둘째, '누구나 살고 싶은 복지 농산어촌 조성'을 위하여 농산어촌 정주환경 조성, 생활 인프라 확충과 특화형 복지 제공으로 살기 좋은 농산어촌 구현 그리고 농촌 융복합 산업 및 사회적 경제를 통한 지역경제 활성화를 도모하였다. 향후 정부는 고령 농업인의 안정적 노후생활 보장을 위하여 농지연금 가입률 제고 및 높은 수준의 중도 해지율 완화 등을 통한 고령농가 사회안전망 강화를 위한 노력이 요구된다.

셋째, 농·어업인 소득안전망의 확충을 위하여 농산물 수급 불안정, 농어업 재해 등 다양한 경영 위험을 해소하였으며, 직불제 확대·개편을 통해 중·소농 소득을 확충하고 환경·경관 보전을 강화하였다. 향후 농작물 재해보험 가입률 제고 및 취약층 안전보험 가입률 제고를 위한 정책 추진 노력이 요구되고 있다.

마지막으로, 청년농업인 육성, 스마트팜 및 환경친화적 농업 확산 등을 통하여 지속가능한 농산업 전환 기반을 조성하고 건강하고 품질 좋은 먹거리 공급체계를 구축하는데 노력하였다. 또한 바다와 공존하는 친환경·성장형 수산업 육성, 수산업 종사자 소득 안정 및 안전한 수산물 공급으로 소비자 신뢰 확보, 자연과 함께하는 바다 공간의 조화로운 이용 기반을 마련하였다. 향후 농어업회의소법 제정 등 협치·참여 행정 확산 및 수산물의 원산지 표시제 단속 강화 및 수산업 지속가능성 확보를 위한 추가적인 노력이 요구된다.

미래지향적인 방향과 과제

문재인 정부는 연방제 수준의 자치분권과 모든 지역이 골고루 잘 사는 지역 균형을 꿈꾸며 4년간 국정을 추진하여 왔다. 성과는 큰 기대만큼 이르지 못했다 하더라도 이전 어느 정부보다 많은 국정과제를 추진하였고 결실을 맺었다고 평가한다. 문재인 정부의 남은 과제는 향후 1년간 추진하고 있는 국정과제를 잘 마무리하고, 다음 정권을 위하여 남은 과제를 제안하는 것이다.

먼저 자치분권과 균형발전의 가치와 비전을 융합하여 새로운 지속가능한 지역 생태계를 구축하는 방향으로 진행되어야 한다. 자치분권 및 균형발전 의 생태계가 무너지고 일그러지고 있는 비수도권, 중소도시, 농산어촌 지역을 회복하기 위헤서는 지역의 생태계를 복원하는 노력이 요구되고 있다.

지역이 스스로 교육하고, 복지를 누리며, 지역경제를 활성화하는 최소한의 생태계를 구축하고, 이와 함께 이러한 기능을 담당할 수 있는 초광역권의 통합적 구축도 함께 설계되어야 할 것이다. 비수도권, 중소도시, 농산어촌 지역이 대도시와 연계하여 '지속가능한 자치분권·균형발전의 생태계'를 구축하는 앞으로의 노력이 절실히 요구되고 있다. 그래서 지역이 '교육 공동체', '복지 공동체' 그리고 '지역경제 공동체'를 구축하여 지역에 맞는 작은 국가 공동체를 구축하도록 해야 할 것이다.

| 참고문헌 |

소순창·이진. (2016). 지방분권정책의 오뒷세이아. 〈한국사회와 행정연구〉, 27(1): 95-118.

소순창. (2011). 역대 정부의 지방분권 정책의 평가. 〈한국지방자치학회보〉, 23(3): 39-68.

국토교통부. (2017). 〈제4차 국가균형발전 5개년 계획〉.

국무조정실 정부업무평가위원회. (2021). 〈2020년도 일자리·국정과제 평가: 국정과제 과제별 보고서〉.

제40장

지역균형뉴딜 완성을 위한 농촌뉴딜 추진전략

오현석 정책기획위원회 분권발전분과 위원, 지역아카데미 고문

왜 지금 농촌뉴딜인가?

한국 사회는 대전환의 시대를 맞고 있다. 기후위기와 코로나19 팬데믹, 저 출산·고령화, 수도권 과밀과 지방소멸 위기, 디지털혁명과 그린혁명 등 굵직한 변화들이 한꺼번에 몰려오고 있다. 삶과 일에 대한 사람들의 생각도 바뀌고 있다. 전통적 가치관에 더 이상 구애받지 않는 새로운 방식의 삶과 일을 추구하고, 사람과 사람, 사람과 자연과의 조화로운 관계 속에서 건강하고 행복한 삶을 가꾸려는 사람들이 빠르게 늘어나고 있다. 청년층과 은퇴를 전후한 액티브 시니어 층을 중심으로 '워라밸·소확행(小確幸)' 등 다양한 가치의 조화와 균형을 중시하는 농촌형 라이프스타일이 확산되고 있다.

이러한 변화에 힘입어 농촌공간이 활력공간으로 탈바꿈하는 사례가 늘고 있다. 코로나19 이후 비대면 경제구조로의 전환과 함께 재택근무·스마트워크, 원격의료, 원격교육 등이 확산되면서 농촌은 삶터, 일터, 공동체터로서 새로운 가능성을 키워가고 있다. 농촌에 풍부하게 존재하는 다양한 재생가능에너지는 새로운 수익과 고용을 창출하는 기회가 되고 있다.

정부는 코로나19 위기 극복과 경제·사회구조 변화에 대응하기 위해 새로운 국가발전전략을 수립했다. '한국판 뉴딜 종합계획('20.7.14)'과 '지역과 함께 하는 지역균형 뉴딜 추진방안(2020.10.13)', '2050 탄소중립 추진전략 (2020.10.28)'을 통해 대전환의 기초를 다지고 있다. 이러한 정책 기조 속에 서 농촌의 새로운 가능성을 담은 새로운 '농촌르네상스' 구상도 제시됐다. 문재인 대통령은 2020년 농업인의 날(2020.11.11)을 맞아 농촌을 누구나 살고 싶은 공간으로 전환하는 '농촌르네상스 청사진'을 제시한 바 있다. '사람과 환경 중심의 농촌르네상스'를 한국판 뉴딜 시대, 탄소중립 시대의 새로운 농촌 비전으로 제시하고, 농촌을 쾌적한 생활공간, 새로운 경제활동 공간, 에너지 전환공간으로 전환할 것을 천명했다.

농촌뉴딜은 '농촌르네상스' 구상의 구체적 실천전략이다. '농촌은 문제가 아니라 기회이자 해답'이라는 긍정적 관점에서 국가의 농촌정책을 전환해야 한다. 프랑스의 마크롱 정부도 취임 첫 해에 '농촌어젠다'를 채택하고, 프랑스의 미래를 위한 관점에서 농촌정책을 전환하고 있다.

디지털뉴딜·그린뉴딜·지역균형뉴딜을 지역의 뿌리인 농촌(230개 읍, 1,182개 면)으로 확산하여 '선도 국가로 도약하는 대한민국 대전환'을 이뤄내야 한다. 농촌은 지역균형발전의 핵심 축으로 균형발전의 완성도를 높여줄 토대이다. 농촌은 국토의 대부분(89.3%)을 차지하며, 인구의 18.7%가 거주하는 공간이다. 전국 162개 시·군 중 138개(85.2%)에 읍·면(농촌)을 포함 (2019년 말 기준)하고 있다. 지역균형 뉴딜의 성과가 국토균형 발전으로 완성되기 위해서는 중앙·광역 단위 접근만으로는 한계가 있으며, 시·군(농촌) 주도 뉴딜 전략이 불가결하다. 저출

[그림 4-29] 포용국가전략과 농촌정책의 전환

출처: 정책기획위 농촌뉴딜 TF보고(내부자료), '지역균형뉴딜 완성을 위한 농촌뉴딜 추진전략' 2021.3.

산·고령화, 수도권 과밀·지방소멸 위기 등 국가적 문제해결을 위해서는 농촌의 잠재력을 최대한 발휘하도록 하는 특단의 전략이 필요하다. '농촌은 문제가 아니라 기회이자 해답'이라는 관점에서 농촌정책의 전환이 필요하다.

한국판 뉴딜과 지역균형 뉴딜, 탄소중립, 농촌르네상스 구상 등 새로운 여건 변화에 부응하여 농촌을 사회 활력공간으로 재창출하는 대책 수립이 필요하다.

농촌의 의미 변화와 재조명

농촌의 의미가 다변화하고 있다. 농촌은 농업활동을 위한 공간, 농업인들의 삶터라는 좁은 인식에서 벗어나 도시민도 함께 체류·활동하는 공간으로 다양화하고 있다. 청년층, 은퇴한 액티브 시니어 등을 중심으로 '워라밸·소확행' 등 다양한 가치의 조화·균형을 중시하는 삶의 방식이 확산된 것에 따른 것이다.

뉴노멀 시대에 농촌을 새로운 가능성을 지니는 미래공간으로 바라보는 시각이 확산되면서 '이촌향도에서 이도향촌으로' 농촌순전입 지역이 전국으로 확산되고 있다. 귀농·귀촌 인구가 연간 50만 명에 달하고 그 절반이 2030세대로 구성되고 있다. 도시와 농촌 문제 해결을 위한 활동 무대로 농촌을 바라보는 인식이 커지고 있다. 청년세대의 가치 있고 보람된 일자리 욕구, 장·노년세대의 인생이모작, 공동체적 삶과 사회적 봉사 욕구를 농촌에서 실현하려는 활동이 확산되고 있다.

한국농촌경제연구원(KREI)의 '2020 도시민조사'에 의하면 도시민의 41.4%가 은퇴 후 농촌에서 꿈을 실현하기 위해 준비하고 있다고 한다. 2019년 조사에서는 945만 명이 5년 내 농촌에서 버킷리스트 실행을 소망하고 있으며, 113만 명은 구체적 준비 단계에 돌입하고 있다고 한다. 코로나19 이후 저밀도사회 지향, 분산거주, 반농반엑스(半農半X)[12] 등 농촌형 라이프스타일 선호가 한층 높아지고 있다. 코로나19 이후 도시민의 귀농·귀촌 의향 이전보다 20.3% 증가한 것으로 나타났다.

농촌은 대안적 경제활동공간으로서 새로운 경제적 기회를 제공한다. 코로나19 이후 비대면 경제구조 전환, 저밀도 생활방식 확산, 전통적 산업 부문과 도시의 실업대란, 고용충격 완화 필요성이 커지면

---

12 농촌에 살면서 반(半)은 자급적 농업에 종사하고 나머지 반은 자신이 하고 싶은 일 (X=저술, 마을만들기, 지역 사회 자원봉사, 예술 창작활동 등)을 병행하는 생활양식.

서 대안적 경제활동 공간으로서의 기능을 추가하고 있다. 지역총생산 (Gross Regional Domestic Product: GRDP)의 농촌지역 증가율이 도시를 상회하는 등 저밀도경제 (Low-Density Economy) 현상이 우리나라에서도 관찰되고 있다. 저밀도 경제는 사람이 많은 곳에서 고용이 많다는 전통적 개념과 달리 정보통신기술(ICT)의 발달로 저밀도 지역에서 오히려 새로운 가치가 창출되고 고용이 많이 생긴다는 개념이다. 비대면

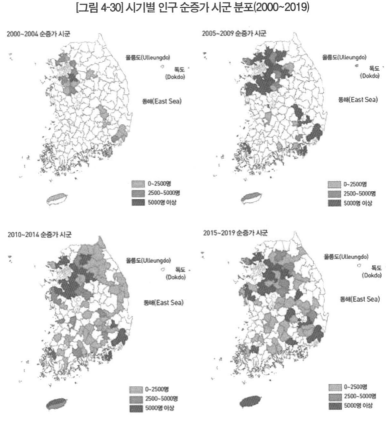

[그림 4-30] 시기별 인구 순증가 시군 분포(2000~2019)

출처: 통계청, 국내인구이동통계.

[그림 4-31] 농촌의 다양한 대안적 경제활동

정선군 고한 마을호텔　　　일본 가미야마 위성오피스　　　프랑스 로흐므마을 디지털허브

[그림 4-32] 농촌의 재생에너지 생산

신안군 이익공유조례　　　완주군 산림바이오매스타운　　　고성군 영농형태양광
- 월 42만 원 태양광 연금　　　- 산촌 에너지 자립　　　- 한국남동발전 실증실험

트렌드에 부응한 재택근무·텔레워크·스마트워크, 원격의료, 원격교육 등으로 농촌공간이 새로운 활력 공간으로 탈바꿈되면서 신규창업은 물론 위성사무소 등 기업의 새로운 활동공간으로 부상되기도 한다.

농촌은 또한 기후위기 대응과 에너지 전환의 선도 공간이다. 농산어촌에 풍부하게 존재하는 다양한 에너지원(태양광, 풍력, 소수력, 지열, 바이오매스 등)을 적극 활용하여 재생가능에너지 공급 확대로 탄소중립에 기여할 뿐 아니라 이를 기반으로 다양한 소득과 고용창출 활동이 가능하다.

우리가 가야 할 미래 농촌의 모습은?
- 기초생활서비스망이 잘 구축된 농촌
기본적인 삶의 질 유지에 필요한 건강, 교통, 디지털, 공공서비스,

근린생활서비스 등 기초생활 서비스가 도시와 균등한 수준으로 제공되는 곳

- 자발성과 창의력에 기반한 혁신과 뉴 라이프스타일이 꽃피는 곳 자연친화적인 생태적 삶터, 비대면과 워라밸이 가능한 창의적 일터, 도농상생융합의 쉼터, 협력과 공생의 공동체터로서 삶과 일에 대한 새로운 가치관이 발현되는 곳

❶ 생태친화적이며 스마트한 생활공동체

❷ 청년과 베이비부머가 새로운 혁신 주체로 활약하는 일자리공동체

❸ 기후위기 대응과 탄소중립을 선도하는 에너지 자립 공간

❹ 자연자원을 최적 활용하고 영농이 편리한 스마트 영농 공간

❺ 지역의 미래를 지역주민 스스로 만들어가는 자치공동체

→ 문재인 정부 국정과제 '사람이 돌아오는 농산어촌' 실현(국정과제 81-84)

농촌뉴딜, 무엇을 할 것인가?

1. 공간혁신
: 사람과 환경 중심 미래형 생활·경제 공간 창출

농촌재생의 공간적 거점을 조성하여 농촌 특성을 살린 경제활동, 문화·여가, 공동체활동을 집중 육성하고 새로운 활력공간으로 재창출해야 한다. 농촌에서도 도시 못지않은 다양한 생활환경과 서비스 공급

체계를 구축하기 위해 생활권 단위로 디지털 복합거점공간을 조성해야 한다. 청년 창업, 신 비지니스 육성을 위한 전원형 신경제허브를 육성하고, 5G 기반 업무 환경과 거주, 보육, 여가 등 업무지원 시설을 갖춘 전원형 지식산업센터 및 위성사무소를 농촌지역에 적극 유치해야 한다. (가칭)농촌재생뉴털특구를 지정해 획기적인 세제, 금융, 컨설팅 등을 지원하고, 비대면, 4차산업 관련 중소기업 및 대기업 위성사무소를 유치해야 한다.

미래형 주거대책 마련으로 농촌의 주거복지 환경을 대대적으로 개선해야 한다. 농촌 거주·체류·교류를 희망하는 도시의 청·장년층, 은퇴연령층의 다지역 거주 수요 충족을 위해 살아보기 체험 주택, 농촌형 임대주택 등 맞춤형 주거공간을 조성해야 한다. 한국농촌경제연구원의 조사에 의하면 농촌에서 버킷리스트 실현에 필요한 지원 1순위로 저렴한 주거지 마련(37.5%)을 꼽고 있으며, 살아보기 체험 지원(22.7%, 5위), 주택 개보수 지원(17.8%, 6위) 등 거주와 체류 관련 수요가 매우 높게 나타나고 있다. 현재 지자체(광역·기초)-공공기관-연구기관 등이 참여하는 '농산어촌유토피아 프로젝트'를 전국으로 확산하며, 한국형 다차 및 클라인가르텐 역할을 하는 '(가칭)농산어촌 마을 스테이 체인'을 적극 추진할 필요가 있다.

2. 디지털 혁신·농촌사회의 디지털화 촉진

도시와 농촌 간의 디지털 격차를 해소하고, 농촌사회의 디지털화 촉진으로 스마트농촌을 적극 구현해야 한다. 이를 위해 5G 초고속인터넷망, Wi-Fi 등 디지털 인프라 구축 및 역량 강화, 디지털 격차 해소를 위해 농식품부, 과기부, 행안부 및 전문가 등 관계부처 거버넌스 강화, 농촌 디지털 헬스케어, 원격의료 모니터링, 원격의료 디지털 인프라 구축(보건지소-보건소-의료 원 연계), 어르신, 장애인, 임산부 등 건강취약계층 대상 지역사회 통합돌봄 시스템 구축, 농촌학교 디지털 교육 인프라 구축과 에듀테크 기반의 교수·학습 모델 보급, 도시교육과 연계한 실감형 원격교육 서비스, 리빙랩 방식의 실증 R&D와 연계하여 스마트 기술을 농촌 생활서비스 개선에 적극적으로 활용해야 한다.

3. 그린혁신
: 탄소중립과 생태적 전환을 선도하는 녹색환경 실현

화석연료 과다 의존 농업에서 저탄소·생태농업으로 전환을 촉진하고 농식품의 생산·유통·소비·폐기 등 푸드시스템 전반에 걸친 관리체계를 강화해야 한다. 농업분야 온실가스배출량을 2030년까지 지금의 절반으로 줄이고, 화학비료와 농약 사용량도 각각 50% 감축하는 공격적 목표를 설정할 필요가 있다. 이를 위해 탄소생태직불제 도입, 농업환경보전프로그램 확대, 토양양분관리제를 통한 지속가능한 축산 육성, 바이오가스 플랜트 설치 확대 등을 적극 추진해야 한다.

식량안보, 농촌다움 보전 등 핵심 농정 목표와 조화를 이루는 농촌재생에너지 정책을 확대해야 한다. 농촌재생에너지 정책은 농촌자원을 활용한 재생가능에너지 발전과 농촌지역 소득 향상을 동시에 추구하면서 농업인 등 주민의 주도적 참여로 농촌사회 상생형 에너지전환이 되도록 해야 하며, 자립·분산형 에너지 시스템 구축으로 농촌 활성화에 기여해야 한다. 산림의 탄 소 흡수·저장·감축 능력도 획기적으로 증대시켜야 한다. 향후 30년 간 30억 그루의 나무심기로 2050년 탄소 중립에 3,400만 톤을 기여할 수 있다.

4. 추진 기반 정비

농촌뉴딜의 국가적 의지와 지원체계를 규정한 관련법 제정이 필요하다. (가칭)농촌재생뉴딜특별법 제정을 통해 농촌재생뉴딜을 범정부 차원에서 체계적으로 추진하기 위한 법률적 근거를 마련하고, 농촌재생뉴딜전략계획 수립, 농촌재생뉴딜특구 지정, 농촌재생뉴딜사업 지원, 농촌재생뉴딜을 위한 주체 육성, 농촌재생뉴딜 지원체계 구축 등에 관한 사항을 명시해 농촌뉴딜을 제도적으로 뒷받침해야 한다. 농식품부의 농촌뉴딜 관련 사업 외에 범부처 사업을 연계 지원하는 방향으

[그림 4-33] '2050 탄소중립 실현을 위한 농식품 기술혁신'을 논하다(2021.05.25).

출처: 농촌진흥청.

로 현행 농촌협약사업을 점진적으로 확대하고, 중장기적으로 국가균형발전위원회-농식품부-지자체(광역·기초) 간 농촌발전계획협약제도로 발전시켜나가야 한다.

농촌공간을 체계적으로 관리·이용·보전하기 위한 농촌공간계획 제도를 도입해야 한다. 공장, 축사, 태양광시설 등 무계획적인 입지로 인한 농촌공간의 난개발을 방지하고, 미래세대를 위해 농촌공간의 지속 가능성을 담보할 수 있는 강력한 제도적 장치가 필요하다. 국토부와 농식품부의 협력을 바탕으로 농촌 특성을 반영하여 현행 「국토계획법」의 제도를 보완하는 토지이용관리 수단이 도입돼야 한다. 이를 통해 농촌의 주거환경을 보호하고, 환경·경관·생태자원의 가치를 보전해야 한다. 이러한 농촌공간계획 제도를 바탕으로 농촌공간의 중장기 발전 구상을 담은 국가 및 지자체 농촌공간계획에 근거하여 일련의 농촌정책을 추진하는 체계를 마련해야 한다.

제41장

불평등의 재검토, 자치하는 지방정부에 달려 있다
: 코로나19가 깨운 자치분권

최정묵 정책기획위원회 국민주권분과위원,
공공의창 간사, 지방자치데이터연구소 부소장

자치하는 지방정부가 코로나19 대응 과정에서 보여주었듯, 자치는 그 자체로 창의적이고 혁신적이다. 자치의 태생 자체가 실사구시적이기 때문에 가능했을 것이다. 자치는 인간을 좀 더 자유롭게 할 수 있는 기능, 즉 능력을 이타적이고 협력적으로 배려(연대)하기 때문에 그 자체로 자유의 분배 유형이나, 평등의 적용 분야를 확대해 나간다. 따라서 자치하는 지방정부가 많을수록 불평등은 감소하고 삶의 질은 높아질 것이다. 결국 자치는 정치의 궁극적 목표인 '인간의 행복'을 확대이다.

삶의 질 저하가 불평등의 고리를 강화하고 있다

국민소득 3만 불 시대와는 거리가 먼 삶의 질

2006년 1인당 국민소득이 2만 달러를 넘어설 때, 온 나라가 축제 분위기였다. IMF(International Monetary Fund, 국제통화기금)에 경제 주권을 넘겨주고 난 지 불과 10년 만의 쾌거였다. 2018년에는 1인당 국민소득이 3만 달러를 넘어섰다. 하지만 2006년만큼 축제 분위기는 아니었다. 아마도 성장한 만큼 삶의 질이 좋아지기는커녕 더 나빠졌기 때문일 것이다. 2018년 OECD(경제협력개발기구)가 매년 조사하고 발표하는 '더 나은 삶의 질' 지수를 보면, 총 40개국 중에서 우리나라는 30위였다. 그중에서도 주거조건 36위, 사회적 관계 40위, 자연환경의 질 40위, 주관적 행복 33위, 일과 삶의 균형 37위 등으로 세부 지표도 좋지 않았다. '더 나은 삶의 질' 종합지수도 2014년 25위, 2015년 27위, 2016년 28위, 2017년 29위, 2018년 30위로 "우리에겐 구조적인 원인이 있어"라고 말하듯 체계적으로 떨어졌다.

이러한 삶의 질 악화로 인한 고통이 국민 모두에게 일률적이고 평균적으로 찾아오는 것은 아니다. 자산·소득·학력·세대·건강·피부양자·거주지역 등에 따라 더욱 불평등한 고통으로 연결된다. 2021년 산업은행이 발표한 '2021년 보통사람 금융 생활보고서'에 따르면, 소득이 적은 계층일수록 소득 감소와 부채 증가 폭이 커지면서 상위 소득과 하위 소득 격차가 5배 가까이 벌어졌다는 조사 결과가 나왔다. OECD도 우리나라에서 가장 부유한 사람(상위 20%)과 가장 가난한 사람(하위 20%) 사이에 소득 격차가 5배 이상이라는 결과를 내놨다. 돈으로 행복을 살 수는 없지만 더 높은 생활수준을 유지하기 위한 수단 중 하나인 것은 틀림없다.

불평등은 코로나19 발생으로 더욱 확대되고 있다

넓어지고 있는 복지 사각지대

서울 다음으로 인구가 많은 부산을 살펴봤다. 최근 10년간 부산의 실질 성장률은 등락을 반복했다. 아직 올해와 작년의 실질 성장률 수치를 확인할 순 없었지만 이러한 추세라면 부산시의 실질 성장률은 바닥을 향해 가고 있다고 봐도 과언이 아닐 것이다[그림 4-34]. 부산 시민의 일자리와 경제참여는 어떨까. 하반기의 시작을 알리는 9월을 기준으로 2019년과 2020년을 비교했다. 경제활동참가율(59.1% → 57.9%)과 고용률(57.2% → 55.8%)은 모두 하락했다[그림 4-35]. 같은 기간 17개 시도 중 최하위를 기록했다. 실질 성장률 누적 감소와 코로나19의 여파가 부산의 시민 경제에 부정적인 영향을 미친 것으로 보인다〈표 4-10, 11〉.

부산시 재정 자립도 또한 2016년부터 2020년(60.1% → 54.8%)까지 지속적인 하락을 면치 못하고 있다[그림 4-36]. 이는 부산시가 부산

[그림 4-34] 최근 10년간 부산시 실질 성장률

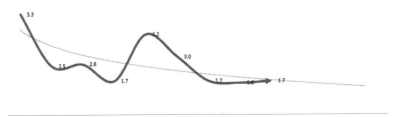

출처: 통계청 확정자료(2020.8월).

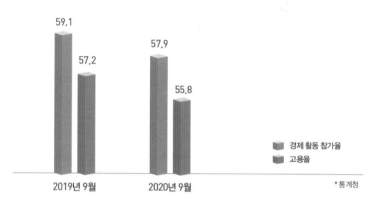

[그림 4-35] 부산시 2019년 9월~2020년 9월 고용률 및 경제활동참가율 비교

출처: 통계청 확정자료(2020.8월).

〈표 4-10〉 2020년 9월 기준 시도별 고용률

순위	시도별	고용률(%)
1	제주도	67.5
2	전라남도	64.5
3	세종특별자치시	64.1
4	충청남도	63.9
5	충청북도	63.7
6	강원도	62.1
7	경상북도	62.0
8	인천광역시	61.3
9	전라북도	61.2
10	대전광역시	61.1
11	경상남도	60.6
12	경기도	60.0
13	서울특별시	58.9
14	광주광역시	58.8
15	울산광역시	58.6
16	대구광역시	57.7
17	부산시	58.8

〈표 4-11〉 2020년 9월 기준 시도별 경제 활동 참가률

순위	시도별	고용률(%)
1	제주도	69.1
2	충청남도	66.0
3	충청북도	65.9
4	세종특별자치시	65.7
5	전라남도	65.4
6	인천광역시	64.2
7	경상북도	64.0
8	강원도	63.9
9	대전광역시	63.3
10	경상남도	63.3
11	전라북도	62.5
12	경기도	62.4
13	서울특별시	61.4
14	광주광역시	61.1
15	울산광역시	60.6
16	대구광역시	59.5
17	부산시	57.9

시민의 복지, 안전, 생명, 민생 등을 살필 수 있는 여력이 계속 줄고 있다는 의미이다. 반대로 저소득 인구(기초생활 보장수급자 및 차상위층) 비율은 꾸준히 증가(19.1월 6.68% → 20.5월 7.47%)하고 있다[그림 4-37]. 경제여력은 떨어지는 반면, 복지 수요는 증가하고 있는 악조건에 놓여 있는 것이다. 그나마 다행인 것은 이러한 저소득 인구 통계는 정부가 어느 정도 예상하여 복지 안전망에 편입시킨 수치로 볼 수 있다는 점이다.

사실 이보다 더 큰 문제가 있다. 정부의 복지 안전망 밖에 있는 시민들이다. 흔히 복지 사각지대라고 말하기도 한다. 복지 사각지대는 기초생활 보장수급자 및 차상위층보다 조금 나은 경제적 여건 때문에

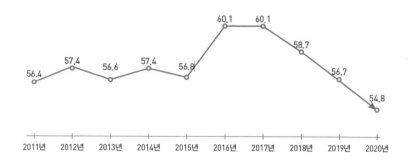

[그림 4-36] 부산시의 최근 10년간 재정자립도

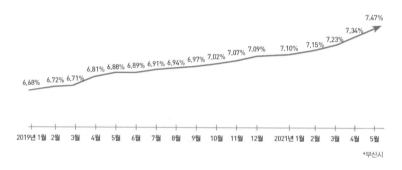

[그림 4-37] 최근 1년간 월별 저소득 인구

*부산시

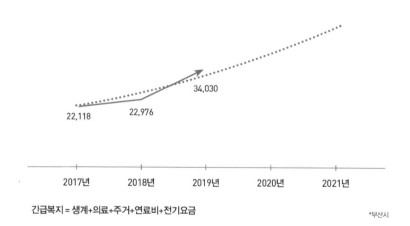

[그림 4-38] 최근 3년간 긴급복지지원 가구원 수

긴급복지 = 생계+의료+주거+연료비+전기요금

*부산시

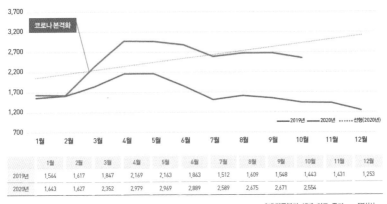

[그림 4-39] 2019년~2020년 3대 긴급주거복지 지원 가구원 수 추이

	1월	2월	3월	4월	5월	6월	7월	8월	9월	10월	11월	12월
2019년	1,564	1,617	1,847	2,169	2,163	1,863	1,512	1,609	1,548	1,443	1,431	1,253
2020년	1,643	1,627	2,352	2,979	2,969	2,889	2,589	2,675	2,671	2,554		

3대 긴급복지=생계+의료+주거   *부산시

복지 안전망에서 들어가 있지는 않지만, 사회·경제적 도움이 필요한 시민들이라고 볼 수 있다. 이러한 정의를 정량화하여 분석할 수 있도록 생계비용, 의료비용, 주거비용 등 긴급 복지지원을 받은 시민을 복지 사각지대로 정의하여 살펴봤다. 긴급 복지지원을 받은 부산 시민은 2017년 22,118명, 2018년 22,976명, 2019년엔 34,030명으로 늘었다 [그림 4-38]. 특히 2018년에 비해 68%나 증가한 2019년 자료를 코로나19 발생 시점인 2020년과 월별로 비교해보면, 복지 사각지대가 2배 이상 확대되었음을 알 수 있다. 이는 부산만의 문제는 아닐 것이다. 전국이 모두 비슷한 상황일 수 있다[그림 4-39].

위드 코로나 시대, 우리는 어떤 존재이고, 어떤 사회를 원하고 있을까

꼼꼼하고 이타적인 국민에게, 공정과 연대는 불평등 완화를 위한 무기

현재 우리 사회는 어떤 사회이며, 앞으로 어떤 사회로 발전하는 것이 좋은지를 알아보는 방법으로 밈(MEME)을 활용했다. 진화생물학자인 리처드 도킨스의 저서 《이기적 유전자》와 버지니아대 경제학자 사이드 돌라바니의 저서 《밈 노믹스》에서 착안, 인간의 특성을 규정하고 정보를 전달하는 유전자와 같이, 인류와 사회를 진화적 관점에서 문화적 특성을 규정한 밈으로 우리 사회의 발전단계를 추측해 보았다. 또 인간의 기본 유형을 9가지로 구분하여 성향을 분석하는 에니어그램(Enneagram)을 적용하여 우리 국민이 어떤 스타일인지도 확인해 보았다.

코로나19 발생 전후 비교 조사(지방자치데이터연구소)
A 조사: 2021년 7월 말, 전국 성인 남녀 1,000명 ARS RDD 조사 결과
B 조사: 2019년 10월 말, 전국 성인 남녀 700명 ARS RDD 조사 결과

현재 한국 사회를 색으로 표현한다면 어떤 색에 가까운지를 물었다. 그 결과, A와 B조사 모두에서 빨강과 파랑으로 대표되는 사회라는 응답을 얻었다. 빨강은 지배·억압·이기적·폭력적·자원독점 등을 의미

하고, 파랑은 법·질서·진실·공정·공평·평등을 의미한다. 빨강은 A조사 결과에서, 파랑은 B조사 결과에서 다소 높게 나타났다. 이는 코로나19 발생으로 사회가 좀 더 척박해지고 뜨거워졌으며, 경제와 여가 불평등이 강화되었다고 생각하기 때문일 수 있다.

미래의 한국 사회에 대해서는 A와 B 두 조사 모두에서 빨강은 사라지고, 파랑과 녹색이 높게 나타났다. 파랑은 B조사 결과에서, 초록은 A조사 결과에서 다소 높게 나타났다. 코로나19의 발생으로 초록에 대한 욕구가 그 이전보다 높아진 것으로 보인다. 초록은 유대감·내적 평화·배려·감수성·환경 등을 의미한다.

크게 보면 개인주의, 즉각적인 보상, 어린이와 여성 등 약자 착취구조를 가진 사회에서 내적 만족감, 결과보다 과정, 공동체 중시, 평등주의와 인도주의, 협력적 시민이 존중받는 구조를 가진 사회로 발전하길 원하고 있었다는 것이다. 복지도 부조에 기초해있고, 법치도 국민과 시대의 합의 수준에 기초한 것이므로 불평등을 최소화하기 위해 공정뿐 아니라 '연대와 협력'도 사회적으로 그 중요성이 점차 커질 것으로

[그림 4-40] 현재의 한국 사회

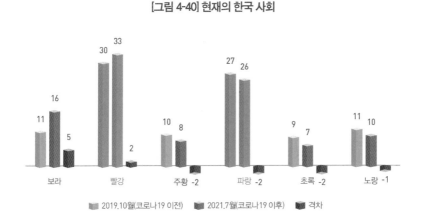

제4부 _ 자치분권·균형발전 149

[그림 4-41] 미래의 한국 사회

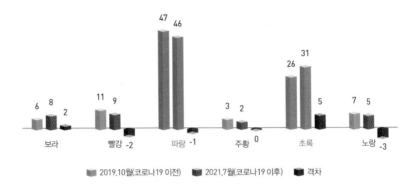

	보라	빨강	파랑	주황	초록	노랑
2019.10월(코로나19 이전)	6	11	47	3	26	7
2021.7월(코로나19 이후)	8	9	46	2	31	5
격차	2	-2	-1	0	5	-3

■ 2019.10월(코로나19 이전)　■ 2021.7월(코로나19 이후)　■ 격차

[그림 4-42] 인류와 사회의 진화 발전을 8단계로 나눈 밈

발전단계	주요 특징	키워드
2단계_보라 밈	집단의 단결과 개인(욕망)의 희생을 통해 생존기반 조성, 독재 1차 산업 중심, 재개발, 닫힌 경제 시스템	관습, 전통, 이념, 종교, 공포와 신비주의
3단계_빨강 밈	타인 배려보다 실질적·효과적 개인주의, 즉각적인 보상, 민주주의 장애, 어린이와 여성 약자 착취구조	지배, 억압, 이기적, 폭력적, 자원 독점
4단계_파랑 밈	문명사회의 특징, 바람직하다고 믿는 이념사회체계에 복종, 흑백 구분으로 파괴, 공동체의 안녕을 위해 개성 포기	법과 질서, 진실, 공정, 공평, 평등
5단계_주황 밈	기술이 더 좋은 삶을 보장, 철학과 예술의 활성화, 물질을 중시하지만 그것이 전부는 아니라는 관점, 수직-수평 조직 균형	혁신, 과거 단절, 계몽, 위험 감수, 과학, 금융
6단계_초록 밈	내적 만족감 결핍을 충족, 결과보다 과정 중시, 공동체 우선, 평등주의와 인도주의, 사적 소유 인정하지만 협력적 시민 중시	유대감, 내적 평화, 배려, 감수성, 환경, 대안 미흡
7단계_노랑 밈	공동체 기반 다양성과 개인주의 및 통합성, 정보와 역량 및 지식에 집중, 기능과 자연적 흐름에 동조하는 사회와 개인	지식, 전문성, 진관적

발전방향

* 1단계는 원시적 사회를, 8단계는 너무 먼 미래로 설명에서 제외

[그림 4-43] 빨강/파랑에서 파랑/초록의 사회로

지배, 억압, 이기적, 폭력적, 자원 독점

법과 질서, 진실
공정, 공평, 평등

건강, 평화, 유대감, 시민성, 감수성, 환경, 배려

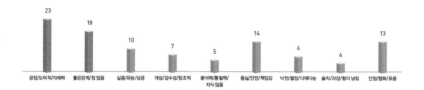

[그림 4-44] 에니어그램으로 본 한국인의 유형

보인다.

그렇다면 우리 국민은 어떤 성향일까. 우리 국민은 대체로 공정하고 도덕적이며 자제력 있는 스타일(매사에 완벽을 추구하고 끝맺음이 좋으며 정직하고 자제력이 있는 반면 지나치게 비판적이고 완고한 성향)이라는 응답(23%)이 가장 많았다. 그 다음으로 좋은 관계를 유지하고 정이 많은 스타일(마음이 넓고 친절하며 정을 잘 주는 대신, 욕구가 많고 독점적이고 의존적 인 성향)이라는 응답(18%)이 뒤를 이었다. 가끔 정책 여론을 살펴볼 때 가치지향적이면서 동시에 실리지향적인 여론이 공존하거나, 적극적인 것 같으면서도 의존적인 양면을 모두 보이는 이유가 이러한 스타일 때문일 수도 있다는 생각을 했다.

꼼꼼하고 이타적인 자치, 인간의 이질성과 다양성을 세세하게 고려할 수 있는 공정과 연대는 지방정부의 몫

1988년 노벨경제학상 수상자인 인도 출신의 복지경제학자 아마르티아 센의 저서 《불평등의 재검토(Inequality Reexamined)》에서 평등을 측정하기 위해서는 다양한 고려와 세심한 배려가 필요하다고 말한다.

책에서는 "평등을 검토하는데 인간의 이질성과 평등을 측정할 수 있는 변수들의 다양성, 이 두 가지가 반드시 고려되어야 한다. 인간의 이질성과 평등을 측정하는 변수가 무엇인가에 따라 평등이 다르게 평가될 수 있기 때문이다. 인간은 상속재산 등 사회적·자연적 환경뿐 아니라 개인별 특성인 연령, 성별, 질병에 대한 취약성, 물리적 정신적 능력도 서로 다르다. 그래서 평등을 측정하는 일은 이러한 다양성과 조화를 이루어야 한다. 결국, 개인별 차이를 고려하지 않은 평등은 자칫 불평등으로 나타날 수 있다. 다시 말해 모든 사람을 평등하게 고려하는 것이 불리한 사람들 편에서는 아주 불평등한 상황이 야기될 가능성이 높다. 균등한 기회가 아주 불균등한 소득을 초래할 수도 있고, 균등한 소득이 상당한 부의 차이와 양립할 수도 있다. 균등한 부가 매우 불균등한 행복과 공존할 수도 있다"라고 말한다.

우리 국민은 인간의 이질성과 다양성을 세세하게 고려할 수 있는 곳은 어디라고 생각하는지, 무엇을 좀 더 해야 한다고 생각하는지 궁금했다. 그래서 다음의 2가지 질문(C 조사)을 던졌다. "앞으로 우리 삶에 직접적이고 더 많은 변화와 영향을 줄 수 있는 기관은 어디인가"라고 물었다. 공공기관 27%, 지방정부 25%, 중앙정부 21%, 국회(입법부) 15%, 법원(사법부) 12% 등의 순으로 응답했다. 또 "앞으로 지방자치단체가 가장 신경 써야 할 민생 분야는 무엇이냐"는 질문에, 어린아이 보육 25%, 복지 안전망 강화 21%, 어르신 돌봄 16%, 초중고 교육 12%, 도시 안전 9%, 범죄예방 9%, 문화·체육·여가 5% 등의 순으로 나타났다. 일반적인 공공기관이 개인에 대한 다양한 고려와 세심한 배려를 통해 공공서비스를 제공하는 일은 사실상 쉽지 않다. 반면 지방정부는 자치 공간에서 주민들의 구체적인 삶을 챙기며 주민과 연대하고 협력한다.

C 조사: 2021년 7월 초, 전국 성인 남녀 1,000명 ARS RDD 조사 결과(지방자치데이터연구소)

불평등의 재검토, 자치하는 지방정부에 달려 있다

자치의 마음가짐, 조직시민행동

자치하는 지방정부는 태생 자체가 실사구시적이다. 자치는 인간을 좀 더 자유롭게 할 수 있는 기능, 즉 능력을 이타적이고 협력적으로 배려하기 때문에 그 자체로 자유의 분배 유형이나, 평등의 적용 분야를 확대해 나간다. 따라서 자치하는 지방정부가 많을수록 불평등은 감소하고 삶의 질은 높아질 것이다. 결국 자치는 정치의 궁극적 목표인 '인간의 행복'을 확대하는 과정이다.

지방정부의 코로나19 대응 과정은 이러한 의견을 잘 뒷받침해 준다. 드라이브스루, 몽골 텐트, 카라반 등을 활용하여 코로나19 진단을 안정적으로 진행했다. 이뿐만이 아니다. 우울증 등의 심리상담과 정보 제공, 취약계층 방역물품 지급, 아이들을 위한 퍼즐, 장난감, 그림책 전달, 홀로 사는 노인 전용 전화 상담실, 방구석 도서관 등을 운영하며 발 빠르게 대응했다. 자가격리자 및 무급휴직자의 긴급생활비도 지원도 빠질 수 없다. 해고 없는 도시, 단골가게 선결제, 어려운 이웃의 도시락 배달, 지방정부 별도의 재난지원금 지급, 찾아가는 백신 접종 서비스 등 창의적 아이디어들이 기획되고 실행되었다.

앞으로 자치하는 지방정부는 지역의 사회·직능·종교·주민단체 및

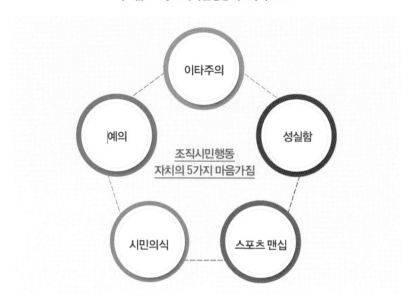

[그림 4-45] 조직시민행동의 5가지 요소

조직시민행동
자치의 5가지 마음가짐

이타주의

예의

성실함

시민의식

스포츠 맨십

골목의 크고 작은 주민 커뮤니티와 연대하고 협력하며 보육과 돌봄, 공공과 복지 등이 어우러져 공동체 만들 것이다. 이를 위해서는 사회적 면역력을 강화하고, 경제적 불평등을 완화하는 방향으로 운영되어야 한다.

경영학과 조직심리학에 '조직시민행동'이라는 개념이 있다. 조직시민행동이란 "조직구성원 스스로가 조직을 위해 행하는 자발적인 행동으로, 형식지에 열거된 역할 이상으로 조직을 위한 행동"을 말한다. 조직시민행동은 이타주의, 예의, 성실함, 시민의식, 스포츠맨십의 5가지 요소로 구성된다. 자신이 속한 공동체를 위한 자발적 행동이라는 측면에서 조직시민행동과 자치는 지향하는 목표와 방향이 비슷해 보인다. 다수의 논문에 의하면, 조직시민행동과 이를 실천한 구성원의 조직만족도는 서로 비례하는 것으로 나타난다. 따라서 자치하는 지방정부의 존재만으로도 삶의 만족도가 높아지고, 불평등을 완화할 수 있는 토대가 마련될 수 있을 것이다.

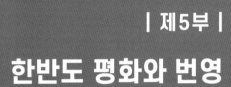

| 제5부 |

한반도 평화와 번영

제42장

'평화와 번영의 한반도', 2018년 평가와 2020년 대책

배기찬 정책기획위원회 평화번영분과위원, 국가안보전략연구원 고문

평화와 번영을 위한 한반도의 변화

2017년 초 최악의 한반도 위기 상황에서 등장한 문재인 정부는 5대 국정 목표의 하나로 '평화와 번영의 한반도'를 설정했다. 이를 달성하기 위해 '강한 안보와 책임 국방, 남북 간 화해 협력과 한반도 비핵화, 국제 협력을 주도하는 당당한 외교'를 3대전략으로 제시했다. 문재인 정부는 지난 1년 6개월 동안 평화와 번영의 한반도를 위해 전력을 다해왔고, 그 결과 분단 정부 수립 70주년인 2018년, 한반도에서는 '전쟁의 시대'에서 '평화의 시대'로 축이 이동하는 거대한 변화가 일어났다.

2018년 2월, 한때 성공적 개최마저 불투명했던 평창 동계올림픽이 남과 북, 전 세계가 참가하는 평화 올림픽이 되었다. 이를 계기로 북에서 남으로, 남에서 북으로 선수단과 특사단이 오갔다. 특히 정의용 안보실장을 단장으로 한 특사단은 2018년 3월 초 북한을 방문해 6개항의 합의문을 발표했다. 그 핵심은 4월 말 남측 평화의 집에서 남북 정상회담을 개최한다는 것과 한반도의 완전한 비핵화를 위해 북한이 미국과 대화할 용의가 있다는 것이었다. 이후 남북 관계만이 아니라 한

반도를 둘러싼 국제 관계가 급진전되었다.

북한이 남한, 나아가 미국과의 관계 개선에 적극적으로 나서자 가장 예민하게 반응한 나라는 중국이었다. 남북 정상회담이 있기 한 달 전인 3월 25~28일, 중국의 시진핑 주석과 북한의 김정은 위원장은 베이징에서 제1차 장상회담을 개최했다. 이어 5월 7~8일, 다롄에서 제2차 정상회담이 열렸고, 6월 19~20일 베이징에서 제3차 정상회담이 개최되었다. 북한과 중국이 2012년 김정은의 등장 이후 6년 동안 단 한 차례의 정상회담도 갖지 못한 것을 생각하면, 세 차례에 걸쳐 연속적으로 정상회담이 개최된 것은 매우 이례적이었다. 북중 관계가 이렇게 급진전된 배경에는 남북 관계의 진전, 특히 북미 관계의 진전이 있었다. 1차 북중 정상회담은 4·27 남북 정상회담 전에 개최되었고, 2차·3차 북중 정상회담은 6·12 북미 정상회담 전에 개최되었다.

세 차례의 남북 정상회담: 내용과 의의

2007년 10월 남북 정상회담 이후 10년이 지난 2018년 4월 27일, 남과 북은 남측 평화의 집에서 정상회담을 개최했다. 북한의 최고지도자가 남측을 방문하고 국군 의장대를 사열한 것은 분단 70년 역사상 처음이었다.

문재인 대통령은 "판문점이 분단의 상징에서 평화의 상징으로 바뀌었다"고 했고, 김정은 위원장은 "새로운 역사는 이제부터. 평화의 시대, 역사의 출발점에서"라는 방명록을 남겼다. 또한 문 대통령은 "한반도 문제는 우리가 주인이고 우리 힘으로 이끌고 주변국이 따라 오도록 해야 한다"고 강조했다. 김 위원장은 "오늘 우리는 암흑 같았고 악몽과도 같던 북남 사이의 얼어붙은 긴긴 겨울과 영영 이별한다는 것을 선고"했다. 이어 그는 "부단히 새로운 도전과 장애물들이 조성될 수도 있지만, 이에 사소한 두려움을 가져서도 안 되고 또 그것을 피할 권리도 없다"고 하여, 향후 제기될 각종 문제들에 적극 대처할 것임을 밝혔다. 이에 대해 문 대통령은 "남과 북이 자유롭게 오갈 수 있는 그날을 위하여"라며 건배했다.

정상회담 결과 '판문점 선언'이 채택되었다. 선언을 살펴보면 우선, "양 정상은 한반도에 더 이상의 전쟁은 없을 것이며, 새로운 평화의 시대가 열리었음을 8000만 우리 겨레와 전 세계에 엄숙히 천명"하였다. 그리고 남북 관계의 전면적이고 획기적인 발전을 통해 공동 번영과 자주 통일의 미래를 앞당기기로 했다. 또한 한반도에서의 첨예한 군사적 긴장 상태를 완화하고 전쟁 위험을 실질적으로 해소하기로 했으며, 정전 상태를 종식하고 한반도에서 항구적이며 공고한 평화 체제를 구축하기로 했다. 마지막으로 양 정상은 정기적인 회담과 직통전화를 통해 수시로 중대사를 논의하고 신뢰를 군건히 하기로 했다.

이상의 '판문점 선언'은 1972년 '7·4 공동성명'과 1992년의 '남북 기본 합의서', 2000년의 '6·15 공동선언'과 2007년의 '남북 관계 발전과 평화 번영을 위한 선언: 10·4 선언'에 이르기까지 역대 정부의 합의를 인정하고 확대·발전시킨 의미가 있다. 이는 남과 북이 기존의 합의를 바탕으로 한반도의 평화와 번영 그리고 통일에 또 하나의 초석을 놓은 것이라고 할 수 있다.

그로부터 한 달 뒤인 5월 26일, 문 대통령과 김 위원장은 두 번째 정상회담을 북측 통일각에서 개최했다. 문 대통령은 "필요할 때 연락

해서 쉽게 만날 수 있다는 것이 남북 관계의 새로운 시대를 보여주는 하나의 징표"라고 했고, 김 위원장은 "할 수 있는 최선의 노력을 다해서 결과를 만들고 국제사회의 목소리도 듣자"고 했다. 이 두 번째 정상회담에서 남과 북은 판문점 선언의 이행 문제, 북미 정상회담의 성사 문제 등에 대해 깊이 있게 논의했다.

'한반도의 봄'을 알린 두 차례의 정상회담에 이어 가을인 9월 18~20일 평양에서 제3차 정상회담이 개최되었다. 3차 정상회담에서는 두 개의 합의서가 발표되었는데, 하나는 정상이 서명한 '9월 평양 공동선언'이고, 또 하나는 국방 책임자가 서명한 '군사 분야 합의서'이다. 9월 평양 공동선언은 군사적 적대 관계 종식, 남북 교류 협력, 이산가족 문제 해결, 문화·체육 교류 협력, 핵무기와 핵 위협이 없는 한반도, 김정은 위원장의 서울 답방 총 6개항으로 되어있다. 주목할 것은 역사적인 판문점 선언 이행을 위한 군사 분야 합의서인데, 이것은 불가침 선언의 실질적 제도화라고 할 수 있다. 우선 남북은 "지상과 해상, 공중을 비롯한 모든 공간에서 군사적 긴장과 충돌의 근원으로 되는 상대방에 대한 일체의 적대 행위를 전면 중단"하기로 하였다. 이것은 남북 간의 사실상 종전 선언이자 불가침 합의서라 할 수 있다. 구체적으로 남북은 군사공동위원회를 가동하여 무력 충돌을 방지하고, 군사분계선 일대에서 각종 군사 연습을 중단하며, 포문을 폐쇄하고, 비행 금지 구역을 설정하며, 우발적 충돌 방지책을 마련했다. 이어 2조에서는 비무장지대를 평화지대로 만들고, 3조에서 서해 북방 한계선 일대를 평화 수역으로 만들며, 4조에서 교류 협력 및 접촉 왕래를 위한 군사적 보장 대책을 강구하고, 5조에서 상호 군사적 신뢰 구축을 위한 다양한 조치를 강구키로 했다.

남과 북의 정상이 세 차례의 정상회담을 통해 무엇보다 강조한 것은 남과 북의 적대 관계를 종식시켜야 하고, 또 종식되었다는 점이다. 양 정상은 '판문점 선언' 전문에서 "한반도에 더 이상 '전쟁은 없을 것'이며, 새로운 평화의 시대가 열리었음"을 천명했다. 그리고 9월 평양 공동선언은 "대치 지역에서의 군사적 적대 관계 종식을 한반도 전 지역에서의 실질적인 전쟁 위험 제거와 근본적인 적대 관계 해소로 이어나가기로" 하였다. 이를 위한 구체적 방안으로 군사 분야 합의서는 "상대방에 대한 일체의 적대 행위를 전면 중단"하기로 했다. 이에 대해 문재인 대통령은 평양 공동선언 뒤 기자회견에서 "전쟁 없는 한반도가 시작되었다"고 선언했다. 결국 2018년에 개최된 세 차례의 남북 정상회담은 '남북 간의 적대 관계가 종식되고, 전쟁 없는 한반도가 시작되었으며, 새로운 평화의 시대가 열리었음'을 대내외적으로 공표한 것이다. 문재인 정부 국정 목표의 하나인 '평화와 번영의 한반도'에서 '평화의 한반도'가 집권 1년 반 만에 성취의 길에 들어선 것이다.

6·12 북미 정상회담과 북미 관계 및 한반도 비핵화 전망

2017년 미국과 북한의 관계는 일촉즉발의 위기 상황이었다. 새로이 대통령에 취임한 도널드 트럼프는 '최대한의 압박' 정책을 펼쳤고, 유엔 제재만이 아니라 독자적인 대북 제재로 북한 봉쇄를 주도했다. 특히 2017년 9월 유엔총회를 전후해 북미 간의 긴장은 최고조에 달했다. 트럼프 대통령은 김정은 위원장을 '국민을 돌보지 않는 미친 자',

'로켓맨', '불량 정권의 악' 등으로 비난했고, 김 위원장은 트럼프 대통령을 '불망나니, 늙다리 미치광이', '정신병적인 깡패' 등으로 치받았다.

그러나 2018년이 되어 남북 관계가 진전됨에 따라 상황이 급반전되기 시작했다. 평양을 다녀온 한국 특사단은 김정은 위원장의 특별 메시지를 3월 8일 미국을 방문해 트럼프 대통령에게 전달했다. 핵심 내용은 "김 위원장이 완전한 비핵화 의지를 표명했고, 향후 어떠한 핵 또는 미사일 시험도 자제할 것이며, 트럼프 대통령을 가능한 한 조기에 만나고 싶다"는 것이었다. 그 결과 5월 북미 정상회담이 논의되었고, 이를 위해 마이크 폼페이오 CIA국장(국무장관 내정자)이 3월 31일~4월 1일 평양을 방문했다. 폼페이오 장관은 한 달 뒤인 5월 9일에도 다시 평양을 방문해 김 위원장을 만났다. 그리고 북한의 김영철 노동당 중앙위원회 부위원장 겸 통일전선부장이 특사 자격으로 5월 30일 미국을 방문해 폼페이오 국무장관과 회담하고, 이어 6월 1일 백악관에서 트럼프 대통령을 접견했다. 조명록 차수가 2000년에 빌 클린턴 대통령을 접견한 이후 18년 만이었다. 드디어 6월 12일, 세계에서 가장 적대적이었던 북한과 미국이 역사적인 정상회담을 싱가포르에서 개최했다. 정상회담의 결과 미국과 북한은 4개항으로 이루어진 공동성명을 발표했다. 미국과 북한이 새로운 관계를 수립하고, 한반도 평화 체제를 구축하며, 북한은 한반도의 완전한 비핵화를 향해 노력하고, 미군의 유해를 송환하고 수습한다는 것이다.

북한의 핵실험 및 미사일 실험 중단과 풍계리 핵실험장 폐기, 이에 대한 호응으로 한미 양국이 단행한 연합 훈련 중단, 4·27 남북 정상회담과 6·12 북미 정상회담으로 이어지는 일련의 과정은 한반도의 평화와 번영, 나아가 동북아의 평화와 번영을 향한 새로운 전기가 되었다.

폼페이오 국무장관이 6·12 정상회담의 후속 조치로 7월 6일 평양을 3차 방문했고, 10월 7일에는 4차 방문했다. 폼페이오 국무장관은 4차 방북 직후 "이번에 진정한 진전을 이뤘다"고 하면서, "우리는 이제 최종적이고 완전히 검증된 비핵화라는 궁극적 목표를 달성할 길을 볼 수 있게 되었다"라고 밝혔다. 이때 제2차 북미 정상회담 개최도 논의되었다.

한반도의 비핵화와 평화 체제를 둘러싼 논의는 '북한의 비핵화 프로세스'와 '미국의 상응조치'라는 두 가지의 큰 틀을 통해 검토할 수 있다. 북한의 비핵화 프로세스와 관련하여 북한의 '현재 핵' 폐기(영변 핵 시설 가동 중단), 북한의 '과거 핵' 폐기(핵무기, ICBM 등 중장거리 미사일 폐기), 그리고 비핵화 검증의 문제가 있다. 이에 대한 상응 조치로는 종전 선언, 제재 완화, 평화협정과 국교 수립 등이 있다. 현재 북한은 '미래 핵'의 폐기(핵·미사일 실험 중단과 풍계리·동창리 실험장 폐기) 대가로 종전 선언과 제재 완화를 요구하고 있고, 미국은 완전한 비핵화와 검증이 없이는 제재 완화가 불가하다는 입장이다. 트럼프 대통령은 제2차 북미 정상회담을 2019년 초에 개최할 계획이라고 밝혔지만, 북한의 비핵화 프로세스와 이에 상응하는 미국의 조치에 대한 로드맵이 아직 합의되어 있지 않은 상태이다.

현재 상태에서 가장 합리적인 방안은 먼저 북한이 '현재 핵'을 폐기하고 이에 상응해서 남북한과 미국이 종전 선언을 하는 것이다. 이어 북한이 '과거 핵'의 일부를 폐기하고 핵 리스트를 신고할 때 미국을 비롯한 국제사회가 북한에 대한 제재를 완화하는 것이다. 만일 판문점 선언에서 합의한 대로 2018년 연내에 종전 선언을 이루려면 최소한 북한이 영변 핵시설 가동을 중단해야 한다.

이에 대한 상응 조치로 미국이 종전 선언을 하지 않는다면, 남북한 양자가 서울에서 종전을 선언하는 것도 적극적으로 검토해야 한다. 그리고 2019년 초로 예상되는 제2차 북미 정상회담에서 북한이 '과거 핵'의 일부를 폐기하고 핵 리스트를 신고하며, 이에 상응해서 미국이 대북 제재를 완화하기로 합의한다면, 이것은 한반도의 평화와 번영을 위한 새로운 도약이 될 것이다.

2019~2020년에 이루어야 할 '한반도의 평화와 번영'

2018년, 문재인 정부는 '한반도의 평화와 번영'이라는 국정 목표를 향해 큰 진전을 이룩했다. 남북의 적대 관계가 종식되고, 한반도에서 '전쟁 없는 한반도', '새로운 평화의 시대'가 열렸다. 이에 따라 군사 분야만이 아니라 경제·사회·문화 등 모든 분야에서 남북 관계가 크게 발전했다. 이산가족 상봉이 이루어졌고, 체육회담과 10·4 선언 11주년 기념행사 등 각종 사회·문화 교류가 빈번해졌으며, 동·서해선 철도 및 도로 연결을 위한 착공식 개최 등도 합의되었다. 개성에 남북공동연락 사무소도 개설했다. 남북 관계의 발전과 함께 국정과제로 설정된 '한반도 신경제 구상'이 구체화되고, 남북 기본 협정 체결 및 남북 관계 재정립, 통일 공감대 확산과 통일국민협약 추진 등을 위한 토대도 마련되고 있다.

남북 관계만이 아니라 '국제 협력을 주도하는 당당한 외교'를 위해 국민외교 및 공공외교를 적극 추진하고 있다. 또한 주변 4국과의 관계를 개선할 뿐 아니라 신남방 정책과 신북방 정책을 통해 동북아 플러스 책임 공동체를 향해 나아가고 있기도 하다. 그리고 한미 FTA의 재협상을 통해 무역 전쟁의 상황에 적극 대처하고, 아세안과 인도 등에 대한 경제외교 강화로 거대 신흥 시장 개척에도 적극 나섰다. 또한 '국방개혁 2.0' 등을 통해 강한 안보와 책임 국방이라는 국정 전략을 구체화했다.

문재인 정부 집권 3, 4년 차에 해당하는 2020년 말까지 '평화와 번영의 한반도'를 위해 반드시 이루어야 할 정책 목표와 전략을 제시하면 다음과 같다.

첫째, 한반도의 완전한 비핵화와 평화 체제를 위한 로드맵을 2019년 초에 완성하고, 이에 대한 실질적인 진전이 있어야 한다. 이 과정에 미국과 북한이 핵심 당사자이지만 우리 한국의 역할, 문재인 정부의 역할은 매우 중요하다. 지난 1년간 남북 관계 및 북미 관계를 진전시키는 데 우리 정부의 역할이 결정적이었기 때문이다. 이는 이명박·박근혜 정부 10년의 역사를 볼 때 더욱 분명해진다. 따라서 미국과 북한이 모두 수용 가능한 비핵화와 평화체제의 로드맵을 만드는 데 우리는 창의적이고 선도적인 노력을 해야 한다. 특히 한반도의 상황이 더 이상 뒤로 돌아가지 않도록 '한반도 종전 선언'을 우리가 주도해야 한다. 남·북·미 3자 간에 종전 선언이 이루어지면 좋겠지만, 만일 미국이 주저한다면 남북이 공식적으로 종전을 선언하는 것을 적극 검토해야 한다. 이를 위해서는 영변 핵 시설의 폐쇄가 필요하다. 그리고 2019년 상반기에 북한의 비핵화 진전과 핵 신고 리스트 제출, 이에 대한미국의 대북 제재 완화가 이루어지도록 한국이 협상력, 중재력을 발휘해야 한다. 2019년 초로 예정된 제2차 북미 정상회담이 구체적인 성과를 내도록 해야 한다.

둘째, 남북 관계 및 북미 관계의 진전에 맞춰 우리 내부의 여야 관계, 한일 관계, 한중 관계도 발전해야 한다. 지난 1년 동안 남북 관계는 국민 대다수의 지지를 받았다. 그러나 경제 상황이 악화되고 대통령의 지지도가 하락함에 따라 북한 문제가 정쟁의 불씨가 되어 남남갈등을 더욱 심화시키는 상황이 되었다. 향후에는 '통일 공감대 확산과 통일국민협약 추진'이라는 국정과제를 달성하기 위해 야당 및 보수적인 세력과도 남북 관계의 발전에 대해 끊임없이 소통하고 협력해야 한다. 문재인 정부는 지난 1년 반 동안 남북 관계와 대미 관계 그리고 아세안과 인도와의 관계를 크게 발전시켰지만 일본 및 중국과의 관계는 상대적으로 소홀했다. 따라서 최악의 상황으로 치닫고 있는 한일 관계를 개선하고, 아직까지도 냉랭한 상태인 한중 관계를 개선하기 위해 정책 역량을 강화해야 한다.

셋째, 한반도의 비핵화와 평화 체제 진전에 따라 필연적으로 나타날 남북 간의 경제협력 및 사회·문화 협력의 토대를 미리 마련해야 한다. 한반도 신경제 구상과 신북방 정책, 신남방 정책 그리고 국내 경제 정책이 상호 유기적으로 연결되도록 정책을 조율해야 한다. 이뿐 아니라 기업 등 경제 주체들이 이 과정에 참여할 수 있도록 해야 한다. 정부는 기업들의 의견을 수렴하고, 나아가 기업들이 이러한 논의 과정에 참여할 수 있는 통로를 마련하는 데 특별히 신경을 써야 한다. 그리고 2018년에 남북 관계가 새로운 평화의 시대로 나아가는 돌파구가 열렸기 때문에, 이제부터는 중앙정부만이 아니라 지방정부(자치단체) 그리고 민간이 대북 교류 협력 사업에 나설 수 있도록 법·제도를 정비하고, 이를 위한 체계를 갖추어야 한다. '판문점 선언'에서 지방자치단체의 활동이 언급되었고, 6·13 지방선거를 통해 출범한 지방자치단체들이 모두 대북 교류 협력에 적극적이다. 이러한 점을 고려할 때 지방정부가 전국시도지사협의회, 기초단체협의회 등을 통해 대북 교류 협력을 통일적으로 기획하고 조정히며 체계적으로 추진할 수 있도록 해야 한다.

우리는 오랫동안 외교·안보·통일 문제는 초당적인 협력이 필요하다고 주장해왔다. 그리고 헌법은 대한민국이 평화적인 통일 정책을 추진한다고 적시하고 있다. 평화와 통일은 대통령을 비롯한 중앙정부만이 아니라 광역 및 기초의 지방자치단체 그리고 기업과 시민단체, 종교단체 등의 민간 모두가 추진해야 할 국가적 과업이라는 것이다. 2018년 남북 관계의 획기적 발전을 발판으로 삼아, 2019년부터는 행정부와 입법부, 여와 야를 포함한 중앙정부, 광역단체와 기초단체 그리고 교육청을 포함한 지방정부, 5000만 국민으로 표현되는 민간이 모두 한반도의 평화와 번영, 나아가 통일의 길에서 각자의 몫을 잘할 수 있도록 해야 한다. 이를 위해 문재인 정부는 어떨 때는 폭풍우 속에서 키를 잡은 선장처럼, 또 어떨 때는 오케스트라의 지휘자처럼 행동해야 한다.

제43장

하노이 북미 정상회담 이후 한반도 비핵평화 프로세스

고유환 정책기획위원회 평화번영분과위원장, 동국대학교 북한학과 교수

머리말

하노이 제2차 북미 정상회담에서 합의 도출에 실패한 이후 북한과 미국은 상대를 자극하지 않고 정세 관리를 하고 있다. 회담 결렬 직후 북한은 "생산적인 대화들을 계속 이어나가기로 했다"고 밝혔고, 마이크 폼페이오(Mike Pompeo) 미국 국무장관은 "향후 수주일 내에 평양에 협상팀을 보내기를 희망하고 있다"고 밝혔다. 북한이 당장 수용하기 어려운 빅딜안을 제시한 뒤 협상장을 박차고 나온 도널드 트럼프(Donald Trump) 대통령은 미국 여야 모두의 지지를 받았다. 트럼프 대통령은 코언 청문회로 곤혹을 치렀지만 이른바 '뮬러 특검'에서 러시아 스캔들에서 벗어남으로써 대북 협상의 정치적 자율성을 확보했다. 예상치 못하게 합의 도출에 실패한 김정은 북한 국무위원회 위원장은 신년사에서 언급했던 '새로운 길'과 관련한 언행을 자제하면서 내부 결속과 민생 챙기기에 주력하고 있다.

6·12 북미 공동성명 이후 한반도 비핵평화 프로세스가 교착 국면에 빠진 것은 합의 내용을 둘러싼 해석 차이와 비핵화 해법의 차이에서 기인한다. 북한은 한반도에서의 항구적이고 공고한 평화 체제 구축

과 완전한 비핵화를 동시 행동 원칙에 따라 단계적으로 이행할 것을 염두에 둔 '안보-안보 교환의 한반도 비핵평화 프로세스'를 추진하고자 했디. 하지만 미국이 선신고 검증 등 추가적인 비핵화 행동을 요구하거나, 비핵화 범주에 생화학무기까지 포함하는 대량살상무기(WMD) 전반을 폐기해야 제재를 해제할 수 있다는 일괄 타결식 빅딜안을 내놓음으로써 비핵평화 프로세스는 본격화하지 못하고 있다.

미국의 빅딜과 북한 스몰딜의 충돌

지금까지 드러난 하노이 북미 협상의 전말은 트럼프 대통령이 실무 잠정 합의를 무시하고 사실상 '리비아 모델'에 가까운 일괄 타결식 빅딜안을 내놓으며 '완전하고 검증 가능하며 불가역적인 비핵화(CVID)'를 요구함으로써 협상이 결렬됐다. 로이터통신이 지난 3월 29일 입수하여 공개한 빅딜 문서에는 '북한의 핵무기와 핵물질 미국 반출 등 북한 핵 시설과 화학·생물전 프로그램, 탄도미사일 등과 관련 시설의 완전한 해체'와 함께, "핵 프로그램에 대한 포괄적 신고, 미국과 국제 사찰단에 대한 완전한 접근 허용, 모든 관련 활동 및 새 시설물 건축 중지, 모든 핵 인프라 제거, 모든 핵 프로그램 과학자 및 기술자들의 상업적 활동으로의 전환"을 요구한 것으로 알려졌다.

트럼프 대통령이 실무 합의를 무시하고 북한이 받아들이기 어려운 빅딜안을 준비한 것으로 볼 때 사전에 판을 깰 의도가 있었던 것으로 짐작된다. 첫째, 국내 정치적으로 어려움에 처했던 트럼프 대통령이 북한에 대한 제재를 풀어주는 잠정 합의를 했을 경우 외교적으로도 실패했다는 부담을 의식해 잠정 합의를 무시하고 빅딜안을 제시한 것으로 보인다. 둘째, 미국은 북한의 '완전한 비핵화' 의지의 진정성을 확인할 수 없는 조건에서 북한의 비핵화 의지를 시험하기 위해 빅딜안을 제시했을 가능성이 있다. 즉 미국은 북한이 완전한 비핵화 의지가 있다면 빅딜안을 수용하고 제재 해제의 조건을 충족시키지 못할 이유가 없다고 보고 빅딜을 요구한 것으로 보인다. 셋째, 스몰딜이 핵 폐기가 아닌 핵 군축으로 인식되는 데 대한 부담 때문에 빅딜을 제안했을 가능성도 있다.

2021년 3월 15일 북한은 최선희 외무성 부상을 통해 "제재가 완화되기 전에 북한이 먼저 비핵화를 해야 한다는 미국의 요구는 말이 되지 않는다"고 반발했다. 북한은 신뢰가 조성되지 않은 가운데 선비핵화를 실현하라는 것을 무장해제로 인식하는 것 같다. 최선희 부상이 기자회견에서 밝힌 바에 의하면 트럼프 대통령은 북한이 비핵화를 이행하지 않을 경우 다시 제재를 가하는 '스냅백(snapback)' 조항을 넣어 실무 합의를 수용할 수 있다는 의견을 제시했지만, 폼페이오 국무장관과 볼턴 국가안보 보좌관의 반대로 합의 도출에 실패했다는 것이다.

북한은 이번 합의 실패 원인을 트럼프 대통령에서 찾지 않고 관료 탓으로 돌렸다. 톱다운 방식의 북한 핵 협상을 유지하기 위한 고육지책으로 보인다. 북한 입장에서는 무오류성이 보장된 최고지도자가 나섰으니 반드시 성과를 내야 하는 부담이 있다. 트럼프 대통령도 국내의 정치적 요인을 고려하고 김정은 위원장의 비핵화 의지를 시험하기 위해 판을 키워놓았지만 외교적 성과를 내야 재선에 유리하다는 정치적 고려를 할 것이다.

싱가포르 6·12 북미 공동성명 이후 미국의 신고 검증 우선 요구에 북한이 반발하자, 우리 정부는 대안으로 '9월 평양 공동선언'을 통해 남북 합의란 형식으로 영변 핵 시설 영구 폐기와 상응 조치(종전 선언, 연락사무소 설치, 제재 완화 등) 교환을 제안했다. 하노이 회담에서 합의 도출에 실패함으로써 한반도 평화 프로세스도 영향을 받고 있기 때문이다. 개성남북연락사무소 기능이 무력화됐으며, 이산가족 상봉, 유해발굴사업, 남북군사공동위원회 가동을 위한 군사 당국 회담 등 남북 현안 논의를 위한 접촉도 이뤄지지 못하고 있다.

4월 11일 한미 정상회담에서 미국이 제안한 일괄 타결식 빅딜과 북한이 제안한 영변 핵 시설 영구 폐기와 상응 조치(스몰딜, 단계별 동시 행동) 사이의 창의적인 중재안을 만들어야 한반도 비핵평화 프로세스가 본격화할 수 있다. 비핵평화 프로세스의 핵심은 비핵화 개념과 불가역적 비핵화 단계를 정리하고 비핵화 수준이 어느 정도에 도달했을 때 제재를 풀 수 있는지를 결정하는 것이다. 포괄적 일괄 타결 이후 단계별 이행이 불가피하지만 스티븐 비건(Stephen Biegun) 미국 국무부 대북정책특별대표가 3월 11일 카네기국제평화기금 좌담회에서 밝혔듯이 "미국 행정부는 단계적 비핵화를 염두에 둔 적이 없다"고 선을 긋고 있다. 미국은 "북한이 더 빨리 움직일수록 더 밝은 미래로 갈 수 있다"고 주장하지만 북한은 제재와 대화는 양립할 수 없다며 제재 해제에서 미래를 찾으려 한다.

미국은 제재가 북한을 움직일 수 있는 가장 유효한 수단이라 인식하고 완전한 비핵화가 이뤄질 때까지 제재는 풀 수 없다는 입장을 고수하고 있다. 제재를 풀어주면 비핵화를 중단할지도 모른다는 불신 때문이다. 반면 북한은 제재를 풀어야 경제를 발전시키기 위해 병진 노선을 결속하고 완전한 비핵화를 추진하는데 제재를 풀어주지 않는다면 비핵화를 할 이유가 없다고 반발하고 있다. 최선희 부상이 "최고지도부가 곧 결심을 명백히 할 것으로 보인다"고 했지만, 핵 프로그램이 가동 중에 있기 때문에 북한은 지금도 '사실상 새로운 길을 가고 있다'고 봐야 할 것이다. 시간이 반드시 미국 편이라고 볼 수만은 없다.

한미 정상회담과 북미 핵 협상의 돌파구 찾기

하노이 노딜 이후 돌파구를 찾기 위한 한미 정상회담이 4월 11일 미국 워싱턴DC에서 열렸다. 회담 결과에 대한 공동 발표문 없이 양측이 각각 언론 보도문을 발표했다. 이번 한미 정상회담은 한미의 현안을 타결하기 위한 회담이 아니라 북미 핵 협상의 교착을 풀기 위한 협의라 공동 보도문이나 기자회견을 할 수 없었던 것이다. 또한 한미 정상회담의 협의 결과를 북한에 설명하고 협상을 촉진해야 하기 때문에 사전에 협의 내용을 발표하기도 어려웠을 것이다. 결국 드러난 내용은 단독 정상회담 직전에 있었던 기자들의 질문에 트럼프 대통령이 답한 데서 함의를 찾을 수밖에 없다.

백악관은 언론 보도문을 통해 "트럼프 대통령과 문재인 대통령은 북한의 최종적이고 완전하게 검증된 비핵화(FFVD) 달성, 한반도의 항구적 평화 정착, 하노이 (2차 북미) 정상회담에 이은 북한과의 진전이라는 양국의 상호 목표에 대해 논의했다"고 하면서 "트럼프 대통령은 김정은 북한 국무위원장과 아주 좋은 관계임을 거듭 언급했으며, 대화를 위한 문이 계속해서 열려 있다고 말했다"고 밝혔다. 한편 청와대는 언론 발표문을 통해 트럼프 대통령과 문재인 대통령은 톱다운 방식이 한반도 평화 프로세스에 필수적이라는 데 인식을 같이했다고 전했다. 트럼프 대통령은 조만간 남북 정상회담을 추진할 계획이라는 문 대통령의 언급에 "한국이 파악하는 북한의 입장을 가능한 한 조속히 알려 달라"고 요청했다고 청와대 고위 관계자가 밝혔다.

한미 정상회담에서 나타난 미국의 미묘한 변화는 트럼프 대통령이 4월 11일 기자 문답에서 하노이 북미 정상회담 당시 제시한 빅딜안을 재확인하면서도 "다양한 스몰딜들(smaller deals)이 이뤄질 수 있다. 한 걸음씩 단계적으로(step by step), 조각을 내어(pieces) 진행할 수 있다. 그러나 지금 이 순간 우리는 '빅딜'에 대해 이야기하고 있다"고 발언한 데서 찾을 수 있다. 스몰딜들이 구체적으로 어떤 내용인지에 대해서는 트럼프 대통령이 따로 설명하지 않아, 북한이 원하는 단계적 접근과 같은 개념인지는 확인할 수 없지만 협상 동력을 유지하기 위해 스몰딜 가능성을 시사한 것으로 볼 수 있을 것이다.

북한은 싱가포르 북미 정상회담에서 "단계별 동시 행동 원칙에 합의했다"면서 이에 따라 영변 핵 시설의 영구 폐기와 제재 완화를 비롯한 상응 조치를 교환하고 '단계별 합의-단계별 이행'으로 한반도 비핵 평화 프로세스를 진행하며 신뢰를 쌓아나가자는 입장이다. 이에 비해 미국은 북한의 '완전한 비핵화' 의지를 확인하지 못하는 조건에서 핵과 미사일, 생화학무기 등 모든 대량살상무기(WMD)를 한꺼번에 폐기하는 절차를 일괄 타결하고 동시에 이행해야 제재를 해제할 수 있다는 '포괄적 합의-포괄적 이행' 방식의 빅딜 입장을 견지하고 있다. 그러나 트럼프 대통령이 다양한 스몰딜들과 단계별 이행의 가능성을 시사함으로써 포괄적 일괄 타결 이후 단계적 이행이라는 우리 정부의 중재안에 접근해온 것으로 관측해볼 수 있을 것이다.

제재 문제와 관련해 폼페이오 국무장관이 한미 정상회담 직전에 "여지를 두고 싶다"고 했고, 트럼프 대통령은 "나는 진짜로 매우 중요한 일이 일어날 것이라고 믿는다"면서 "제재 강화를 하지 않기로 했다"고 밝힌 점도 회담 재개를 위한 분위기 조성으로 볼 수 있다. 특히 트럼프 대통령이 문재인 대통령과 대북 인도 지원 문제를 논의할 것이라며 "솔직히 나는 (인도 지원이) 괜찮다"고 말했다는 점을 주목해야 할 것이다. 당장 제재는 완화할 수 없지만 국제기구와 한국 정부의 대북 인도적 지원을 허용함으로써 제재에 따른 북한 주민들의 고통을 덜어주고 체제 전복과 정권 붕괴를 추진하지 않는다는 점을 확인하려는지도 모른다. 어쨌든 트럼프 대통령이 대북 인도적 지원을 허용함으로써 우리 정부의 운신의 폭이 넓어졌고, 북미 협상 재개를 위한 여건 마련에도 긍정적 작용을 할 것으로 보인다.

김정은 위원장의 정세 인식과 새로운 협상 틀 모색

김정은 국무위원장이 2019년 4월 12일 열린 최고인민회의 제14기 제1차 회의 시정연설에서 하노이 북미 정상회담 결렬 이후 정세 인식과 북미 정상회담 재개 관련 입장을 밝혔다. 김 위원장은 미국이 경제 제재에 집중하는 것을 "선 무장해제, 후 제도 전복 야망을 실현할 조건을 만들기 위한 것"이라고 주장하면서 북미 대치의 '장기성'을 언급하며 제재 지속에 맞설 자립적 민족경제발전과 자력갱생을 강조했다.

또한 미국이 남한에 '속도 조절'을 노골적으로 강박하고 남북 합의 이행을 대북 제재 압박 정책에 복종시키려 하고 있다며, 과거로 되돌아갈지도 모를 "엄중한 정세가 조성되고 있다"고 말했다. 남측 당국에 대해서는 "오지랖 넓은 '중재자', '촉진자' 행세를 할 것이 아니라 민족의 일원으로서 제정신을 가지고 제가 할 소리는 당당히 하면서 민족의 이익을 옹호하는 당사자가 되어야 한다"고 주장했다. 또한 "미국의 시대착오적인 오만과 적대시 정책을 근원적으로 청산하지 않고서는 북남 관계에서의 진전이나 평화 번영의 그 어떤 결실도 기대할 수 없다는 것을 때늦기 전에 깨닫는 것이 필요하다"면서 남측 당국이 북측의 입장과 의지에 공감하고 보조를 맞출 것을 요구했다.

이어 미국에 대해서는 "새로운 조미 관계 수립의 근본 방도인 적대시 정책 철회를 여전히 외면하고 있으며, 오히려 우리(북한)를 최대로 압박하면 굴복시킬 수 있다고 오판하고 있다"고 주장하며 "일방적으로 자기의 요구만을 들이미는 미국식 대화법에는 체질적으로 맞지 않고 흥미도 없다"고 밝혔다. 김정은 위원장은 또 북미 사이에 뿌리 깊은 적대감이 존재하고 있는 조건에서 6·12 북미 공동성명을 이행하려면 "쌍방이 서로의 일방적인 요구 조건들을 내려놓고 각자의 이해관계에 부합하는 건설적인 해법을 찾아야 한다"고 강조했다. 미국이 지금의 계산법을 접고 새로운 계산법을 가지고 나와야 한다면서, 북한도 기존의 제재 완화 요구 조건에 목메지 않겠다는 뜻을 밝혔다.

특히 김 위원장은 "적대 세력들의 제재 해제 문제 따위에는 이제 더는 집착하지 않을 것"이며 "우리의 힘으로 부흥의 앞길을 열 것"이라고 천명하는 동시에 비핵화와 체제 안전(평화 체제)을 교환하는 안보-안보 교환 문제에 집중하겠다는 의지를 드러냈다. 이는 북한이 싱가포르 6·12 북미 공동성명에서 평화 체제와 비핵화를 교환하는 안보-안보 교환에 합의했지만, 하노이 2차 북미 정상회담에서는 종전 선언, 연락사무소 등 체제 보장과 관계 개선과 관련한 상응 조치에는 관심을 두지 않고 영변 비핵화와 제재 완화를 교환하는 안보-경제 교환에 집중하는 모습을 보이면서 제재로 고통이 심하다는 것을 노출하고 '제재 만능론'에 힘을 실어준 데 대한 대응으로 보인다. 이와 관련하여 〈조선신보〉는 4월 14일 자에서 "자력갱생에 기초하여 경제 부흥을 실현하는 기구 체계와 사업 체계를 정비한 조선이 제재 해제 문제를 제기하지 않는다면 미국은 다른 행동 조치로 저들의 적대시 정책 철회 의지와 관계 개선 의지, 비핵화 의지를 증명해 보이지 않으면 안 되게 된다"고 밝혔다.

하지만 트럼프 대통령과의 개인적인 관계에 대해서는 "여전히 훌륭한 관계를 유지하고 있으며 생각나면 아무 때든 서로 안부를 묻고 편지도 주고받을 수 있다"고 밝혀 최고지도자들 사이의 신뢰는 여전하다는 점을 과시하면서 톱다운 방식의 유효성도 인정했다. 그리고 올해 말까지 인내심을 가지고 미국의 용단을 기다려볼 것이며, 북미 쌍방의 이해관계에 맞는 합의가 이뤄진다면 합의문에 '수표(서명)'할 것이라고 말했다.

이에 화답하듯 트럼프 대통령은 4월 13일 자신의 트위터 계정에서 "나는 북한 김정은(위원장)과 우리의 개인적인 관계가 매우 좋고(good), 아마도 훌륭하다(excellent)는 말이 훨씬 더 정확할 것, 그리고 우리가 서로 어디에 있는지 완전히 이해한다는 점에서 3차 정상회담이 좋을 것이라는 데 동의한다"고 밝혔다. 이어 "머지않아 핵무기와 제재가 제거될 수 있는 날이 오길 고대하고, 그러고 나서 북한이 세계에서 가장 성공적인 국가 중 하나가 되는 것을 지켜보는 날이 오길 기대한다"고 덧붙였다.

우리 정부의 주도적 역할과 신한반도체제 구상 실현

김정은 위원장의 시정연설에서 우려했던 '새로운 길'과 협상 중단 결심은 나오지 않았다. 하지만 남측 당국에 대한 당사자 역할 주문, 미국에 대한 빅딜안 거부와 새로운 계산법 요구, 북한의 안보-경제 교환 요구에서 안보-안보 교환 요구로의 회기, 보텀업(bottom up) 방식의 연내 접수 가능한 공정한 내용의 합의문 도출 등을 요구함으로써 기존 협상 방식과 틀을 근본적으로 재검토하지 않을 수 없게 됐다.

4월 11일 열린 한미 정상회담의 결과를 공유하기 전에 김정은 위원장이 북미 쌍방이 일방적인 요구 조건을 내려놓고 건설적인 해법을 찾자고 함으로써 한미 정상회담의 결과를 수용할지 여부는 불투명하다. 한미 정상회담에서 문재인 대통령이 남북 정상회담을 추진하겠다고 했지만, 김정은 위원장이 민족 공조를 위한 남측의 당사자 역할 요구와 새로운 계산법을 마련하기 위한 미국의 '용단'을 촉구한 터라 당장 남북 정상회담 수용 여부를 판단하기도 쉽지 않다.

남·북·미 최고지도자들 사이의 신뢰가 여전하여 톱다운 방식으로 한반도 비핵평화 프로세스 가동을 위한 노력을 지속해나가야 하지만, '서로에게 접수 가능한 공정한 합의문'을 만들기 위한 양자 또는 다자 실무 협상, 고위급 회담, 정상회담 등 다층위의 협상을 추진해야 할 것이다. 트럼프 대통령이 서두르지 않고 단계를 거쳐(step by step) 다층위의 협상을 추진하겠다고 했고, 김정은 위원장도 올해 말까지 합의안이 만들어지면 서명하겠다고 하면서 다층위의 협상을 통해 합의문이 만들어져야 한다는 점은 인정했다.

이제부터는 한국이 당사자로 본격적으로 나서 '9·19 공동성명'을 만들 때처럼 한반도 비핵평화 프로세스를 만드는 데 주도적 역할을 해야 할 것이다. 전부 아니면 전무(all or nothing) 방식과 일방주의적 요구를 할 경우 협상은 이뤄질 수 없다. 문재인 대통령이 수석 협상가로서 남·북·미 사이 이익의 조화점을 찾아 한반도 비핵평화 프로세스를 만들고 이행해나가는 데 주도적 역할을 할 필요가 있다.

3·1절 기념사에서 문재인 대통령이 밝힌 '신한반도체제' 구상은 2차 북미 정상회담을 계기로 한반도 비핵평화 프로세스가 본격화할 것으로 보고, 지난 100년 동안의 대립과 갈등의 한반도 질서를 청산하고 새로운 100년을 준비하는 평화 협력 질서를 만들겠다는 의지를 담은 문재인 정부의 평화 번영 전략이라 할 수 있다. 문재인 대통령의 신한반도체제 구상은 북미 핵 협상의 타결을 바탕으로 한반도에 항구적인 평화 체제를 구축하고, 경제 공동체를 건설해 평화 경제 시대를 열겠다는 것이다. 2차 북미 정상회담에서 합의 도출에 실패했음에도 문재인 대통령은 3·1절 기념사에서 "신한반도체제로 담대하게 전환해 통일을 준비해나가겠다"고 밝혔다. 그러나 신한반도체제가 북한의 비핵화를 전제하고 있다는 점에서 제2차 북미 정상회담의 결렬은 신한반도체제 구축에 결정적 영향을 미칠 수밖에 없다. 따라서 신한도체제 구상을 실현하기 위해서는 우리가 주도적으로 나서 한반도 비핵평화 프로세스의 이행 로드맵을 만들고 이를 실천에 옮길 수 있도록 외교력을 발휘해야 할 것이다.

제44장

미·중 '새로운 전략 경쟁'의 시작과
한국의 선택

김흥규 정책기획위원회 평화번영분과위원, 아주대학교 정치외교학과 교수

미·중 전략 경쟁의 특징

1972년 미국 리처드 닉슨(Richard Nixon) 대통령의 중국 방문 이후 지난 45여년 동안 지속되어온 안정적인 미·중 관계 기조가 급속히 해체되고 있다. 그간 미국이 유지해온 대중 정책의 핵심은 '포용'이었다. 최근 21세기 들어 본격화한 대중 헤징(hedging) 전략 역시 그 방점은 여전히 포용에 있었다. 이러한 대중 정책은 다음과 같은 두 가지 전제가 필요했다. 첫째는 미국의 중국에 대한 압도적 힘의 우위이다. 두 번째는 중국의 경제발전과 더불어 중국의 정치제도와 규범, 문화가 미국과 유사해질 것이라는 믿음이었다. 그러나 중국의 부상 속도는 미국의 예상보다 훨씬 빨랐고, 2010년대 들어서는 미국의 패권적 지위를 위협하기에 이르렀다. 최근 호주의 Lowy 연구소에서 출간한 보고서 〈2019 Asia Power Index〉는 중국의 국력, 특히 경제적 자원은 미국을 이미 앞지른 것으로 평가했다. 종합 국력에 있어서도 미국이 전체 지수 84.5점이고, 중국은 75.9점으로 미국을 바짝 추격하는 세계 2위

의 국력으로 평가되고 있다.[1] 게다가 중국은 더 이상 미국이나 서방의 가치나 제도를 추종하는 것이 아니라 그들만의 세계를 추구한다는 인식이 분명해졌다.

도널드 트럼프(Donald Trump) 대통령은 미국의 대중 정책 기조를 '포용'에서 '견제와 대립' 위주로 근본적으로 변화시키고 있다. 그는 집권 이후 2017년 12월 출간된 보고서 〈국가안보 전략(National Security Strategy)〉에서 중국을 미국의 '전략적 경쟁자(strategic competitor)', '현존 국제 질서의 도전자(revisionist)'로 규정했다. 중국과의 대결을 위해 트럼프는 그간 미국이 구축했던 자유주의적 세계화와 국제 질서의 근간을 스스로 해체하면서 '미국 우선주의'를 표방하고 있다. 트럼프의 대결적인 대중 정책은 중국의 급속한 부상과 '강대국화' 전략에 따라 나타나고 있는 미국 국민들의 점증하는 중국에 대한 우려와 두려움을 적극 반영한 것이다. 트럼프의 대중 정책은 워싱턴에서 진보와 보수를 넘어 고른 지지를 받고 있다. '포스트 트럼프' 시기에도 이미 흔들린 현존 국제 질서나 중국과의 관계가 과거로 회귀하기는 어려울 전망이다.

트럼프 대통령이 2018년 들어 본격적으로 주도하고 있는 미·중 간 갈등이 예사롭지 않은 것은 강대국 간 세력 전이 현상과 맞물려 있기 때문이다. 1978년 개혁 개방을 시작했을 당시 저개발 상태였던 중국은 지난 30여 년 동안 연평균 10%대의 경제성장을 이룩했다. 21세기에 들어서며 영국(2005), 프랑스(2006), 독일(2007), 일본(2010)을 차례로 제치고 미국에 이어 세계 제2의 경제대국으로 올라섰다. 중국

---

1 〈https://power.lowyinstitute.org/countries〉(검색일: 2019. 06. 05).

은 그간 발전도상국이라는 국가 정체성을 바탕으로 미국과 서방 중심의 국제 질서에서 수혜자이자 학생으로서 빠르게 성장을 이룩했다. 외교 정책 역시 쟝쩌민(江澤民) 시기(1989~2002), 후진타오(胡錦濤) 시기(2003~2012)에 이르기까지 나서지 않고 때를 기다린다는 '도광양회' 외교를 수행해오면서 친미·친서방 정책을 추진했다. 그 결과 국제통화기금(IMF)은 중국이 구매력(purchasing power parity) 환산 기준으로는 2014년 미국을 제치고 세계 제1의 경제대국으로 올라섰다고 판단한다. 미국 중앙정보국(CIA)의 자료인 〈World Factbook 2018〉은 국가 비교에서 구매력 기준의 GDP를 사용하고 있는데, 2017년 말 현재 미국의 GDP는 19.36조 달러이고 중국은 23.12조 달러로 평가하고 있다.[2] 명목적 GDP에 의한 경제 규모에 대한 평가는 다양하나 대체로 2030~2035년 사이에는 중국이 미국의 규모를 추월할 것으로 평가하는 추이가 일반적이다. 최근 미래 연구학자인 말콤 스캇과 세드릭 샘(Scott and Sam)이 다소 보수적으로 추산한 미국 2.3% 성장, 중국 4.5%의 평균 성장률로 계산한다 할지라도 중국은 2040년 이전에 미국을 추월할 것으로 본다(중국은 향후 10년간 평균 성장률 6% 예상).

미국의 저명한 역사·정치학자 그레이엄 앨리슨(Graham Allison)이 분석한 바에 의하면 강대국들 간의 세력 전이는 대부분 패권 전쟁으로 귀결되었다.[3] 우리는 이를 '투키디데스 함정'이라 칭한다. 근대 국제 체제가 형성된 이래 총 16차례의 세력 전이 현상이 발생했는데, 이 중

---

2 다만, 미국의 1인당 GDP는 5만 9,500달러이고 중국은 1만 6,600달러 수준으로 아직 국민들의 소득 격차는 미국이 세 배 반 정도 앞서 있음.

3 Graham Allison, Destined for War, Boston: Houghton Mifflin Harcourt, 2017. 그레이엄 앨리슨,《예정된 전쟁》, 장혜윤 옮김, 서울: 세종서적, 2018.

12건이 전쟁으로 귀결되었고 4건만 평화적으로 해결되었다. 현재 미·중의 상황은 세력 전이라 할 수 있는 상황으로 역사적으로는 17번째가 되며, 그 귀추가 세계의 주목을 받고 있다. 그레이엄 앨리슨은 21세기 미국과 중국 간 갈등과 경쟁도 강대국 패권 경쟁의 역대 경로와 '투키디데스의 함정'을 벗어나지 못할 것이라는 우려를 제기하고 있다.

미·중 전략 경쟁은 마치 1회성의 '죄수의 딜레마' 게임과 같은 양상으로 치닫고 있다. 미국은 영국의 양보로 독일의 호전성을 증진시켰다는 '체임벌린 함정'을 우려하고 있고, 중국은 양보가 시진핑(習近平) 중국 국가 주석의 권위 손상과 정당성 위기를 가져올 것을 두려워한다. 양국 모두 보다 강한 위기의식을 느끼고 있으면서도 퇴로를 찾기 어렵고, 과감한 공세가 진행되면서 확산되고, 심지어 이데올로기적인 대립 양상마저 띠고 있다. 규칙 기반의 국제 질서 약화 현상이 뚜렷이 나타나면서 비자유주의적 국제 질서가 부상하고 있다. 각 강대국들은 자국의 국익을 노골적으로 우선시하는 '각자도생'의 혼란상을 보여주고 있다. 미·중 간 구조적인 경쟁의 최근 표현은 '인도-태평양 전략'과 '일대일로 전략'의 충돌로 나타나고 있다. 현재의 무역 분쟁은 점차 무역 전쟁, 과학·기술 전쟁, 군비 경쟁, 이념 갈등의 영역으로 확대되어갈 전망이다. 미·중 관계가 추후 비록 부침이 존재하겠지만 우리는 적어도 30여 년 이상 미·중 경쟁과 분쟁의 일상화를 목도할 것이다.[4] 한반도 상황은 이러한 미·중 전략 경쟁의 맥락과 분리해서 생각할 수 없으며, 향후 북한의 비핵화 과정에도 부정적인 영향을 미칠 개연성이 크다.

4 마틴 울프(Martin Wolf) 같은 전문가는 이 기간을 100년 이상으로 보기도 한다.

시진핑 시기의 공세적 대외 정책 및
미·중 전략 경쟁의 촉발

중국은 시진핑 시기 중국 외교의 원칙으로 더 이상 기존의 도광양회와 같은 수세적이고 반응적인 구호를 내세우지 않았다. 대신 적극적인 유소작위(有所作爲)나 주동작위(主動作爲)와 같은 원칙을 강조하면서 보다 광역적이고, 전략적이며, 공세적이고, 전방위적인 전략과 정책을 차례로 제시했다. 시진핑은 2013년 10월 24일 개최된 '주변국 외교 공작 좌담회'에서 '중국의 꿈'을 '두 개의 100년'이라는 개념을 통해 구체화했다.[5] 중국 공산당 창건 100주년이 되는 2021년까지 중등 수준의 경제성장을 이룩하고, 중국 국가 건국 100주년이 되는 2049년까지 초강대국으로 부상한다는 것이다.

시진핑 주석은 더 나아가 2017년 10월 개최된 제19차 당대회에서 '시진핑 신시대 중국 특색의 사회주의 사상'으로 명명된 자신의 전략 구상을 구체적으로 밝혔다. 기존의 지역 수준 강대국에서 2049년까지 점차 세계적 수준의 강대국으로 변모하겠다는 야심을 드러냈다. 2020년까지 중등 부유의 '소강사회'를 건설하고, 2020~2035년 사이에 기본적인 사회주의 현대화를 실현해 세계적인 차원의 강대국으로 부상하고, 2036~2049년 사이 사회주의 현대화 강국을 실현하여 초강대국으로 부상하겠다는 목표를 제시했다. 2015년 5월 새로운 중국 특색의 국가 산업·경제발전 전략으로 '중국 제조 2025'와 '인터넷 플러스'에 기반한 제4차 산업혁명 전략을 공표했다. 즉 2049년까지 세계 최고의

---

5 〈http://news.china.com.cn/txt/2012-09/21/content_26591420.htm〉(검색일: 2014. 07. 21).

산업 강국이 된다는 계획이다.

시진핑은 최근 미·중 전략 경쟁이 구체화된 2018년에 이미 중국의 꿈을 달성하는 것이 가능하다는 확신을 지니고 있는 것으로 보인다. 중국은 시진핑 시기 들어 배리 노턴(Barry Naughton) 교수가 '대도박(great gamble)'이라고 지적한 것처럼 이전과는 비할 수 없을 정도로 대규모이면서, 구체적이고, 야심 차며, 전략적인 프로젝트를 시작했다.[6] 시장을 중심으로 경제를 운영하던 전략에서 벗어나 국가 중심의 전통적 방식(state capitalism)으로 전환했다. 국가는 기술-산업개발, 세계적 차원의 일대일로 건설에 각기 수천억 달러를 매년 투입하는 천문학적인 자금을 쏟아부었다. 중국은 기존 국제 질서에 대한 '게임 체인저'로서 4차 산업혁명을 주도하여 서구를 추월하는 기회로 활용하고자 하는 의지도 담고 있다. 새로운 산업의 핵심은 대규모 데이터의 획득과 처리, 인공지능 발전 분야인데 권위주의 체제인 중국은 이 분야에서 사생활 보호라는 제약을 받는 서방국가를 넘어 이미 강세를 보이기 시작했다. 그 밖에도 중국은 제4차 산업혁명 시기에 중시되는 차세대 정보통신산업(5G), 혁신적인 물류 공급 체계, 사물 인터넷, 독자적인 GPS 체제 구축, 슈퍼컴퓨터의 독자 기술 구현, 양자 분야에서의 역량, 초고속 미사일 개발 분야에서 이미 미국과 거의 대응하거나 추월할 가능성을 보여주었다.

중국이 공식적으로는 부인했지만 이러한 대담한 전략 추진은 기존 미국 중심의 국제 질서에 대한 현상 변경적인 요소를 다분히 내포하고 있었다. 이러한 대외 전략은 '핵심 이익 논쟁', '신형 강대국 관계

---

6 〈http://dusselpeters.com/CECHIMEX/20180223Naughton.pdf〉(검색일: 2019. 06. 05).

론', '신아세아 구상', '일대일로 구상', '아시아 인프라 투자 은행의 설립안', '신형 국제 관계', '중국 제조 2025', '인류운명공동체론' 등에서도 이미 잘 드러났다. 시진핑 시기 야심 찬 정책들은 중국이 이제는 가시적으로 강대국의 일원이라는 확신을 국민들에게 안겨주었다. 시진핑은 2014년 5월 상하이에서 개최된 '아시아 교류 및 신뢰 구축 회의(CICA)'의 기조연설에서 미국을 배제한 아시아인 중심(실제는 중국 중심)의 아시아 안보 구상을 제안하기까지 했다.

과거 중국 외교에서 경제적인 논리가 외교적인 논리를 압도했다면, 이제는 외교와 안보 논리 자체가 경제 논리를 압도하여 진행될 수 있음을 보여준다. 정경분리의 원칙에 입각하여 외교적 갈등에도 불구하고 경제적인 교류와 유대 증진을 희망했던 과거와 달리, 2010년 중·일 갈등 과정에서는 이러한 원칙이 크게 훼손되었다. 경제적인 수단을 적극적으로 활용하여 외교·안보적 목표를 달성하고자 하는 의지가 더 강화되고 있다. 이는 2016~2017년 한국과의 사드(THAAD) 갈등을 둘러싼 대응에서도 잘 나타났다. 이처럼 중국은 향후 주변국 외교를 대폭 강화하면서 중국을 견제하는 주변 국가들에 대해서는 더욱 강력한 압박을 가하는 데 주저하지 않을 전망이다.

미국 트럼프의 대응: 새로운 게임의 시작[7]

트럼프 대통령이 처음부터 전략적 고려를 바탕으로 중국을 압박

---

7 "시진핑 시기 중국 외교·안보 전략", 〈외교〉 110호, 2014.

했는지는 의문이다. 그러나 트럼프 주변의 네오콘(neocon)적 사고를 지닌 주류 전략가들은 미·중 무역 분쟁을 고립적인 사안이라기보다는 중장기적인 패권 경쟁의 시작으로 인식하고 있다. 그들은 미·중 무역 분쟁을 점차 군비 경쟁, 이념 갈등, 규범과 제도 갈등, 기술 전쟁의 영역으로 확대하려 할 것이다. 그렇지 않다면 현행 국제 질서와 시간 변수는 중국의 영향력 확대를 막을 수 없다는 절박감을 지니고 있다. 2018년 마이클 리처드 폼페이오(Michael Richard Pompeo) 미국 국무장관, 마이크 펜스(Mike Pence) 미국 부통령은 중국이 '적'이라는 개념을 분명히 했다. 2019년 6월 출간된 미 국방부의 〈인도-태평양 전략 보고서〉는 심지어 대만을 국가로서 인정했다.[8] 그간 협력적 미·중 관계의 근간을 제공한 주춧돌을 미국이 주도적으로 해체한 것이다. 중국은 대만문제를 핵심 이익이라 선언한 바 있고, 강한 민족주의 성향을 지닌 중국 공산당의 정통성의 근거인 '양안 통일' 목표를 트럼프가 정면으로 부인한 것이다. 미·중 관계는 향후 전면전까지는 가지 않는다 할지라도 국부적인 군사적 충돌이 발생해도 이상하지 않을 정도로 악화되고 있다. 시진핑은 2019년 6월 그간 이미 7차례나 상호 방문했고, 정상회담을 가진 지 불과 두 달 만에 러시아를 재차 방문하여 새로운 시대의 중·러 관계 형성으로 대응했다. 내용적으로 보자면 중·러는 '준동맹 관계'나 진배없다. 이러한 정책의 추진은 그간 동맹을 형성하지 않는다고 한 중국 외교의 대전제가 변화하고 있다는 것을 의미한다.

시진핑 주석은 '하드 파워' 분야에서 미국과 직접적으로 충돌하기

8 〈https://media.defense.gov/2019/May/31/2002139210/-1/-1/1/DOD_INDO_PACIFIC_STRATEGY_REPORT_JUNE_2019.PDF〉(검색일: 2019. 06. 05).

보다는 우회적이고 간접적인 방식에 의한 비충돌적·문명사적 초강대국화 전략을 추진했다. 중국 특색의 발전 방식을 강조하면서 이를 기존의 경제·사회·정치·군사 체제 담론에는 물론이고 제4차 산업혁명의 담론에도 적용하면서 구체화했다. '중국 특색' 방식에 의거하여 '중국의 꿈', 즉 고도화된 강대국의 위상을 추구하는 시진핑 주석의 비전이 미국에게는 자유주의 국제 질서에 대한 정면 도전으로 인식되었다. 시진핑의 중국은 그간 중국이 추구할 새로운 국제 질서의 형상에 대해 국제사회와 충분히 소통하지 못했다. 중국의 부상에 대한 국제사회의 우려와 두려움은 가중되었다. 그리고 중국이 추진한 외교와 경제발전 전략이 강압에 의한 '샤프 파워(sharp power)'를 추구했다는 비난도 강화되었다. 미국은 이러한 국제사회의 우려를 활용하면서 미·중 갈등을 공정함과 비공정함의 프레임으로 규정하려 하고 있다.

미국은 현재 전반적인 기술 수준이나 국력의 Net 역량에서 중국에 비해 우위에 있는 것은 분명하다. 이는 미·중 전략 경쟁에서 단기적으로는 미국이 유리한 이유이다. 그러나 중장기적으로는 미국의 산업 생태계 역시 혼란에 빠져 있고, 경제나 기술 분야가 고비용, 저효율 상태에 처해 있어 낙관하기 어렵다. 통념과는 달리 새로운 사고와 규모의 경제에서 중국이 오히려 앞서는 양상이다. 기업가 정신에 있어서도 중국이 앞서고, 그 격차는 점점 커지고 있다. 중국은 강력한 동업 전통, 새로운 도전과 실패에 대해 더욱 관대한 환경이 존재하는 데다 정부의 적극적인 동기부여 정책이 계속되고 있다. 미국은 낮은 저축률과 자본 독점과 결탁으로 인한 투자 저하, 낮은 교육 수준, 창신 공간의 협소, 새로운 사고의 고갈, 빈부격차의 심화와 직업 질의 저하 등의 문제점을 안고 있다. 물론 중국 역시 문제점이 만만치 않다. 막대한 부채, 부동산 거품, 경제의 자의적 운용 등을 의미하는 중국 경제 상황을 빗대 '회색 코뿔소'라는 단어가 종종 등장한다.[9] 미·중 전략 경쟁의 격화는 이러한 중국의 경제에 더 큰 부담을 안기고 있다. 그런데 아이러니한 측면은 중국 권위주의 체제와 정부 통제의 비효율성이 4차 산업의 발달로 인해 오히려 효율성을 크게 제고하면서 기존 서방의 가치와 제도를 위협하고 있다는 점이다.

미·중 전략 경쟁 구성과 전망

트럼프 대통령의 압박이 시작된 이후 중국은 초기에 다소 낙관적 태도로 임했다. 그러나 2018년 하반기에 이르면서 트럼프의 대중 압박 목표가 기존과는 다르며, 중국의 체제 자체를 위협하고 있다는 것을 깨달았다. 이 갈등이 보다 구조적이고 패권 갈등의 성격을 지닌다는 것도 분명히 인식한 듯하다. 시진핑 주석과 중국 지도부는 미국의 거친 압박에 굴복하기보다는 "과거 혁명전쟁 시기와 같은 장기전 태세로 돌입한다"고 선언했다. 2019년 중국의 경제 정책 기조를 보자면 미국에 유연한 자세를 취하는 듯하면서도 실제는 미·중 무역 분쟁에 대한 정면 대응 의지를 보여주었다. 2018년 12월 개최된 중앙경제공작회의에서 2019년 경제 정책의 주요 임무로 '제조업 질적 발전'과 '강대한 내수 시장 구축'을 전면에 내세웠다. 비록 미국이 견제하고 있

9 '회색 코뿔소'는 미셸 부커(Michele Wucker) 세계정책연구소장이 2013년 스위스 다보스포럼에서 언급한 용어이다.

는 '제조 2025' 개념을 사용하지 않았지만, 이를 강력히 추진하겠다는 의지를 드러낸 것이다. 아울러 미국의 압박에 대응하여 독자적인 경제 영역 구축을 가속화하겠다는 의지도 보여주었다. 지난 4~5월 미·중 무역 협상에서 미국 측이 중국 법체계의 개정까지 요구하면서 완전한 굴복을 추진하자 시진핑은 이를 정면으로 거부했다.

향후 미·중 전략 경쟁의 가장 중요한 게임 체인저(game changer)는 기술혁신에서 나올 개연성이 다대하다. 미국이 최근 5G의 핵심 산업인 '화웨이'에 집중적인 공세를 강화하고 있는 이유이다. 이제 세계의 주도권은 어느 국가가 제4차 산업혁명의 시대에 걸맞은 기술을 선도하고, 이를 안보 역량에 연결시키는가에 달려 있다. 이 기술혁신에서 뒤질 때, 어느 패권 국가나 기업도 순식간에 그 존폐에 위협을 받을 수 있다. 이런 차원에서 현재 미·중 간에 전개되고 있는 기술혁신과 관련한 갈등은 서로 양보할 수 없는 영역이다. 패권 경쟁의 가장 본질적인 영역일 수 있기 때문이다. 미국은 4차 산업혁명에 있어서 기술적으로는 전반적으로 중국보다 우위에 있지만, 그 격차는 빠르게 좁혀지고 있다. 특히 미국의 안보에 위협을 줄 수 있는 제4차 산업혁명과 연관된 주요 기술 영역에서 중국의 약진이 두드러지면서 미국의 불안감을 크게 가중시켰다. 화웨이 사태에서 보듯이 미·중은 주요 기술은 국가 안보의 차원에서 다루려 할 것이고, 이 분야에서 상호 확전할 개연성이 크다. 한국과 같은 세계의 다른 국가들은 미·중 양국으로부터 강력한 선택의 압박에 직면할 것이다.

미·중은 둘 다 강력하다. 동시에 상대를 완전히 굴복시킬 정도로 강력하지는 않다. 중국은 비록 경제가 어려워진다 할지라도 항복하지 않을 것이다. 미국 경제와 분리하면서 20억 원에 달하는 시장을 바탕으로 자기 완결적인 시장 블록을 형성하려 할 것이다. 보다 선진적인 미국은 새로이 완결된 제조업 체계를 갖추기 쉽지 않겠지만 중국의 대체재를 찾으려 할 것이다. 세계화에 의해 구성된 물류 공급 체계는 이제 해체되고 있다. 새로운 미·중 블록 중심의 체계를 갖추려 긴 진통을 시작할 것이다. 향후 동아시아 질서를 예측해보면, 한동안 미·중 전략 경쟁에 따른 혼돈 상황이 지속될 전망이다. 이러한 혼돈 상황은 점차 새로운 블록화 형성을 통한 미·중 간 세력균형의 질서로 진전될 개연성이 있다. 이 시기 세계는 영합적(zero-sum) 양극화 현상을 보일 수 있고, 미·중의 주변국들은 선택의 압력에 크게 직면할 수 있다. 이제 세계는 미·중 경쟁이 일상화되고, 미·중은 경쟁의 프리즘으로 세계를 바라볼 것이다. 북핵 문제나 한반도의 상황 역시 이러한 미·중 전략 경쟁의 소용돌이 속에 휘말려 들어가고 있다. 최근 하노이 북·미 정상회담의 결렬은 그 불길한 전조를 알리는 신호와 같아 보인다. 미국의 전략 파들은 북핵 문제를 미·중 전략 경쟁의 틀에서 해석하면서, 중국을 견제하기 위한 종속변수로 다뤄나가려 할 개연성이 크다.

미·중 전략 경쟁 시기에 각국의 이해를 고려할 때, 미국은 다음과 같은 대한반도 정책 선호도를 가질 것으로 보인다. 최우선적인 선호는 어느 정도 핵을 보유한 친미적인 북한이 중국을 견제하는 구도이다. 차선이자 현실적인 방안은 북한의 핵 보유를 중국을 견제하는 수단으로 최대한 활용하는 것이다. 이는 트럼프 대통령이 추진하고 있는 핵무기 현대화, 동아시아 지역의 중거리 탄도미사일 배치, 우주의 무기화 정책을 진행하는 자양분으로 삼는 것이다. 일본에게도 그리 나쁜 선택은 아니다. 다만 북한과는 지속적인 압박과 소통을 통해 핵미사일이 미국을 직접 위협하는 상황은 최대한 억제하려는 전략을 쓸 것이다. 차차선은 동아시아 분할 방안이다. 신냉전과 같은 상황 속에서 미국의 영향권과 생활권을 최대한 확보하려는 전략으로, 필요시 일본의 핵무장론이 나올 수도 있다. 이 경우 미국은 보다 완벽한 비핵화(FFVD) 정책과 북한의 모든 재래식 위협을 망라한 북한으로부터의 위협을 철저히 제거한다는 정책을 고수하는 것이다. 최악은 한반도와 일본이 중국의 영향권으로 넘어가는 것이다.

중국은 다음과 같은 정책적 선호를 가질 것으로 예상한다. 최우선은 동아시아에서 중국의 영향력 우위를 확보하고 생활공간으로 자리매김하는 것이다. 이를 위해서는 북한의 친미화를 반드시 방지해야 하고, 동시에 의미 있는 수준까지 북한의 비핵화를 진전시키는 노력이 필요하다. 차선은 동아시아 분할 방안이다. 북한의 대중 종속화, 한국의 중립화, 일본의 복합 외교 수립을 추동하는 것이다. 차차선이자 현실적인 방안은 현상 유지로, 미·중 전략 경쟁에 한반도 문제가 추가적인 변수로 작동하지 않게 하는 것이다. 최악은 동아시아·서태평양 지역에서의 대중 동맹 결속을 강화시키는 것이다. 향후 정세는 미국은 차선에서 차차선의 선택 사이, 중국은 차차선에서 차선의 선택 사이를 오갈 것이다. 그 결과 중국의 입장에서 최악의 상황을 방지하기 위해서는 한국과의 관계를 강화해야 할 필요성을 강하게 느낄 것이다. 이는 최근 중국이 깊은 불신에도 불구하고 한국에 대한 접근을 다시 강화하고 있는 구조적 이유이기도 하다.

한국의 선택

한국은 이제 미·중 전략 경쟁의 격화 혹은 냉전 2.0이라 칭해도 좋을 중장기적이고 사활적인 도전에 직면하고 있다. 문재인 정부는 새로운 차원의 외교·안보·경제·대북 전략을 고민할 필요가 있다. 그 출발점은 우리가 누구이며 어떠한 조건에 처했는지에 대한 기초적인 고민부터 다시 하는 것이다. 한국이 처한 구조적인 조건은 대륙과 해양 사이에 놓인 지리적 공간, 상대적으로 규모가 작은 국가, 자원 빈국, 분단국가로 군사적대치 상황이라는 것이다. 이들 네 가지 변수는 모두 안보 상황에 관련된 것이다. 따라서 새로운 광의의 안보 전략을 수립할 필요가 있다. 이 가운데에서도 상대적으로 소홀한 경제 안보를 이제국가 안보의 주요한 대상으로 놓고 지정학, 지경학을 포괄하는 지전략적(geostrategy) 안보 전략을 수립해야 한다.

미·중 전략 경쟁의 시기에 한국은 중견국의 국가 정체성에 기반하고, 규범에 입각한 국제 질서, 자유무역 질서, 평화 추구 국가, 자존감을 유지하는 국가상을 추구해야 한다. 미·중 전략 경쟁의 심화로 한국은 생각보다 빨리, 그리고 심각하게 미·중 선택의 압박을 받을 개연성이 커지고 있다. 중견국의 목표는 이익의 극대화가 아니라 손실의 최소화가 되어야 하며, 국익의 실현보다는 위험관리가 더 중요하다. 이 상황에서 한국 정부에 다음과 같이 제안한다.

우선, 미·중 전략 경쟁의 장기화에 대비해야 한다. 지정학적 대립과 갈등은 강화될 것이고 경제·생활권 공간의 축소는 불가피하다. 청와대 내에 TF를 구성하여, 미·중 전략 경쟁에 대한 종합 분석은 물론 대응책을 연구하고 매일 대통령에게 보고하는 체제를 구축해야 한다. 누란의 시기에 보수와 진보를 넘는 집단지(智)를 구하는 노력이 강화되어야 한다. 미·중 전략 경쟁에 대응하기 위한 조직과 인물들을 우선적으로 충원히고 4강 외교 내사들은 전원 전문가들로 구성해야 한다. 한국 같은 중견국은 우리의 의지 전달보다는 상대방의 상황을 적확히 파악하는 것이 더 중요하다.

두 번째, 북핵 협상의 장기화에 대비하면서 포석을 까는 외교를 해야 한다. 북미 간에 타협으로 북한의 과거 핵 역량을 일부 보유하는 것으로 귀결될 개연성에 대해서도 대비해야 한다. 북한의 비핵화 문제는 미·중의 우선순위에서 밀릴 것이다. 트럼프 2기에 역내 미국의 중거리 탄도미사일 배치 추진은 역내 안보 환경을 급속도로 악화시킬 폭풍의 핵이다. 대북 정책에 대해서 다양한 옵션이 존재한다. 대항적 공존-비대항적(경쟁적) 공존-협력적 공존-평화적 공존-평화적 통일의 관계 설정 가운데, 대항적 공존을 위주로 하고, 비대항적(경쟁적) 공존으로 진화하는 정책을 추진해야 한다.

세 번째, 북핵 위협에 대한 대비에 초점을 맞춘 국방 개혁을 좌고우면하지 말고 지속 추진해야 한다. 대항적 공존 정책을 추진하기 위해서는 선결 조건으로 북한의 핵무기와 그 위협에 대응할 한국의 자위적 군사 역량을 확보해야 한다. 남북 대화의 진전과는 상관없이 이러한 개혁 방향을 흔들지 말아야 한다. 문재인 정부가 추진한 '힘에 입각한 평화', '도발에 대한 단호한 대응', '평화를 통한 비핵화' 전략은 국민들에 대한 약속이고, 최악의 상황에서도 이 정부의 신뢰도를 유지하는 데 대단히 중요하다. 역설적이지만 궁극적으로 이 방향은 남북관계 안정화와 북핵 폐기에도 오히려 긍정적인 효과를 발휘할 것이다.

네 번째, 미·중에 대해서는 일단 성급한 판단과 정책보다는 보다 정밀한 관찰과 분석, 적극적인 외교, 인내와 신중한 언행, 실용적인 태도와 감각이 필요하다. 국제 질서와 미·중 관계는 보다 본질적 변화의 과정을 겪고 있다. 미·중은 이미 거의 준전시 상태의 심리를 지니고 대응하고 있다. 기존의 상식과 인식으로는 미·중 전략 경쟁의 불가측성, 불안정성, 긴박성, 엄중성을 충분히 담지 못할 것이다. 성급하고 그릇된 판단의 대가는 우리의 상상 이상으로 엄중할 수 있다는 경각심이 필요하다. 외교·안보·경제 영역과 그 연계성에 대한 대통령의 특별한 관심이 필요한 시점이다.

제45장

인도·태평양, 일대일로 그리고 한국의 신남방정책

배기찬 정책기획위원회 평화번영분과 위원, 국가안보전략연구원 고문

21세기의 지경학과 인도·태평양

바다를 중심으로 세계사를 서술하는 학자들은 역사의 중심지가 지중해에서 북해와 대서양으로, 그리고 대서양과 태평양으로 이동해 왔다고 한다. 지중해는 2,000년 전 로마 시대만이 아니라 이탈리아의 베네치아와 제노바가 동서양의 교역을 주도하면서 르네상스를 이끌던 13~15세기에도 세계에서 가장 역동적인 지역이었다. 그러나 15세기를 지나면서 지중해와 북해를 연결하던 포르투갈과 스페인이 대항해 시대를 열고, 뒤이어 17세기 네덜란드와 영국, 프랑스 등이 아메리카 대륙을 개척하면서 대서양 시대가 열린다. 대서양 시대는 20세기까지 지속되는데, 이는 영국을 중심으로 한 유럽과 미국이 1·2·3차 산업혁명을 성공시키고, 그것을 토대로 글로벌 세계 체제를 이끌었기 때문이다. 그러나 20세기 마지막 4반세기인 1980년대 이후 일본에 이어 '아시아의 네 마리 용'인 한국·대만·싱가포르·홍콩이 비약적인 경제발전을 이루었다. 뒤이어 1990년대 이후 중국이 이 대열에 합류하자 21세기 세계사는 바야흐로 '대서양의 시대'가 아니라 '태평양의 시대'라는 논의가 확산되었다. 그 결과 1989년에 결성된 아시아·태평양 경제협

력체(APEC)는 1998년에 이르러 태평양에 접하는 아시아, 오세아니아, 아메리카 국가들 거의 전부를 포괄하는 경제협력체가 되었다.

21세기에 접어들면서 가장 역동적인 지역으로 부상한 곳은 동남아시아의 10개국으로 구성된 아세안과 남아시아의 인도이다. 아세안은 인구가 6억 4,000만 명으로 미국의 2배이고 러시아와 유럽연합 전체를 합한 인구와 맞먹는다. 연평균 경제성장률은 21세기 이후 5%를 넘었고, 2018년 현재 전체 GDP는 2조 9,000억 달러, 교역은 2조 8,800억 달러로 세계의 7.3%를 차지한다. 외국인 투자도 1,486억 달러에 달해 세계의 11.5%이다. 인도의 경우는 인구가 13억 5,000만 명으로 중국과 맞먹고, GDP는 2조 7,000억 달러이며, 교역은 8,362억 달러, 연평균 경제성장률은 7%에 달한다. 결국 동남아의 아세안과 서남아의 인도를 합하면 인구가 거의 20억 명 정도로 세계 인구의 26%에 해당하고, 성장률은 6% 이상으로 세계 평균의 2배이다. 나아가 그동안 각종 내전과 기후 문제로 경제발전이 느렸던 아프리카도 21세기 이후에는 발전 양상이 두드러진다. 이러한 상황에서 1990년대 이후 풍미했던 '아시아·태평양'이라는 개념이 2020년대가 되는 지금은 '인도·태평양'이라는 개념으로 대체되고 있다. 인도·태평양은 기존의 아시아·태평양에서 인도, 서아시아, 아프리카 동부 지역까지를 포괄하는 지역이다.

인도·태평양을 둘러싼 전략 경쟁

인도·태평양이라는 전략적 개념을 최초로 제기한 사람은 인도의 해군 제독 구르프리트 쿠라나(Gurpreet Khurana)라고 하지만, 이것을 정책적인 차원에서 지속적으로 이슈화한 나라는 일본이다. 2007년 아베 신조 총리는 인도 국회에서 행한 '두 개 바다의 교차'라는 연설에서 인도양과 태평양을 일체화하여 하나의 지역으로 보기 시작했다. 그리고 이때부터 공산주의 중국의 강대화에 대응하여 미국·일본·호주·인도를 포괄하는 '민주 다이아몬드' 구상을 펼치기 시작했다. 2017년 도널드 트럼프(Donald Trump) 정부의 등장 이래 인도·태평양은 미국에게도 중국에 대항하는 핵심적인 지역 개념이 되었다. 따라서 인도·태평양이라는 지역 범주가 21세기의 핵심 지리 개념으로 부상한 것은 아세안과 인도의 부상이라는 측면과 함께 중국이 국가 전략으로 제시한 '일대일로(一帶一路)'의 추진과 이에 대한 일본, 미국 등의 대응이 어우러진 결과라고 할 수 있다.

중국의 시진핑(習近平) 주석과 리커창(李克強) 총리는 2013년 9월과 10월, 중앙아시아와 동남아시아를 방문하면서 처음으로 경제적 필요성에 입각해 일대일로라는 개념을 제시했다. 이후 개념과 세부 정책이 구체화되면서 2015년 3월 28일, 국무원의 승인하에 국가발전계획위원회, 외교부, 상무부가 공동으로 "일대일로 공동 구축을 위한 비전과 행동"을 발표했다. 당시 일대일로의 책임 부서인 국가발전계획위원회 비서장 장옌성(張燕生)은 일대일로가 '중국의 꿈'이 이루어지는 2049년까지 향후 35년간 추진할 기본적 대외 정책이라고 규정했다. 이로부터 2년이 지난 2017년 10월 중국 공산당 19차 당대회에서 시진핑은 일대일로를 과거 5년간 외교 성과의 제1순위로 언급했고, 공산당의 당장(黨章)에 삽입했다. 일대일로가 중국 내부의 경제적 필요성만 아니라 미국의 대아시아 및 글로벌 전략에 맞서는 중국의 지역 및 세계 전략으로서 일종의 국가 대전략이 된 것이다.

　일대일로에서 인도·태평양과 관련되는 것은 5개의 육상 및 해상 루트 중 해상 실크로드의 2개 루트이다. 그 하나는 '남중국해-인도양-지중해'로 이어지는 루트이고, 다른 하나는 '중국 연해-남중국해-남태평양'으로 이어지는 루트이다. 이 두 개의 해상 실크로드 루트 모두 남중국해를 통과하고 있고, 이 점에서 아세안과 관계되는 남중국해는 매우 중요한 전략 지역이 되었다. 특히 중국이 이른바 '구단선'을 통해 남중국해의 90%를 자국의 영해로 규정하고 있다는 점에서 남중국해에서 항행의 자유는 매우 중요한 국제적 이슈가 되었다. 중국은 남중국해뿐 아니라 인도양으로도 그 어느 때보다 활발하게 진출했는데, 인도양과 접한 미얀마의 차우퓨(Kyaukpyu)항, 방글라데시의 치타공(Chittagong)항, 스리랑카의 함반토타(Hambantota)항, 파키스탄의 과다르(Gwadar)항, 스리랑카의 콜롬보(Colombo)항 등을 중국이 확보하여 운영하고 있다. 그리고 중국은 2015년에 창립된 아시아인프라투자은행(AIIB), 신개발은행(NDB), 실크로드기금 등을 통해 일대일로 지역에 대대적인 투자를 전개했다.

　중국이 대아시아-인도·태평양 지역 전략이자 세계 전략인 일대일로를 본격화한 2015년 5월, 일본의 아베 신조 총리는 미국 의회에서 '자유롭고 개방된 인도·태평양'이라는 개념을 제시했다. 그리고 이것을 2016년 8월 케냐에서 열린 '아프리카개발회의'에서 일본의 공식적인 외교 전략 기조로 발표했다. 나아가 2017년 9월에는 인도의 나렌드라 모디(Narendra Modi) 총리, 11월에는 미국의 트럼프 대통령과 정상회담을 하면서 '자유롭고 개방된 인도·태평양 구상'에 대한 지지를 얻었다. 이러한 과정을 통해 2018년 판 일본의 〈외교청서〉는 인도·태평양 구상을 일본의 6대 중점 분야의 하나로 설정했다. 2018년 일본의 고노 타로(河野太郎) 외상은 신년 기자회견에서 인도·태평양 구상을 다음과 같이 정리했다.

"법의 지배에 기초한 자유롭고 개방적인 해양 질서는 국제사회의 안정과 번영의 기초이다. 특히 인도·태평양 지역은 세계 인구의 절반 이상이 거주하는 세계적 활력의 중핵이며, 이 지역을 자유롭고 개방적인 국제 공공재로 만드는 것으로 지역 전체의 평화와 번영을 확보해 나가는 것이 중요하다. 구체적으로는 첫째, 항행의 자유, 법의 지배 등 기본적 가치의 보급 정착, 둘째, 인프라 정비 등을 통한 연결성의 강화 등에 의한 경제적 번영의 추구, 셋째, 해양법 집행 능력의 향상성 지원과 방재 등을 포함한 평화와 안정을 위한 협력을 추진해나간다는 생각이다. 그러나 이는 특정한 국가를 대상으로 한 것이 아니며 특정한 구상에 대항하는 것도 아니다."[10]

이러한 일본의 구상에 적극 동조한 나라는 미국이다. 미국은 버락 오바마(Barack Obama) 정부에서 'Pivot to Asia(아시아 회귀)' 또는 '재균형 정책'을 폈지만 여전히 '아시아·태평양'이라는 개념에 머물러 있었다. 그러나 트럼프 대통령이 취임한 2017년 이후 '인도·태평양'이라는 지역 개념이 전면에 등장하고, 2017년 12월의 〈국가안보전략〉 보고서는 기존의 '아시아·태평양' 대신, '인도·태평양'이라는 지역 개념을 명시했다. 이에 따라 2018년 5월에는 기존의 태평양사령부(PACOM)를 인도·태평양사령부(INDOPACOM)로 개명했다. 그리고 마이크 폼페이오(Mike Pompeo) 미국 국무부 장관은 2018년 7월 30일 〈미국의 인도·

---

10 河野太郎, 外交 47卷, Jan/Feb, 2018.

태평양 경제 비전〉을 제시했고, 미 국방부는 2019년 1월 1일 〈인도·태평양 전략 보고서〉를 공개했다.

미국 백악관이 2017년에 발표한 〈국가안보전략〉에 의하면 인도·태평양 정책은 다음과 같이 정리될 수 있다. 우선 인도·태평양 지역에서 핵심적인 도전 세력은 중국인데, 중국은 인도·태평양 지역에서 미국의 지위를 대신하려 하고, 이로 인해 인도·태평양 지역에서는 '자유'와 '억압'이라는 두 개의 상반된 비전이 지정학적 경쟁을 벌이고 있다. '억압'적인 중국의 확장을 막기 위해 미국은 인도·태평양 지역에서 1) 항행의 자유, 2) 국제법에 기반을 둔 영토 및 해양 분쟁의 평화적 해결, 3) 개발 및 금융 제도의 투명성 확립, 4) 대량 살상 무기의 비확산 등을 달성해야 한다. 이를 위해 미국만이 아니라 역내 동맹, 우방 국가들과 외교, 경제, 안보 등 주요 부문에서의 협력을 강화해야 한다는 것이다.

여기서 우리가 주목해야 할 것은 일본과 미국 모두 인도·태평양에서 항행의 자유나 국제법 준수, 해양 안보만이 아니라 경제 개발, 거버넌스, 연결성 강화를 매우 중시한다는 점이다. 이것은 중국이 일대일로에 의해 이 지역에 대한 진출을 가속화하고 있고, 일본이 오랜 역사에 걸쳐 이 지역에 다양한 연결망[11]을 구성해놓았기 때문이기도 하다.

한편, 일본이 2007년 '민주적 다이아몬드'라는 개념을 제시하고, 미국이 2017년 〈국가안보전략〉에서 역내 동맹 및 우방국과의 협력 강화를 주장한 것과 같은 맥락에서 미국일본호주인도의 4자(QUAD) 간 협력도 느리지만 구체화되고 있다. 2017년과 2018년 11월, 아세안 관련

11　www.mofa.go.jp/mofaj/files/000430632.pdf.

정상회의를 계기로 미국, 일본, 호주, 인도 등 4개국 국장급 외교 실무자들은 안보 협의체 결성을 위해 비공개 회의를 가졌다. 이들은 국제법 존중, 항행 및 항공의 자유 보장, 지속가능한 개발 촉진, 좋은 통치 증진 등과 함께 지역 안보를 강화하기 위한 방안을 검토했다. 이들 나라 중 호주는 태평양과 인도양을 모두 접하고 있는 지리적 위치상 일찍이 인도·태평양이라는 개념을 사용했다. 호주는 2013년 〈국가안보 전략〉에서 인도·태평양을 자국의 전략 환경, 안보 이익을 규정짓는 핵심 개념으로 설정한 이래 일관되게 인도·태평양 지역이 개방, 포용성을 가져야 한다고 강조한다.

또한 영국과 프랑스, 러시아 등도 인도·태평양에 대한 관여를 강화하고 있다. 영국은 1971년부터 영연방 국가인 호주, 뉴질랜드, 말레이시아, 싱가포르와 안보 협력(FPDA)을 진행해왔고, 브렉시트 결정 이후로는 인도·태평양에 대한 활동을 더욱 강화하고 있다. 영국 국방장관은 2019년 1월 "우리의 우방인 호주와 뉴질랜드가 중국과 직면하는 도전"을 언급하며, 인도·태평양으로 확대되는 새로운 군사 전략을 천명했다. 그리고 이미 남중국해에서 항행의 자유를 위한 작전을 실시한 데 더해 2020년에는 신형 항모 퀸 엘리자베스를 태평양에 배치할 계획이다. 에마뉘엘 마크롱(Emmanuel Macron) 프랑스 대통령도 이 지역에 150만 명의 국민이 거주하고 있는 만큼 인도·태평양 지역이 지정학적으로 가장 중요한 곳이라고 밝혔다. 프랑스는 2014년 이래 일본과 국방, 외무 장관의 2+2 회담을 진행하고 있고, 영국도 2015년 이래 일본과 2+2 회담과 함께 합동 군사훈련을 실시하고 있다. 러시아 또한 2019년 9월 블라디보스토크에서 열린 '동방 경제 포럼'에 인도의 모디 총리와 말레이시아의 마하티르 모하맛(Mahathir bin Mohamad) 총리

[그림 5-1] 일본의 connectivity initiative

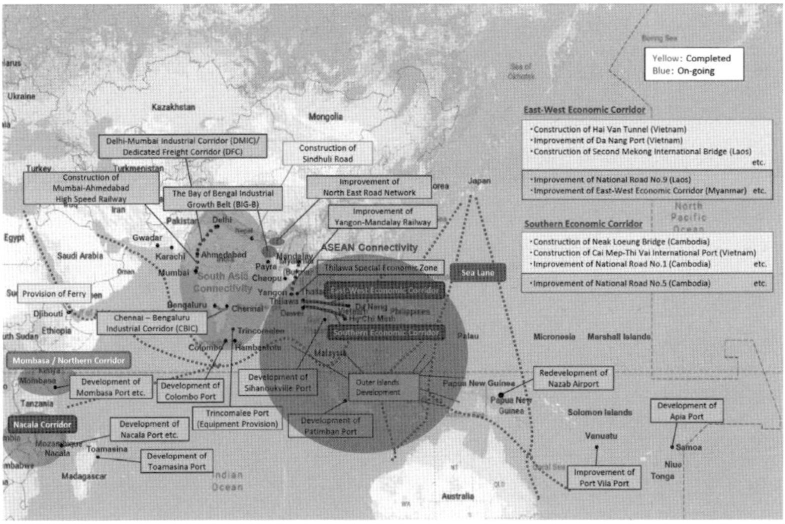

등 동남아시아 국가의 고위급 인사를 대거 초청함으로써 지역 정책이 기존의 동북아시아에서 인도·태평양 지역으로 확대되고 있음을 보여 주었다.

인도·태평양과 한국의 신남방정책

2017년 5월에 출범한 문재인 정부는 '외교 다변화'를 매우 중요한 정책적 과제로 설정했다. 문재인 대통령은 같은 해 5월 29일 각국에 파견한 특사단의 보고를 청취하는 자리에서 "우리 외교를 더욱 다변화하고 외교의 저변을 넓히는 데 큰 성과를 냈다"고 치하했다. 뒤이어 6월 18일 외교부 장관을 임명할 때도 "유럽연합이나 아세안 국가, 아프리카까지도 외교를 다변화하고 넓힐 필요가 있다"고 강조했다. 그리고 7월에는 100대 국정과제를 발표하면서 '동북아플러스책임공동체 형성'을 국정과제의 하나로 설정하고, "동북아를 넘어서는 남방북방 지역을 '번영의 축'으로 삼는 신남방정책과 신북방정책을 추진"하기로 했다. 신북방정책이 북한 핵 문제, 남북관계 등으로 제대로 속도를 내지 못하는 상황에서 문재인 정부는 아세안 및 인도와의 관계를 주변 4국 수준으로 강화하는 신남방정책을 강력하게 추진했고, 이에 외교적·경제적 역량을 집중했다.

2017년 11월 9일 문 대통령은 '한·인도네시아 비즈니스 포럼'에서 사람(People), 상생번영(Prosperity), 평화(Peace)를 핵심 개념으로 하는 신남방정책을 공식적으로 천명하고, 상품 교역만이 아니라 기술, 문화 예술, 인적 분야로 교류를 확대하겠다고 밝혔다. 2018년 7월 16일 인도·싱가포르 순방 뒤에는 "앞으로는 아시아의 시대가 열릴 것으로 확신한다"며, "신남방정책은 선택 사항이 아니라 대한민국 번영을 이끌 국가 발전 전략의 핵심이며, 우리가 담대하게 그리는 신경제구상의 핵심 축"이라고 의미를 부여했다. 이어 8월에 문 대통령은 신남방정책을 조율하고 집행하는 기구로 대통령직속 신남방정책특별위원회를 설치했다.

신남방정책특별위원회는 '사람 공동체'와 관련하여 상호 방문객 확대, 쌍방향 문화 교류 확대, 인적자원 역량 강화 지원, 거버넌스 증진 기여, 상호 체류 국민 권익 보호증진, 삶의 질 개선 지원 등의 과제를 설정했다. '상생번영 공동체'와 관련한 과제는 무역투자 증진 제도적 기반 강화, 연계성 증진을 위한 인프라 개발 참여, 중소기업 등 시장 진출 지원, 신산업 등 스마트 협력 혁신 성장 제고, 국가별 맞춤형 협력 모델 개발 등이다. 그리고 '평화 공동체'를 위해서는 정상 및 고위급 교류 활성화, 한반도 평화 번영을 위한 협력 강화, 국방 방산 협력 확대, 역내 테러 해양 안보 등 공동 대응의 과제를 설정했다.

문 대통령은 2017년 11월 인도네시아 방문을 필두로 11월에는 필리핀, 2018년 3월에는 베트남, 7월에는 인도와 싱가포르, 2019년 3월에는 브루나이, 말레이시아, 캄보디아, 그리고 9월에는 태국, 미얀마, 라오스 등 아세안 10개국 모두를 방문했다. 이 중에서 베트남은 아세안 국가 중 교역(639억 달러), 투자(576억 달러), 인적 교류(270만 명), 개발 협력(16.4억 달러) 등 우리의 제1위 협력국이다. 그리고 인도 방문 시에는 한국과 인도가 '특별 전략적 동반자 관계'를 실질화하고 한 단계 더 발전시키며, 한·인도 간의 포괄적경제동반자협정(CEPA) 협상을 조기에 타결하기로 했다. 인도네시아와도 양국 정상의 상호 방문을 통해 '특별 전략적 동반자 관계'를 내실화하기로 합의했다.

[그림 5-2] 신남방정책과 신북방정책, 한반도 신경제구상

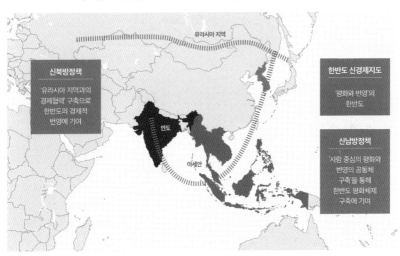

2018년 11월 14일 싱가포르에서 열린 한·아세안 정상회의에서는 '2019 한-아세안 특별정상회의'를 한국에서 개최하기로 결정했고, 이에 따라 2019년 11월 25~26일 부산에서 한·아세안 특별정상회의가 개최된다. 한-아세안 특별정상회의 개최와 함께 2018년 현재 아세안 지역이 우리 국민의 제1 방문지(898만 명)이자 우리나라의 제2 교역지(1,596억 달러)라는 사실은 문재인 정부가 지난 2년 반 동안 얼마나 정력적으로 신남방정책을 추진했는가를 보여주는 사례이자 성과라고 할 수 있다.

미·일의 인도·태평양 정책과 중국의 일대일로, 한국의 신남방정책이 만나는 아세안과 인도는 경제만이 아니라 정치·외교적, 군사적으로 치열한 경쟁이 벌어지는 곳이다. 문재인 정부의 신남방정책은 그동안 주로 경제 분야와 인적 교류 분야에 중점을 두었다. 문제는 '평화'와 관련된 군사적인 분야이다. 이와 관련하여 우리가 남중국해를 비롯한 인도·태평양에서 어떤 비전과 전략을 가질 것인지 이제 집중적으로 검토할 때가 되었다.

우선, 이 지역에서 '항행의 자유'와 '국제법의 지배'는 무역 국가인 우리로서도 매우 중요한 문제이다. 중국이 남중국해를 영해화하고 그것을 토대로 항행의 자유를 위협하지 않도록 하는 데 유관 국가 모두와 힘을 모으는 것이 필요하다. 그러나 이러한 과정이 중국을 적대하는 방향으로 흐르지 않도록, 다시 말해 우리가 반중 전선에 편입되지 않도록 하는 데에도 지혜를 모아야 한다. 여기서 우리는 인도네시아, 말레이시아, 싱가포르, 태국, 베트남 및 인도의 입장을 유심히 살피고 이들과 우리 입장을 조율하는 것이 매우 중요하다.

인도양과 태평양을 연계하는 해양 국가인 인도네시아는 신뢰 구축,

상호 호혜적 협력, 대화의 관행 축적을 목표로 인도·태평양이 자유롭고 개방적이며 포용적이고 포괄적이어야 한다고 강조한다. 싱가포르는 국제법과 규범에 기반한 질서, 역내 무역과 투자 및 연계성 증진을 강조한다. 한편 인도는 중·러만이 아니라 미·일, 아세안 및 한국 등 주요 국가들과 다중적 연계와 협력을 강화하는 다자 연계 전략을 추진한다. 즉 인도·태평양 지역이 특정 국가를 배제하는 것이 아니라 포용적(inclusive)으로 움직여야 한다는 것이다.

이러한 점을 염두에 둔다면 향후 인도·태평양과 관련된 우리의 신남방정책은 '개방성, 포용성, 투명성'을 기본 방향으로 하되, 구체적으로 유관 국가들이 국제법을 준수하고 공통의 규범을 창출할 수 있도록 다자 간 협력을 더욱 강화해야 한다. 또한 아세안과 인도를 대상으로 하는 현재의 신남방정책이 서아시아와 아프리카까지 연결될 수 있도록 지금부터 포석을 두는 것도 필요하다. 나아가 앞의 [그림 5-2]에서 본 것처럼 신남방정책을 신북방정책, 한반도 신경제구상과 연결시키고, 미·일의 인도·태평양 전략 및 중국의 일대일로와 시너지 효과를 낼 수 있도록 연계성을 강화하는 것이 필요하다.

제46장

한반도 평화번영 정책: 반성과 '새로운 길'

문장렬 정책기획위원회 평화번영분과위원, 전 국방대 교수

한반도 평화번영 정책의 대외 의존성

외교와 안보는 주로 대외 관계를 다루기 때문에 그만큼 대외 의존성도 크다. 문재인 정부는 출범할 때 100대 국정과제를 선정했다. 집권 후반기에 들어선 지금 '평화와 번영의 한반도'라는 목표 아래 설정한 국방·통일·외교 분야 16개 과제의 진도와 성과를 보면 이러한 특성이 뚜렷이 나타난다(〈표 5-1〉 참조). 국방 분야 과제 중 국방 개혁 일부와 방위산업 육성, 외교 분야 과제 중 국민외교와 공공외교 등을 제외한 거의 모든 과제는 우리 정부만 잘한다고 성과를 보장할 수 없다.

평화번영 정책은 문재인 정부가 추구하는 최우선적 국가 정책의 하나로서, 글자 그대로 한반도에 평화를 공고히 구축하고 그것을 기반으로 남북한 공히 경제적 번영을 이루자는 것이다. 그러려면 선차적으로 해결해야 하거나 해결의 방향에서 병행해야 할 것이 있다. 크게 보아 한반도의 비핵화, 북미 관계의 정상화, 남북한 간 군사적 긴장 완화 및 교류와 협력의 증진 등이다.

지난 2년을 돌이켜보면 기대와 불안, 희망과 실망이 극적으로 교차했다. 2018년 초 평화 분위기가 조성된 후 남북 정상은 '4·27 판문점

〈표 5-1〉 평화번영 분과에 속한 국정과제

목표	과제번호	국정과제(주관 부처)
		전략1: 강한 안보와 책임 국방
	85	북핵 등 비대칭 위협 대응 능력 강화(국방부)
	86	굳건한 한미 동맹 기반 위에 전시작전권 조기 전환(국방부)
	87	국방 개혁 및 국방 문민화의 강력한 추진(국방부)
	88	방산 비리 척결과 4차 산업혁명 시대에 걸맞는 방위산업 육성(국방부)
	89	장병 인권 보장 및 복무 여건의 획기적 개선(국방부)
		전략 2: 남북 간 화해 협력과 한반도 비핵화
평화와 번영의 한반도 (16개)	90	한반도 신경제 지도 구상 및 경제 통일 구현(통일부)
	91	남북 기본 협정 체결 및 남북 관계 재정립(통일부)
	92	북한 인권 개선과 이산가족 등 인도적 문제 해결(통일부)
	93	남북 교류 활성화를 통한 남북 관계 발전(통일부)
	94	통일 공감대 확산과 통일 국민 협의 추진(통일부)
	95	북핵 문제의 평화적 해결 및 평화 체제 구축(외교부)
		전략 3: 국제 협력을 주도하는 당당한 외교
	96	국민외교 및 공공외교를 통한 국익 증진(외교부)
	97	주변 4국과의 당당한 협력 외교 추진(외교부)
	98	동북아플러스 책임 공동체 형성(외교부)
	99	국익을 증진하는 경제외교 및 개발협력 강화(외교부)
	100	보호무역주의 대응 및 전략적 경제협력 강화(외교부)

선언'을, 북미 정상은 '6·12 싱가포르 공동성명'을, 그리고 다시 남북 정상은 '9월 평양공동선언'과 '역사적인 판문점선언 이행을 위한 군사 분야 합의서' 등을 발표했다. 숨 가쁜 한 해였다.

그러나 2019년 2월 하노이 북미 회담이 북한의 비핵화 조치와 미국의 대북 제재 완화 문제로 결렬된 후 6월 판문점에서 남북미 정상의 짧은 회동이 있었지만 비핵화와 평화의 시계는 멈추었다. 북한은 안보와 경제를 자력으로 해결하겠다는, 이른바 '새로운 길'을 가고 있다. 미국은 이미 대선 국면으로 접어들었고 비핵화와 제재에 관련해서는 원칙만 강조하면서 한반도 평화에 대한 긍정적인 조치는 전혀 취하지 않고 있다. 모든 것이 정지된 숨 막히는 상황이다.

한반도 비핵화 문제는 한국도 사활적 이해가 걸린 당사자지만 현실에서는 북한과 미국의 협상에 해결 여부가 달려 있다. 문재인 정부는 당사자의 마음가짐으로 '중재자'와 '촉진자'의 역할에 나름 최선의 노력을 경주했다지만 현 상황은 녹록지 않으며 미래 전망도 밝지 않다. 특히 비핵화와 북미 관계 정상화와 별도로 남북 관계 개선이 순조롭게 진행되어 선순환이 이루어지면 좋으련만 평화가 핵문제에 철저히 종속되어버린 형국이 참담하기까지 하다.

남북한과 미국은 상호 관계에서 오랜 세월에 걸쳐 형성된 구조를 각자의 국가 전략과 국내 정치·경제 사정을 뛰어넘어 변경하기 어려운 실정이다. 한국은 미국과의 동맹 관계를 안보의 최대 자산으로 삼아왔기 때문에 미국의 의도와 의사에 반하는 정책을 추진하는 데 부담을 느낄 수밖에 없다. 또한 책임 있는 국제사회의 일원으로서 유엔의 대북 제재 결의안을 무시할 수 없으며, 미국의 독자적인 제재에 대해서는 더욱 그렇다.

한편 북한은 미국과의 적대 관계를 안보의 최대 위협으로 간주해왔기 때문에 그 해소에 대한 확신이 없는 한 어떠한 실질적인 양보도 할 수 없다. 남한에 대해서는 상전의 눈치나 보고 아무것도 자주적으로 결정하지 못한다고 비난하면서 교류와 협력의 문을 닫았다. 입만 열면 자주와 민족을 강조하는 북한이 정작 가장 절박한 때에 어려운 현실 속에서도 남북이 하나 되어 자주적으로 민족 문제를 해결하려는 노력을 방기한 셈이다. 결과적으로 남북 관계는 미국에 대한 의존을 넘어 사실상 미국의 '통제' 아래 놓이게 되었다고 해도 과언이 아니다.

미국과 북한의 전략과 한반도 평화

미국의 대한반도 전략은 세계 전략과 동북아 전략에서 추구하는 이익에 복무하는 정도의 의미를 갖는다. 트럼프 행정부는 임기 첫해인 2017년 12월에 발표한 '국가안보전략서(NSS)'에서 '미국 우선주의'를 확고히 천명했다. 강력한 군사력을 바탕으로 국토를 보호하고 해외에 국력을 과시하면서 유리한 무역 정책을 통해 경제적 이익을 극대화하는 것을 골자로 하고 있다. 중국을 미국의 패권에 도전하는 전략적 경쟁국(strategic rival power)으로 표현하면서 견제 의지를 드러냈다. 북한의 대량살상무기(WMD) 위협과 관련해서도 한반도 비핵화와 함께 미사일 방어 체계 배치 의지를 밝혔다. 미 국방부가 2019년 6월 발표한 〈인도-태평양 전략 보고서〉는 지역의 안보 위협국으로 중국, 러시아, 북한 등을 지목하고 특히 북한을 '불량 국가(rogue state)'로 규정했다. 그리고 비핵화 이전에는 모든 가능한 대북 제재를 이행하고 북한의 위협을 억제하기 위해 한국, 일본 등 동맹국과 협력할 것임을 강조했다.

최근 수개월 사이 미국의 군사적 행보는 트럼프 행정부의 전략을 구체화하는 것으로 볼 만하다. 미국은 1987년 러시아와 맺은 중거리 핵전력조약(INF)에서 2019년 10월 탈퇴함으로써 중국과 러시아를 겨냥할 수 있는 중거리 탄도미사일의 동아시아 지역 배치 가능성을 열었다. 한국이 배치 후보지로 거론되면서 그 여파에 대한 우려가 커지고 있다. 지난 1년여 기간 동안 태평양사령부의 해·공군 전력 증강에 따라 주한 미군의 능력도 크게 향상되고 있다. 2021 회계연도 국방 예산에 7,000억 달러 넘게 배정하면서 한반도에 F-35 스텔스기를 60여 대 도입하고 경상북도 성주에 배치된 사드(THAAD, 고고도 미사일 방어 체계)의 능력과 운영 체계를 확대할 계획이다. 한국에 대하여 방위비 분담금을 터무니없이 인상하라고 요구하는 배경에는 중국을 견제하기 위한 전략과 소요 비용에 한·미·일 동맹을 활용하려는 의도가 담겨 있다. 미국이 북한과의 비핵화 협상에 소극적이고 한반도 평화를 위한 과감한 조치를 취하지 않는 것은 이러한 '일관된' 전략의 소산으로 이해된다.

북한의 전략은 미국에 대응하는 과정에서 만들어지는 측면이 크다. 안보는 미국의 대북 적대 정책에 대응하는 것이고, 경제는 미국의 제재에 대응하는 것이다. 북한은 안보를 위하여 핵무기를 개발하면서 동시에 경제도 발전시킨다는 실현하기 어려운 전략을 채택해왔다. 2016년 5월 노동당 7차 대회에서 '국가 경제발전 5개년 전략'을 제시했으며, 2017년 11월 ICBM 발사 시험을 마치며 '핵무력 완성'을 선언했다. 2018년 4월 당 중앙위 전원회의에서 핵·경제 병진 노선을 '경제 건설 총력 집중'으로 변경했으나 하노이 북미 협상이 결렬된 후 '자력 갱생'이라는 이름 아래 사실상 병진 노선으로 다시 돌아섰다. 김정은은 2019년 12월 당 중앙위 전원회의 결과를 2020년 신년사 대신 보고했으며 안보와 경제에서 '정면 돌파' 전략을 천명했다.

북한은 2019년 2월 하노이 정상회담까지는 미국과의 협상에 대하여 일말의 기대를 걸었으나 이후에는 사태의 '진상'을 완전히 파악하고 일단 기대를 접은 것으로 보인다. 남한의 역할과 의지에 대해서도 마찬가지 결론을 내린 것 같다. 이른바 '새로운 길'이란 스스로 지키고 버티고 살아남겠다는 것이다. 물론 중국과 러시아 등 전통적 우방국과의 협력은 확대·강화해나갈 것이다. 요컨대 북한은 미국과 남한이 실질적으로 변화하여 자기들의 요구를 들어주지 않는 한 비핵화든 평화든 협상도 협력도 없다는 입장이다.

평화가 목적이다

목적과 수단에 관한 철학적 논쟁이 다다른 결론 중 하나는 두 가지 모두 정당해야 한다는 상식이다. 한반도 평화라는 목적(또는 목표)은 평화적 수단에 의하여 실현되어야 한다. 현실에서 이 대원칙이 흔들리는 경우는 구체적인 목적 설정과 수단 선택에서 기인할 때가 많지만 목적과 수단이 뒤바뀔 때도 있다. 도전적인 질문들에 대한 성찰은 개인이나 공동체의 진보에 필수적이다.

비핵화가 목적인가, 평화가 목적인가? '전통적 지혜'에 따르면 비핵화는 평화의 선결 조건이다. 그런데 싱가포르 북미 정상회담의 공동성명은 특이하게도 먼저 북미 관계 개선과 한반도 평화 체제 구축에 대하여 언급하고, 세 번째로 비핵화에 대한 합의를 밝혔다. 물론 순서가 중요도나 선후 관계를 규정하는 것은 아니지만 적어도 비핵화 없이 평화가 불가능하다는 인식에서는 벗어나 있음을 보여준다. 그러나 합의의 이행 과정에서 미국은 대북 제재에 대한 경직된 입장을 확고히 유지했으며 평화에 관한 북한의 대미 불신을 해소하지 못했다.

평화가 목적이고 비핵화는 수단이다. 평화가 비핵화를 끌고 가야 한다는 것이다. 이는 비핵화를 포기한다는 뜻이 결코 아니다. 오히려 시기와 방법에 대한 유연한 접근의 길을 더 넓게 열어 완전한 비핵화를 촉진할 수 있다.

한미 동맹이 목적인가, 평화가 목적인가? 한국 사회에서 반미는 곧 친북이고 이는 곧 국가 안보에 대한 '범죄'라는 이념적 등식이 20세기 말 민주화와 탈냉전을 거쳐 21세기에 들어선 지 20년이 지나고 있음에도 끈질긴 생명력을 유지하고 있다. 한미 동맹은 안보는 물론이고 정치, 경제, 사회, 문화, 교육 등 거의 모든 분야에서 한국에 대한 미국의 영향력이 구조화되면서 이념의 문제를 넘어 습속(習俗)으로 자리잡고 있다. 군사동맹에서 '포괄 동맹,' '전략 동맹'으로 강화되면서 그 훼손이나 약화에 대한 두려움도 그만큼 커졌다. 일각에서는 한미 동맹 그 자체가 목적이자 심지어 종교적 신념이 되다시피 하여 정책 논쟁은 없고 정치 투쟁만 고조되고 있다.

한미 동맹은 어디까지나 한국의 안보와 한반도 평화를 위한 수단일 뿐이다. 이 자명한 참명제는 비록 정치와 정책이 불가분의 관계에 있다 하더라도 정치의 선진화와 올바른 정책 결정의 출발점이 되어야 한다. 한미 동맹을 약화하거나 포기한다는 뜻이 아니다. 오히려 발전과 성숙을 추구하는 일이다.

한국도 '새로운 길'을 모색해야 한다

김정은이 천명한 '새로운 길'은 나름의 냉정한 상황 인식을 통해 도출한 것으로 평가할 수 있지만 본질적으로는 궁여지책이며 '옛길'에 더 가깝다. 다행히 일각의 우려와 달리 북한은 핵 실험과 대륙간탄도

미사일(ICBM) 발사 시험 같은 극단적 행동은 아직 하지 않고 있으며 비핵화 협상을 무조건 중단하겠다는 뜻을 밝힌 것도 아니다. 2018년 9월 남북 정상회담에서 발표한 '군사분야 합의서'의 핵심 내용인 군사적 긴장 완화와 상호 적대 행위 중지 조항은 충실히 이행되고 있다. 그러나 북한은 새로운 전략무기를 포함한 군사력을 계속 개발·보유·강화하여 자신을 지키겠다고 선언했으며 이는 향후 상황 변화에 따라 군사적 충돌까지 일어날 가능성을 우려하게 한다. 남한에 대하여 일체의 교류와 협력을 중단한 채 입에 담기 민망할 정도의 비난과 조롱만 해대는 것도 불안과 불편을 키우고 있다.

궁지에 처한 쪽은 북한만이 아니라 남한도 그렇다. 한반도 비핵화와 평화 프로세스는 민족 전체의 공존공영에 관한 문제이기도 하지만 대한민국의 현재와 미래의 최대 국가이익이 달려 있기 때문이다. 따라서 한국 정부도 이 시점에서 지난 2년을 철저히 반성하며 '새로운 길'을 모색할 필요가 있다. 북한의 직접적인 대남 무력 공격은 결코 용인하지 않는다는 대전제하에 현 상황을 타개해 나가기 위한 새로운 접근법을 몇 가지 제시하면 다음과 같다.

첫째, 한반도의 완전한 비핵화는 장기적 과제로 삼아 지속적으로 추구하면서 정책의 우선순위를 핵보유국 북한과의 평화적 공존에 둔다. 과거에 적대국으로서 전쟁을 치른 인접한 국가들 사이에 한쪽은 핵보유국이고 다른 한쪽은 비핵 국가인 예가 없지 않다. 영국과 스페인, 프랑스와 독일의 관계에서 핵 위협은 존재하지 않는다. 물론 한반도 상황이 유럽과 크게 다르고 북한을 영국이나 프랑스에 빗대는 것 자체가 어불성설이지만 핵을 보유한 인접국과 평화공존이 불가능하지 않다는 시사점은 얻을 수 있다.

[그림 5-3]

출처: 청와대 홈페이지.

둘째, 한미 동맹의 강화가 남북 관계와 한중 관계에 부정적 영향을 끼치지 않도록 관리한다. 주한 미군의 과도한 전력 증강은 한반도와 동북아에 군사적 긴장을 고조시킬 수 있으며 이는 한국의 이익에 부합하지 않는다. 한미 연합 군사훈련은 2018년부터 그 이전과 비교하여 규모와 횟수 면에서 축소되었다. 주한 미군에 전략무기를 추가로 반입하지 않았으며, 사드 배치도 더 이상 확대하지 않았다. 이러한 조치는 비핵화 협상과 평화 프로세스에 일정 부분 기여했다. 현재의 고착 국면에서도 북한이 직접적인 대남 무력 도발을 하지 않는 한 이 기조를 유지하여 상황이 상승적으로 악화되지 않도록 유의해야 한다.

셋째, 대북 제재의 단계적 완화와 남북 교류 협력의 확대에 더 적극적으로 나선다. 북한은 70년 동안 제재 속에서 생존해왔다. 단지 생존만 한 것이 아니라 핵무기와 ICBM을 개발했다. 2017년 11월 북한의 이른바 '핵무력 완성' 선언이 보여준 것은 그 이전의 수많은 유엔안보리 대북 제재 결의안이 그것을 막지 못했다는 사실이다. 또 2019년 2월 하노이 북미 정상회담 결렬과 이후의 상황은 제재 유지가 한반도 비핵화 협상에 효과가 없다는 것을 보여주고 있다. 이로써 제재 만능주의나 제재에 의한 북한 붕괴론은 더 이상 유효하지 않음이 입증된 셈이다.

이 '방 안의 코끼리'를 더 이상 피해 다닐 수만은 없다. 대북 제재 완화와 제재 틀 내에서의 남북 교류 확대를 위해 노력해야 한다. 물론 한국 정부의 노력은 분명 한계가 있다. 그러나 그 자체로 북한을 교류와 협력의 장으로 다시 불러오는 데에 기여할 것이다. 북한도 현실을 모르지 않을 것이며 남한이 미국에만 매달린다는 뿌리 깊은 인식을 해소할 필요가 있기 때문이다.

넷째, '9·19 군사분야 합의서'를 충실히 이행하되 남북의 독자적인 군 현대화에 대하여 일정 수준 상호 양해한다. 앞에서 언급한 한미 연합 군사훈련 외에 남북한 간 쟁점이 되는 군사 문제는 각자의 독자적인 전력 증강이다. 남북한은 넓은 의미의 군비 통제와 군비 증강을 동시에 추구하고 있다. 북한은 2019년 4월부터 11월까지 12회에 걸쳐 사실상 남한 전역을 사정권으로 둔 단거리 미사일(초대형 방사포 등 포함) 시험을 실시했으며 잠수함 발사 탄도미사일도 1회 시험했다. 그리고 "앞으로 전략무기 개발 사업도 더 활기차게 밀고 나가야 한다"면서 "세상은 곧 멀지 않아 조선민주주의인민공화국이 보유하게 될 새로운 전략무기를 목격하게 될 것"이라고 확언했다. 한편 남한은 '국방개혁 2.0'에 따라 병력과 부대 수는 줄이면서도 국방비는 50조 원 이상 책정하고 2017년 이전에 이미 계획한 사업으로 F-35 등 첨단 무기를 도입하고 있다.

　모든 나라는 상황과 능력에 따라 필요한 군사력을 보유한다. 다만 적대국과의 군비 경쟁과 전쟁 가능성을 줄여나가야 한다. 남북한은 이 두 가지 명제와 관련하여 상호 이해하고 존중할 필요가 있다. '남북군사공동위원회'와 같은 이미 합의된 기구에서 만나 대화하고 싸울 땐 싸우더라도 그 안에서 공동으로 해결책을 모색하는 것이 가장 바람직하다. 북한이 대화에 응하지 않더라도 한국 정부는 이러한 의지를 다양한 방식으로 표명하는 것이 차선이 될 것이다.

　마지막으로 동북아 차원의 다자적 비핵 평화 체제를 모색한다. 어려운 문제를 조속히 해결하고자 하는 협상에는 참여자가 적을수록 좋다. 강한 의지와 능력을 갖춘 두 나라가 더 효율적으로 성과를 낼 수 있을 것이다. 북한과 미국의 양자 회담에 기대를 걸었던 이유 중 하나다. 이제 비핵화 문제는 더 어려워졌고 단기간에 해결하기는 거의 불가능하다는 것이 사실로 굳어지고 있다. 장기적으로 해결해야 할 어려운 문제는 오히려 다자가 모여 격려와 견제를 통해 상황을 관리하면서 점진적, 단계적으로 풀어가는 것이 나을 수 있다. 따라서 남북한과 미·중·러·일이 참여하는 6자 회담의 재추진을 고려해볼 만하다.

　과거 6자 회담은 북한의 핵 개발 프로그램을 막으려는 것이 주목적이었으나 실패했다. 6자 회담이 다시 구성된다면 미국은 "핵무력을 완성했다"는 북한뿐 아니라 북한에 우호적인 중국과 러시아도 상대해야 할 것이다. 반드시 불리한 것은 아니다. 그 두 나라와 함께 북한의 비핵화를 더 효과적으로 견인할 수도 있기 때문이다. 비용 분담과 검증에서도 유리한 점이 있다. 시간이 걸리더라도 단계적으로 '최종적이며 완전히 검증된 비핵화(FFVD)'를 추진하는 과정에서 한반도 평화를 관리하고 비핵화를 다자가 보증하는 '비핵지대조약(nuclear free zone treaty)'으로 완결할 수도 있다. 더 나아가 6자 회담은 동북아 지역 차원의 평화와 번영에 기여하는 공식적인 다자적 협력 안보 체제로 발전해야 할 것이다.

정책의 통합적 추진과 장기적 기획

다시 국정과제로 돌아와보자. 국정과제는 선거공약을 구체적 정책으로 만든 것이다. 민주 정부의 국민에 대한 약속이고 책무다. 평화와 번영의 한반도라는 목표는 남북미 3자 간의 관계가 선순환해야 달성가능하다. 남북 교류와 북미 협상은 교착되었고 한미 동맹 역시 방위비 분담과 전시작전권 전환 문제 등으로 쉽지 않은 상황이다. 중요한 과제는 모두 통일, 국방, 외교 분야가 직간접적으로 연계되어 있기 때문에 정부 차원의 일관성 있는 추진과 조율이 필요하다. 현재 전쟁 가능성은 높지 않지만 동북아 차원에서의 군사 동향을 보면 엄중한 전략적 위기 상황이다. 우리 자신의 '새로운 길'을 모색해야 하는 이유다. 통일부, 국방부, 외교부와 청와대 안보실은 문재인 정부의 남은 임기 내에 국가 전략의 통합과 조정을 이루어내야 한다. 필요하다면 별도의 장관급 회의체를 구성하여 더 자주, 더 깊이 협의하며 크게는 전략적 방향을 도출하고 작게는 부처의 발표문도 조율해야 할 것이다.

전략은 본질적으로 장기적 기획이므로 '새로운 길'은 차기 정부들까지 적용할 수 있는 상당 수준의 보편타당성을 가져야 한다. 한국에서 편의상 구분하는 진보와 보수는 안보, 평화, 번영 등에 대한 지향이 너무 다르기 때문에 정부를 넘어서는 일관된 전략을 수립하기가 사실상 불가능하다. 우선은 설정한 과제를 성실히 이행하면서 더 나은 전략을 수립하여 국민에게 비전을 제시하고 평가를 받아야 할 것이다.

제47장

인간안보 국가 어젠다와 중견 국가 외교 정책의 창

조경환 정책기획위원회 평화번영분과위원, 국가안보전략연구원 비상임 연구위원

인간안보의 국가 어젠다 설정

문재인 대통령은 2020년 5월 10일 취임 3주년 특별 연설에서 "오늘날의 안보는 전통적인 군사안보에서 재난, 질병, 환경문제 등 안전을 위협하는 모든 요인에 대처하는 '인간안보(Human Security)'로 확장되었다"고 했다. 그리고 동북아와 아세안, 전 세계가 연대와 협력으로 인간안보라는 공동목표를 향해 나아가도록 주도적 역할을 할 것이며, 남과 북도 인간안보에 협력하여 생명 공동체와 평화 공동체로 나아가길 희망한다고 밝혔다. 인간안보를 국가 어젠다로 설정한 것이다. 우리나라 대통령의 입에서 인간안보라는 말이 나온 것은 처음이었고 그 톤은 안보 패러다임 전환의 한 획을 그으려는 듯 사뭇 비장했다.

국내 언론은 인간안보라는 화두가 '갑작스럽게 툭 튀어나온 것'이라며 그 배경을 추적했다. 학계는 인간안보 본래의 개념과 구현 프로세스에 대해 사전에 충분한 연구에 기반한 것인지, 현재의 외교·안보적 맥락과 우리가 처한 상황에 부합하는 것인지 의아하게 생각했다.

그 당시 인간안보와 관련한 뚜렷한 공론이 없었다는 점에서 정부 외부에서 그 의제 설정을 주도했을 리는 없다. 외교부와 통일부 등 기

존의 정책 시스템 내에서 논의가 진행되어온 흔적도 없었다. 결국은 대통령이 공공의 시스템적 의제로 확장하여 동원한 것으로 보는 것이 자연스럽다.

인간안보의 국가 의제 설정 과정은 1984년 존 킹던(John Kingdon) 이 창시한 다중흐름모델(Multiple Streams Framework)로 살펴보면 더 명료해진다. 제2차 세계대전 뒤 등장한 국가안보(National Security) 개념은 국가를 위해 개인에게 희생을 요구했다. 반면 1989년 12월 미·소 간 냉전종식 선언은 안보의 개념과 대상을 국가에서 개인의 안위로 옮겨 놓았고 인간의 존엄성에 그 초점이 모이게 하였다. 이후 인간안보 문제의 흐름이 줄곧 이어져왔다. 한편 유엔과 전문가 집단 등 정책 네트워크 상에는 인간안보 구현을 위한 다양한 논의가 이루어져 정책 대안의 흐름이 진전되었다. 그러다가 COVID-19(코로나19)라는 극적 사건이 촉발 기제가 되었다. 문재인 대통령은 'K-방역'에 대한 대내외적 자신감과 남북 관계 교착의 좌절감이 혼재하는 정치 상황 속에서 이 세 가지 흐름을 결합하여 '인간안보와 국제 연대·협력'이라는 정책의 창을 열었다고 설명할 수 있다.

그런데 이 같은 톱다운 식의 국가 어젠다가 지속성을 가지고 집행에 성공하여 정책 산출물을 얻어내기 위해서는 관료 집단과 공공의 반응이 우호적이어야 한다. 정책 시스템 내·외부에 정책 지지의 확장이 시작점이고 관건적인 것이다. 물론 관계 부처는 즉각 움직였다. 기존의 100대 국정과제의 실천 과제로서 인간안보를 구체화하는 작업에 착수했다. 정책기획위원회는 심의 과정에 함께하고 있다. 통일부는 '한반도 신경제 구상 및 경제 통일 구현' 국정과제의 실천 과제로 '인간안보 바탕의 남북생명 공동체·평화 공동체 구현'을 신설했다. 남북 간에 보건, 방역, 산림협력을 우선 추진할 복안이다. 외교부는 '국익을 증진하는 경제 외교 및 개발협력 강화' 국정과제 아래에 '인간안보 중심의 포스트 코로나 시대 국제 협력주도'라는 실천 과제를 새로 두었다. 보건, 경제개발·협력, 환경 등 세 분야에 외교 자산과 인프라를 집중하기로 했다. 세부 과제를 망라하여 단계별 이행 계획을 수립한 데이어 코로나19 대응을 포함한 보건 협력을 필두로 실행에 나서고 있다.

그런데 관계 부처의 실천 과제를 살펴보면 기존 국정과제 중에서 인간안보와 관련된 사안을 골라내 급하게 집대성한 느낌을 지울 수 없다. 당면한 위협 요인들은 비전통적이고 비전형적이지만 관료 집단의 대응은 여전히 전통적 안보의 사고 체계에 머물러 있는 것이 아닌가 싶기도 하다. 출발과 계획은 창대하나 끝과 결실은 아쉬움이 남는 관료주의 관성과 습관이 이번에도 되풀이되지 않을까 염려된다.

국제사회에서 인간안보의 진화와 국가 주권과의 관계 설정

인간안보 어젠다를 국제 관계에 제대로 구현하기 위해서는 그 개념의 진화와 함께 인간안보와 국가 주권과의 관계를 잘 따져봐야 한다. 그리해야 정부의 역할과 위치를 가늠할 수 있다. 이혜정과 박지범이 2013년 발표한 논문 〈인간안보: 국제규범의 창안, 변형과 확산〉에서 이 부분을 짚어주고 있어 참고할 만하다.

인간안보의 개념은 유엔개발계획(UNDP)이 1994년 발표한 〈인간개발보고서(Human Development Report)〉에서 체계적으로 정립했다. 대다수 사람의 불안전한 감정은 전쟁과 같은 대재앙이나 세계적 사건보다 일상생활의 걱정에서 온다고 보고, 핵무기나 전쟁의 위협보다는 인간의 생활과 존엄성에 무게중심을 두었다. 즉 물리적 폭력과 군사적 위협으로부터의 자유(freedom from fear)를 인정하면서도 빈곤이나 기아로부터의 자유(freedom from want)에 우선순위를 부여했고 경제 안보를 중시했다. 또한 국가를 잠재적인 안보 위협으로 가정하고 안보 주체에서 국가를 배제했으며, 새로운 국제 체제나 기구 형성을 선호했다. 인간안보의 내재적 특성을 네 가지로 꼽기도 했다. 빈국과 부국을 가리지 않으며 모든 사람에게 공통적 위협이 된다는 지구적 관심(universal concern), 상호의 존성(interdependent), 조기 예방(early prevention)의 용이, 그리고 사람 중심(peopleentered)이 그것이다. 그러나 이는 안보 대상을 세계 인류로 상정하여 너무 광범하고 안보 영역이 경제, 식량, 보건, 환경, 개인, 공동체, 정치와 같이 인간 삶의 전 분야에 걸쳐 있어 비현실적이라는 지적을 받았다.

인간안보와 국가 주권이 양립 가능하다는 관점은 2001년 일본 외무성이 코피 아난(Kofi Annan) 유엔사무총장과 협력해 설립한 '인간안보위원회(Commission on Human Security: CHS)' 활동에서 나타난다. 2003년 발간한 〈인간안보의 현재(Human security now)〉 보고서는 국가를 안보 위협의 주체인 동시에 안보 제공자로도 보았다. 국가 중심의 국제체제하에서 인간안보 달성을 주장했다. 물리적 폭력과 군사력의 위협을 우선시하였으며, 위협을 잠재적 위협과 현실 위협으로 구분하고 현재의 위협에 주목하였다.

유네스코는 2008년 〈인간안보: 접근과 도전(Human security: Approaches and Challenges)〉이라는 보고서를 내고 인간안보의 목적을 개인과 사회, 국가, 국제사회의 평화와 안정으로 확장하였다. 민주주의와 교육을 강조했으며, 저개발국의 국민 중 취약 계층을 겨냥했다. 국가의 역할은 '인간안보위원회'의 경우와 같이 양면적으로 보았다. 인간안보를 국가 주권 실현을 위한 의제로 인식하는 한편 국제사회의 참여를 도출하는 데 관심을 가졌다.

2010년과 2012년 반기문 유엔사무총장은 〈인간안보에 관한 사무총장 보고서(Human security: Report of the Secretary-General)〉에서 인간안보의 정의, 국가 주권과의 관계, 그리고 보호 책무를 다루었다. 인간안보와 국가 주권을 상호 보완적으로 보았으며, 그 실천 과정에서 국가의 역할을 강조했다. 인간안보를 국가안보의 보완재로 인식하고 국가행위자가 가장 중요하다고 본 것이다. 인간안보를 국제적으로 구현하는 과정에서 각국 내정에 대한 불간섭 원칙을 견지했으며, 공여국인 선진국과 수원국인 저개발국 간의 갈등 요소 제거와 가치의 조화에 방점을 두었다. 인간답게 살 자유를 추구하여 해당 지역에 적합한 인간중심적이고 종합적, 포괄적인 접근법을 취했다(이혜정·박지범, 2013, 14~19쪽). 유엔인간안보기금(UN Trust Fund for Human Security: UNTFHS)이 현장 기반의 각종 인간안보 적용 프로그램에 금융 자원을 대는 역할을 해왔음을 인정하였으며, 유엔 회원국에게 재정적 지원을 권고하였다. 유엔이 주도한 이런 노력이 축적된 끝에 유엔총회는 2012년 9월 10일 인간안보에 관한 공동의 이해를 담은 최초의 총회 결의안(General Assembly Resolution 66/290)을 만장일치로 채택했다.

캐나다와 일본의 외교 적용 사례

그렇다면 인간안보가 현실 외교에서는 어떻게 작동할까? 캐나다와 일본은 우리보다 몇 발짝 앞서 외교 무대에서 인간안보를 실행했다. 데이비드 보솔드(David Bosold)와 자샤 베르테스(Sascha Werthes)가 2005년에 발표한 〈인간안보의 실제: 캐나다와 일본의 경험(Human Security in Practice: Canadian and Japanese Experiences)〉 연구 결과가 흥미롭다.

먼저 캐나다가 중진국 외교에 인간안보 개념을 적용한 사례가 와 닿는다. 인간안보를 외교 의제화하는 데는 1997년 외무부 장관 로이드 액스워디(Lloyd Axworthy)의 역할이 컸다. 그는 비전통적 방식과 보텀업 형식을 적용했다. '공포로부터의 자유(Freedom From Fear)'가 캐나다의 전통과 정치적 입지에 적합하며 더 실현 가능한 것으로 판단하고, 인간안보를 비교적 좁게 해석하여 통제되지 않는 군사력의 사용

[그림 5-4]

출처: UNTFHS.

을 개인에 대한 가장 큰 위협으로 보았다. 더 나아가 군사적 위협의 부재 그 이상으로도 보아 경제적 궁핍과 삶의 질, 기본 인권 보장을 포함했다. 다만 "다 보장하는 것은 아무것도 보장하지 못하는 것"이라는 인식 아래 다양한 인간안보 어젠다를 적용하는 과정에서 선택의 문제, 정책 선호의 문제로 접근했다. 타국의 인간안보에 대한 불개입 원칙을 준수하면서도 국가권력을 극단적으로 남용하는 경우까지 국가 주권을 인정할 수는 없다면서 인도적 차원에서는 개입할 수 있는 여지를 만들어두었다. 2000년에는 '개입과 국가 주권에 관한 국제위원회 (International Commission on Intervention and State Sovereignty: ICISS)'를 창설하였고, 2001년에는 〈보호의 책임(The Responsibility to Protect)〉 보고서에서 인도적 개입의 개념을 논했다.

캐나다는 다자주의 및 중견 국가·시민사회와의 연대라는 투 트랙으로 나갔다. 대인지뢰 금지, 소형 무기 및 위험 물품의 교역 축소, 성적 학대 및 노동·폭력으로부터 어린이 보호, 유고와 르완다를 위한 국

[그림 5-5]

출처: 외교부 홈페이지.

제형사재판소 창설 지원 등 구체적인 정책 이니셔티브를 다자포럼에 상정했다. 개발 지원과 경제개발 촉진을 위한 규칙 기반 무역의 신장 편에 섰다. 대인지뢰를 금지하자는 국제 캠페인인 오타와 프로세스와 '오타와 협약(Ottawa Treaty 대인 지뢰 금지 협약)'은 가장 중요한 성과이다. 이 캠페인은 1996~1997년 캐나다 오타와, 오스트리아 빈, 독일 본, 벨기에 브뤼셀, 노르웨이 오슬로를 돌면서 다양한 지역적 콘퍼런스와 실행력 있는 포럼을 거쳐 1997년 12월 122개국이 오타와에 모여 협약을 체결함으로써 정점을 맞이하게 된다. 또한 뜻이 맞는(likely minded) 국가들 및 학계를 포함한 시민사회와의 연합 형성에 주력하여 인간안보의 국제 네트워크화, 제도화에 힘썼다. 1999년 오스트리아, 노르웨이와 함께 대인지뢰의 국제적 금지를 위한 '인간안보 네트워크(Human Security Network: HSN)'를 설립하였다. 유엔과 학계, 시민사회와의 협력 아래 국가 및 국제적 정책으로서 인간안보 개념을 촉진하였다. 2004년 5월부터 1년간 '인간안보 네트워크' 의장국을 맡기도 했다. 캐나다는 초국가 NGO들, 제3 세계 국가 및 벨기에·스웨덴과 같은 EU의 중소, 중견 국가들과의 교류에 치중하였고 일본과의 협력도 도출해갔다.

일본이 유엔과 협력하여 국제사회에 인간안보 개념을 확장해간 사례는 캐나다의 방식과 대비된다. 일본은 '결핍으로부터의 자유'에 무게중심을 두었다. 경제개발과 기본적인 인간 요구에 대한 부응을 강조하였다. 공적개발원조(ODA)가 가장 강력한 수단이었고, 철저하게 유엔과 협력했다. 지역적으로는 남동아시아와 아프리카를 겨냥했으며, 다자주의를 지향했다. 인간안보 개념의 모호함과 광범함이 걸림돌로 작용한 측면이 있으나 용어의 확장성은 역설적으로 다양한 이해 당사자들 간에 관계를 형성하는 접착제 역할을 했다.

또한 일본의 경우 총리가 유엔총회 연설을 통해 주도해가는 점에서는 톱다운 방식을 가미했다고 볼 수 있다. 1995년 무라야마 도미이치 총리가 유엔총회 연설에서 인간안보의 두 가지 원칙을 제시한 것이 그 시작이다. 첫째는 지구상 모든 시민의 인권 존중이며, 둘째는 가난·질병·무시·압제와 폭력으로부터의 보호를 거론했다. 인간 중심의 사회 개발을 일본 ODA의 중점으로 선언했다. 1997년 하시모토 류타로 총리는 유엔총회 연설에서 '인류의 안보(Security Of Human Beings)'를 언급하여 무라야마 도미이치 총리의 관점을 승계했다. 아시아발 금융위기를 일본의 국제적 위상을 높일 호기로 삼았다. 1998년에는 오부치 게이조 총리가 인간안보 개념을 촉진하고 나섰다. 역내 경제위기를 틈타 역내 국가들의 미국과의 동맹 관계를 훼손하거나 미국을 자극하지 않도록 유의하면서 자국의 더 공격적이고 독립된 국제적 역할 확대를 도모했다. 국제 개발을 지원하고 환경문제, 마약 거래·인신 매매 등 초국경 범죄, 난민, 인권침해, 감염병, 테러리즘, 대인지뢰 금지 등의 문제에 천착했다. 1999년 유엔 및 유엔 산하의 각종 프로그램, 조직들과 더 긴밀하게 협력하여 '유엔인간안보기금' 창설을 주도하였다. 2001년 설립한 '인간안보위원회'는 유엔 시스템 내에서 인간안보 개념을 적용하는 정책 형성과 집행의 운영적 도구로 발전해갔으며, 인간안보를 위협하는 요인을 다루는 프로그램을 진작하였다.

캐나다와 일본의 인간안보 접근 방법을 비교 연구한 에릭 르마클 (Éric Remacle, "Approaches to Human Security: Japan, Canada, and Europe in Comparative Perspective", 2008)이 찾아낸 그 함의를 보면 인간안보는 오직 자유민주주의 국가에 의해 보장된다. 그에 따르면 다자주의로 가야 하며, 국제 협력과 연대가 공통점이다. 그리고 중견 국가일지라도 비전통적, 보텀업 접근에서는 글로벌 정책에 영향을 미치는 것이 가능함을 보여준다. 캐나다와 일본 모두 당시 G8 국가였고, 유엔안보리(UNSC) 상임이사국 정도의 위상은 아니었다. 따라서 제한된 범위와 빠른 국제 변화 속에서 주요 대미 동맹국들의 입지를 저해하지 않으며 자신들의 국제 위상을 강화하고 국제적인 존재 가치를 차별화해간 것을 알 수 있다.

한편 캐나다는 뜻이 맞는 중견 국가, NGO, 소프트파워와 미디어에 능한 시민사회와의 임시적인 연대가 특징이고 제도화 수준은 상대적으로 낮았다. 그런데 일본은 유엔과 연계되고 따라서 제도화 수준이 높았다. 캐나다 방식은 잘 짜여 있고 더 쉽게 실현 가능한 중기 혹은 단기 전략으로서 더 잠재성이 있다. 반면 일본은 중장기적이다. 그렇지만 캐나다와 일본의 사례는 상호 모순적이라기보다는 상호 보완적이며 교차점이 분명히 있다고 보는 것이 맞다.

인간안보 어젠다는
중견 국가의 외교 지평을 열 기회의 창

우리는 포스트 코로나 시대에 신자유주의 퇴조와 전 지구적 대고립과 단절을 목도하고 있다. 코로나19로 인한 피해는 아이러니하게도 전통적 안보, 군사안보 강국인 G7과 중국, 러시아에 집중되고 있다. 코로나19 팬데믹이 인간안보에 결정타를 가하면서 기성의 국제 질서를 흔들고 있는 모양새이다. 물론 백신 개발 여하에 따라 코로나19 사태 이전으로 일거에 복귀할 수도 있다. 그렇지만 코로나19 바이러스의 공습이 없더라도 글로벌 거버넌스의 변화는 진행형이었다. 세계화 (globalization)라는 용어를 처음 사용한 것으로 알려진 조지 모델스키 (1987)는 1850~2080년에 이르는 장주기(long cycle in World Politics) 연구를 통해 미국 중심의 단극 체제에서 민주적인 글로벌 거버넌스로 전이될 것을 예견했다. 글로벌 공공재를 하나의 국가가 생산하던 시대는 점차 지나가고, 집합적인 생산 시대가 온다는 의미를 함축하고 있다. 바로 이 지점에 중견 국가의 역할을 재정립할 필요성이 있다.

그런데 우리는 아직 중견 국가 담론을 뚜렷하게 만들어내지 못하고 있다. 동북아 역내를 관통하거나 글로벌한 슬로건조차 뚜렷한 것이 없다는 현실을 부정할 수 없다. 미·중 간의 전략적 패권 경쟁은 시작에 불과할지 모른다. 그래서 단기적으로 일희일비하기보다 장기적 로드맵을 가지고 선제적, 전문적으로 대응해야 한다. 미·중 간 선택 프레임에 대해서는 이슈별로 보편적 가치에 기초한 원칙적 대응 기조를 견지해야 한다. 그러자면 아이디어만 가지고는 중견 국가 외교를 끌어갈 수 없다. 중견 국가들이 공존할 수 있는 자원을 동원하고 대안적 이니셔티브를 창안해야 한다. 거기에 우리 외교가 설 공간이 있다. 강대국도 어쩔 수 없는 카드를 만들어가야 중견 국가로의 자리매김이 비로소 가능하다. 비록 힘은 없어도 국제적 담론을 생산하고, 뜻을 같이하는 국가들을 어떻게 네트워크화하느냐에 그 성패가 달려 있다.

인간안보 어젠다는 중견 국가로서의 외교 지평을 열어갈 기회의 창이다. 그래서 지금 미·중 패권에 낀 약한 국가가 아니라 경우에 따라서는 다른 중소 혹은 중견 국가들에게 선택과 행동 방책 결정의 '지표가 될 수 있는 국가(indicator)'라는 역할 정립이 중요하다.

동북아 역내의 다자 협의체를 주도하고 글로벌 다자주의에 적극적으로 참여하는 기조를 이어가야 한다. 국제 규범과 가치를 중심으로 하여 새로운 다자적 규범의 출현에 '시동(initiator)'을 걸고, 협력과 연대를 '촉진(facilita-tor)'하며, 협력의 장소와 플랫폼을 '제공(convener)'해야 한다. 'K-방역'의 전체 메커니즘을 시스템으로 정립하여 국제적으로 전파하는 것은 지금 할 수 있는 꽤나 효과적인 외교 레버리지이다.

혼자 힘으로는 버겁다. 일본과 캐나다의 인간안보 원용 사례가 시사하는 의미는 상당하다. 인간안보를 가지고 한·일 및 한·캐나다 간 중견 국가 외교와 파트너십을 확충해가야 한다. 가치를 공유하는 국가들과의 포럼, 콘퍼런스 등 프로세스 진행에는 보텀업 방식이 유효하다. 일본의 예와 같이 유엔 등 국제기구를 십분 활용하는 방안은 현실적이다. 이 경우 대통령이나 외교부 장관의 유엔총회 연설을 잘 설계

[그림 5-6] 2020.9.3 화상회의로 개최된 G20 특별 외교장관회의에
강경화 외교부 장관이 참석하였다.

출처: 외교부 홈페이지.

[그림 5-7] 문재인 대통령이 2019.11.26 부산 벡스코에서 열린
'2019 한-아세안 특별정상회의'에서 참석자들과 기념촬영을 하고 있다.

출처: 청와대 홈페이지.

하여 국제적 이목을 집중시킬 필요가 있다. 문재인 대통령이 9월 22일
UN 총회 기조 연설에서 "북한을 포함해 중국과 일본·몽골·한국이 함
께 참여하는 '동북아시아 방역·보건 협력체'를 국제사회에 제안"한 것
은 그래서 그 의미가 크게 다가온다.

2020년 5월 12일 외교부는 '유엔 보건안보 우호국 그룹' 출범을 주
도했다. 유엔 차원에서 연대와 협력을 기반으로 글로벌 감염병에 행
동 지향적이고 적실하게 대응할 다자 협력 플랫폼의 역할을 기대한 데
따른 것이다. 이어 5월 15일에는 한·중·일 보건부 장관들이 코로나19
협력에 관한 공동성명을 채택했다. 이와 같은 보건 협력은 인간안보
외교의 좋은 출발이다. 여기에 오는 11월 한·중·일 3국 정상회담과
한·러 수교 30년 등 양자 혹은 소규모 다자체를 가동할 수 있는 여지
가 남아 있다. 코로나19로 인해 성사 여부가 불투명한 2020년 도쿄 하
계올림픽대회, 그리고 2022년 베이징 동계올림픽대회의 정상적인 개

최 지지를 활용할 수도 있을 것이다.

그렇지만 한·중·일의 협력과 연대는 경험적, 역사적으로 볼 때 내실을 기하기가 어려운 측면이 있다. 경제적 이해 대립이 첨예하고 역사적 불신의 골이 너무 깊은 나머지 논쟁과 선언은 있되 실질과 실행은 없었다. 더욱이 진행 중인 미·중 패권 경쟁은 지금 블랙홀과 같다. 이런 측면에서 가치 외교, 규범 외교를 지향하는 EU 국가들로 눈길을 돌리는 것도 한 방법이다.

마지막으로 북한과의 인간안보 협력을 빼놓을 수 없다. 코로나19 방역은 남북관계를 풀어갈 협력의 숨통이 된다. 비정치적이고 인도적 관여로 가야 한다. 남북 모두 중앙정부가 나서는 것에 대한 부담이 있다면 지방정부나 NGO, 유엔 산하 국제기구를 앞세워 절제하는(low-key) 형식으로 갈 수 있다. 경기도는 2021년 6월 아프리카돼지열병(ASF) 소독약을 북측에 전달했다. 이어 7월에는 코로나19 공동 방역을 위한 진단 키트, 열화상 감지기 등에 대해 유엔 대북 제재 면제 승인과 통일부의 대북 물자 반출 승인을 받아 전달했다. 서울시도 6월 초 마스크, 손 소독제, 방역복 등을 북한에 지원하기 위해 유엔의 제재 면제 승인을 받은 바 있다. 당장은 작고 눈에 보이지 않더라도 협력의 끈을 이어간다면 그것이 하나씩 쌓여 신뢰 관계가 구축될 것이다. 장기적으로는 북한을 동북아 방역 협력에 합류하도록 유도할 수 있다. 이는 비군사적인 인간안보를 연결 고리로 하여 동북아의 다자 안보 프레임워크로 발전시키는 전략을 구사할 소중한 발판이 되는 효과를 낼 수도 있다.

자칫 일회성이 되고 말거나 타성에 빠질 정책에 생명력을 불어넣어 소기의 정책 산출물을 일구어낼 묘안이 있는가? 청와대와 관계 부

처 장관들이 정책 혁신가답게 목표 의식을 분명히 하는 것이 우선이
다. 그다음 하위 정책 시스템인 통일부·외교부 등 관료들의 지속가능
한 목표 관리와 선택·집중의 실행력, 그리고 이행 메커니즘 전반에 대
한 조망과 함께 현미경적 관찰을 바탕으로 한 정책기획위원회의 국정
과제 점검 노력 등의 루틴 프로세스에서 희망을 발견한다.

제48장

한국의 대중 정책 제언

황재호 정책기획위원회 평화번영분과위원, 한국외국어대 국제학부 교수

왕이(王毅) 중국 외교담당 국무위원 겸 외교부장이 2021년 11월 25~27일 방한했다. 왕 부장의 방한은 2020년 12월에 이은 1년 만의 재방문이며 8월 양제츠(楊潔篪) 외교담당 정치국원이 다녀간 뒤로 3개월 만이다. 코로나19로 정상 간 회담도 영상회의로 대체되고 외교 수장들의 해외 방문도 드문 상황에서 중국 외교의 쌍두마차가 모두 찾는 것은 그만큼 한국 중시와 한국의 높은 전략적 가치를 방증하는 것이다.

왕이-강경화 외교장관회담에서 가장 눈에 띄는 성과는 오는 2022년 한중수교 30주년을 계기로 한중관계의 발전 방향 로드맵을 마련하기 위한 '한중관계 미래발전위원회'를 출범하기로 한 것이다. 사실 양국은 2017년 '실질적 전략적 협력동반자' 관계에 합의했지만, 무엇이 '실질적 전략적 협력'인지에 대해서는 그간 분명치가 않았다. 만약 중국의 대외 정책 슬로건인 인류운명공동체에서 한국에 대한 정책이 '(너는 내) 운명'이 아닌 '(지구촌) 공동체'에 가 있다면, '한중관계 미래발전위원회'를 한중관계의 재정립 및 재도약 기회로 적극적으로 활용할 수 있을 것이다.

이 글은 한중 양국의 발전 방향이 어떠하면 좋을지, 그리고 어떤 수준으로 설정하면 좋을지 몇 가지 정책 제언을 하는 데 그 의의가 있다.

즉, 양국은 신형 한중관계를 수립해야 하며, 북핵 협력을 강화해야 하며, 한국의 운전자 역할 지지를 확보해야 하며, 북핵 이외 영역으로도 협력을 확대해야 하며, 우리의 대중(對中) 관계를 연미합중(聯美合中)으로 설정해야 한다고 제언하고자 한다.

전략적 협력동반자 관계를 어떻게 발전시킬 것인가?

신형 한중관계를 수립해야

코로나19 상황으로 계속 늦어지고 있으나 시진핑 중국 국가주석의 방한이 이루어지면 양국 관계는 상당 부분 회복될 것이다. 그러나 시 주석의 방한 여부와 무관하게 중국은 한국과의 관계를 중시하고 있으며 내심 한국 외교에서 자국 비중이 높아지길 기대하는 만큼 우리 역시 신형 한중관계(新型韓中關係) 수립을 고민해야 한다. 중국어로 '신창타이(新常態)'란 성장률 목표는 낮춰 잡되 지속해서 성장을 담보할 수 있도록 성장 패러다임을 전환하는 것을 말한다. 외교적으로는 '서로 감당할 수 없는 기대는 낮춰 잡되 지속 발전을 담보할 수 있는 관계로의 전환'이라고 정의할 수 있다. 신형 한중관계란 외교적 신창타이에 의거, 가능한 양국 협력을 한 걸음씩 실천하는 관계를 말한다. 공동의 이익을 추구하되 차이점은 다음으로 미루는 구동존이(求同存異)가 아닌 차이점도 해소해 나가는 구동화이(求同化異)의 관계다. 갈등과 오해가 발생해도 대화와 소통으로 해소 가능한 관계이기도 하다.

문재인 정부는 중국과 이미 실질적인 전략적 협력동반자 관계를 선언하였는데 이것이 실제에 부합하려면 몇 가지 '전략적 협력'이 가능해야 한다. 첫째, 양국은 보다 안전한 안보 환경의 조성을 위해 협력하는 관계로 나아간다. 즉 동북아의 평화와 안정, 특히 한반도의 미래 건설에 함께 노력할 수 있다. 둘째, 양국은 보다 발전된 경제 환경 조성을 위해 협력하는 관계로 나아간다. 즉 지속가능한 경제 협력의 합리적·포괄적 합의의 바탕 위에 공동의 경제발전을 이룩할 수 있다. 셋째, 양국은 보다 개선된 인간안보 환경 조성을 위해 협력하는 관계로 나아간다. 즉 질병·재해·범죄·환경·테러 등 초국가적·비군사적 안보 사안에 대해 함께 협력할 수 있다.

이어 네 가지 기제가 작동되어야 한다. 청와대 차원의 위기 예방·관리 기제, 정부 차원의 외교·경제 2+2 고위급 전략 대화 기제, 군 차원의 비전통안보 협력을 통한 군사 신뢰 기제, 당 차원의 정치리더십 간 소통 기제가 그것이다. 특히 당 소통은 실질적 협력의 추동력이다. 한중 양국이 합의한 전략적 협력동반자 관계가 경제·문화·외교로 확대되었으나, 안보·군사 영역의 이해차로 관계 발전의 정체 현상이 발생했다. 신형 한중관계 수립을 위해서는 중국공산당과의 소통이 중요하다. 새로운 접근법으로서 양국 당 정치리더십 간 소통 기제 강화가 필요하다.

그 때문에 시 주석의 방한 이전까지 한중 외교 당국은 이미 논의했던 많은 내용을 양국의 미래 발전 정책으로 충분히 숙성시켜야 한다. 이러한 협력이 가능하다면 양국은 진정한 의미에서의 '실질적' 전략적 협력동반자 관계에 부합할 수 있을 것이다.

북핵 협력을 강화해야

한중 안보 협력의 시작은 쌍중단(雙中斷)이다. 쌍중단은 쌍궤병행의 전제조건이다. 쌍중단이 양국 유대의 최소 요건이다. 중국에선 쌍잠정 (雙暫停), 한국에선 쌍중단으로 불리는 북한의 핵·미사일 실험과 한미 군사훈련의 동시 중단이 어떤 상황에서도 유지되어야만 쌍궤병행(雙軌竝行·비핵화와 평화협정 동시 진행) 과정에서 기회를 계속 만들어낼 수 있다. 북한의 비핵화 진정성이 발휘될 수 있도록 중국이 큰 그림과 의지를 보이도록 하고, 양국은 평화체제와 비핵화 원칙, 입장에 상호 공감하도록 노력해야 한다.

한편 미중 갈등 상황에서도 중국은 한반도 상황이 악화되는 것을 원하지 않고 있다. 북핵 해결에 대해 우리 마음보다 더 급하지는 않아도 한중 간 관련 이해관계는 상당 부분 일치한다. 시진핑 주석은 문제 해결을 위해 '조건'을 만들자고 강조했는데 어떤 창의적 방안이 있는지 협의할 필요가 있다.

나아가 중국을 '패싱'(소외)하지 못할 바에야 오히려 활용해야 한다. 우리는 중국을 형식적으로 소외시킬 수 있어도 내용적으로는 역학상, 구도상, 상황상 어렵다. 오히려 중국은 다양한 수단과 방법으로 평화체제의 내용과 속도를 늦출 수 있다. 마음에 들지 않으면 뒤에서 밑에서 일을 복잡하게 만들 수 있다. 그 때문에 중국 '패싱' 논란이 재발되어서는 안 되며 오히려 '몽니'를 경계해야 한다. 향후 중국을 한반도 문제의 상수(常數)로 두었을 때 한반도 논의는 더 복잡해질 수 있지만 중국을 패싱함으로써 원점으로 돌아가 처음부터 다시 시작해서 걸리는 시간보다는 덜 걸릴 것이다.

현 정부는 남은 임기 동안 무엇을 어떻게 할 것인지 양국 간 달성 가능한 목표를 협의해야 한다. 특히 대북 제재를 완화하고자 한국과 중국은 각각 무엇을 할 것인지 서로 확인하는 노력이 필요하다. 대격랑의 한반도 정세에서 한국의 한반도 '촉진자' 역할을 중국이 다각적으로 '촉진'할 수 있다면 한중관계를 긍정하게 될 것이다.

한국의 운전자 역할 지지를 확보해야

완전한 비핵화와 관련 많은 논란이 있지만 문재인 정부가 원했던 소기의 목적은 사실상 달성되었다. 북미와 남북 간 직접 만남이 이뤄졌고 한반도 평화 만들기가 시작되었다. 대신 평화체제 과정에 한국의 중재자 역할이 축소될 수 있다. 이는 한반도 상황이 나빠져서라기보다는 오히려 주변 환경이 개선되면서도 올 수 있다. 혹 상황이 악화되어 북한이 한국을 거부하거나 미국이 우리를 패싱할 수도 있다. 그래도 지난한 과정에 한국 역할이 중시될 상황이 얼마든지 있다.

비핵화 관련 북미 갈등이 임계점에 도달할수록 갈림길이 온다. 잘되면 전환점, 안 되면 폭발점이지만 한국으로서는 당연히 비핵화와 평화체제 구축의 전환점으로 만들어내야 한다. 한국은 주변국이 오해할 수 있는 중재자나, 스스로 폄하하는 중개자가 아니며, 전체 국면을 제대로 전개할 수 있도록 방향과 틀을 잡는 설계자(planner)이자 기획자(designer)다.

정부가 한반도 평화 구축을 위해 필요한 시점과 구간에 다시 운전대를 잡을 기회는 계속 있을 것이다. 필요할 때 나서고, 나설 때 믿을 만한 운전자야말로 신 한반도 운전자의 모습이다. 그러나 한국은 포퓰러 원 역사상 최다 우승과 기록을 경신했던 독일의 자동차 경주 선수 미하엘 슈마허일 필요는 없다. 동네 지리를 가장 잘 아는 마을버스 기사처럼 구불구불 골목길을 밤낮으로 묵묵히 안전운행을 한다면 화려하지 않아도 모두가 우리 역할을 인정할 것이다. 결국 한반도 비핵화는 가야 할 길이 먼 만큼 길게 호흡해야 한다. 과속도 저속도 아닌 안전운행으로 한반도에 큰 전진을 이뤄내야 한다. 그 과정에서 중국이 한반도평화프로세스를 적극적으로 지지할 수 있도록 명분, 기회, 공간을 만들어내야 한다.

북핵 이외 영역으로도 협력을 확대해야

문재인 대통령은 2021년 2월 20일 시진핑 주석과의 전화 통화에서 코로나19 임상 치료 경험 공유와 방역 당국 협력 등을 강화하기로 했다. 그 첫 행보가 3월 13일 국장급 '한중 방역 협력 대화' 화상회의였다. 곧이어 20일엔 한중일 외교장관 화상회의가 열렸으며 26일 문 대통령이 제안한 주요 20개국(G20) 특별화상정상회의가 개최되었다.

한국이 세계평화에 기여하는 것은 꼭 북핵 해결에만 있는 것이 아니다. 방역 협력은 한중 양국이 북핵 이외 협력의 범위를 넓히는 데 유용한 동기이자 영역이다. 코로나19가 전 세계로 퍼지는 가운데 한중 양국의 방역 모델은 국제사회의 큰 관심을 받고 있다. 중국 모델은 강력한 통제와 격리이고 한국 모델은 대규모 신속 검사, 투명한 정보 제공 및 사회적 거리두기다.

중국도 코로나19 외교에 적극적이다. 인류운명공동체의 한 축으로서 인류 방역 공동체나 '일대일로(一帶一路, 육상 및 해상 실크로드)' 참여

[그림 5-8] 2019년 12월 23일 중국 베이징의 인민대회당 동대청에서 열린 한중 정상회담

출처: 청와대 홈페이지.

국가들과 방역 실크로드를 건설할 의지와 여력이 있다. 그러나 쉽지 않다. 미국을 위시한 서방 국가들의 반감과 경계심이 높다. 이에 비해 한국 모델은 국제사회의 호응도가 높다. 한국은 미중을 포함해 G20과 개발도상국 모두가 거부감 없이 받아들일 수 있다. 한국은 국제사회적 거리두기가 아닌 좁히기를 할 수 있는 위치에 있다.

K-방역과 C-방역 협력 여부와 강도에 따라 남북 생명안전공동체, 동북아 방역보건협력체를 넘어 지구촌 인간안보공동체 실현의 도구로서 활용될 수 있다. 당장엔 한중일 3국 차원에서 협력의 모멘텀이 될 수 있다. 2019년 12월 중국 청두에서 열린 한중일 정상회의에서 향후 10년 3국 협력비전을 채택했다. 국제사회 차원에서 전염병, 기후변화 같은 초국경 재난·재해 사안에 효율적이고 통합적으로 상시·수시 대응할 수 있는 글로벌 공동 협력체계 논의의 시작점이 될 수 있다. 코로

나19로 전 세계에서 수십만의 희생자가 나왔는데 웬만한 현대 전쟁의 사상자 수보다 많은 만큼 글로벌 이타주의 차원에서 협력의 여지가 적지 않다.

협력동반자 관계를 어떤 수준으로 설정할 것인가?

국내에서는 한중관계를 설명하는 데 있어 사자성어로 표현하는 경우가 많다. 이 짧은 네 글자에서 우리의 전략이 읽힌다. 하지만 용어의 잘못된 사용으로 우리 자신과 상대국가에 혼동과 오해를 야기하기도 한다. 그 때문에 우리와 상대국 모두 이해되고 수용 가능한 용어를 선택해야 한다.

가장 먼저 안미경중(安美經中)이다. 과연 우리 외교의 근간은 '안보는 미국, 경제는 중국'인가? 안미경중은 더 이상 현실을 반영하지 못한다. 지금 미국은 중국을 글로벌 가치사슬에서 배제하고 '경제번영네트워크(EPN)'를 만들려 하고 '환태평양경제동반자협정(TPP)' 복귀도 고민하고 있다. 미국은 한반도에서 안보 영향력에 그치지 않고 한국에 반중(反中) 경제전선 동참을 요구하는 등 경제 영향력도 확보하려 한다. 중국은 중국대로 '역내포괄적 경제동반자협정(RCEP)' 체결로 우리에 대한 경제 영향력을 심화하면서 북핵 협력을 매개로 안보 영향력도 점증시키고 있다. 사드(THAAD)가 한국 경제를 위협했듯 이미 안보와 경제 사이 경계선은 무너졌고 미중 기술·경제 경쟁 속 한국의 전략적 딜레마는 더 커졌다. 안미경중이라는 표현 자체도 미국에는 안보 이익, 중국에는 경제 이익만 탐하는 것으로 오해하게 만든다.

결미연중(結美聯中)은 한국어로는 '미국과 결속, 중국과는 연대'의 미일 수 있다. 하지만 중국어로는 '미국과 결합, 중국과는 언맹'이란 뜻이디. 중국에선 연맹(聯盟)을 동맹(同盟)과 함께 쓴다. 미국보다 중국을 더 중시하는 느낌을 준다. 원래 의도가 미국과 동맹하면서 중국과의 좋은 관계의 유지라면 오히려 '미국과 동맹, 중국과는 결속'이라는 뜻의 연미결중(聯美結中)이 맞다.

'미국과는 동맹, 중국과는 친화'란 연미화중(聯美和中)은 표현상 문제는 없으나 2017년 문재인 정부가 중국과 합의한 '실질적인 전략적 협력동반자 관계'를 정확히 반영하지는 못한다. '화(和)'라 함은 화해, 우호 정도 의미로서 우호협력관계(1992년), 21세기를 향한 협력동반자 관계(1998년), 전면적 협력동반자 관계(2003년)가 여기에 해당한다. 이 때문에 '미국과는 동맹, 중국과는 협력'이라는 의미의 연미합중(聯美合中)이 현 한중 전략적 협력동반자 관계 수준에 더 부합한다. 협력동반자의 협력을 중국에서는 합작(合作)이라고 부른다.

미중 관계와 국제질서 흐름을 주시해야 한다

국제질서가 코로나19 전후로 나뉜다면 미국 외교는 트럼프 전후로 나뉜다. 트럼프 시대 미중관계는 투키디데스와 킨들버거의 이중 함정에 빠졌다. 중진국의 함정을 넘어섰는지, 미국과의 경쟁에 '시간의 함정'을 파고 있는지 중국의 대응도 주목된다. 국내외 일각에서는 이미 국제질서가 미중 신냉전에 돌입했다고 단언한다. 이 때문에 미국 일변의 즉각 '올인'을 주장한다. 정말 우리는 신냉전에 들어섰는가?

하지만 미소 냉전이 이념·군사적 대립이었다면 미중관계는 정치·경제적으로 많이 얽혀 있다. 세계화 결과로 경쟁이 70, 협력이 30이다. 그래서 정확히 하자면 신냉전이라기보다 신경쟁이 맞다. 또 조 바이든 시대 미중관계도 경쟁 측면이 많겠지만 협력의 여지도 많다. 미중 경쟁은 역사 속 늘 있었던 강대국 간 경쟁이다. 또한 문명 간 충돌도 아니며 국익의 충돌, 상호 불신의 문제이기 때문에 섣부른 해석은 오히려 상황을 오판하게 한다.

따라서 우리 외교는 국제질서 흐름이 어떻게 변화할지 주시해야 한다. 섣부른 판단으로 한쪽에 '줄을 서야' 한다는 강박관념에 사로잡혀서는 안 된다. 미국의 여타 동맹들의 반응을 살피며 한 템포 느리게 대응하는 것이 현실적이다. 미중 사이에서 최악을 피하는 외교를 해야 한다. 지난 4년 미중관계는 미중 수교 이래 가장 격렬했고, 이 가운데 문재인 정부가 있었다. 문 정부는 남은 1년여 절체절명의 외교안보 과도기를 현명하게 넘어서야 한다.

제49장

국제사회 연대·협력을 통한 한반도 평화와 번영

민경태 정책기획위원회 평화번영분과위원, 국립통일교육원 교수

격상된 국가 위상과 새로운 한반도 시대

2021년 5월 21일 미국 워싱턴에서 발표된 '한미 정상 공동성명'은 이제까지와는 다른 새로운 한미관계의 시대로 전환되고 있음을 보여주는 상징적 사건이었다. 두 나라의 동맹관계가 한반도라는 공간적 범위를 넘어서 인도·태평양 지역의 안정과 번영을 위해 서로 협력하는 글로벌 동맹으로 격상되었다고 볼 수 있다. 또한 양국이 다룰 이슈도 한반도 안보 문제만이 아니라 전 세계적인 기후변화와 보건협력, 첨단기술 분야 공급망 등 다양한 국제 현안을 대응하는 데 공조할 것임을 밝혔다.

이는 기존 한미 동맹의 주요 안건이 한반도 관련 사안에 한정되었던 것에 비하면, 한국의 위상이 글로벌 이슈에 대한 선도적 해결자이자 적극적 질서 창출자로 격상되었음을 보여주는 것이다. 이번 정상회담에서 미국은 한국이 요구해 온 대북정책의 독자성을 대폭 받아들였다. 4.27 판문점 선언과 싱가포르 공동성명 등 기존의 남북·북미 간 합의를 수용함으로써, 남북 대화와 협력에 대한 지지를 표명하고 남북관계의 자율성을 인정한 것으로 볼 수 있다. 또한 1979년 이래 40여

년간 유지되어 온 미사일 지침을 폐기하여 한국의 미사일 사거리 및 탄도중량 제한을 완전히 없애는 결정도 내렸다.

물론 한편으론 우리의 부담도 더욱 커진 것이 사실이다. 특히 미중 전략경쟁이 심화되는 국면에서 중국에 대한 국제규범 준수와 민주주의·인권 등 가치 실현에 대한 압박이 강화되고 미중 기술패권의 대립, 남중국해·동중국해의 긴장 고조 등 지정학적 갈등 상황이 전개된다면 우리의 역할이 확대된 만큼 입장은 더욱 난처해지는 경우가 생길 수 있다.

하지만 한국의 역량이 증대되고 국가적 위상도 격상되었다면 그에 걸맞은 책임을 감당할 수 있어야 한다. 지정학적 충돌을 지혜롭게 극복하고 한반도를 중심으로 평화와 번영을 이끌어 낼 수 있는 우리만의 전략을 갖춰야 한다. 역사적 전환의 순간에 뒤로 물러설 것이 아니라, 보다 적극적으로 역할을 해내면서 남북관계에서도 큰 진전을 만들어 내고 새로운 한반도 시대를 열어갈 필요가 있다.

문재인 정부가 출범한 지 이제 4년의 시간이 흘렀다. 이미 큰 성과가 있는 부분도 있고 미진한 부분도 있겠지만 앞으로 남은 시간을 더욱 중요하게 생각하고 잘 활용해야 할 것이다. 그러기 위해서는 기존 국정과제에 대한 평가를 바탕으로 앞으로의 전략을 다시 한번 가다듬는 것이 필요하다. 이 글에서는 평화·번영 분야의 주요 성과로서 한반도 평화, 국방개혁, 국제사회 협력 등 세 가지 주제를 중심으로 정리해 보고, 지정학적 충돌 국면을 어떻게 극복할 것인지 그리고 앞으로 국제사회 협력을 어떤 방향으로 전개시켜 나가면 좋을지 미래 한반도의 전략적 방향에 대해 제안하고자 한다.

[그림 5-9] 문재인 대통령이 선진 7개국 정상회담인 G7 정상회의에 참석하였다(2021.06.13).

출처: 외교부.

한반도 평화와 남북관계 발전

북미관계가 교착되고 남북관계까지 멈춰서버린 현재 상황에서는 매우 안타깝고 답답한 심정이다. 하지만 지난 4년의 시간을 되돌아보면 그 이전에는 상상할 수도 없었던 큰 변화와 가슴 벅찬 일들을 겪었음을 알 수 있다. 2017년 정부 출범 초기부터 시작된 한반도의 무력충돌 위기를 지혜롭게 극복하고, 한반도에 평화를 구축할 수 있다는 가능성을 보여주기도 했다. 앞으로의 새로운 진전을 이루기 위해 바탕이 될 수 있는 디딤돌을 마련했다는 점에서 중요한 의미가 있다.

우리 정부는 시작부터 '평화'를 외쳤다. 2017년 7월 문재인 대통령은 베를린에서 '남과 북이 서로를 인정하고 존중하며 함께 잘 사는 한반도'의 구상을 제시했다. 평창 동계올림픽을 계기로 다양한 남북의 만남을 이어가면서 특사를 교환하고 평화를 향한 의지를 전하려 노력했다. 이를 통해 세 차례의 남북 정상회담과 두 차례의 북미 정상회담까지 이끌어내는 계기를 마련할 수 있었다. 남북 정상이 함께한 4·27 판문점 선언과 북미 정상이 발표했던 싱가포르 공동성명은 이제 미국 바이든 정부로부터도 존중받는 한반도 역사의 중요한 이정표가 되었다.

한반도 평화 프로세스 추진을 통해 안정적으로 정세를 관리했다는 점은 남북관계 발전을 위한 주요 성과로 들 수 있다. 군사적 충돌 위기를 대화 국면으로 전환하고 군사 합의를 체결함으로써 한반도 평화의 제도화를 실현한 것이다. 뿐만 아니라 이를 계기로 다양한 남북의 교류 협력을 모색했다. 남북 철도연결, 산림협력, 남북공동 유해 발굴 사업 등을 추진하고 평창올림픽을 계기로 문화·예술·학술·체육 분야 교류를 재개하기도 했다.

아울러 남북 간의 대외적인 변화만을 추구한 것이 아니라, 우리 한국 사회 내부에서도 사회적 대화를 통해 통일 공감대를 확산하고 남남갈등을 개선하려는 노력을 꾸준히 추진했다. 토론을 통해 갈등을 조정하고 상호이해에 바탕을 둔 통일 논의를 확산시키기 위해 노력해 왔다. 이 과정에서 국민이 참여하는 사회적 대화를 통해 '통일국민협약'의 초안을 마련하기도 했다.

국방개혁을 통한 선진 국방 운영

국방 분야에서 여러 가지 성과가 있겠지만 그중에서도 국방개혁을 꾸준히 추진함으로써 병영의 구조와 문화를 혁신적으로 전환한 것에 주목할 필요가 있다. 튼튼한 국방과 건강한 안보야말로 한반도 평화와 번영의 근간이라는 점에서, 국방개혁을 통해 선진적인 국방 운영 제세를 갖춘 것은 우리 군의 미래를 위해서도 매우 중요한 성과라고 볼 수 있다.

우선 눈에 띄는 국방개혁의 방향은 병력의 양적인 면을 효율화하는 대신 질적 향상을 지향하고 있다는 점이다. 병력의 규모를 20% 감소하고 복무 기간을 단축하면서도, 군의 정예화를 통해 기술집약적인 군 구조로 전환하는 노력을 꾸준히 진행했다. 일반 병사의 숫자는 줄였지만 간부는 증원하고 군무원을 확대하는 등 인력 구조를 개편해 실제 군의 능력을 향상시키는 방안을 모색했다. 그리고 다른 한편으로는 비전통적인 안보 위협에 대한 대응 역량을 강화했는데, 특히 코로나19 방역을 위해 군 병력 63만여 명이 지원해 포괄적 안보를 위해 적극 대응하는 군의 역할을 보여주기도 했다.

아울러 방산비리를 척결하기 위한 노력을 진행하면서 4차 산업혁명 시대에 대비한 방위산업 육성을 모색했다. 이를 위해 「국방과학기술혁신촉진법」 및 「방위산업발전 및 지원법」 등을 제정하고 국방 R&D 제도 개선과 방산기업 경쟁력 확보를 추진했다. 이러한 과정을 통해 방위산업을 수출형 산업으로 육성해 확대·발전시키는 노력을 병행해 왔다.

또한 선진적인 국방 운영의 기틀을 마련하기 위해 무엇보다도 중요한 우리 장병들의 인권을 보장하고 복무 여건을 개선하는데 노력을 기울였다. 국방의 주요 직위를 문민 전환하고 군 사법 개혁을 통해 장병의 인권을 구현했으며, 병사의 봉급을 최저 임금의 50% 수준까지 인상하고 자기개발을 꾸준히 지원하는 정책을 추진했다.

<표 5-2> 국방기술진흥연구소의 15대 혁신과제

혁신전략①	미래 국방 견인형 기술기획·관리·평가 체계 구축
혁신과제	①-1 국방기술기획의 도전적/혁신적 변화와 대응
	①-2 미래 첨단 무기체계 개발을 위한 기술기획 체계 혁신
	①-3 국가 연구개발과 국방 연구개발을 융합한 기술기획 추진
	①-4 기획문서의 사용자 활용성 제고를 위한 보강·개선
	①-5 도전적 연구개발 여건 조성을 위한 관리·평가 체계 개선
	①-6 군의 필요에 부응하는 전력지원체계 연구 재정립
혁신전략②	글로벌 경쟁력 강화를 위한 방위산업 육성
혁신과제	②-1 부품 국산화 과제기획 체계 혁신 및 해외시장 조사·분석
	②-2 실효적 성과 창출을 위한 기업 육성 및 부품개발
	②-3 해외시장 판로개척을 위한 방산수출지원 내실화
혁신전략③	전문 연구 강화 및 협업 체계 구축
혁신과제	③-1 방위력개선사업 적기 추진을 위한 선행연구 수행방법 개선
	③-2 방위사업 비용분석 전담체계 구축
	③-3 핵심기술과제 성과분석 강화 및 지식·정보 활용성 촉진
	③-4 연구소 차원의 부서·업무 간 융합 및 협업 활성화
혁신전략④	신뢰받는 기관 경영
혁신과제	④-1 투명성·효율성 기반 혁신 경영
	④-2 미래 혁신인재 육성 및 연구중심 환경 조성

출처: 방위사업청.

국제사회 협력과 다자외교 추진

앞으로 한반도가 직면할 가장 큰 도전은 미중 전략경쟁이 심화되면서 지정학적 충돌이 벌어지는 상황에서 나타날 수 있다. 2021년 4월 초 미국 워싱턴에서 한미일 3자 안보실장 회의가 열리고, 비슷한 시기에 중국 샤먼에서 한중 외교장관 회담이 개최된 것은 우리가 처한 복잡한 현실을 단적으로 보여주는 장면이다. 이와 같이 우리는 미중 사이에서 어느 일방을 배타적으로 선택할 수 없는 입장이다.

"미국은 우리의 유일한 동맹국이며 동맹 관계는 외교안보 정책의 근간이다. 아울러 중국은 가까운 이웃이고 최대 교역국이며 우리와 전략적 협력 동반자 관계이다."

지난 3월 정의용 외교부 장관이 언급한 한미·한중 관계에 대한 표현은 우리가 처한 현실과 입장을 잘 설명해 주고 있다. 결국 우리는 굳건한 한미 동맹 관계를 바탕으로 한·중관계도 조화롭게 발전시켜 나가야만 한다.

우리 정부는 미중 양측의 갈등과 경쟁 상황에서도 국제사회와의 협력을 통해 문제를 해결하는 노력을 지속해 왔다. 다자외교를 통해 국제사회에서 우리의 위상을 강화하고, 글로벌 중요 사안과 문제 해결을 위한 국제 공조에도 적극적으로 참여했다. 이는 미중 전략경쟁에서 배타적 양자택일의 함정에 빠지지 않고 중견국의 다자외교를 통한 해법을 모색하기 위함이다. 지정학적 충돌 국면을 지혜롭게 극복하고 오로지 우리의 국익을 중시하는 외교를 추진한 것이다.

특히 코로나19 방역에서 모범적인 성과가 주목받고 한국의 위상이 높아짐에 따라 2년 연속으로 G7 정상회의에 초청 받았으며, G20, APEC, WEF, P4G 등 다양한 국제 컨퍼런스에 참여해서 국제사회의 연대와 협력을 모색하고 있다. 아울러 신남방·신북방 협력을 지속적으로 확대함으로써 동아시아 공동체의 기반을 마련하는 다자주의 외교를 펼쳐왔다.

출처: 청와대.

지정학적 충돌을 지경학적 연결로

　한반도의 평화를 위한 미래 전략은 어떻게 구현할 수 있을 것인가. 미소 냉전시기부터 이어져 왔던 대륙과 해양의 지정학적 충돌 구조가 동북아의 정세를 여전히 좌우하고 있다. 비록 냉전은 종식되었지만 중국의 부상에 대응하는 미국의 전략경쟁 선포로 인해 '신냉전'이라고 표현될 정도로 긴장이 고조되고 있다. 양 진영은 경제적 문제만이 아니라 정치, 군사, 기술, 가치 등 거의 모든 분야에서 대립하고 있는 상황이다.

　대륙과 해양의 접점에 놓여있는 한반도를 중심으로, 중국은 북한을 끌어당기고 미국은 한국을 끌어당긴다. 한반도를 둘러싸고 이와 같은 지정학적 원심력이 작용하고 있기 때문에 남북한 둘이서만 노력해서 한반도의 평화를 이뤄내기는 쉽지 않다. 따라서 국제사회와 협력하고 지속적인 연대를 통해 우리의 전략적 방향을 모색할 필요가 있다.

만약 미중 사이에서 어느 한쪽을 택함으로써 우리의 국익을 보장받고 한반도의 평화와 번영을 확보할 수 있다면 좋겠지만, 그것이 불가능한 상황이기 때문에 우리 정부의 고민은 깊을 수밖에 없다. 따라서 가능하다면 지정학적 양자택일의 국면은 맞닥뜨리지 않도록 노력할 필요가 있다. 대신 경제적인 측면에서 지경학적(Geo-Economic) 공동의 이익을 창출함으로써 한반도가 대륙과 해양 세력을 모두 만족시키는 방안에 대해 구상해야 한다.

북한과 접경하고 있는 중국과 러시아는 북한 투자에 대해 지속적으로 관심을 가져왔다. 그런데 이와 같은 대륙 세력만이 아니라 미국과 일본 같은 해양 세력도 북한에 대한 투자를 유도하는 것을 고려할 필요가 있다. 이를 통해 북한 경제가 개혁·개방하고 성장함으로써 얻을 수 있는 열매를 한반도의 주변 국가들과 공유하는 장치를 마련하는 것이다. 최소한 한반도에서는 지정학적 충돌을 회피하면서, 대륙과 해양이 함께 이익을 얻어갈 수 있는 구조로 전환하기 위한 구상이 필요하다.

예를 들어 북한 경제를 개발하는 프로젝트에 중국, 러시아, 일본, 미국 등 한반도 주변국을 참여시켜 국제 컨소시엄을 구성하는 것이다. 참여 국가들과 함께 연대하여 대북경제제재 면제를 추진하고, 북한 경제가 성장함으로써 얻게 되는 혜택을 함께 나누는 이익 공유 시스템을 만들어 볼 수 있다. 오랜 세월 동안 한반도 분단을 통해 주변국들이 가지게 된 기득권을 대체할 수 있는 새로운 이익구조를 제시한다면, 그들을 한반도 평화에 동의하고 지지하는 세력으로 전환할 수 있을 것이다.

국제 협력을 통한 북한 고속철도 건설

남북 경제협력을 재개하게 된다면 우선 어떤 분야를 추진해야 할까. 가장 중요한 과제 중 하나로 한반도를 관통하는 철도·도로의 연결을 꼽을 수 있을 것이다. 교통 인프라는 국가의 중요 기반시설로서 거의 모든 산업 발전의 근간이라고 할 수 있다. 특히 한반도가 보유하고 있는 지리경제학적 경쟁력을 되살리기 위해서는 대륙과 해양을 연결하는 대동맥 역할을 하게 될 철도는 매우 중요하다고 볼 수 있다.

철도 관련 기술은 빠르게 발전하고 있다. 우리의 KTX가 시속 250km 정도를 달리는데, 중국의 고속철도는 이미 시속 350km 수준을 상용화했다. 앞으로 신(新)경의선 고속철도를 구축하게 되면 서울-평양 구간은 45분, 서울-신의주 구간은 1시간 30분 정도가 소요되고, 한반도를 종단하는 부산-신의주 구간도 3시간대에 연결이 가능하다. 과거엔 서울-부산 구간 새마을호 열차가 개통되면서 5시간대 이동이 가능한 대한민국 일일생활권 시대가 열렸다고 했던 적이 있다. 이제 북한을 통과하는 고속철도가 건설되면 베이징, 하얼빈 등 동북아 주요 도시까지 5시간 만에 이동할 수 있게 되어 '동북아 일일생활권' 시대가 열릴 것이다.

경의선은 중국 고속철도와 연결되면 항공 수요를 대체할 수 있기 때문에 한국과 중국 사이를 오고가는 여객과 고부가가치 경량화물 운송에 사용될 가능성이 높다. 따라서 고속철도 건설을 가장 우선적으로 추진할 필요가 있는 노선이다. 반면 동해선은 남북한의 임해 산업지대와 유라시아를 잇는 중량화물 운송과 시베리아 횡단철도로 연결되는 여객이 주로 이용하게 될 것이다. 따라서 건설비용이 많이 드는 최첨단 고속철도보다는, 시속 200km 수준의 '고속화 철도'로 건설하는 것을 검토할 필요가 있다.

경의선 고속철도의 경우 남·북·중 3국이 컨소시엄을 구성해 추진하는 방안을 생각해 볼 수 있다. 신의주-평양 구간은 중국, 서울-평양 구간은 한국이 담당하고 북한은 철도가 통과하는 주요 거점의 역세권 등 경제특구 개발권을 제공하는 대가로 컨소시엄에 참여하는 것이다. 공사 구간을 나누어 동시다발적으로 진행하는 패스트트랙을 실행할 경우 4년 만에도 완료할 수 있다. 투자 재원은 정부 재정이 아닌 민간 자본을 유치한다면 우리 경제의 부담 없이 추진할 수 있다. 아울러 북

[그림 5-11] 국제협력을 통한 북한 철도 및 경제특구 개발

출처: 필자 작성.

한 지역 토지수용 비용을 산정하지 않을 경우 경의선 고속철도 공사비용으로 약 15조 원이 예상되는데, 만약 북한 군대의 건설현장 투입 등 북한 노동력 활용을 적극 고려한다면 추가로 공사비 절감도 가능할 것이다.

멈출 수 없는 한반도 평화의 여정

이제 한반도는 새로운 시대를 맞이하고 있다. 대한민국의 위상이 높아짐으로써 글로벌 중요 사안에 대한 협력자로서 국제사회에서 보다 큰 역할을 담당해 달라는 요구를 받고 있다. 우리에게 더욱 큰 책임이 주어졌기에 부담도 커질 수밖에 없다. 이러한 시대적 변화를 지혜롭게 활용한다면 한반도를 평화지대로 전환하고 남북 경제협력의 돌파구를 마련할 수 있을 것이다.

평화는 그 어느 누구도 보장해 줄 수 없고 우리 스스로가 만들어야 한다. 한걸음 한걸음씩 한반도의 평화를 향한 길로 용기 있게 걸어가야 한다. 이것은 결코 포기할 수 없는 여정이다. 앞으로 우리 정부는 미중 전략경쟁 국면에서 지정학적 충돌을 지혜롭게 극복하고 국제사회와의 연대·협력으로 국익중심 다자외교를 추진하면서, 남북관계 발전을 통해 한반도의 평화와 번영을 이뤄낼 수 있기를 기대한다.

제50장

한국전쟁 종전선언의 논점 진단 및 대응의 방향성

조경환 정책기획위원회 평화번영분과 위원, 통일연구원 초청연구위원

한국전쟁 종전선언 논의의 시작과 현재

한국전쟁 종전선언이 이목을 끌게 된 시점은 2006년 11월 18일 베트남 하노이의 APEC 때 열린 한미 정상회담으로 거슬러 올라간다. 10월 9일 북한이 첫 핵 실험한 직후였다. 조지 W.부시 대통령은 노무현 대통령과 나란히 앉아 "북한의 핵 개발 포기 조건, 한국전쟁 종료선언(a declaration of the end of the Korean war)"을 언급했다. 청와대 통일외교안보정책실장이던 송민순 전 외교부장관은 저서 《빙하는 움직인다》에서 "그(부시)는 북한 핵이 해결되면 북한과 안전보장협정에 서명할 용의가 있음을 강조했다. 안전보장협정, 평화협정, 종전선언, 전쟁 종식 등의 용어를 혼용했다"고 밝혔다. 이듬해 평양에서 열린 10·4 남북정상회담에서 노 대통령은 부시 대통령과 논의했던 종전선언 방안을 김정일 국방위원장에게 설명했다. 김 위원장은 "종전선언, 아주 의미 있다. 하나의 시작이 될 것이다. 3자(남북미)나 4자(남북미중)들이 모여 전쟁이 끝나는 것을 공동으로 선포한다면 평화문제를 논의할 기초가 마련될 수 있다"고 화답했다. 정상 간 대화는 이렇게까지 진행됐지만, 종전선언은 끝내 이뤄지지 못했다.

그 이후 종전선언은 2018년 4·27 판문점 선언에 포함되어 문재인 대통령의 드라이브와 김정은 위원장의 동의, 그리고 트럼프 대통령의 공감으로 탄력을 받는 듯했다. 그렇지만 6·12 싱가포르 합의에는 빠진 이래 동력이 급속히 떨어졌다. 2019년 하노이에서의 2차 미북 정상회담에서도 종전선언은 나오지 못했다. 지금의 바이든 행정부는 '선 비핵화 후 종전선언' 입장이다. 문 대통령은 2021년 9월 21일 유엔총회 기조연설에서 "남·북·미 3자 또는 남·북·미·중 4자가 모여 종전선언" 카드를 다시 꺼내 들었다. 그렇지만, 최근 북한의 대남 위협에다 핵미사일 도발은 종전선언과는 모순이다.

종전선언 및 평화협정의 국제법적 고찰

국제법 권위자인 이스라엘 텔아비브대 딘스타인(Yoram Dinstein) 교수는 "전쟁은 기술적 혹은 물리적 차원에서든 둘 이상 국가의 적대적 상호작용(hostile interaction)"으로 정의한다. 이 정의에 따르면 물리적인 적대행위가 존재하지 않더라도 종전을 위한 대표적 방법 중의 하나인 평화협정 체결 등을 통해 법적 차원에서 공식적으로 전쟁을 종료시키지 않는 한 기술적 차원에서는 전쟁 상태로 해석되는 것이다.

한국전쟁의 경우, "정전협정 발효일인 1953년 7월 27일부터 물리적인 적대행위가 사실상 종료되었더라도 기술적으로는 여전히 전쟁이 끝나지 않았다"는 주장이 그래서 가능하다. 이는 한국전쟁이 법적으로 종료되기 위해서는 종전선언, 평화협정 체결이 필요하다는 논리로 연결된다.

종전선언과 평화협정을 논하려면 종전의 국제법적 개념을 따져보는 것이 순서다. 서울대 이근관 교수가 논문 〈한반도 종전선인과 평화 체제 수립의 국제법적 함의〉(2008)에서 이를 유용하게 분석했다. 1907년 제2차 '만국평화회의'에서 채택된 '고전적 의미'의 정전의 개념은 "교전 당사자 상호협의에 의한 군사작전의 정지"였지, "전쟁의 종료"는 아니었다. 그렇지만 2차 세계대전 이후 등장한 국제법 이론에 의하면 정전은 "적대행위의 일시적 중지가 아니라 장래의 최종적인 평화 조약에 선행하는 사실상의 전쟁 종료"이며, "재개는 가능한 것"으로 해석되었다.

1953년의 한국전쟁 정전협정 역시 "적대행위의 완전한 중지"를 의미하며, 만약 북한이나 중국이 도발한다면 그것은 전적으로 새로운 전

[그림 5-12] 판문점 휴전회담

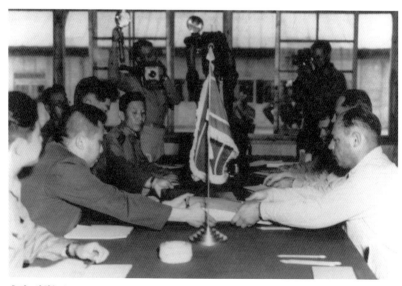

출처: 연합뉴스.

쟁이 된다고 본다. 굳이 조약을 따지지 않더라도 미국과 중국 간에는 1972년 관계 정상화를 위한 '상하이 공동선언' 이래 전쟁 상태가 종료되었다. 남북 간에는 "기술적으로 여전히 전쟁"인 측면은 있지만, 1991년 남북기본합의서와 2000년 6·15 공동선언의 채택과 함께 무력분쟁은 종료된 것으로 보는 게 다수설이다.

종전선언이나 평화협정 체결의 목적을 보게 되면, 남북관계는 그 특수성 때문에 "적대국가 간에 외교관계 회복"과 같은 통상적 최종상태(end state)에 두고 있는 것이 아니라 "통일을 지향하는 잠정적인 특수 관계의 인정"에 있다고 볼 수 있는데, 그것이 이미 이들 합의서에 담겨 있기 때문이다. 미북 간에도 평시 관계가 아닌 것은 맞지만 국제법 상 전시로 보기도 어렵다. 결국 한반도에서 종전선언을 국제법적으로 본다면 "계속되고 있는 전쟁 상태를 비로소 종료시키는 창설적, 형성적 효력을 가진다기보다는 이미 종료된 전쟁 상태를 확인, 선언에 불과"한 것이다. 이런 관점에서 종전선언은 정치적 합의, 선언 또는 신사협정 정도로 인식하고 있다.

종전선언의 주체와 정전협정 주체의 일치 여부를 보면, 정전협정이 법적 구속력 있는 조약인 데 비해 종전선언은 정치적 합의이므로 주체가 일치해야 하는 것은 아니다. 한국전쟁 종전선언의 당사국에서 설혹 정전협정에 조인한 중국을 배제하더라도 별다른 법적 문제는 없다. 같은 조약인 정전협정과 평화협정조차도 그 주체가 일치하지 않는다. 종전선언의 효과를 보면, 종전선언은 정치적 합의나 신사협정이므로 종전선언이 이루어지더라도 한반도는 여전히 정전협정 체제 아래 있게 된다. 이는 군사분계선이 종전선언에 의해서 국경선으로 전환되지는 않음을 의미한다.

평화협정 체결이 종전의 대표적 방법이긴 하다. 그러나 평화협정 체결은 2차 세계대전 이후 현 UN 체제에서는 일반적이지는 않다. UN 헌장(제2조 4항)은 "회원국가의 무력행사 삼가"를 규정하고 있다. 단지 ① UN 안보리 결의에 의한 군사적 조치와 ② 무력공격을 받는 국가의 '자위권 행사'의 두 가지 경우에만 예외적으로 무력사용을 허용한다. 2차 세계대전 이전에는 합법적인 전쟁 발발의 순서가 '최후통첩(Ultimatum)에 이은 선전포고 후 개전'이었다. 그렇지만 이제 개전을 위한 선전포고의 개념이 현 UN 체제 아래에서는 없다. 이는 선전포고에 대응하는 개념인 평화협정 개념의 약화를 말한다. 평화협정은 1842년 난징조약, 1895년 시모노세키조약, 1919년 베르사유조약이 대표적이다. 2차 대전 이후 평화협정 사례로는 1973년 미국, 북베트남, 남베트남, 남베트남 임시혁명정부 간 체결된 파리평화협정(Paris Peace Accords)과 1979년 이집트·이스라엘 간 평화협정, 1991년 캄보디아 내전을 종식시킨 파리평화협정 그리고 2020년 2월 미국과 아프가니스탄 탈레반 정권과의 평화협정이 그것이다. 일반적인 평화협정에는 영토와 범위, 사면, 전쟁포로 교환, 평화 시 체결한 기존 조약들의 효력 재개, 배상금 문제 등이 담겨 있다.

다음은 종전선언과 평화협정 체결 시 국회 비준 동의와 국가 승인의 문제가 있다. 그런데 1991년 남북기본합의서, 2000년 6·15 공동선언, 2007년 10·4선언 등 남북 간 포괄적 합의에 대한 국회 비준 동의가 불발에 그친 전례를 볼 때 그 실현이 쉽지는 않다. 필수 불가결한 절차도 아니다. 또한 딘스타인(1992, "Armistice")은 평화협정이 체결되면 조약 당사자 상호 간에 국가 승인 문제가 파생될 수 있다고 본다. 상호 승인을 않는다고 하여 조약을 체결할 수 없는 것은 물론 아니다.

만약 평화협정이 남북 간의 기본관계를 규율하는 경우는 묵시적 승인으로 간주할 가능성이 있다. 그리고 묵시적 승인으로 간주할 경우는 현행 헌법 제3조(영토)로 인해 위헌 문제가 발생한다. 그렇다고 이러한 위헌 상태가 국제법 상 효력을 부인하는 것으로 이어지지는 않는다.

이제 종전선언과 평화협정의 관계이다. 전쟁 종식을 위해 평화협정을 체결할 경우, 그 안에 종전선언을 포함한다. 통상적으로 종전선언은 평화협정 제1조에 규정하는 방식이다. 평화협정 체결에 앞서 별도 형식으로 종전선언을 하는 것은 일반적이 아니다. 난징조약, 이집트·이스라엘 간 평화협정 모두 그 협정의 제1조에 종전선언을 규정하고 있다. 종전선언이 평화협정 체결 이전에 꼭 필요한 절차는 아니라는 것이다.

한국전쟁 종전선언의 정치적, 외교적 의미와 쟁점

종전선언은 68년간의 정전, 남북 군사 대결 및 미북 간에 적대 관계를 청산하고 한반도에 항구적 평화체제를 구축하는 상징적 조치이다. 평화협정의 1장으로든, 평화협정 체결 이전이라도 한국전쟁 종식을 선언하는 것은 가능하다. 다만 정치적, 외교적 차원에서 볼 때 종전선언이 명실상부한 '종전'이 되려면 실제 한반도 상황이 종전의 상태에 이를 정도여야 하고, 전쟁 상태의 당사자들 간 종전선언을 지키려는 의지와 실천이 있을 때 비로소 가능하다. 남북 정상은 2018년 4·27 판문점 선언(제3조 3항)에서 "남과 북은 정전협정 체결 65년이 되는 올해 종전을 선언하고...(하략)"를 합의했지만, 여태껏 진전이 없다.

종전선언의 성격을 둘러싼 논점은 종전선언이 평화체제 구축의 시발(입구)점·촉매제인가, 아니면 평화상태가 무르익었을 때의 결과물(출구)인가 하는 인식의 차에 있다. 같은 논리로 '종전선언을 하여 북한 비핵화 협상을 견인할 것'인가와 '북한이 신뢰할 만한 비핵화 조치를 하고 나서야 종전선언 논의가 가능할 것'인가의 선후 관계가 있다.

종전선언 혹은 평화협정 체결 시 주한미군 철수 여부와 유엔사 지위도 논란 대상이다. 문재인 정부는 '한미동맹과 주한미군은 한미상호방위조약에 의거하기 때문에 종전선언과는 무관하다'는 입장이다. 유엔사 지위와 역할의 경우, "종전선언은 정치적 선언이어서 영향을 미치지 못한다"면서도 평화협정이 체결된다면 정전협정을 대체하므로 유엔사의 "정전체제 관리, 다국적군 지휘 통제 및 전력공급자 역할"은 그 수명을 다했다고 본다. 문 대통령은 2018년 9월 25일 미 폭스뉴스와 인터뷰 시 "종전선언이 이루어지면 유엔사의 지위가 흔들리거나 주한미군이 철수 압박을 받으리라는 의심도 일부 있지만 그렇지 않다"고 못을 박았다. 1953년 정전협정 체결 당시에도 북한과 중국은 군사적인 문제를 넘어 한반도에서 외국 군대 철수를 포함한 정치적 문제까지 해결하자고 나왔었지만, UN군 측은 "한국에서 외국군의 철수는 정치적 문제로서 UN과 한국에 의해 해결되어야 함"을 분명히 했다. 지금도 미국은 종전선언이 주한미군 철수나 유엔사 해체 주장으로 옮겨갈 가능성 주시하고 있다. 비록 김정은 위원장이 2018년 9월 5일 정의용 국가안보실장 등 대북특사 면담 시 "종전선언은 주한미군 철수나 한미동맹 약화와는 상관이 없다"고는 한 바 있지만 말이다.

종전선언의 당사자 문제는 남·북·미·중 4자로 의견이 모아진 상태이다. 문재인 정부는 당초 4·27 판문점 선언에 '3자 혹은 4자'로 명기하여 남·북·미 3자 종전선언을 추진할 복안이었으나, 중국이 불만을 드러내자 4자로 선회했다. 지금은 남·북·미·중 4자의 공감대가 4개국 사이에 형성되어 있다. '3자 논리'는 "한반도에 군대 주둔국은 남·북·미 3국이고 중국은 남·북·미 모두와 수교상태여서 굳이 참여할 필요성이 적음"에 근거하며, 중국 참여 '4자 논리'는 "중국은 정전협정의 당사자이자 한반도에 영향력 국가라는 점"을 고려한 것이다.

한국전쟁 종전선언에 대한 남·북·미의 입장

문재인 정부는 종전선언을 북한과의 비핵화 협상 재개의 출발점으로 삼겠다는데 무게 중심을 두고 있다. 반면 미 바이든 행정부는 미국과 동맹국의 안보에 미칠 파장을 먼저 따져본 뒤 그 가능성을 검토한다는 구상이다.

문 대통령은 4·27 판문점 선언에 "연내 종전선언 → 종전선언의 평화협정 전환 → 항구적이고 공고한 평화체제 구축"을 명기하여 본격 추진하기 시작했다. 그리고는 "종전선언은 한반도 비핵화와 평화체제 구축의 시작(선 종전선언 후 비핵화)"임을 일관되게 주창한다. 2018년 9월 24일 구테흐스 유엔 사무총장 면담 시는 "비핵화 촉진 방법 중 하나가 종전선언, 김정은 위원장과 종전선언 개념에 합의, 종전선언은 정치적 선언임과 동시에 적대관계 종식 의미"라고 설명했다. 2020년 9월 22일 유엔 총회 기조연설에서는 "평화에 대한 서로의 의지를 확인할 수 있는 한반도 종전선언, 종전선언이야말로 한반도에서 비핵화와 함께 항구적 평화체제의 길을 여는 문이 될 것"이라고 천명했다. 이

[그림 5-13] 제76차 유엔 총회 기조연설(2021.09.22)

출처: 청와대.

어 10월 7일 미 「코리아 소사이어티」 영상 기조연설에서도 "종전선언이 한반도 평화의 시작"인 점을 빼놓지 않았다. 2021년 9월 21일 제76차 유엔총회 연설에서는 남·북·미 3자 또는 남·북·미·중 4자로 당사자를 특정하여 종전선언을 보다 구체적으로 제안했다. 그리고 "종전선언을 이루어낼 때 불가역적 비핵화 진전과 완전한 평화가 시작됨"을 다시 강조했다.

이에 대해 북한은 9월 23일 "종전선언이 정치적 상징성은 있지만 미국의 대북 적대 정책이 남아 있는 한 허상이며 시기상조"라는 외무성 담화를 내놓았고, 김여정 역시 "상호존중과 적대시정책 선 철회"를 주장했다. 북한은 이미 2018년 10월 2일 조선중앙통신 논평에서 비핵화 교환용으로서의 종전선언에는 반대하고, 미북 관계 개선 및 평화

체제 구축의 전제로 인식한 바 있다. "종전은 결코 누가 누구에게 주는 선사품이 아니며 우리의 비핵화 조치와 바꾸어먹을 수 있는 흥정물은 더더욱 아니다", "종전은 정전협정에 따라 이미 반세기 전에 해결되었어야 할 문제, 새로운 조미관계 수립과 조선반도의 평화체제 수립을 위한 가장 기초적이고 선차적인 공정"이라고 그 의미를 부여했다.

미국은 2006년 11월 부시 대통령이 종전선언을 거론한 이래 '선 비핵화 후 종전선언'을 상정, 사실상 평화협정으로 받아들이고 있다. 1997년 12월~99년 8월의 4자 회담 때에도 '종전선언은 평화협정에 포함'하는 방식을 선호했다. 2018년 6월 트럼프 대통령은 "종전선언은 있을 수 있는 일, 우리는 협정에 서명할 수 있다"면서 공감했지만, 막상 6·12 싱가포르 미북 정상회담 공식 합의문에서는 발을 뺐다. 2018년 7월 6~7일 평양 미북 고위급회담 시 폼페이오 국무장관은 "종전선언에 앞서 최종적이고 완전히 검증된 비핵화(FFVD)" 강조했다. 이어 10월 5일 "비핵화 완료 목표에 이를 때 정전협정을 끝내는 평화협정에 서명하게 될 것"이라고 했다.

바이든 행정부 들어 블링컨 국무장관은 2021년 3월 10일 하원 외교위 정책청문회에서 "종전선언에 앞서 미국 및 동맹국의 안보에 대한 평가가 선행되어야 한다"고 답변했다. 문재인 정부의 '선 종전선언 후 비핵화 추진' 기조와는 상치됨이 확인된 셈이다. 미 조야에서는 "종전선언이 주한 미군 철수와 유엔사 해체 주장으로 이어져 한반도 안보 상황을 흔들 수 있다고 판단"한 때문으로 풀이하고 있다.

한국전쟁 종전선언 대응의 원칙과 방향성

문 대통령의 임기 막바지 종전선언 제안은 한반도 평화프로세스를 이어가려는 절박감의 발로일 것이다. 다음 정부로의 연속성을 염두에 둔 행보로도 해석이 가능하다. 그러나 북한이 한미연합훈련을 대북 적대시 정책으로 규정, 주한미군 철수 주장 및 "엄청난 안보위기 위협"을 가하고 있고, 핵활동 및 순항·탄도미사일 시험발사를 재개하는 현 상태에서 종전선언은 일단 동력이 약하다고 보는 것이 불가피하다. 더욱이 북한의 비핵화 의지나 대화 복귀 의사도 불분명하여 그 진행은 국민적 동의를 얻어내기 어렵다. 정권 교체기에 정치적 의도를 가진 접근이라는 비판에 직면할 수도 있다.

따라서 첫째, 미 바이든 행정부의 '선 비핵화 후 종전선언'과 문재인 정부의 '선 종전선언 후 비핵화'의 양단간에 택일의 스탠스를 취하기보다는 북한의 비핵화 조치가 어느 정도 진전을 보이고 평화 무드가 형성되는 지점을 만들어 가는 노력을 우선하는 게 현실에 더 부합한다. 선언 자체로도 물론 상징성은 있지만, 이행의 의지와 실천 문제로 보자는 것이다. 종전선언이나 평화조약 자체만으로는 한계가 있음은 1973년 베트남의 파리평화협정이 미군의 남베트남 철수 이후 공산화로 이어져 물거품이 된 사례까지 가지 않더라도 2020년 2월 미 트럼프 대통령과 아프가니스탄의 탈레반 정권 간 '미군 철수 조건, 평화조약'이 2021년 8월 미군이 철수하자 사실상 무실화된 점을 상기할 필요가 있다. 둘째, 종전선언을 남북, 미북 간의 대화 재개 및 협상 교착을 전환하는 용도로 활용은 득실과 실현가능성을 충분히 따져보고 추진하는 것이 바람직하다. 종전선언을 북한 비핵화와 연동이 가능한지 여건을 재검토할 필요가 있다. 미국은 종전선언을 비핵화 조치의 대가, 즉 상당한 비핵화 진전 후 종전선언 검토 입장인 반면, 북한은 "선물, 흥정용은 반대"하고 있기 때문에 이를 감안하자는 것이다. 셋째, '종전선언과 주한미군 주둔은 별개'임을 남북 정상 모두 이미 공감했다는 것에서 출발해 한미동맹, 유엔사 해체 주장과의 연계는 거부해야 할 것이다.

현시점에서 종전선언은 한반도에 항구적 평화체계(a peace regime)를 수립하려는 여정에서 지정학적 여건과 남북관계의 특수성을 고려해 유연하고 기능적으로 접근하는 것이 실효적이다. "고전적인 종전선언이나 평화조약 체결의 도그마에 사로잡혀 그 선언과 조약이 가지는 형식의 최종성, 공식성에 지나치게 가치를 부여하는 것은 합목적적 해결을 방해할 수도 있다"(이근관, 2008: 190).

[그림 5-14] 성 김 미국 대북정책특별대표 고위급 양자협의(2021.06.22)

출처: 통일부.

제51장

한국 외교의 나아갈 방향

황재호 정책기획위원회 평화번영분과위원, 한국외국어대학교 교수

들어가기

포스트 코로나 시대와 미·중 경쟁시대의 한국 외교는 다양한 전통, 비전통 안보 도전에 직면해 있으며, 외교적 일부 난맥상은 현 외교의 성과를 부정하거나 비판을 야기하기도 하였다. 특히 미·중 경쟁의 심화로 한쪽을 선택해야 한다는 압박감은 한국 외교의 활동 영역을 축소하였다. 북한 핵문제는 한국 외교의 A to Z가 되었으며, 이로 인해 외교정책과 대북정책 사이의 불균형을 초래하였다.

2022년 5월 이후 차기 정부의 녹록지 않은 외교 환경을 고려할 때, 국익 중심의 전략적 시야와 함께 섬세한 정책준비가 시기적으로 정말 중요하다. 한국은 전략적 취약성을 극복하기 위해 중장기적 전략 부분을 대폭 강화할 필요가 있으며 정권의 부침과 이데올로기적 편향성을 극복해야 한다. 지도자, 정부 및 부처들의 외교 인식 개선이 필수적이며 이를 바탕으로 국민의 의견을 반영해 국익을 지키는 외교정책을 준비해야 할 것이다.

이러한 배경에서 정책기획위원회 평화번영분과는 지난 11월 중순부터 12월 중순까지 8명의 외부 전문가들을 섭외해 주변국의 외교정

책, 한국의 공공외교, 한국의 외교정책, 한국의 대북정책을 각각 틀, 방향, 패러다임을 중심으로 4차례 간담회를 개최하였다. 이 글에서는 4차례 간담회의 발제와 토의 내용을 요약·종합하였다. 그 목적은 한반도의 평화, 안정, 번영 확보 및 한국외교의 국격, 국익, 국위 제고를 위한 중장기 정책기조 수립과 기존 한국외교 담론에 일고를 보태는 데 있다.

주변국의 외교정책

21세기 일본 외교정책 결정과정의 가장 큰 특징은 1980년대 시작된 정치개혁의 산물인 아베 신조 시기 총리 1강의 관저 지배체제이다. 선거 승리를 지속할 수 있는 지지율 유지와 자민당을 장악할 수 있는 보수적 대표성을 확보하였을 때 관저 지배체제는 정책결정 과정에서 절대적 영향력을 발휘하였다. 그러나 관저 지배체제는 소수 밀실결탁, 국민과의 소통 부재, 지도자의 과잉 개입 등 폐해를 유발했으며, 현 기시다 정권은 개선책으로 관저 주도의 정책결정 과정을 유지하면서도 당의 역할을 늘리고자 했다. 이전 일본의 관저지배 정책결정 과정에서 관저, 외무성, 자민당 체제가 수직적 구성에서 향후 3자간 병렬적 구조로 재편될 가능성이 높으며 이에 따라 외무성의 영향력이 보다 증가할 것으로 보인다.

미국의 경우 특정 인물이 절대적 영향력을 행사하는 사례는 거의 없으며, 오히려 정치적 시점 또는 환경의 영향을 더 많이 받는다. 중산층을 위한 대외정책 슬로건을 내건 바이든 정부의 외교정책을 이해하기 위해서는 대중국 기술, 반도체 정책과 2022년 중간선거에 주목해야 한다. 국민들에게 양질의 일자리를 제공하고 중산층을 강화하는 방향으로 나아가야만 중간선거에서 승리할 수 있어 대중국 정책 역시 경제안보 산업정책 측면에서 접근하고 있다. 단, 중산층 외교정책은 동력을 잃고 있으며 민족주의적 강경 목소리로 이념적 대립이 더욱 심해질 것으로 보인다.

상명하달식 권위주의 특성을 보여온 중국의 외교정책 결정과정은 시진핑 체제가 등장한 이후에는 관료 중심 합의에 역점을 두는 듯하다. 중국의 정책결정과정에서 정부·당·군 3자의 이해관계가 모두 커 정부의 정책뿐 아니라 당과 군의 입장도 함께 고려되어야 한다. 추가할 만한 몇 가지 특징은 최고위 지도자들과 외부전문가들 간 소통, 초부처 간 전문가 회의를 통한 내부 효율성과 전문성 심화, 은퇴 후에도 관료와 전문가들이 싱크탱크나 또 다른 채널을 통해 정책제언을 한다는 점이다.

한국의 공공외교

한국의 공공외교는 크게 3가지 특징을 보인다. 첫째, 공공외교는 외교 분야에서 새롭게 개척되어온 영역으로 한국에서는 한류를 바탕으로 문화외교가 중심이었다. 문화외교는 공공외교의 한 부분에 불과하나 한국에서는 문화외교가 공공외교 전체를 이끌어왔다. 둘째, 한국은 국민들을 공공외교의 주체로서 참여하도록 하는 참여형 모델과 외국의 정부기관, 외국인들과 프로그램을 공동 관리하는 협력형 모델을 병용 중이다. 셋째, 한국 공공외교의 지식외교 측면으로는 정책 공공외교, 과학기술 공공외교 등이 있으며 경제발전경험공유사업(KSP), 개발경험 공유사업(DEEP)들이 그 대표적 사례이다.

한편, 한국의 공공외교가 당면한 과제로는 첫째, 자국중심(state-centered)을 들 수 있다. 국제사회에서 한국의 위상과 역량이 상당히 발전했음을 고려할 때 향후 상대방과의 소통을 통해 상호 인식 공유와 이해를 이끌어내는 방향으로 나아가야 한다. 둘째, 지속가능한 발전, 인간안보 등을 중심으로 규범에 근거한 공공외교를 발전시켜야 한다. 셋째, 디지털 공공외교의 중요성은 더욱 심화되고 있으므로 사이버 공동체를 바탕으로 한 실시간 소통 방식으로 나아가야 한다.

또한 한국의 공공외교가 최근까지도 자신을 알리는 투사형이었다면, 이제 국제사회가 한국에게 이를 넘어선 역할을 기대하고 있는 만큼 한국이 지닌 중도적 원칙, 가치, 규범 메시지를 발산하는 것이 유의미하다. 국제사회에서 한국은 단기간에 민주주의와 경제성장을 이룩한 유일한 국가로서, 한국적 가치와 규범에 기반을 둔 협력을 통해 이익을 얻는 선순환구조가 한국 공공외교가 지향해야 할 목표이다. 공공외교를 실행하는 과정에서 중요한 것은 국가 이미지 제고를 통한 국익 실현에만 있는 것이 아니다. 글로벌 규범과 가치의 창출을 통해 국제사회에 기여하게 되면 국가 이미지 상승 및 국익 실현이란 결과는 자연스럽게 따라오게 될 것이다.

한국의 외교정책

한국은 중견국의 위상을 넘어 선도국가 또는 신흥강국으로 나아가고 있다. 한국 외교는 보다 능동적인 외교전략 구상과 구성을 통해 세계무대로 나아가야 한다. 한국의 새로운 외교 패러다임의 방향과 목표 설정을 위해 외교 유연성을 확보해야 한다. 외교 유연성에는 창의적 능동성, 환경 적응성, 가변성과 기동성을 확보하는 것이 중요하며 4가지 세부전략을 세워야 한다.

첫째, 한국 외교의 유연성 확보를 위해 기존 외교정책은 유지하되 다양한 협력과 네트워킹을 강화한다는 피보팅(Pivoting) 전략이 필요하다. 둘째, 특정 이슈 중심의 소다자협력체제를 구축하고 이원화된 우적(友敵) 구분을 완화해 진영 간 적대감을 줄이는 것이 중요하다. 셋째, 한국 외교는 한반도 및 동북아 지역의 지정학적 이니셔티브를 넘어선 글로벌 평화와 번영의 주체가 되도록 한국의 외교전략에 공동체주의를 결합할 필요가 있다. 넷째, 한국의 양자 외교관계에 있어 주요 문제는 현안을 해결하지 못할 시 다음 단계로 넘어가지 못한다는 면이 있다. 따라서 한국 외교의 역량 강화를 통해 둘 혹은 그 이상의 멀티태스킹 대응력이 요구된다.

무엇보다도 한국 외교는 외교와 안보, 동맹과 자주 사이에서 균형을 잡는 것이 중요하며 동북아 안보 메커니즘 구상이 필요하다. 현재 동북아 차원에서 지역안보 메커니즘 구상에 대한 담론을 제시하는 국가는 한국뿐이며 양자동맹 중심의 체제에서 새로운 동북아 다자간 안보협의체를 형성하고 이를 어떻게 동맹과 결합할 것인가가 중요하다. 과학기술은 공공재, 생태계, 통상문제, 감염병 등과 긴밀하게 연결되어 있기 때문에 향후 외교전략의 핵심으로 과학기술과 국제정치를 연결하는 것이 시급하다.

한국의 대북정책

그간 한국의 통일·대북정책은 노태우 정부 당시의 민족공동체통일방안에 갇혀 화해 및 협력단계에서 진전과 후퇴를 반복하고 있다. 또한 북핵문제 해결에 모든 역량을 집중했음에도 북핵 고도화를 막지 못했다.

앞으로 북한 핵문제를 해결하기 위해서는 통합적 접근이 필요한데, 그중 하나가 한반도 평화-비핵 병행추진의 모색이다. 향후 한반도 평화-비핵 교환 프로세스 이행 로드맵을 만들고 북한이 이탈하지 않도록 한국은 북미 관계정상화를 적극적으로 추진할 필요가 있다.

한·미가 공동으로 추구할 수 있는 전략적 이익을 달성하기 위해서는 상호 간 필요한 부분을 확실하게 파악해야 한다. 정권과 지도자의 차이에 따라 입장이 상이할 수 있으나 한국이 목표하는 바를 미국에게 관철시키기 위한 노력을 경주해야 한다. 소위 밀키트(Meal Kit)로 미국을 움직이기 위해서는 미 국익에 부합하는 전략을 찾아내야 한다.

현재 주요 관심 현안인 종전선언과 관련해 미국은 동맹국인 한국이 추진하는 것에 원칙적으로 동의하나 북한이 원하는 수준까지는 아직 신중한 입장이다. 한국이 북한문제를 밀키트 수준으로 방안을 제시해야만 미국이 적극적으로 북한문제에 임할 것이다.

동북아 및 한반도에서 평화와 안정 확보의 여부도 또 다른 도전이다. 한국 외교에서 평화공존의 제도화는 핵심 외교 과제이며 현 한반도에 수립된 남북한 체제가 공존하는 현실에서 양측이 어떻게 외교적 협력을 강화할 수 있을지 고민해야 한다. 남북이 정치, 경제, 사회, 문화, 군사적 영역에서 최소한의 합의를 통해 신뢰를 구축한다면 보다 심화된 교류협력이 가능할 것이다.

맺음말

한국 외교는 정부의 임기 5년마다 새로운 이슈를 제기하고 발생하는 문제들에 대한 대응력과 국제사회에서 외교지평을 넓히는 집행력에는 긍정적인 평가가 많다. 그러나 정책의 지속성이 보장되지 않고, 정책의 단절로 국제사회의 한국외교에 대한 불신이 적지 않게 야기되는 것 또한 사실이다. 한국 외교가 중시해야 할 부분은 외교정책의 오차범위를 줄이는 것이다. 강대국들의 외교적 실수 및 실책이 미치는 영향력에 비해 한국의 경우 작은 실수 하나가 국가에 큰 타격이 될 수 있다.

국제질서의 불확실성과 한반도의 불안정성이 확대되는 현 시점에서 한국 외교의 방향성과 대응력이 그 어느 때보다 강력하게 요구된다. 한국 외교의 경쟁력 강화는 크게 두 가지 영역으로 전개된다. 하나는 외교의 틀과 방향, 다른 하나는 조직과 인적 쇄신이다. 향후 한국 외교 경쟁력을 극대화하기 위한 전체 틀의 조직·재조직의 문제와 함께 갈수록 심화되는 미·중경쟁 속 한국 외교의 비전과 품격, 방향성과 포지셔닝에 대한 심도 있는 정책 수립이 요구된다. 이의 성공적 운용과 대응이 가능하다면 한국 외교는 그간의 지리적·심리적 제약을 넘어 역동적인 세계외교, 선도외교 국가로 거듭날 수 있을 것이다.

제6부

코로나19 위기 대응과 한국판 뉴딜

제52장

미세먼지와 에너지 전환, 위기를 기회로 바꾸는 전략
: 시민 참여와 소통 활성화

박진희·정희정 정책기획위원회 지속가능분과위원

탈원전 및 에너지 전환 정책에 대한 모함

문재인 정부를 대표하는 정책 중 강력한 지지와 지독한 공격을 동시에 받고 있는 정책을 하나만 꼽자면, 뭐니 뭐니 해도 탈원전 및 에너지 전환정책이 아닐까 싶다. 원전은 줄이고 재생에너지를 확대하고자 하는 이 정책은 미세먼지 농도를 악화시켰다는 비난을 받는가 하면, 심지어 강원도 산불의 원인이라는 모함까지 받았다. 탈원전 정책으로 원전의 가동률은 줄었지만 석탄과 LNG 발전소의 가동이 늘어나 미세먼지가 심해졌으며, 한국전력은 적자로 배전 설비 유지·보수 예산을 삭감하게 되어 산불이 일어났다는 주장이 그것이다.

사실 탈원전 정책과 원전 발전량 감소는 인과관계가 없다. 정부의 탈원전 정책 로드맵에 따라 국내 원전 규모가 줄어들게 되는 시점은 2027년 이후가 될 것이기 때문이다. 이전 정부의 결정에 따라 원전은 계속 건설 중이며 2027년까지 원전 규모는 지속적으로 증가할 것이다.

2018년 원전 발전 비중이 줄어든 것은 원전에 안전 문제가 생겨 정비 시간이 증가했기 때문이다. 2018년 석탄 발전량과 LNG 발전량이 증가하긴 했으나, 초미세먼지 배출량은 오히려 2016년에 비하면 2018년에 27% 감소했다는 분석이 나왔다. 질소산화물과 황산화물을 감소시키는 환경 설비가 추가되고 개선되었기 때문이다.

2018년 한국전력의 배전 설비 유지·보수 예산이 전년에 비해 삭감됐다는 것을 근거로 강원도 산불이 탈원전 정책 때문에 일어났다고 주장하는 이들도 있는데, 이 역시 억지다. 전체 숫자만 보면 2017년 1조 8000억 원에서 2018년 1조 4000억 원대로 감소한 것으로 보이지만, 내역을 따져보면 송배전 설비 점검과 수선 예산은 계속 늘어난 것을 알 수 있다. 단, 설비 교체 예산은 감소했는데 설비는 한번 교체하면 그 효과가 15~20년 동안 지속되기 때문에 과거 3년(2015~2017년) 동안 집중적인 투자가 이뤄져 2018년 이후부터는 관련 예산도 전년에 비해 줄어든 것뿐이라고 한전은 설명했다.

이러한 반박을 통해 탈원전 및 에너지 전환 정책에 대한 비판이 근거 없는 억지임이 곧바로 드러났다. 하지만 태양광 패널은 중금속덩어리라는 식의 악의적 정보는 여전히 활개를 치고 있다. 새로운 거짓말이 계속해서 양산되면서 '기승전-탈원전'이라는 말까지 나올 지경이다. 그 때문인지 환영받으며 추진되어야 할 재생에너지 시설 설치 사업이 지역 곳곳에서 갈등을 빚고 있다.

미세먼지 정책에 대한 비판도 많다. 연평균 미세먼지 농도는 점점 개선되고 있으나 체감하기 어렵고, 기후변화에 따른 대기 정체 현상의 영향으로 유래 없는 최악의 미세먼지 고농도 상태가 지속되었기 때문이다. 임기 내에 국내 미세먼지 배출량을 30% 감축하겠다는 공약이 지켜질 수 있을지 불신이 쌓여간다. 중국에 제대로 문제 제기를 하지 못한다며 분통을 터뜨리는 국민도 많다.

'탈원전 정책으로 안전하고 깨끗한 에너지로의 전환', '미세먼지 걱정 없는 쾌적한 대기 환경 조성', 이 두 가지 국정과제에 대한 국민들의 관심은 매우 뜨겁다. 이 글에서는 두 국정과제가 국민들의 적극적인 지지를 받으며 추진되기 위해 어떠한 전략이 필요한지 제안하고자 한다.

재생에너지 3020 이행계획과 지역 갈등

정부는 60번째 국정과제로 '탈원전 정책으로 안전하고 깨끗한 에너지로의 전환'을 계획하고, 이를 추진하기 위한 정책으로 '재생에너지 3020 이행계획'을 수립, 이행해오고 있다. 이는 재생에너지 발전 비중을 2030년까지 20%로 높이기 위해 2030년까지 태양광과 풍력을 중심으로 재생에너지 설비를 48.7GW 확충한다는 계획이다. 이행계획은 모두가 참여하고 누리는 에너지 전환을 실천하는 방안을 제시하고 있다. 기존의 외지인, 사업자 중심이 아니라 지역 주민과 일반 국민의 참여를 통한 설비 확충 방식을 적극적으로 활용하겠다는 것이다. 이를 위해 도시형 태양광, 영농형 태양광 모델 개발, 협동조합 및 사회적 기업에 인센티브 부과 제도 등을 신설하고 관련 법제 역시 정비했다. 이러한 정책에 힘입어 2018년 재생에너지 설비 신규 보급량은 예정 보급 목표인 1.7GW를 72% 초과 달성한 3GW에 이르렀고, 2018년 한 해에만 신규로 설치된 태양광 발전 설비 용량이 2,027MW에 달했다.

그런데 이러한 정책 성과와 병행하여 재생에너지 설비를 둘러싼 사회적 갈등도 증가하고 있는 것으로 나타나 '3020 이행계획'의 성공을 위한 대책 마련이 시급해 보인다. 태양광 발전소의 경우, 발전소 입지에 대한 규제가 채 정비되기 전에 발전소 허가를 받은 사업자들이 설치 과정에서 지역 주민과 갈등을 빚고 있는 것으로 나타났다. 민간 사업자 입장에서 이윤을 최우선으로 발전소 부지를 찾다보니 임야를 중심으로 사업 허가를 취득했는데 발전소 설치 과정에서 산지 훼손, 경관 파괴와 산사태 위험 등을 이유로 지역 주민의 반대에 부딪히게 된 것이다.

입지 갈등의 문제는 태양광 발전소에만 해당하는 것이 아니다. 풍력발전 단지도 주민들의 반대에 부딪히고 있다. 대단위 단지로 추진되면서 생태계 파괴뿐 아니라 소음 및 저주파로 인한 건강 상의 피해가 발생할 것을 우려하는 것이다. 해양 풍력 단지의 경우는 어장 축소를 우려하는 어민들의 반대에 직면해 있다.

그런데 갈등 현장을 들여다보면 환경을 고려하지 않은 입지의 문제만은 아닌 것을 알 수 있다. 주민들이 반대의 근거로 내세우는 내용에는 태양광 패널에 포함된 납 성분으로 인한 수질오염, 패널에서 발생하는 열로 인한 수온 상승 등 소위 '가짜 뉴스'가 퍼뜨린 잘못된 정보가 포함되어 있었다.

게다가 2018년에 진행된 대부분의 사업이 '3020 이행계획'이 명시하고 있는 '주민 참여형'이라는 원칙이 적용되지 못했던 탓에 사업자와 지역 주민들 간의 갈등은 더욱 첨예하게 나타났던 것으로 보인다. 발전소 입지에 대한 사전 정보도 제공받지 못한 상황에서 오염투성이라고 잘못 알려진 재생에너지 발전소가 주민 거주 공간 가까이로 들어온다고 하니 누가 반대하지 않을 수 있겠는가.

제도 정비에 나서다

이러한 지역 상황에 직면하여 정부는 2018년 5월 '태양광·풍력 확대에 따른 부작용 해소 대책'을 마련해 발표한 바 있다. 산림 훼손 최소화를 위해 태양광산지일시사용허가제도를 도입하고 경사도 허가 기준을 25도에서 15도로 강화한 것이다. 산지 태양광 발전소 건설을 억제하기 위해 신재생에너지 공급인증서(REC) 가중치를 기존의 1에서 0.7로 축소하기도 했다. 발전소 건설 시 환경성 확보와 안전 문제를 고려하여 '육상태양광발전사업 환경성 평가 협의 지침'을 마련하고 안전사고 발생 기업은 보급 사업에 참여할 경우 감점을 부여하는 방안도 도입했다. 이어 11월에는 지자체 주도로 지역 수용성 및 환경성을 강화하고 난개발을 방지할 수 있는 계획입지제도 도입을 위한 신재생에너지법 개정 추진, 태양광농지일시사용허가제도 도입과 관련한 농지법 개정 추진, 준공 전 발전사업허가권 양도·양수를 제한하고 임의분할방지제도를 강화하는 전기사업법 개정을 추진할 것을 예고했다. 이런 정부의 대응책은 산지 태양광 발전소로 인한 위험을 사전에 예방할 수 있도록 하고 그간 안전 문제를 소홀히 해온 사업자들로 하여금 책임 의식을 갖게 했다는 점에서 필요한 조치였다고 할 수 있다.

그러나 이들 대책에 대해 한국태양광산업협회 등은 경사도 기준이 지나치게 높고 사업자들에게 개발 행위 준공 검사필증 제출을 의무화하게 하여 재정상 불이익을 초래할 수 있음을 들어 반대 의견을 개진했다. 폐패널에 의한 환경오염을 방지한다는 차원에서 환경부가 태양광 제조자에게 부담시키기로 한 '태양광 패널 재활용 부담금' 부과 대책도 사업자들의 반대에 부딪혔다. 태양광 산업계에서는 지역 주민과의 갈등을 해결하기 위해 마련한 대책이 중소기업 규모가 대부분인 사업자들에게 지나친 부담을 떠맡기는 방식으로 이루어졌다고 보았다. 또 대책이 나오기 전에 사전 논의가 충분하지 않았다는 것도 업계의 반감을 증가시켰다. 시민단체에서도 산자부의 대책이 재생에너지 설비가 갖는 특성을 고려하지 못했다고 비판했다. 농지일시사용허가제도의 경우에는 태양광 패널의 수명이 20년을 훨씬 넘어서고 있음에도 허가 기간을 20년으로 명시해 운영하던 발전소를 규칙에 의해 강제적으로 폐쇄해야 하는 상황이 발생할 수도 있다는 우려를 보인 것이다.

분명 지난 정부 대책으로 산지 태양광 발전소의 무분별한 확대가 방지되고 태양광 발전소 안전성도 강화될 것이다. 환경성 평가 지침도 마련되어 태양광 발전소 입지로 인한 환경 훼손 문제도 줄어들 것이 예상된다. 그러나 정부의 예고와 달리 관련 법규 개정이 늦어지고 있고 대규모 단지 조성과 관련된 대책이 마련되지 못하고 있어 지역 갈등은 여전히 현안으로 남아 있다.

먼저 '3020 이행계획'에 따라 개인 사업자에 의한 중소 규모 발전 시설과 더불어 대규모 태양광, 풍력 단지 조성이 잇따를 예정이다. 이들 대규모 단지는 이전 발전 시설과 규모 면에서 환경 영향이 질적으로 다를 것인데, 아직 이들 설비의 친환경성 보장에 필요한 가이드라인조차 마련되지 못하고 있는 실정이다. 누적적 환경영향평가에 관한 규정, 소음이나 전자파를 고려한 풍력 단지 내 이격 거리에 대한 새로운 규정 마련이 시급해 보인다.

그리고 정부가 재생에너지 수용성을 높이는 가장 핵심 정책으로 내세운 지역 주민 참여 강화 관련 정책 이행이 늦어지고 있는 것도 문제다. 발전소 건설에 지역 주민이 직접 참여하고 이를 통해 이익을 공유하게 될 때 비로소 발전소에 대한 반대 목소리가 줄어들 수 있을 것이다. 그런데 이런 참여 모델이 구체화되고 실행으로 옮겨지지 않고 있어 지역 주민 대부분이 에너지 전환의 방관자로 남아 있을 수밖에 없다. 입지 단계에서부터 주민들이 사업자와 협의할 수 있는 기회가 있어야 하는데 그렇지 못한 것도 갈등의 원인이 되고 있다. 이 역시 빠른 시일 내에 제도화되어야 할 것이다.

재생에너지 수용성을 높이기 위하여

'3020 이행계획'의 이행은 우리 사회의 에너지 전환에 필요한 기초를 다지는 일이다. 재생에너지 설비의 확대를 위해서는 재생에너지 설비에 대한 지역사회의 수용성을 높이는 일이 중요하다. 지난해 시행된 정부 대책에도 불구하고 재생에너지 수용성을 강화하기 위해서는 보다 다양한 정책 입안 및 실행이 필요하다고 판단된다. 어떤 정책이 보완될 필요가 있을 것인가?

먼저 지금까지 진행된 재생에너지 설비의 친환경성 보장을 위한 규제와 가이드라인 정비는 계속될 필요가 있다. 풍력발전이나 태양광발전 단지 밀집으로 인한 누적적인 환경 영향을 저감하기 위한 이격 거리 확보 등의 새로운 규정 도입이 요구된다. 한국태양광산업협회 등 산업계의 반론을 반영하여 과도한 규제 조항들은 새롭게 개정해야 한다. 친환경성과 재생에너지 산업의 경제성이 조화를 이루면 재생에너지 확대가 국내 산업 성장이라는 결과로 이어질 수 있기 때문이다.

두 번째로는 재생에너지 설비 계획 과정에 주민들이 참여할 수 있는 기회를 확대하여 사후적인 갈등을 예방할 수 있도록 해야 한다. 이를 위해서는 현재 국회에 계류 중인 계획입지제도 관련 신재생에너지법 개정을 신속히 마무리해야 한다. 계획입지 절차에 따르면 재생에너지 사업 환경영향평가에 주민이 참여하여 경관 훼손 등의 문제를 사업자와 사전에 논의할 수 있다. 이런 과정은 현재 일어나고 있는 많은 입지 갈등을 미연에 방지할 수 있게 해줄 것이다. 이를 위해서는 주민 참여 환경영향평가협의회를 법에 명시할 필요가 있다. 계획입지제도 법제화와는 별도로 발전사업 허가기준 고시 개정안(2018)의 정보 공개 조항을 강화하여 주민들이 재생에너지 사업을 사전에 인지할 수 있도록 해주어야 한다.

세 번째로는 재생에너지 지역 계획 수립과 입지 계획을 연동하여 환경성을 고려한 입지 계획을 수립하는 것이다. 현재의 지역에너지 계획 관련 지침을 개선하여 지자체별로 환경 영향을 최소화하면서 재생에너지 총량 계획을 수립하고 이에 따라 입지를 계획해야 한다. 이 과정을 거치면 재생에너지 설비로 인한 환경 훼손을 최소화하여 관련 지역 갈등도 줄일 수 있을 것이다.

네 번째로 발전 사업자의 사업 기획, 환경영향평가 수행 과정을 도와 지역 주민과의 갈등을 사전에 예방할 수 있도록 하는 전문 중재자를 양성할 필요가 있다. 중재자는 지역 주민들의 의견이 발전 사업자의 사업 기획 과정에 반영될 수 있도록 하는 한편, 기획 과정에서 전문성을 갖고 지원하는 역할도 수행해야 한다.

다섯 번째로 필요한 것이 주민 참여 이익 공유제 강화와 관련 지원제도를 정비하는 일이다. 마을 공모형 계획입지경매제도를 도입한다든가 채권, 펀드 투자 모델을 개발하는 것도 필요하다. 즉 주민들이 사업에 필요한 자본을 마련하기 용이하도록 금융 담보 조건을 완화하는 방안을 모색하거나 채권 발행 방안에 대한 구체안을 마련하는 것이다. 주민 참여형 설비 및 지자체 참여형 설비 인센티브 제도를 보완하는 것도 방안이다.

여섯 번째로 재생에너지 인식 제고 방안 마련을 위한 노력이 필요하다. 재생에너지에 대한 왜곡된 정보가 확산되면서 갈등이 증폭되고 있기 때문이다. 이에 연수 프로그램 운영 등 다양한 방법을 통해 정확하고 상세한 정보가 전달될 수 있도록 해야 한다. 특히 재생에너지를 통한 이익이 지역민과 공유되는 모범적인 모델과 지역 사례를 발굴하여 지자체 에너지 관련 담당자, 지역 주민들과의 정보 공유를 통해 재생에너지에 대한 인식이 제고될 수 있도록 한다.

이런 세부 정책과 더불어 우리 사회 전체의 에너지 전환에 관한 인식을 높이는 일이 병행되어야 한다. 에너지전환위원회를 설치해 위원회로 하여금 에너지 전환 장기 비전 및 로드맵을 작성하게 되고, 이들 비전에 대한 사회적 공론화를 이끌도록 하는 것이다. 일례로 재생에너지로의 전환이 우리 일상에 어떤 환경적, 경제적 이익을 가져다줄 것이며 우리 미래 세대의 지속가능성을 어떻게 담보해줄 수 있는지를 함께 논의해보는 것도 좋겠다. 이러한 과정을 통해 재생에너지의 사회적 수용성은 높아질 수 있을 것이다.

미세먼지 문제 해결을 위한 소통 강화와 시민 참여

미세먼지 문제는 중국에 강력히 항의한다고 해결되지 않는다. 국내 발생원부터 줄여나가면서 국제적인 협력도 같이 추진해야 하는 문제다. 그러므로 국민 모두가 한마음으로 미세먼지 줄이기 실천에 동참해야 한다.

이를 위해서는 첫째, 전문가들이 합의한 정확한 정보를 국민에게 제공할 필요가 있다. 마스크를 써야 하는지 아닌지, 마스크는 미세먼지 농도가 얼마일 때 쓰는 게 좋은지, 그 효과는 어느 정도인지, 미세먼지가 심할 때 환기와 운동은 하는 게 좋은지 자제해야 하는지, 중국 등 외국발 미세먼지 원인 물질의 기여율은 어느 정도인지 등 구체적인 정보와 대응 방법 등에서 학자들 사이에 이견이 있는 것이 사실이다. 이러한 전문가들 사이의 의견 불일치는 대중의 위험 인식을 증폭시킨다. 따라서 학자와 전문가들이 토론과 같은 프로그램을 통해 합의한 객관적이고 신뢰성 있는 정보를 언론과 시민들에게 제공하고 이를 활용할 수 있도록 해야 한다. 이는 국민들의 미세먼지에 대한 오해와 왜곡된 인식을 바로잡고 정책에 대한 합리성과 정당성을 확보할 수 있는 방법이기도 하다. 이로 인해 미세먼지 문제의 해결까지는 장기간이 소요된다는 점 등도 국민들에게 알릴 수 있길 기대한다.

둘째, 미세먼지소통센터를 설치하여 소통 업무를 원활히 추진할 수 있도록 하자. 「미세먼지 저감 및 관리에 관한 특별법」에 따라 '국가미세먼지정보센터' 설치가 가능하다. 단순히 정보 전달에 그치면 실패할 가능성이 높으므로 적극적인 쌍방향 대시민 소통을 추진하는 기관으로 설립·운영하길 바란다. 그런 의미에서 '미세먼지정보센터'의 이름도 '미세먼지소통센터'로 바꿨으면 한다. 과(의)학자와 공학자뿐 아니라 (위험)커뮤니케이션, 환경 보건, 사회학, 인문학 등 다양한 분야의 전문가들이 협력해야만 시민과의 소통이 원활해질 수 있으므로 인력 구성을 다양화했으면 좋겠다.

셋째, 지자체의 행정 능력을 강화해야 한다. 지자체가 미세먼지 대응의 일선 일꾼이 될 수 있도록 중앙정부의 적극적인 지원이 필요하다. 지자체에 전담 인력 혹은 준전담 인력을 둘 수 있도록 예산과 인력을 지원해줘야 한다. 미세먼지 저감과 에너지 문제가 직결되어 있으므로 신재생에너지 담당자가 미세먼지 업무를 함께하게 하는 등 지자체 공무원에 대한 미세먼지 대응 능력 강화 교육도 필요하다. 지자체에 미세먼지 저감 대책 실행 관련 조례가 시급히 제정되도록 하고, 전국 지자체 평가를 통해 인센티브와 규제를 병행하면서 모든 지자체가 속도를 낼 수 있도록 해야 한다. 지역의 우수 미세먼지 저감 정책 사례를 발굴해 시상하고 전국으로 확산시키는 것도 방법이다.

넷째, 미세먼지 발생원 감시 및 저감 활동을 시민과 함께하면서 일자리 창출까지 할 수 있다면 어떨까? 예컨대 미세먼지 파파라치, 일명 '미파라치' 제도를 도입하는 것도 좋은 방법일 수 있다. 공회전 현장을 동영상으로 촬영해 신고하면 포상하는 등 시민들의 자발적인 행동이 활발해지도록 동기 유발을 한다면 효과적일 것이다. 또 노천 소각, 차량 공회전, 공장의 오염 물질 배출 등과 같은 불법 행위 감시 고발에 시민 참여를 활성화할 수 있을 것으로 보인다. 공공 일자리를 늘리고자 한다면, 미세먼지 발생원 관리 감독 인력이 많아졌으면 좋겠다.

미세먼지 문제를 해결하기 위한 노력이 단지 미세먼지를 줄이는 효과만 있는 것이 아니라 다른 문제의 해법이 되는 경우도 있다. 일거양득의 효과를 낼 수 있도록 전략적으로 현명하게 정책을 추진한다면 가능한 일이다. 예를 들어 저소득층 노후 주택의 단열 문제를 개선하면 주거 여건을 개선하는 복지 정책인 동시에 난방 연료 사용량을 줄일 수 있으니 미세먼지 문제 해결에도 도움이 된다.

미세먼지 문제는 앞으로 수십 년 이상 이어질 장기전이다. 그러므로 시간이 걸리더라도 원인 물질을 줄여나가는 근본적인 대책이 중요하다. 이와 함께 소통 강화 등 당장 시행할 수 있는 것을 병행함으로써 국민 건강을 지키는 대책의 투 트랙이 필요하다.

우리 사회에서는 1990년대 낙동강 페놀 오염 사태를 계기로 수질 개선 정책이 한 단계 도약하는 등 환경문제가 큰 사건을 계기로 계단식으로 발전해왔다. 다시 말해 곪아왔던 문제가 터지고 이를 해결하기 위한 과정에서 환경 기준을 강화하거나 보다 강력한 정책을 펼쳐왔다. 그런 측면에서 이번 미세먼지 사태도 비슷한 과정을 겪으면서 결국에는 긍정적 역할을 할 수 있을 것으로 판단된다. 환경문제에 이처럼 언론과 온 국민이 큰 관심을 보인 때가 없었음을 긍정적으로 인식하고, 이 기회를 잘 활용해 환경 정책에 대한 지지를 이끌어낼 수 있다면 말이다. 그 핵심 전략은 국민 참여와 활발한 소통이라는 것, 몇 번을 강조해도 지나치지 않을 것이다.

제53장

코로나19 이후, 온라인 소통을 위한 몇 가지 단상
: 정부와 정당은 무엇을 해야 하나

최민희 정책기획위원회 국민주권분과위원, 19대 국회의원

코로나19로 대면 접촉을 중심으로 한 과거의 사회·경제활동, 개인 혹은 집단 활동이 큰 제약을 받고 있다. 다행히 확진자 수가 한 자릿수로 줄어들며 2020년 5월 6일부터 '사회적 거리두기'에서 '생활 속 거리두기'로 전환했다. 그러나 특정 지역을 통한 감염이 확산되며 6월 10일 현재 하루 확진자가 수일째 40~50명을 넘나들고 있다. 이런 상황이라면 언제든 다시 '사회적 거리두기'로 바뀔 여지가 있다. 따라서 이제는 기존에 대면 접촉을 중심으로 해왔던 활동 전반의 변화가 불가피하다.

코로나19 이후 사회의 핵심 키워드는 비대면이다. 이미 우리 사회 곳곳에서는 코로나19 이후를 대비하는 비대면 기반의 구체적인 움직임이 속속 나타나고 있다. 그동안의 대면 시스템을 비대면 기반 시스템으로 리모델링하는 것이다. 물론 코로나19가 강요한 이 변화가 단순한 리모델링으로 끝날지 아니면 근본적인 혁신으로 이어질지는 아직 예측하기 어렵다. 하지만 또 언제 코로나19와 같은 바이러스가 나타날지 모르는 만큼 비대면 시스템은 필요할 것으로 보인다. 이에 지금 우리 사회에서 비대면을 기반으로 어떤 변화가 움트고 있는지 살펴

보고, 국가는 이 과정에서 어떤 준비와 노력을 해야 하는지 제안해보고자 한다. 또한 이 제안이 의미 있게 받아들여져 국가 차원의 본격적인 연구와 대비책이 마련되길 기대한다.

장면 하나

2020년 5월 31일, 서울 상암동 월드컵경기장에서 축구 경기가 열렸다. 2020 K리그. FC서울과 성남FC 선수들이 관중 없이 승부를 겨뤘다. 지난 5월 8일 무관중 경기로 개막한 K리그는 시즌의 4분의 1이 지나는 내내 무관중 경기를 치르고 있다. 그런데 경기장 내에 관중이 없음에도 TV나 인터넷을 통해 경기를 보는 시청자들은 일부 경기에서 응원가나 함성, 자신의 팀을 응원하는 소리나 상대 팀을 야유하는 소리를 들을 수 있었다. 일부 팀은 경기 중계에 효과음을 넣기도 했다. 관중의 함성이 없는 무관중 경기에 음향 효과가 더해져 온라인으로 지켜보는 시청자들은 실제처럼 생동감 있는 경기를 보게 된 것이다.

5월 5일에는 2020 KBO 한국 프로야구가 무관중 경기로 개막했다. 관중은 없지만 경기장에는 치어리더와 응원단장이 등장했다. 한 구단은 응원단석을 인터넷으로 생중계했고 팬들은 이를 통해 '랜선 응원'으로 야구장과 소통했다. 무관중 관중석을 채소 '무 그림'으로 채우는 해학도 등장했다.

3월에 리그 중단을 선언했던 독일 프로축구 분데스리가는 5월 16일 무관중 경기로 1부 리그 여섯 경기와 2부 리그 네 경기를 치렀다. 경기장 풍경은 이전과 사뭇 달랐다. 선수들은 사회적 거리두기 실천의 일환으로 여러 대의 버스에 나눠 타고 왔다. 선수단이 지정 호텔에

도착한 것은 경기 시작 일주일 전이다. 경기장에 도착한 선수들과 관계자, 취재진은 의무적으로 마스크를 써야 했고 모두 발열 검사를 받았으며 체온에 이상이 없어야 경기장에 입장할 수 있었다. 이들은 모두 자가 격리 상태로 일주일을 보냈고 그 기간 동안 여러 차례 코로나19 진단 검사를 받았다. 경기장 주변은 팬들이 모이지 못하도록 경찰이 삼엄하게 경비했다. 독일 축구협회 등의 지침에 따라 경기장 안에 들어올 수 있는 인원은 선수단과 볼보이, 보안요원, 의료진, 취재진 등 200여 명에 불과했다. 5월 16일에 열린 6개 경기는 모두 무관중으로 진행되었고 총 16골이 터졌다. 그런데 선수들은 과거와 달리 선수 간 대면 접촉을 피하기 위해 골 세리머니를 자제했고, 팔꿈치를 부딪치는 것으로 축하 인사를 대신했다.

프리미어리그를 앞둔 영국은 6월 5일과 6일 양일간 프리미어리그 종사자 전원을 대상으로 여섯 번째 코로나19 전수 검사를 실시했다. 다음 날인 7일 프리미어리그 사무국은 "이번 검사에서는 확진자가 한 명도 나오지 않았다"고 밝혔다. 코로나19 감염을 우려해 리그를 중단했던 프리미어리그는 당시까지 각 팀 지도자와 선수, 스태프 등 관계자를 대상으로 한 전수 검사에서 확진자가 늘지 않았다. 이에 한국 시각으로 6월 18일 새벽부터 열리는 2019-2020 시즌 프리미어리그 잔여 경기는 무관중으로 진행될 예정이다.

장면 둘

2020년 2월 이후 세종문화회관, 아르코·대학로예술극장, 경기아트센터 등등 국공립 공연 시설들은 관객 없이 공연을 진행했다. 그중에서도 세종문화회관은 3월부터 4월까지 무관중 온라인 생중계 공연 〈힘콘〉(힘내라 콘서트)을 네이버와 함께 진행했다. 〈힘콘〉은 세종문화회관이 자체 기획 공연에 더해 코로나19로 공연이 취소된 단체나 피해를 입은 예술인, 예술 단체의 공연을 공모하여 온라인 생중계로 진행한 것이다. 공모는 대관 취소 공연과 예술경영지원센터 추천작을 대상으로 했으며 뮤지컬, 연극, 클래식 분야에서 총 12팀을 뽑아 공연했다. 공연장 대관은 물론 제작비, 중계비 등을 모두 세종문화회관 측이 지원했다.

한국 시각으로 4월 26일 밤 11시에 피아니스트 조성진이 베를린 마이스터홀에서 무관중 온라인 독주회를 가졌다. 브람스의 피아노 모음곡 op. 118의 6번으로 시작해 슈베르트의 '방랑자 환상곡'으로 마무리된 이날 연주회는 40분 동안 진행됐고 실시간 동시 접속자 4만 8000여 명을 기록했다. 이후 유튜브에 72시간 동안 게시한 뒤 비공개로 전환했다.

장면 셋

2020년 6월 7일 JTBC는 국내를 배경으로 한 〈비긴어게인 코리아〉를 방송했다. 이날 방송은 이소라 등 유명 팝 아티스트들이 인천공항 내에서 공항 관계자들을 대상으로 공연하는 모습으로 시작되었다. 공항 관계자들과 함께한 공연은 20여 명 정도의 관객이 모두 마스크를 쓴 상태에서 진행됐다. 팝 아티스트들과 관객 사이의 거리도 꽤 멀었다. 코로나19 검역으로 지친 공항 관계자들은 공연이 진행되는 동안 가끔 눈물을 훔치는 등 공감하는 모습을 보였다. 다음 공연 장소는 마포 문화 비축기지였다. 이곳에서 아티스트들은 '드라이브 인 버스킹'을 열었다. 자동차 안에서 공연을 본 관객들의 반응은 폭발적이었다. 이 공연에 대한 언론 반응 또한 뜨거웠다. "'비긴어게인'이 코로나 시국에 만들어준 작은 숨통과 위로"(엔터미디어), "'비긴어게인 코리아', 멈춰버린 일상 속 다시 가슴 뛰게 한 음악의 힘"(헤럴드경제), "'비긴어게인 코리아', 위로와 감동 건넨 '명품 공연' 클라쓰"(텐아시아), "첫방 '비긴어게인 코리아' 잃어버린 일상, 음악으로 하나가 됐다"(스타투데이) 등 긍정적 평가가 주를 이뤘다. 시청률 또한 수도권 3.2%, 전국 2.57%로 평균치 이상을 기록했다. 〈비긴어게인 코리아〉는 코로나19 사태로 인해 '거리두기 버스킹 음악 여행'을 슬로건으로 진행된다.

코로나19, 이커머스로의 변화 촉진

코로나19가 우리 경제의 디지털화를 촉진시키는 역할을 하고 있다는 것은 주지의 사실이다. 이미 우리 경제는 오프라인에서 온라인으로 중심이 옮겨가는 와중에 있었고, 4차 산업혁명이 가속화되면 경제 디지털화는 더 빠르게 진행될 터였다. 여기에 코로나19로 대면 접촉이 원활하지 못하게 됨에 따라 온라인 중심의 경제 재편이 속도감 있게 진행될 전망이다. 정부도 향후 10년간 70조 원 이상의 재정으로 디지털 경제를 추동할 예정이다. 하지만 이미 유통 분야에서는 오프라인 매출액이 급감한 반면 온라인 매출액은 폭발적으로 늘어나고 있는 것으로 나타났다.

5월 28일 산업통상자원부가 발표한 '4월 주요 유통업체 매출 동향'

[그림 6-1] 코로나19로 활어회 판매를 드라이브스루를 통해 진행하고 있다.

에 따르면 코로나19로 감소했던 유통업체 매출액이 증가세로 전환했다. 대형 마트 등의 매출은 아직 감소세지만 3월에 비해 감소 폭이 다소 줄어든 것으로 드러났다. 유통업체 매출액은 2월 9.1% 증가했으나 코로나19 여파가 본격화한 3월 들어 3.3% 감소로 돌아섰다. 백화점 매출액은 3월에 40%까지 떨어졌으나 4월에는 14.8%로 감소 폭이 줄었다. 대형 마트는 3월 13.8%에서 4월 1.0%로 감소 폭이 대폭 줄었다. 패션·잡화가 19.2%로 줄어든 반면 가전·문화(21.3%), 생활·가정(12.1%), 식품(10.2%) 등은 증가했다. 온라인 매출액은 계속 증가 추세다. 3월에 16.9% 늘었고, 4월에도 같은 비율로 증가했다. 관련 업계는 특히 '식품 및 음료' 부문의 구매 플랫폼 변화에 주목하고 있다. 식품 및 음료 부문은 그동안 좀처럼 온라인 유통 매출이 오르지 않는 분야로 꼽혀왔기 때문이다.

미국도 예외는 아니다. 신선도 등이 중요한 식품의 온라인 구매에 대해 보수적 관점을 가지고 있던 미국 소비자들을 온라인 구매로 돌아서게 한 것은 역시 코로나19다. 온라인 주문 수요가 폭발적으로 늘어나사 관련 업체들은 대규모 채용 및 인프라 구축에 들어갔다. 미국 내한 여론 조사업체에 따르면 3월 12일부터 15일까지 아마존, 월마트, 크로거 등의 온라인 주문이 지난해 같은 기간과 비교해 51% 늘었고 매출은 무려 210% 증가했다고 한다. 소비자 응답 조사 결과 "코로나19 때문에 처음으로 온라인 식료품을 주문했다"는 응답이 많았고, 한 번 온라인으로 식품을 구매한 소비자들 중 다수가 "앞으로 자주 이용할 계획"이라고 밝혔다.

이와 함께 인스타카트, 쉽트 등 당일 배송업체들의 모바일 앱 이용량도 늘고 있다. 온·오프라인 매장을 모두 운영하는 월마트의 경우도 3월, 20일 동안 온라인 주문 웹사이트 방문객이 대폭 늘었다. 특히 식료품 주문 페이지 방문객은 110만 명에 달했다. 월마트 그로서리 앱의 일평균 다운로드 수는 1월 대비 460% 증가했다.

우리나라 롯데홈쇼핑도 매출이 크게 올랐다. 2020년 1~5월까지 매출액이 지난해에 비해 50% 뛰었다. 아이돌이나 인기 유튜버가 진행하는 미디어커머스의 영향도 있겠지만 코로나19로 인한 비대면 유통 매출 증가도 한 원인으로 꼽힌다. 유통의 중심이 오프라인에서 온라인으로 급격히 이동하고 있는 것이다.

코로나19에 대응해 유통업계는 네트워크 과부하, 인력 부족 등을 호소하고 있다. 당연히 이는 소비자 불편으로 이어지고 있어 시급한 인프라 구축이 필요한 실정이다. 온라인 수요 증가에 따라 아마존은 10만 명 규모의 신규 채용을 계획하고 있고, 인스타카트는 30만 명 추가 고용 계획을 밝혔다. 이처럼 비대면 사회는 무관중 이벤트, 드라이브스루의 변형 이벤트뿐만 아니라 유통 구조를 오프라인에서 온라인 중심으로 바꾸고 있다. 이에 유통업체들은 이미 '오프라인의 온라인화' 전략으로 방향을 선회하고 있다. 소비자들의 소비 패턴은 한번 온라인으로 이동하면 다시 과거로 돌아가지 않는다고 판단하기 때문이다.

유통업계는 가장 먼저 배송 속도 경쟁에 들어갔으며 '새벽배송' 등 소비자들의 마음을 사로잡을 특화 서비스 개발에 주력하고 있다. 이마트나 롯데마트 등 지역 단위별 오프라인 매장의 매출 비율이 절대적이었던 유통업계 강자들도 전략을 전환했다. 이마트는 'O2O', 즉 온라인과 오프라인 통합 시스템을 만들었고 지역 오프라인 매장의 경우 배송 확대를 통해 매출을 늘리겠다는 쪽으로 선회했다. 롯데마트도 온·오프라인 통합 시스템인 '디지털 풀필먼트 스토어'를 시행하고 있다. 홈플러스 역시 창고형 매장인 홈플러스 스페셜의 온라인 몰 '홈플러스 더 클럽'의 무료 배송 기준 금액을 40% 하향 조정했다. 백화점은 라이브 커머스에 나서고 있다. 오프라인 매장에서 실시간 방송으로 상품을 소개하고 온라인과 모바일을 통해 판매한다. TV 홈쇼핑을 온라인으로 옮겨온 형식이다.

정당과 정부도 'O2O' 전략으로

유통 분야의 온라인 플랫폼 서비스는 산업 전반에 어떤 영향을 가져올 것인가. 단박에 예측하기는 쉽지 않지만 적어도 오프라인 매장의 대폭 감소와 물류센터의 확대, 배송 인력 확대 등은 어렵지 않게 예상해볼 수 있다. 다만 산업 전반에 어떤 나비효과를 가져올지는 아직 예측하기 어렵다. 그러나 온라인 플랫폼들이 4차 산업혁명을 촉진시키고 경제활동에서 AI 의존도를 크게 높일 것이라는 데 이의를 다는 이는 없다.

소비자 입장에서 보면 과거 오프라인 매장에서 즐기던 일명 '아이쇼핑'의 호사는 누리기 힘들게 됐다. 대신 인터넷 서핑으로 구매에 나설 것이다. 당연히 기업들은 인터넷 서핑을 돕기 위한 각종 기획과 이벤트에 나설 것이다. 예를 들면 홀리그램 등을 활용한 인터넷 상품 소개 등에 힘을 쏟고 가상 쇼핑 체험 등의 공간을 만들지 않을 수 없을 것으로 보인다. 온라인으로 옷을 살 경우 오프라인 매장에서 옷을 입어보는 것과 같은 체험을 할 수 있는 가상현실 체험 시스템 도입도 시간문제일 것이다. 그러나 근본적으로 온라인 유통의 생명은 상품의 질이다. 상품의 질이 담보되지 않으면 온라인 유통은 신뢰를 상실해 소비자로부터 외면받을 것이 자명하다.

코로나19와 일자리의 관계는 어떨까. 일시적으로 코로나19는 일자리를 급격히 감소시킬 것이 분명하지만 오프라인에서 줄어든 일자리는 온라인 플랫폼 혹은 온·오프라인 결합 플랫폼을 통해 흡수될 가능성이 있다. 온·오프라인 결합 플랫폼의 활성화로 일자리가 창출될 여지도 커 보인다.

국민과 직접 소통하는 정당과 정부

그렇다면 정부와 정치권은 코로나19 이후를 위해 무엇을 준비해야 할까. 민간 영역의 자유롭고 공정한 경쟁 여건을 조성하는 역할과 정부와 정당의 변화로 나누어 생각해볼 수 있다.

민간 영역에서 온라인과 오프라인의 공정한 경쟁 여건을 조성하기 위해 규제 체계의 전반적 점검이 필요하다. 일례로 TV 홈쇼핑과 백화점 등의 라이브 커머스는 플랫폼이 케이블에 있느냐 온라인에 있느냐의 차이일 뿐 같은 서비스로 보인다. 그럼에도 TV 홈쇼핑은 각종 규제를 받고 있지만 라이브 커머스에는 아무런 규제가 없다. 이는 방송도 마찬가지다. 플랫폼에 따라 차별적 규제가 적용된 결과, 종편 등은 특혜를 받고 있고 지상파는 역차별당하고 있다. 이미 유튜브가 대세로 자리 잡았고 광고의 상당액이 유튜브로 몰리고 있다. 하지만 유튜브는 규제 치외법권 지대에 있다. 따라서 전반적 규제 체계 검토를 거쳐 시행령으로 시정할 수 있는 것은 정부가 처리하고 법적 뒷받침이 필요한 영역은 국회가 나서 입법화해야 한다.

정당은 어떤 준비를 해야 할까. 2002년에 최초의 온라인 정당 '개혁 국민정당'이 결성된 바 있다. 이후 온·오프라인 정당에 관한 논의가 꾸준히 이어져왔다. 2015년 11월 민주당은 「온라인 입당법」(개인 인증을 휴대폰 문자메시지로 간편화하는 등 정당 가입 과정을 간편하게 한 법)을 통해 온라인을 통한 당원 모집 시스템을 갖추었고 80만 명에 가까운 당원 중 온라인 당원 비중이 매우 높다. 이후 민주당은 주요 의사 결정 과정에서 전 당원 투표제의 활성화로 '당원 민주주의 구현'에 노력하고 있다. 온라인 입당법은 19대 국회에서 실현된 것인데 20대 국회에서는 디지털 정당 구현을 위한 진전이 크지 않았다.

하지만 코로나19는 정당 운용의 온라인화를 강제할 것으로 보인다. 코로나19는 오프라인 대형 집회를 원천적으로 차단하므로 이후 각 정당들은 온라인 전당대회로 오프라인 집회를 대신할 수밖에 없을 것이다. 온라인 입당법이 각 정당의 당원 구조를 혁신시키는 동인이 되었다면 코로나19로 인해 오프라인 집회가 불가능해지면서 촉발된 온라인 전당 대회는 정당의 체질을 근본적으로 바꿀 가능성이 있다.

첫째, 오프라인에서 인원 동원과 세 과시가 불가능해질 것이다. 일부 정당에서는 아직도 버스 대절, 식사 제공 등을 통해 오프라인에서 인원을 모으는데 이는 정당 활동의 필요악처럼 자리 잡고 있다. 하지만 지역위원장의 비자발적 동원에 의지한 오프라인 정당 집회가 최소화되면 그만큼 암암리에 여러 형태로 벌어지고 있을 것으로 짐작되는 탈법 행위도 대폭 줄 것으로 보인다.

둘째, 온라인 전당대회는 온라인을 통한 후보와 당원 간 소통을 확대할 것이다. 온라인 소통은 기본 지식과 자기 논리에 기반한 즉문즉답이 특징이다. 후보와 당원, 지지자 간의 직접 소통은 정치인들로 하여금 더 이상 '대리 답변', '대리 글 작성'을 어렵게 만들 것이다. 만일 보좌관이 대리 답변을 한 사실이 밝혀지면 후보로서의 기본 자격을 의심받게 될 것이다. 이제는 국회의원이 청탁받은 원고를 보좌관이 대신 쓰고, 보좌관이 상임위 질의서를 써주면 국회의원은 읽는 식의 정치도 더 이상 허용되지 않을 것이다. 이렇듯 정치인과 당원 및 지지자의 온라인 직접 소통은 해당 정치인의 '많은 것'을 그대로 노출시키게 될 것이므로 술자리 중심의 오프라인 정치는 점차 줄어들고, 공부하고 실력을 키우는 정치인이 살아남는 긍정적인 효과를 불러올 것으로 예상된다. 만일 21대 국회에서 '국회의원 국민소환제'가 통과된다면 정치인과 유권자의 온라인 직접 소통은 국민소환제 연착륙에 기여하게 될 것으로 전망된다.

셋째, 언론의 역할이 대폭 줄어들 것으로 보인다. 지금까지 정치인들은 제도 언론을 통해 대중과 소통해왔다. 그 과정에서 특정 언론의 '대통령 만들기' 같은 기이한 현상이 나타나기도 했다. 그러나 온라인 소통이 강화되면 정치인과 유권자가 일상적으로 직접 소통하게 되므로 사사건건 언론의 중계를 받을 필요가 없어진다. SNS 정치가 대세가 되면 과거 직접민주주의 시대에 그랬듯 '대화와 토론 정치'가 꽃피게 될 것이다. 막말이나 왜곡 보도도 의미가 없어질 가능성이 크다. 일부 언론이 가짜 뉴스로 특정 정치 세력을 편드는 행태도 부질없는 일이 될 것이다.

마지막으로, 정당은 당원뿐 아니라 국민과 직접 소통하는 플랫폼에 배전의 노력을 기울여야 한다. 해당 정당의 각 사안별 입장을 보도 자료를 통해 제한된 언론사에 배포하는 것은 낡은 방식이다. 보도자료보다는 직접 기자회견을 하는 것이 낫고, 기자회견보다는 해당 정당의 플랫폼을 통해 당원과 국민께 직접 정책 및 특정 사안에 대한 입장을 밝히는 것이 점점 중요해질 것이다. 어떻게 하면 각 정당의 독자적인 플랫폼에 대한 접근성을 높일 것인가에 향후 각 정치 세력의 미래가 달려 있다 해도 과언이 아니다.

정부는 국민과의 직접 소통을 중심으로 홍보 정책을 재구성해야 한다. 아울러 코로나19 이후 온라인 중심으로 사회가 재편될 때 발생할 수 있는 온라인 양극화 문제를 사전에 점검하고 선제적으로 대응할 방법을 찾아야 한다.

정부와 국민의 직접 소통의 모범 답안은 이미 나와 있다. 코로나19에 관한 질병관리본부(이하 질본)의 매일 브리핑이 그것이다. 대한민국 언론 환경이 정파적이며 무책임하다는 것은 주지의 사실이다. 만일 2020년 2월부터 지금까지 질본이 브리핑을 띄엄띄엄했다면 어떻게 되었을까. 질본의 코로나19 대응이 그동안의 방식과 똑같았다고 하더라도 문재인 정부의 코로나19 대응에 대한 평가는 사뭇 달랐을 것으로 보인다. 질본은 문재인 대통령의 투명성, 공개성, 민주성, 전문성 원칙에 따라 코로나19에 대응했고, 그 과정에서 확진자 수 등을 매일 두 번의 브리핑을 통해 직접 국민께 알려 가짜 뉴스가 끼어들 여지를 주지 않았다. 2월부터 코로나19 관련 가짜 뉴스가 없었던 것은 아니지만 질본이 매일 두 차례 브리핑을 통해 사실관계를 확인했기 때문에 가짜 뉴스의 생명력은 하루를 넘기지 못했다.

정부는 코로나19에 대응해온 것처럼 전 정부 부처가 국민과 직접 소통 하는 플랫폼 활성화에 주력해야 한다. 해당 부처 평가에 플랫폼 활성화의 정도를 평가 지수로 넣어야 함은 물론이다. 이와 함께 KTV를 비롯한 정부 채널과 공공 채널을 최대한 동원하고 활성화시켜야 한다. 차제에 국회방송, KTV 등의 채널 배정 시 케이블 방송의 경우 30번 이내로 배정하는 방법도 고려할 수 있다. 잠시 곁길로 새는 느낌이지만 국회방송에 대한 접근성을 높이면 국민들이 '있는 그대로의 국회'를 접하게 될 것이다. 각 국회의원의 의정 활동을 언론을 통해 전달 받을 경우 언론의 정파적, 선택적 해석으로 왜곡될 여지가 크다. 물론 유권자들도 해당 지역 국회의원의 의정 활동을 국회방송을 통해 접하려 노력해야 한다. 이러한 국회방송 활성화와 국회방송에 대한 접근성 강화는 국회의원의 자질 고양과 국회 정상화 및 정치발전을 이루는 계기가 될 수 있다.

정부 차원에서 좀 더 연구가 필요한 부분은 온라인 플랫폼이 가져올 양극화 문제다. 지금은 남녀노소 전 계층의 온라인 접근성에 대한 체계적인 조사와 대비책을 마련해야 할 때다. 연령별 온라인 이용 실태를 조사하고 근본적으로 온라인 접근이 어려운 연령층에 대해서는 다른 플랫폼을 통한 소통 방법을 마련할 필요가 있다. 예를 들어 노년층의 온라인 플랫폼 접근성은 낮을 수밖에 없다. 이 경우 노년층의 정보 습득 과정에 대한 실태 조사가 우선되어야 한다. 접근성이 용이한 카카오톡 메신저를 통해 노년층을 대상으로 가짜 뉴스가 확산되는 것을 떠올려보자. 정부는 카카오톡을 활용한 어르신 홍보 활동 방안을 마련할 의무가 있는 것은 아닌지 생각해보아야 한다. 그리고 어르신 대상의 TV 채널이나 유튜브 채널에 대한 점검과 맞춤형 대책도 필요하다. 어르신을 예로 들었지만 온·오프라인 결합 시대에 플랫폼 양극화와 소외 집단에 대한 대책 마련이야말로 정부의 존재 이유라는 목소리가 높다는 사실을 기억해야 할 것이다.

제54장

포스트 코로나, 우리가 설계하는 정책 플랫폼

김인숙 정책기획위원회 국민성장분과위원, STEPI 초빙 연구위원

포스트 코로나, 우리가 먼저 스스로 설계한다

포스트 코로나 시대, K-방역으로 우리는 다른 나라들의 벤치마킹 대상이 되었다. 선진국을 빠르게 추격하는 방식에서 벗어나 이제는 'First Mover'로서 한발 앞서야 한다. 우리가 표준이다. 개념을 설계하는 역량이다. 개념 정의, 표준, 정책, 법률을 먼저 설계하는 일이다. 선진국을 추격하던 과거의 전략과는 달라야 한다.

2020년 상반기 K-방역이 성공한 이유로 민주성, 투명성, 신속성을 들 수 있다. 방역 관련 전문가들의 집단 지성을 실시간으로 정책에 반영하였다. 이 과정이 투명하게 공개되면서 시민들과 지방정부와의 협업으로 확대되었다. 선도적으로 K-방역을 실시한 방식이 이제 경제, 사회, 문화 정책에도 적용될 것이다. 우리 스스로 가장 앞서서 가장 어려운 문제인 코로나19 방역 문제를 해결한 것이다.

우리는 연일 엄청난 정책을 쏟아낸다. 한국판 뉴딜 정책, 디지털 뉴딜, 그린 뉴딜이 숨 가쁘게 논의되고 있다. 그러나 우리는 여기서 잠깐 멈추어야 한다. 포스트 코로나는 과거와는 다른 대응 방식을 요구하기 때문이다. 플랫폼 경제가 시작되면서 시장 환경이 변했다. 실물 세

계의 사물과 사람을 데이터로 연결하는 구글, 아마존, 마이크로소프트 등과 같은 플랫폼 기업이 엄청난 수익과 시장 지배력을 가지게 되었다. 플랫폼 경제 시대에 가치 창출은 네트워크에서 일어난다. 지금은 플랫폼 기업에 대응하는 플랫폼 정부가 필요한 시대다. 따라서 정책도 플랫폼 방식으로 추진해야 하고, 그 핵심은 바로 정책 플랫폼이다. 본고에서는 윈도, 유튜브와 같은 기술 플랫폼과는 달리 정책을 논의하는 플랫폼을 정책 플랫폼으로 정의한다.

앞으로는 스스로 정책을 설계해야 하는 상황이 계속될 것이다. 이러한 상황에서 대통령직속 정책기획위원회(이하 정책위)는 어떻게 살아남을까? 정책위의 기본 과제는 3년 전에 수립된 100대 국정과제를 검토하는 일이다. 경제 정책에서 시급한 현안에 관해서는 TF를 운영한다. 제조업 르네상스, 수소 자동차, 미래 비전 2040, R&D와 일자리 정책 등의 주제를 중심으로 임시 조직을 운영한다. 포스트 코로나 시대, 정책위는 앞으로 어떠한 역할을 수행해야 할까?

정책위는 현장의 목소리를 정부에 전달하는 소통의 통로 역할을 적극적으로 수행할 수 있다. 정책위 주도로 현장 전문가들이 모여 정책 의제를 발굴하고 제안할 수 있는 정책 플랫폼을 구축할 수 있다. 산업계 주도의 정책 플랫폼은 부처 단위로 추진되었던 기존의 수직적인 정부 정책과 병행하면 상시적으로 협력 및 피드백을 주고받는 정책 파트너가 될 수 있다. 이 과정에서 정책 플랫폼은 정책 수요(needs)와 정책 공급 (wants)의 간극을 해결하는 하나의 방편으로 활용될 것이다.

포스트 코로나 시대에는 또 새로운 용어인 디지털 뉴딜, 그린 뉴딜 관련 정책들이 쏟아져 나올 것이다. 그에 따라 세트 메뉴처럼 재정 지원, 금융 지원, 조세 감면, 규제 완화 등의 정책 수단이 과거와 동일한 방식으로 제시될 것이다. 그런데 이것은 실질적인 정책 수요자가 원하는 정책일까? 아마도 담당 정부 부처와 산하기관의 사업으로서 새로운 이름을 달고 진행되겠지만 기존의 틀(framework)에서 법령이 정해지고, 초기 계획에 따라 정책은 일직선으로 추진될 것이다.

단순하게 현장을 방문한다 해서 정책의 현장성이 제고되지는 않는다. 여전히 현장 방문의 주체는 정부이고, 수직적인 의사 결정 방식은 변화하지 않기 때문이다. 즉 4차 산업혁명이라는 기술혁명 시대에 정부의 조직 혁명은 일어나지 않은 것이다. 포스트 코로나 시대, 정책의 현장성은 중소기업과 벤처기업이 스스로 정책을 설계할 기회를 상시적으로 보장해주는 일이다. 코로나19 사태에서 정부는 민간 기업과 긴밀하게 협조하였다. 진단 키트 공급에서 기업 당사자의 제조 역량과 소재 확보를 고려하면서 생산량을 정하고, 그에 따른 진단 방식을 결정하였다. 또한 식품의약품안전처의 기준을 유연하게 해석하는 과정

[그림 6-2] 문재인 정부 3주년 국정토론회(5.7~8)에 경영자총협회 본부장, 중기중앙회 본부장, 대한병원협회장, 전국보건의료산업노조 위원장, 의료산업노조연맹 부위원장, 소상공인연합회장 등이 참석해 코로나19 경험을 전하고 있다.

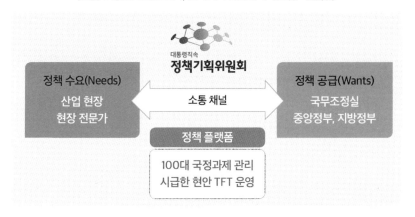

[그림 6-3] 포스트 코로나, 정책기획위원회의 새로운 역할(안)

에서도 산업계의 입장을 경청한 것이다.

현장 전문가들이 직접 참여하는 정책 플랫폼에서 '열린 혁신(open innovation)'이 일어날 때 비로소 정책의 현장성은 실현될 것이다. 더구나 지금은 다양하고 새로운 가치 창출이 네트워크에서 일어나는 플랫폼 경제, 4차 산업혁명, 디지털 전환의 시대이다. 정책의 실효성, 정책의 현장성은 바로 현장 전문가 중심의 정책 플랫폼에서 구현되는 것이다.

우리는 이제 선도국이다. 우리가 어떻게 대응하는지 세계가 주목한다. 우리의 철학과 가치를 반영하여 원칙과 절차에 관한 사전 합의, 개념 설계에 대한 역량이 필요한 시점이다. 누구를 따라가는 것이 아니라 우리 스스로의 시행착오와 체험으로 깨달아가야 한다. 경제 정책 분야에서는 낯선 작업이지만 미디어 분야에서는 이미 구현되고 있다. 정치에 관한 유튜브 방송, SNS 댓글, 청와대 청원 등에서는 의사소통이 활발하고, 진화하는 사례를 보여주고 있다. 이제는 경제 정책에서 새로운 모범 사례를 보여줄 차례다.

정책 플랫폼은 어떤 특성을 가지는가?

플랫폼 경제는 모든 것을 연결할 수 있다. 스마트 헬스, 스마트 생산, 시스템 반도체, 배터리, 센서, 자율 주행, 에너지, 미디어, 도시와 농촌에서 나오는 활동들이 인터넷으로 실시간 연결된다. 데이터를 통해 새로운 가치를 창출하는 디지털 사업 모델이 도출된다. 디지털로 모든 영역이 연결되는 디지털 산업 생태계로의 전환이다. 이러한 상황에서 각각의 정책을 개별적으로 분리해 추진하는 것은 과거의 산업 중심 정책에 머무는 방식이다. 더 이상 수소 자동차, 전기 자동차, 재생에너지 정책을 별개로 바라볼 수 없다. 온실가스를 감축하는 환경 정책, 에너지 수요를 관리하는 스마트그리드 정책, 도시 전체를 관리하는 스마트시티 정책 등이 연결되어 영향을 주기 때문이다.

결국 디지털 산업 생태계의 경쟁력이 중요하며, 이 경쟁력을 정책 플랫폼이 결정한다. 마이크로소프트, 구글, 아마존과의 협력으로 우리 중소기업이 가지는 협상력을 높이는 작업은 결국 정부 몫이다. 이 과

[그림 6-4] 플랫폼 경제 시대, 정책 플랫폼 구성 요소

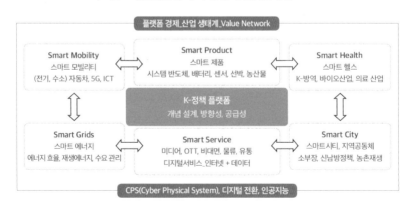

정에서 시장의 공정 경쟁과 정부 정책의 공공성이 균형을 잡아야 한다. 정책 결정의 방향성과 공공성에 관한 논의가 필요한 이유다.

첫째, 포스트 코로나 시대, 정책의 방향성은 누가 결정하는가

둘째, 공공성을 어떠한 방식으로 구현할 것인가?

이 문제를 정책 플랫폼 방식으로 해결할 수 있다. 4차 산업혁명(4.0)은 바로 기계혁명(1.0), 전기·전자혁명(2.0), 정보통신혁명(3.0)을 결합한 것이다. 그 결합 비율을 결정하는 작업이 곧 디지털 사업 모델이며, 이를 도출할 수 있는 공간을 마련하는 일이 정부의 몫이다. 사물인터넷으로 가능해진 맞춤형 주문 생산은 실시간으로 다양한 업종들 간의 연결을 요구한다. 복합적이면서도 매우 빠른 속도로 변화한다. 여기서 핵심은 그 누구도 혼자서는 미래를 예측할 수 없음을 인정하는 일이다. 따라서 최소 3개 이상의 서로 다른 업종이 모여 미래를 함께 설계한다. 정부 정책도 마찬가지다. 정책 플랫폼에서 상시적이고 공개적으로 이해 당사자 간의 합의를 통해 정책 과제를 해결한다. 정부 혼자 경제 정책을 결정할 수 없다. 시장의 공정 경쟁과 정부 정책의 공공성이 유연하게 사안별로 최적화된 결합 비율을 가져야 한다. 민첩하게 대응하고, 살아 있는 정책을 구현하는 작업이다.

그렇다면 정책 플랫폼의 구성 요소와 그 특징은 무엇인가? 디지털 산업 생태계를 반영하는 정책 플랫폼으로 세 가지 원칙을 준수해야 한다.

첫째, 정책 플랫폼에 참여하는 경제 주체들이 자기 결정권을 가진다. 자신에게 해당되는 정책에 참여할 수 있는 권리를 가지고, 그 권리를 행사할 수 있어야 한다. 건강한 생태계는 건강한 구성 요소들에서 시작한다. 자기 결정권을 통해 실패와 성공을 체험하고, 그에 따른 책

〈표 6-1〉 정책 플랫폼과 디지털 산업 생태계의 구성 요소와 그 특징

구성 요소	주요 특징	적용 방안
자기 결정권	의사결정 참여, 파트너 선택, 실계 역량	데이터 주권, 보안, 보험
상호 호환성	디지털 전환, 공통 언어, 소통 역량	기술 혁명, 조직 혁명, 플랫폼
지속가능성	더 좋은 일자리, 환경성, 경제성, 사회성	디지털 사업 모델, 교육 훈련

임과 의무를 겪으며 그 과정에서 성장한다. 자신이 가진 데이터 주권을 인식하고, 이에 따른 법적인 책임과 의무 그리고 경제적인 이익을 행사할 수 있는 것이다.

둘째, 상호 호환성(interoperability)이다. 산업 생태계에서는 물질 흐름이 지속적으로 일어난다. 즉 개별 요소들의 소통을 전제로 한다. 모든 생활 영역이 사물인터넷으로 연결된다. 의료, 요양, 제조, 모빌리티, 에너지, 교통, 5G 등이 연결된다. 이 과정에서 K-방역이라는 성공적인 정책모델이 구현되었다. 이는 상호 호환성이 담보된 것으로 기술과 기술, 기술과 정책, 정책과 정책이 함께 소통한 결과다.

셋째, 지속가능성이다. 지속적인 발전모델은 경제성으로 수익을 창출하고, 자연환경을 보호하며, 사회적으로 수용될 수 있는 인식에서 가능해진다. 미래의 디지털 산업 생태계에서는 하나 더 나아가 지속가능성에 더 좋은 일자리가 포함된다. 일하는 방식이 달라졌다. 로봇과 협업하며 더 높은 부가가치를 창출하는 것이다. 정형화된 단순노동이 아니라 급변하는 상황에서 민첩하게 대응할 수 있는 소통 역량이 중요해진다. 산업 생태계와 정책 플랫폼이라는 형식의 지속가능성은 참가하는 사람들의 만족도를 주목한다.

정부는 바로 정책 파트너로서 정책 플랫폼을 유지시킨다. 다양한 업종의 대표들과 기술 노하우를 가진 현장 전문가를 초청한다. 그들이 정책 플랫폼 워킹그룹을 구성, 운영하게 하며 제안한 정책 어젠다를 적극적으로 반영한다. 정부는 정책 플랫폼 사무국 운영에 들어가는 인건비와 임대료 비용을 부담한다. 개별 기업과 업종별 협회가 중심이 되고, 정부 산하기관, 지방정부, 전문가 단체 등이 모여 정책을 제안하고 이를 모니터링한다.

포스트 코로나 시대, 정책 플랫폼이 곧 국가 경쟁력이다

정책 플랫폼은 의제별로 워킹그룹을 구성 및 운영한다. 정책 플랫폼은 살아 있는 생태계로, 다양한 현장 전문가들이 모여 정책 어젠다를 도출하고 지속적인 토론을 거쳐 하나의 목소리로 합의한다. 합의 내용은 개념 정의, 사실상 표준, 플랫폼 규칙, 정책 우선순위 등이다. 10쪽 이내의 선언문 혹은 합의문 형태로 작성해 일반인에게도 공개한다.

정책 플랫폼 워킹그룹은 가장 먼저 의사소통의 참조 모델에 합의해야 한다. 서로 뜻하는 의미를 이해하기 위함이다. 사용하는 단어와 언어가 다른 분야에서 살았으나 함께 모인 만큼 서로 이해할 수 있는 언어로 통일해 사용해야 한다. 또한 우리나라 디지털 산업 생태계의 경쟁력을 진단해야 한다. 가치 창출 네트워크 관점에서 반도체, 자동차, 5G, 배터리, ICT, 재생에너지 등을 엮어 틈새시장을 찾는 일이다. 단순히 하나의 제품과 서비스를 판매하는 것이 아니다. 정부는 정책 플랫폼을 통해 디지털 산업 생태계 전체의 경쟁력을 제고시켜야 한다.

디지털 산업 생태계에서는 중앙정부, 지방정부, 시장 수요자, 시장 공급자 등이 서로 연결되며 움직인다. 시장에서의 공정 경쟁과 자기 결정권을 보장하며, 책임과 의무를 가진 경제주체로 활동한다. 각 산업 부문의 현장 전문가들이 5개의 워킹그룹에서 활동하며, 이들 워킹그룹의 활동은 공유되고 시간의 흐름에 따라 진화할 것이다.

워킹그룹 의제는 디지털 사업 모델, 연구 혁신 시나리오, 네트워크 보안, 일자리 교육 훈련, 규정 표준과 법률로 구분한다. 5개 워킹그룹이 함께 모여 시나리오를 구성하고, 함께 작동하는 시스템을 테스트베드에 올린다. 여기서 중요한 점은 다섯 가지 관점이 정책 플랫폼 설계 단계에서부터 고려된다는 점이다. 처음부터 시장 수요를 반영하고, 경제주체들의 자기 결정권을 보장함으로써 산업 생태계의 지속가능성을 지원한다.

디지털 산업 생태계의 생명력은 시장 수요에 실시간 적응하는 민첩한 정책에서 나온다. 정책 플랫폼 워킹그룹이 실시간으로 합의하는 내용을 민첩하게 정책으로 반영한다. First Mover로서 설계 역량을 가지

[그림 6-5] 칸막이 정책과 플랫폼 정책을 병행

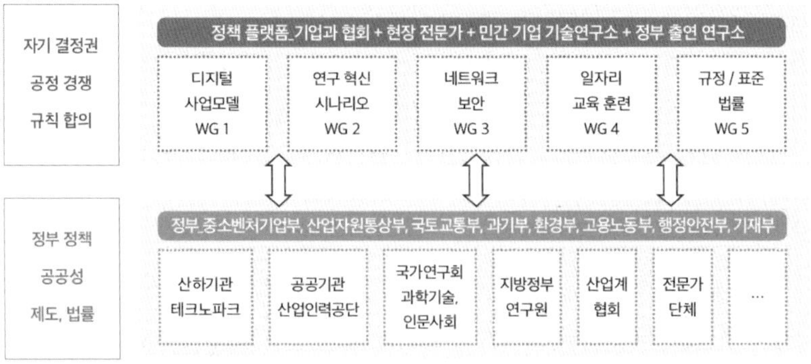

자기 결정권 공정 경쟁 규칙 합의	정책 플랫폼_기업과 협회 + 현장 전문가 + 민간 기업 기술연구소 + 정부 출연 연구소				
	디지털 사업모델 WG 1	연구 혁신 시나리오 WG 2	네트워크 보안 WG 3	일자리 교육 훈련 WG 4	규정 / 표준 법률 WG 5
정부 정책 공공성 제도, 법률	정부_중소벤처기업부, 산업자원통상부, 국토교통부, 과기부, 환경부, 고용노동부, 행정안전부, 기재부				
	산하기관 테크노파크	공공기관 산업인력공단	국가연구회 과학기술, 인문사회	지방정부 연구원	산업계 협회 / 전문가 단체 / ...

고 기술혁명을 넘어 조직혁명을 이루고, 이는 정책혁명으로 완결되는 생태계를 구성하는 것이다.

정책 플랫폼 워킹그룹을 구성하는 일이 가장 중요하다. 즉 스마트 생산 주제와 관련된 현장 전문가를 찾는 일이다. 제조 공정에서 자동화 기기를 판매하는 기업, 솔루션을 제공하는 기업, 제조 플랫폼을 제공하는 글로벌 기업, 물류와 유통 기업, 관련 협회, 전문가 단체, 산하 기관 등으로 가치 창출 네트워크를 구성한다. 전체 그림을 그리는 작업에서 과학기술과 경제·인문·사회 분야 국책 연구원 등의 도움을 받는다.

포스트 코로나 시대, 우리가 스스로 미래 경제 질서를 설계해야 한다.
정책을 기획하고 설계하는 작업의 한 축을 현장 전문가와 정책기획위원회가 결합한 정책 플랫폼이 담당하는 것이다.

정책 플랫폼의 허브로서 글로벌 기업, 최소 3개 분야에서 선도적인 위치에 있는 대기업의 참여는 워킹그룹 운영의 필요조건이다. 민간 기업 기술연구소 선임책임연구원들은 기술 시장, 제품과 서비스 시장에 관한 지식을 가지고 있기 때문이다. 다만 반도체, 전기·전자, 자동차, 화학, ICT 분야 기술연구소 등이 골고루 참여해야 한다.

참여자들에 대한 인센티브는 다음과 같다. 첫째, 스스로 정책을 제안할 수 있는 통로를 가진다. 둘째, 다른 업종의 현장 전문가들과 시장 흐름을 짚을 수 있다. 셋째, 잠재적인 사업 혹은 협력 파트너를 구할 수 있다. 넷째, 지속적인 워킹 그룹 활동을 통해 신뢰를 쌓을 수 있다.

정책기획위원회 국민성장분과는
어떻게 참여할 것인가?

정책위 국민성장분과는 2020년 디지털 산업 생태계 구축을 위한 정책 플랫폼을 운영할 것을 제안한다. 포스트 코로나 시대, 우리가 스스로 미래 경제 질서를 설계해야 한다. 정책을 기획하고 설계하는 작업의 한 축을 현장 전문가와 정책위가 결합한 정책 플랫폼이 담당하는 것이다.

현재 대한민국 성장동력으로 바이오 헬스(WG 1), 시스템 반도체(WG 2), 모빌리티(WG 3)가 논의되고 있다. 디지털 시대로의 전환에 따른 디지털 뉴딜과 그린 뉴딜은 통합적으로 접근해야 한다. 과거와 같이 서로 분리해 작동될 수 없기 때문이다. 단일 제품으로 판매할 경우 수익은 낮을 것이며, 상호 호환성과 지속가능성이 보장되지 못한다. 따라서 처음부터 바이오 헬스, 시스템 반도체, 모빌리티는 서로 소통하는 가운데 네트워크 보안(WG 4), 좋은 일자리(WG 5), 규칙과 표준 및 법령(WG 6)이 함께 설계되어야 한다. 씨줄과 날줄로 엮이고, 수직과 수평이 통합적으로 연결되는 구조다. 이 모든 워킹 그룹이 함께 정기적으로 만나며 정책 시나리오를 설계한다.

정책위 국민성장분과는 먼저 민간 기업 기술연구소 소장급 현장 전문가 약 5명을 중심으로 워킹그룹을 구성하고, 3회 정도 워크숍을 진행한다.

대한민국 디지털 경제의 경쟁력을 진단하고, 디지털 사업모델이 가능한 영역을 찾는 작업이다. 이에 필요한 요소 기술을 선정하여 워킹그룹 1, 2, 3을 구성한다. 가치사슬에 중심을 둔 수직적인 통합 워킹그

[그림 6-6] 국민성장분과 정책 플랫폼 구성 및 운영

룹과 수평적으로 통합하는 워킹그룹 4, 5, 6을 연결하며 큰 그림을 그리는 일이다. 이어서 선정된 의제를 중심으로 정책 플랫폼 워킹 그룹을 2개월 운영하고, 그 결과에 따른 정책 우선순위를 선정한다. 선정된 정책 의제를 실현하기 위해 확대된 워킹그룹을 운영한다.

정책 플랫폼 워킹그룹은 기존의 정부 정책 시행 방식과 병렬적으로 작동한다. 정부 주도로 진행되었던 경제 정책의 설계, 집행, 평가, 모니터링 전 과정에서 현장 전문가의 피드백을 실시간으로 받을 수 있게 되는 것이다. 정부 정책의 리스크를 사전에 예방할 뿐 아니라 현장 전문가들이 직접 설계함으로써 정책의 실효성을 처음부터 제고하는 작업이다. 직접적인 이해 당사자와 이해관계자 중심으로 정책을 설계하고, 이 내용을 공개함으로써 투명성과 민주성을 확보한다. 정책 플랫폼은 빠르게 움직이는 시장과 불확실성이 높은 시대에서 국가 경제가 살아남는 비결이다.

대통령직속 정책기획위원회 국민성장분과는 현장의 목소리를 전달하는 소통 채널이다. 정책 플랫폼 워킹그룹을 운영하면서 합의된 내용을 정부부처에 전달한다. 정책위 홈페이지와 관련 SNS 채널을 통해 시민에게도 정책 의제를 토론할 수 있는 장을 제공한다. 시민들의 댓글과 현장 전문가의 초안이 만나 합의문을 작성할 수 있다. 예를 들어 데이터 주권, 네트워크 보안과 관련해 9개 글로벌 기업이 발표한 'Charter of Trust'와 같은 합의문이다. 이렇게 정책 플랫폼이 가진 강점은, 지속적이고 반복적으로 모든 사람이 말할 수 있는 공간이 마련된다는 점이다. 이곳에서 직접적인 이해 당사자, 관련 이해관계자, 일반 시민까지 참여하는 담론이 형성된다. 지속적이고 반복적이며 공개적인 절차를 거치면서 정책 담론은 진화한다. 어쩌면 관련된 30여 명의 이해관계자(value network)가 정책을 직접 설계할 때, 정책의 실효성이 가장 높아질 것이다.

정책 플랫폼 워킹 그룹은 기존의 정부 정책 시행 방식과 병렬적으로 작동한다.

정부 주도로 진행되었던 경제 정책의 설계, 집행, 평가, 모니터링 전 과정에서 현장 전문가의 피드백을 실시간으로 받을 수 있게 되는 것이다.

제55장

코로나19 위기와 기후위기 해결을 위한 열쇠, K-그린 뉴딜: 의미와 방향

윤순진 정책기획위원회 포용사회분과위원, 서울대 환경대학원 교수

그린 뉴딜, 자연을 고려한 새로운 사회 협약

2020년 5월 10일, 문재인 대통령이 취임 3주년을 맞아 기념 연설을 했다. 코로나19 위기 극복을 위해 '한국형 뉴딜'이 제시되었지만 '그린 뉴딜(Green New Deal)'에 대한 언급이 없어 아쉬움이 크다는 지적이 많았다. 이틀 뒤인 5월 12일, 문 대통령은 국무회의 비공개 토론에서 "요즘 그린 뉴딜이 화두"라는 언급과 함께 국제사회와 시민사회 요구에 부응하면서 일자리를 늘리고 선도형 경제로 나아갈 수 있는 방안을 환경부, 산업통상자원부, 중소벤처기업부, 국토교통부 등 4개 부처가 합동 보고하도록 지시했다.

뉴딜은 미국의 32대 대통령 프랭클린 루스벨트(Franklin Roosevelt)가 1930년대 세계 대공황을 극복하기 위해 취한 일련의 조치들을 말하는데 그 의미와 효과, 영향에 대한 이해와 해석은 단일하지 않다. 그럼에도 뉴딜은 단순한 경기 부양책이 아니다. 뉴딜은 우드로 윌슨(Woodrow Wilson)의 '새로운 자유(New Freedom)'와 시어도어 루스벨트(Theodore Roosevelt)의 '공정한 협약(Square Deal)'이란 구호에서 한 단

어씩 빌려온 '새로운 협약(New Deal)'으로 새로운 경제를 위한 사회적 합의란 의미였다. 루스벨트가 처음 뉴딜을 언급한 때는 대선 후보였던 시기로, 대공황에 직면한 미국 사회가 해결해야 할 과제로 생각한 회복(recovery), 구호(relief), 개혁(reform)의 실현을 위한 약속이었다. 단순히 토목공사 등의 공공 근로 사업에 대한 과감한 재정 투자로 일자리를 늘려서 경기를 부양한다는 게 아니다. 루스벨트는 경제대공황을 노동자 계급이 노동에 대한 정당한 대가를 받지 못해 구매력을 잃음으로써 발생한 문제로 보았다. 따라서 이들에 대한 공정한 분배를 통해 미국 진보주의 가치를 회복하면서 경제체제의 작동 방식을 수정하려는 의지를 담은 것이었다. 노동자들에게 더 많은 권리를 주는 방향으로 노사관계를 개선하고 사회보험을 도입해 사회적 약자를 배려하는 개혁적 내용을 포함했다.

당시의 뉴딜이 사람과의 새로운 사회 협약이었다면, 그린 뉴딜은 대상을 보다 확장해 사람만이 아니라 자연과 맺는 새로운 사회 협약이라고 하겠다. 자연 자체를 위해서라기보다 자연을 생존 기반으로 하는 사람을 위해 자연을 고려하지 않으면 안 되는 절박함을 배경으로 한다. 그래서 엄밀히 말하자면 자연과 맺는 새로운 협약이라기보다 자연을 고려하고 배려하는 새로운 경제를 위한 사회적 합의라 할 수 있다. 코로나19는 현대 산업사회가 자연과 맺고 있는 관계가 얼마나 문제가 많은지를 드러냈다.

현재 인류가 당면한 최대 환경문제이자 이제는 경제문제가 되어버린 기후위기가 심각한 배경이란 사실을 직시한다면 이제 우리는 뉴딜을 넘어 그린 뉴딜로 나아가야만 하는 것이다. 기후위기와 사회·경제적 불평등을 동시에 해결해야 하는 시대적 과제를 풀어갈 방안이 바로 그린 뉴딜이다. 이는 선택이 아니라 필수이자 당위다.

코로나19 재난과 기후위기의 연관성

많은 수의 사망자를 내고 일상을 파괴하며 경제를 마비시키고 일자리를 앗아가는 코로나19 사태는 말 그대로 재난이다. 전 세계 214개국에서 약 800만 명이 넘는 확진자가 발생했고, 50만 명 가까운 사망자가 발생했다. 우리나라는 검사 건수가 115만 건이 넘었고 자가 격리자가 3만 5,000명 이상 나왔으나 확진자는 1만 2,000명 남짓이었고, 그중 280명가량 사망했다. 그럼에도 우리의 경우는 광범위한 검사(Test)와 끈질긴 추적(Trace), 신속한 격리와 진료(Treat)의 3T에 기반한 K-방역 덕분에 다른 나라들보다 사정이 나은 편이다. 사정이 심각한 나라에서는 바이러스의 확산을 차단하기 위해 국경을 폐쇄했고 곳에 따라 격리와 봉쇄가 이루어지기도 했다. 그러나 한국에선 봉쇄나 폐쇄 없이 3T와 함께 정부의 리더십과 시민 실천, 의료진의 헌신적인 노력으로 감염 확산을 어느 정도 통제하기에 이르렀다. 하지만 아직도 상황이 완전히 끝나지는 않았다. 학교와 직장이 아직 정상화되지 못하고 있으며 대규모 집회나 종교 행사도 제한되고 있다. 이처럼 정도의 차이는 있지만 여러 규제로 인해 일상이 교란되고 단절되었다.

게다가 이러한 규제는 단지 불편함에 그치지 않고 경제활동의 중단과 후퇴를 불러와 누군가에겐 생존을 뒤흔드는 문제가 되었다. 문을 닫거나 문 닫기 직전 상태에 놓인 기업이나 자영업자가 느는 등 적지 않은 사람들이 일자리를 잃거나 잃을 위기에 처해 있다. 업종에 따라 더 성장한 곳도 있지만 국가 간 무역이 줄어 기업 경영이 어려워진 경우가 늘고 있다. 미국에서는 3,000만 명가량, 러시아에서는 160만 명가량이 일자리를 잃었으며 우리나라에서도 33만 명가량이 실업자가 될 수 있다는 전망이 나오고 있다. 국제통화기금(IMF)이 2020년 세계 경제성장률을 3.0%로 보는 등 기관에 따라 약간의 차이가 있지만 올해 세계 경제성장률 전망은 잇따라 하향 조정되고 있다. IMF에 따르면 우리나라는 1.2%의 성장률을 보일 것으로 전망되나 이는 OECD 국가들 가운데서는 그나마 형편이 가장 낫고 G20 가운데서도 인도(1.9%), 중국(1.2%), 인도네시아(0.5%)에 이어 네 번째로 높아 상대적으로 나은 편에 속한다. 하지만 우리나라의 수출 의존도는 37.5%로, G20 가운데 세 번째로 높기 때문에 지금 이대로라면 앞으로 수출 감소, 생산 감소, 고용 감소가 연이어 발생함으로써 경제가 어려워지고 일자리에 심각한 문제가 발생할 가능성이 높다.

지금의 코로나19 사태 발생 원인에 대해서는 아직 정확히 알려지지 않았지만 최근의 감염병 발생과 확산은 기후위기와 긴밀하게 맞물려 있다. 우선, 둘 모두 숲의 파괴가 공통 원인으로 작용한다. 경작지와 방목지, 거주지, 도로의 확장 등 지속적인 개발로 야생동물 서식처인 숲을 파괴하고 소멸시킨 결과, 야생동물과 인간 사회의 거리가 점점 좁아지면서 야생동물을 숙주로 했던 바이러스가 사람을 숙주로 삼게 된 것이다. 1940년 이래 발생한 감염병 유행 가운데 60%, 신종 감염병 중에서는 75%가 인수공통전염병이라는데 이 중 70%가 야생동물에 의한 것이다(Bartlow 등, 2019). 숲 파괴는 기후변화의 원인이기도 하다. 숲을 제거하거나 줄임으로써 이산화탄소 흡수 공간을 줄여 대기 중에 누적되는 이산화탄소가 늘어나는데 이것이 기후위기를 가중시킨다.

과학자들에 따르면 신종 바이러스의 출현과 확산이 기후변화와 연결되어 있다고 한다. 기후위기는 산불, 가뭄, 홍수 등과 같은 극단적 기상 현상으로 발현되는데 그로 인해 숲을 포함한 생태계가 파괴되면 서식지를 잃은 야생동물이 사람의 거주지나 목축지로 이동해 사람들이 바이러스에 감염될 가능성이 높아지게 된다(그린피스, 2020). 지구온난화로 인해 지구 표면 온도가 상승하면 더운 지역에 사는 모기 서식지가 더 넓어지게 되고 그만큼 바이러스도 더 확산될 수 있다. 뎅기열, 말라리아, 콜레라 등 기후에 민감한 전염병 또한 더욱 확산된다. 수천 년 동안 얼어 있던 영구동토층이 녹으면 그 내부에 얼어 있던 고대 박테리아와 바이러스가 깨어나 현생 인류가 경험하지 못한 고대 질병이 되살아날 가능성도 있다. 게다가 기후변화로 바이러스에 변이가 일어나거나 온도, 강수량, 습도 등이 과거와 달라지면 병원균이나 매개체의 성장 발달과 생존 기간, 분포, 개체 수, 서식지 등에 변화가 발생하기 때문에 전염병의 전파 시기나 속도와 강도, 분포가 바뀌게 되고 예측이 한층 어려워진다(신호성·김동진, 2008).

그렇기 때문에 결국 감염병의 발병과 확산을 막으려면 기후위기의 파국적 진행을 막거나 완화시키는 노력이 필요하다. 감염병이 아니더라도 기후위기는 그 자체로 인류에 심각한 위협이 된다. 이상기후가 보다 빈번하고 강력하게 발생한다면 그 자체가 생명과 재산의 손실을 야기한다. 그래서 이를 피하기 위한 국제사회의 움직임이 강화될 때 이에 제대로 부응하지 않으면 결국 엄청난 대가를 치르게 될 것이다. 기후위기 유발의 핵심적인 원인이 화석연료의 연소이기에 에너지 절약과 효율 개선으로 에너지 수요를 줄이면서 재생에너지를 확대해가는 에너지 전환이 반드시 필요하다. 이제 에너지 전환은 시대사적 과제가 되었다. 에너지 전환을 위한 노력을 게을리하여 국제사회의 움직임에 뒤처지면 경제가 심각한 타격을 입을 수밖에 없다. 우리나라처럼 수출 의존도가 높은 나라는 더 말할 필요가 없다.

기후위기가 감염병의 발생과 확산에 영향을 미치지만 코로나19와 같은 감염병에 대한 대응이 기후위기를 촉진하는 측면도 있다. 바로 폐기물 때문이다. 감염 예방을 위해 안전과 위생을 중시하면서 마스크는 물론이고 비닐장갑, 종이컵, 플라스틱 컵, 빨대 등의 일회용품 사용이 급증하면서 폐기물 발생량 역시 급격히 늘었다. 사회적 거리두기로 외출을 삼가면서 온라인 쇼핑과 음식 배달 주문이 늘어나는 것에 비례해 포장재 폐기물 발생이 증가했다. 방호복이나 기타 보호 장비처럼 검진과 치료 과정에서 감염 위험이 있어 고온 소각 처리해야 하는 의료 폐기물 발생도 현저히 늘었다. 또한 이렇게 늘어난 폐기물의 수집과 운반, 처리에도 상당한 에너지가 투입되는데 이때 온실가스 배출이 늘어나게 된다. 폐기물 감량과 함께 자원 순환 경제로의 전환이 필요한 이유다.

국제사회는 2015년 프랑스 파리에서 열린 제21차 당사국 총회에서 지구의 평균온도 상승을 산업화 이전 대비 2℃ 이내로, 더 노력해서 1.5℃ 이내로 억제하자는 목표를 담은 '파리협정'을 채택했고 이듬해인 2016년에 발효되었다. 2021년부터는 신기후 체제로 진입하게 된다. 이에 당사국들은 2020년 말까지 2050년 저탄소 장기 발전 전략을 제출해야 한다. 기후변화에 관한 정부 간 협의체(IPCC)의 권고에 따르자면 2050년까지 넷제로를 달성해야 '1.5℃ 이내 억제'라는 목표를 이룰 수 있다. 미국 해양대기청(NOAA)과 항공우주국(NASA)에 따르면 육지와 바다 표면의 평균온도는 1880~1900년의 평균기온과 비교했을 때 약 1.24℃ 상승한 상태다. 일부 극지방은 무려 11.5℃까지 상승했다. 육지와 바다를 합해서는 2020년 4월이 2016년 4월에 이어 역사상 두 번째로, 바다 표면 온도만으로는 역사상 가장 뜨거운 4월이었다고 한다. 이제 시간이 정말 얼마 없다.

코로나19가 보여준 환경의 역설

코로나19로 인해 일상이 단절되고 경제활동이 위축되면서 환경적으로 기대하지 않았던 '좋은 부수효과(good side-effects)'가 나타나기도 했다. 사회적 거리두기로 사회·경제활동, 이동 등이 줄면서 에너지 소비도 감소한 것이다. 교통 체증이 사라지고 소음이 줄어들었으며 하늘이 맑아졌다. 봉쇄 조치를 취한 국가들에서는 미세먼지 농도가 9%가량 떨어졌다. 숲이나 바다에, 심지어 도심에까지 평소 만나기 어려웠던 야생동물이 모습을 드러내기도 했다.

무엇보다 기후변화를 야기하는 온실가스 배출이 줄었다. 비단 우리나라에서만이 아니라 전 세계적으로 나타난 변화다. 얼마 전 국제 학술지 《네이처 기후변화》에 실린 영국·미국·독일·프랑스·노르웨이·네덜란드·호주 등 7개국 연구자로 구성된 지구탄소프로젝트(Global Carbon Project) 국제공동연구팀의 논문에 따르면, 2020년 4월 20일까지 각국의 봉쇄 정책으로 세계 이산화탄소(CO_2) 배출량이 지난해보다 17%까지 줄어들었다고 한다. 감소분의 절반은 수송 부문에서 발생했다. 2020년 한 해의 CO_2 배출량 변화는 각국의 봉쇄 정책 유지 기간에 달려 있는데 만약 6월 중순까지 유지된다면 2019년에 비해 4%, 올

연말까지 유지된다면 7% 감소할 것으로 예측하였다. 국제에너지기구(IEA)는 〈2020 글로벌 에너지 보고서〉를 통해 2020년 세계 에너지 수요는 2019년 대비 6%, 전력 수요는 5% 감소할 것으로 전망했다. 지난 70년을 통틀어 가장 크게 감소한 것이라고 한다. 그 결과 올해 이산화탄소 배출량은 약 8% 줄어들 전망이다. 코로나19로 인해 감소하는 연간 이산화탄소 배출량은 파리협정에서 약속한 2100년까지 지구 온도 상승을 1.5℃ 이내로 유지하기 위해 향후 10년 동안 해마다 감축해야 하는 양과 비슷한 수준이다. 기후변화에 관한 정부간협의체(IPCC)의 〈1.5℃ 특별 보고서〉에 따르면, 2030년까지 이산화탄소 배출량을 2010년 대비 총 45% 줄여야 하는데, 이는 2020~2030년까지 매해 7.6%씩 줄여야 함을 의미하기 때문이다(UNEP, 2019).

코로나19를 통해 환경이 되살아나는 건 사실 폭력적인 방식이다. 하지만 현대의 산업문명에서 자연과 인간의 관계를 극명하게 드러내면서 안전과 생명에 보다 주목하게 만들었다. 누군가의 말처럼 "인간이 지구에 해를 가하는 바이러스이고 코로나19가 지구의 백신"인지도 모를 일이다(그럼에도 이 말은 일부는 맞지만 다르게 생각해볼 부분이 있다. 개별 인간의 책임이나 영향이 같지 않기 때문이다. 이는 뒤에서 살펴보도록 한다.) 2000년 노벨화학상 수상자 파울 크뤼천(Paul Crutzen)은 유진 스토머(Eugene Stoermer)와 함께 '인류세(The Anthropocene)'라는 제목의 글을 발표했다. 인간이 지구 시스템에 영향을 받기만 하는 수동적 존재가 아니라 산업화 과정을 거치면서 지구 시스템을 변화시키는 존재가 되어버렸다며, 이런 지질시대를 그 이전과 구분해 인류세로 이름 붙였다. 변화된 지구 시스템의 대표 사례가 바로 기후 체계로, 기후위기는 인류의 사회·경제활동이 가져온 엄청난 결과를 보여준다. 자연의 역습이라

불리는 눈에 보이지 않는 신종 코로나바이러스로 인간의 활동이 강제적으로 멈춰지거나 잦아들었고, 그 결과 되살아나는 지구 생태계를 경험할 수 있었다. 이는 역설적으로 인간의 사회·경제활동이 환경에 미치는 영향이 얼마나 큰지를 보여주었다. 문제는 사회·경제활동이 본질적으로 개선되지 않는 한 이러한 변화가 일시적인 것에 그치고 만다는 점이다. 즉 인류가 다시 예전과 같은 방식과 규모로 경제활동을 재개한다면, 환경오염도 온실가스 배출도 예전 수준으로 회귀해버리고 말 것이다.

재난의 불평등과 정의로운 전환의 필요

인류세란 개념은 인류 전체의 총체적 영향에 주목함으로써 인류 안에 존재하는 사회나 국가들 간, 또 한 사회 내에서도 집단이나 개인들 간의 차이를 제대로 드러내지 못한다. 그러나 기후위기의 영향은 차별적이다. 이는 코로나19 위기의 차별적 영향을 통해 충분히 미루어 짐작해볼 수 있다. 빈부격차가 심한 사회일수록 코로나19의 감염과 대응에서 그로 인한 영향의 차별성이 보다 선명하게 드러났다. 우리나라의 경우 국민의료보험제도와 '감염병의 예방 및 관리에 관한 법률'에 따라 감염증 검사와 격리, 치료 비용이 건강보험공단과 국가, 지방자치단체 공동 부담이라 개인 부담 없이 모두가 동등하게 보호받고 있다. 하지만 다른 국가들에서는 대체로 진단이나 치료를 받을 수 있는 기회는 물론 자가 격리 방식이나 형태도 달랐다. 가난한 이들은 코로나19로부터 제대로 보호받지 못했다. 또한 이러한 차이에도 우리나라든 외국이든 직종과 근무 지역, 고용 형태, 자산 규모나 주택 소유 여부에 따라 코로나19의 영향이 달랐다. 즉 처한 상황에 따라 급여나 소득에 미치는 영향이 달랐고 출근 방식이나 근무 형태에 차이가 있었으며, 사업 규모와 성격, 영업 방식에 따라서도 경제적 영향에 편차가 있었다.

코로나19의 차별적 영향은 기후위기에서 더욱 증폭될 가능성이 높다. 앞서 언급한 대로 기후위기가 신종 감염병 바이러스의 등장 및 확산과 연결되어 있기에 차별적 사회 영향이 발생할 것이다. 그뿐 아니라 이상기후가 보다 빈번하고 강력하게 발생한다면 거주지의 입지나 가옥의 단열 상태, 노동 형태 등으로 인해 사회·경제적으로 취약한 집단은 기후위기에 보다 더 취약해질 수밖에 없다. 여기서 중요한 사실은 기후변화의 경우, 누구나 어떤 국가에나 기후위기를 야기한 공통의 책임이 있지만 책임의 크기가 같지는 않다는 것이다. 화석연료를 더 많이 소비하고 육식을 더 많이 하는 개인과 집단, 국가에게 더 큰 책임이 있다. 하지만 역설적이게도 기후위기는 책임이 상대적으로 가벼운 가난한 개인과 집단, 국가에 훨씬 더 가혹한 영향을 미친다. 코로나19의 경우 위기 발생 책임 자체보다는 영향의 차별성이 더욱 두드러지는데 비해 기후위기는 책임이 덜한 이들에게 훨씬 영향이 크다는 점에서 모순적이기까지 하다. 기후위기가 심화되면 코로나19의 차별적 영향을 현저히 넘어서는 격차로 경제·사회 위기가 증폭될 수 있다.

거기다 기후위기 대응을 위한 에너지 전환과 경제 전환이 미치는 영향 또한 개인과 집단에 따라 다르다. 에너지 집약적이며 탄소 집약적인 이른바 회색 산업은 기후위기 시대에 지속가능할 수 없다. 그렇기 때문에 기후위기 대응이 전환되어야 할 영역에 생계를 걸고 있는 사회 구성원들의 처지를 외면해서는 안 된다. 파리협정과 EU와 독일의 그린 뉴딜이 화석연료 관련 산업 종사자들을 지원하는 정의로운 전환을 염두에 두는 것은 바로 이런 이유 때문이다.

K-그린 뉴딜의 핵심, 에너지 뉴딜

앞서 그린 뉴딜을 고민해온 사회들에서 코로나19 위기와 기후위기를 동시에 극복할 방안으로 그린 뉴딜에 더욱 힘이 실리고 있으며, 에너지 전환이 그린 뉴딜의 핵심이 되고 있다.

이러한 맥락에서 그린 뉴딜에는 기후위기에 대응하면서도 사회·경제적 불평등 완화에 관심을 두는 정의로운 전환의 기획을 담아야 한다. 지난 5월 초 노벨경제학상 수상자인 조지프 스티글리츠(Joseph Stiglitz) 교수와 〈지구온난화의 경제학〉이란 보고서(일명 〈스턴 보고서〉)를 통해 기후변화를 경제학적으로 해석해 세계의 이목을 집중시켰던 니컬러스 스턴(Nicholas Stern) 교수 등이 공동 집필한 논문에서 저자들은 재정 회복 패키지가 화석연료 집약적인 현재의 경제체계를 연장할 수도 있고, 부분적으로 교체할 수도 있다고 말했다. 그러면서 코로나19 위기가 기후변화의 진전에 드라마틱한 결과를 가져올 수 있다고 덧붙였다. 저자들은 G20 국가의 중앙은행과 재무부, 경제 전문가 등 231명을 대상으로 조사한 결과 코로나19로 타격을 입은 경제를 부양하는 효과가 큰 동시에 기후위기를 극복할 수 있는 재정정책으로 투자해야 할 5개 분야를 제안했다. 청정에너지 인프라, 에너지 효율 향상을 위한 건물 개·

보수, 탈탄소화로 인한 구조적 실업과 코로나19로 임박한 실업에 대처하기 위한 교육과 훈련, 생태계 회복 탄성과 소생을 위한 자연 자본, 청정 R&D가 그것이다. 이러한 제안이 사회 불평등을 해소하면서 시민 참여를 통해 진행되도록 해야 한다.

기후위기 시대, 코로나19 위기는 어쩌면 화석연료로 지탱해온 성장 위주의 지속가능하지 않은 현대 산업 문명을 되돌아보면서 지속가능한 탈탄소 문명사회로 전환할 수 있는 마지막 기회일지도 모른다. 앞서 그린 뉴딜을 고민해온 사회들에서 코로나19 위기와 기후위기를 동시에 극복할 방안으로 그린 뉴딜에 더욱 힘이 실리고 있으며, 에너지 전환이 그린 뉴딜의 핵심이 되고 있다. 온실가스 배출을 줄이고 경제를 회복시키면서 많은 일자리를 창출할 수 있기 때문이다. 독일의 경우, 경제부 장관 페터 알트마이어(Peter Altmaier)는 코로나19 이후 유럽 경제 회복에서 핵심 역할을 할 대상으로 해상 풍력을 중심으로 한 에너지 부문을 꼽았다.

우리나라에서야말로 에너지 전환이 그린 뉴딜의 중심에 놓여야 한다. 세계경제포럼(WEF)이 발표한 '에너지전환지수(Energy Transition Index) 2020'에 따르면 우리나라는 선진국으로 분류된 32개국 중 31위였다. 3년 연속 최하위권이다. 세계적인 추세로 볼 때 미래 우리의 경제 전망이 밝지 않음을 시사한다. 경제 회복과 일자리 창출을 위해 에너지 전환에 대대적인 재정을 투입해 시장을 바꾸고 확대함으로써 전환의 모멘텀을 확실하게 만들어야 한다. 2017년 6월 19일 문 대통령의 '탈원전 에너지 전환 선언'과 2017년 12월 '재생에너지 3020' 발표 후 2년 이상, 아니 3년이 다 되어가는데도 에너지 전환이 여전히 주춤거리고 있다. 이제는 그 이유를 분석하고 그린 뉴딜을 통한 대대적인 정부 재정 투입이 에너지 전환의 확실한 마중물 역할을 하도록 해야 한다.

적극적인 에너지 전환을 위해 수행 가능한 재정 지원 사업이나 필요한 제도 개선에 대해서는 이제까지 여러 다양한 방안이 제시되었다. 가장 대표적인 것이 기축 건물 개·보수 사업으로, 많은 인력을 고용하면서 국가 전체의 에너지 소비를 획기적으로 줄일 수 있는 방법이다. 특히 학교 옥상, 공공기관 건물 옥상과 주차장 부지, 고속도로와 철도변 등에 태양광 패널을 설치하고 작물 농사와 전기 농사를 함께 짓는 영농형 태양광 패널을 제작한다면 태양광 발전을 확대할 수 있다. 농촌에서는 '녹색 새마을운동'을 추진할 수도 있다. 지역 주민이 함께 참여해 가옥 개·보수와 단독이든 협동조합 방식이든 태양광 설치 사업을 추진하는 것이다. 또한 풍력발전 확대를 위해 국민-지자체-지역 주민 주주 만들기 방안도 추진해볼 만하다.

재생에너지 확대를 위해서는 송전 인프라 확충이 중요하다. 그러기 위해서는 송전선로 구축 사업과 함께 안정적이고 스마트한 송전망 운영 시스템을 갖춰야 한다. 내연기관차 퇴출은 예정된 만큼 전기차 시대로의 전환을 서둘러야 한다. 국내 배터리 기업들이 2020년 1분기에 글로벌 1위였다. 이는 우리 전기차 산업의 성장 가능성을 보여준다. 전기차 보급 확대를 위해 중고차 교환 프로그램과 전기차 의무 판매제, 저탄소 협력금제를 시행하면서 전기 충전 인프라 구축에 재정을 투입해야 한다. 하지만 전기차는 내연기관차에 비해 부품이 30%밖에 필요하지 않아 상당한 규모의 실업을 동반할 수 있는 만큼 이에 대한 대책이 동반되어야 한다. 에너지 전환 과정에서 고용 위기 산업은 물론 해당 산업이 입지한 고용 위기 지역이 있을 수 있다. 국토의 균형 발전을 염두에 두어 고용 위기 지역별로 기존 산업과의 연관성을 고려하면서 지역별 특성에 맞춘 디지털 그린 특구 지정도 가능하다. 이는 지역 균형 발전과 포용 가치에노 부합한다.

무엇보다 이런 시도가 가능하려면 부처 간, 중앙정부와 지방정부 간 규제 갈등을 제거하기 위한 업무 조율과 조정이 필요하다. 재생에너지 발전 사업자들의 투자 위험 부담을 덜고 프로젝트 파이낸싱(PF)이 가능하도록 예측 가능한 제도가 뒷받침되어야 한다. 중앙정부 주도의 계획 입지가 추진되어야 하고 에너지 전환을 관장하는 관제탑(control tower) 역할을 하는 부처나 위원회가 있어야 한다. 그래야 개별 사업에 대한 대대적인 지원과 투자가 효과를 볼 수 있다.

우리는 코로나19라는 비상 상황을 겪으며 혁신의 중요성과 함께 단절과 파격이 가능하다는 것을 배웠다. 대담한 사회적 실험이 가능하다는 사실도 알게 되었다. 코로나19 위기는 사고의 전환, 경제 운용 방식의 전환을 위한 기회이기도 하다. 이제 혁신적 아이디어를 실천에 옮겨야 한다. 팬데믹(pandemic)이라는 세계적 감염병의 대유행으로 '새로운 정상 사회(new normal society)'가 열리고 있다. 이제 인류 역사는 〈뉴욕 타임스〉 칼럼니스트 토머스 프리드먼(Thomas Friedman)의 말처럼 새로운 BC(Before Corona19)와 AD(After Disease)로 나뉠지도 모를 일이다. 우리는 지금 전환의 임계점에 서 있다.

제56장

코로나19 대응과 국방

여석주 정책기획위원회 평화번영분과 부위원장, 전 국방부 정책실장

인류의 역사에서 국가라는 공동체가 생긴 것은 약 1만 년 전이다. 이후 국가에는 정치 형태와 무관하게 당대의 역할이 요구되어왔다. 그에 따라 국가는 안보국가로 출발해 발전국가를 거쳐 민주국가로 변화했다. 그리고 21세기에는 많은 나라가 복지국가를 지향하며 나아가고 있다. 우리 대한민국도 1919년 중국 상하이에서 태동한 이래 이승만 정부에서 전형적인 안보국가의 모습을, 박정희 정부에서 안보에 더한 발전국가의 모습을 보였다. 그리고 민주국가를 거쳐 최근에는 복지국가를 지향하고 있다. 이러한 국가의 역할 변화에 따라 국가의 기본 기능인 안전보장(이하 안보)의 의미도 변화해왔다. 국토의 분단과 동족상잔의 전쟁을 거쳤던 대한민국의 안보는 외부로부터의 군사적 위협, 특히 북한의 침략에 대응하는 것 외에는 주의를 돌릴 틈이 없었다. 그러나 냉전 종식과 대규모 열전(熱戰) 가능성의 감소는 안보에 대한 시선과 이해의 변화를 요구하는 동시에 안보 분야 종사자의 자발적인 역할 확대와 기능 변화라는 노력을 불러왔다. 이러한 역할 확대와 기능 변화를 집약한 단어가 포괄안보 개념이다. 포괄안보는 전통적인 군사적 안보와 오늘날의 테러, 재난, 전염병 등 새롭게 등장한 비군사적 안보를 통칭한다. 더 나아가 1994년 유엔(UN)이 제시한 인간 안보는 인간

개발의 중요성, 테러나 전염병 등 초국가적 위험의 확산, 인권 및 인도주의적 개입 상황과 결부되면서 더욱 부각되고 있다.

포괄안보의 등장

우리나라에서 포괄안보 개념이 안보 문헌에 본격 등장한 것은 노무현 정부 때부터다. 전통적 군사 위협에 더하여 대규모 재해·재난을 안보 위기로 인식하면서 청와대 위기관리센터가 주도하여 재해·재난 대응을 위기관리 매뉴얼에 포함시켰다. 아울러 실질적 집행을 위하여 행정안전부 산하 소방방재청에 안전 관리 업무를, 보건복지부 산하 질병관리본부에 감염병을 포함한 질병 관리 업무를 전담시켰다. 그리고 국가 차원의 안전 및 질병 관리를 지원하기 위한 국방부와 군의 역할과 기능을 강조하기 시작했다. 이는 문재인 정부에서도 계속 이어졌다. 특히 국방개혁 2.0에서는 '초국가적·비군사적 위협에 대해 포괄안보 차원에서 군의 역할을 정립하고, 국내외 유관 부처 및 기관과 협조체제 구축'을 개혁 과제로 선정하여 추진해왔다. 이러한 노력이 실질적으로 빛을 발한 것은 2019년 4월 발생한 강원도 고성·속초 대형 산불의 성공적인 진화 작업이다. 과거 크고 작은 산불 진화에 군 병력과 장비가 투입된 사례는 수없이 많았다. 그럼에도 고성·속초 산불 진화 작업이 높이 평가받는 이유는 국가 자원의 신속한 동원과 효율적 활용 때문이다. 화재 당일인 4월 4일, 전국에 산재한 소방차 872대와 소방공무원 3,251명이 소방청장의 단일 지휘하에 동원되어 일사불란하게 진화 작업에 투입되었다. 다음 날에는 일출과 동시에 군 헬기 32대,

[그림 6-7]

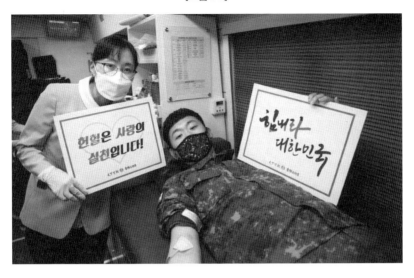

군 보유 소방차 26대, 군 장병 1만 6,500여 명이 화재 현장으로 투입되었다. 이와 같은 신속한 대응 덕분에 고성·속초 산불은 불길이 도시까지 덮친 이례적인 상황임에도 문화재 피해 0건, 소방 인명 피해 0건, 군 장병 피해 0건, 발화 21시간 만에 진화율 100%를 달성했다. 이로써 고성·속초 산불 진화 작업은 포괄안보를 표명한 이래 청와대가 국가 재난 컨트롤타워를 자처하면서 만든 첫 번째 성공 사례가 되었다. 그리고 이제 2020년 코로나바이러스감염증-19(COVID-19), 즉 코로나19 대응으로 포괄안보의 두 번째 성공 사례 달성을 목전에 두고 있다.

　동서양을 막론하고 위기를 맞은 조직의 리더들이 즐겨 사용하는 구호가 있다. "위기는 위험이자 기회"가 그것인데, 이는 사실 중국어 해석의 오류에서 비롯된 말이다. 하지만 2020년 코로나19에 대응하는 대한민국의 모습을 보면 해석의 오류가 아닐 수도 있다는 생각이 든다. 올해 1월 우리는 중국의 코로나19 일일 확진자가 2,000명이 넘는다는 소식을 불안하게 지켜봤고, 2월에는 대구의 일일 확진자가 800명이 넘는다는 소식에 불안을 넘어 공황에 가까운 심정이었다. 그러나 5월, 비록 더디지만 우리는 일상을 되찾아가고 있다. 더불어 코로나19에 대응하는 K-방역이 전 세계에 모범 사례로 찬사를 받는 급반전을 경험하고 있다. 이는 '위기는 위험이자 기회'라는 말이 아니고서는 설명하기 어려운 상황이다. 우리 국민들의 적극적인 '사회적 거리두기' 참여와 의료진의 헌신 덕분이라는 것은 불변의 사실이며, 질병관리본부를 중심으로 한 제반 국가기관의 역할도 그 어느 때보다 성공적이었다. 특히 국난 극복이 특기라는 이 땅에서 고비 때마다 역할을 다한 국방부와 군의 기여도 반드시 기억되어야 한다. 이에 '코로나19 대응에서 국방부와 군의 역할'을 조명하는 기회를 갖고자 한다. 물론 코로나19가 아직 진행 중이고, 도시화·세계화 흐름과 겹쳐 빈발의 위험이 있는 만큼 개선 방안도 함께 살펴보고자 한다.

우리 속담에 "호미로 막을 것을 가래로 막는다"는 말이 있다. 사태 초기에 처리했으면 쉽게 해결되었을 일을 방치했다가 나중에 큰 힘을 들이게 된다는 뜻이다. 2020년 5월 14일 기준, 코로나19 확진자가 발

〈표 6-2〉 국방부와 군의 코로나19 대응

군내 감염 차단	범정부 대응 지원
△ 고강도 거리두기 △ 예방적 격리 및 진단 △ 자체 방역	△ 의료적 지원 　- 국가 감염병 전담 병원 운용 　- 군 의료 인력 지원 △ 비의료적 지원 　- 해외 입국자 검역 　- 물자 수송 　- 지역 방역 　- 지방자치단체 행정 지원 　- 격리/치료 시설 운영 지원

생한 213개 국가의 관련 데이터를 보면 '호미로 막은 나라', '가래로 막은 나라', '가래로도 못 막고 있는 나라'로 구분할 수 있다. 코로나19가 아직 진행 중이지만 대한민국은 '호미로 막은 나라'로 평가된다. 코로나19 대응에서 국방부와 군의 역할은 바로 '호미' 중의 일부분이었다. 지금까지 투입된 18만 679명의 병력과 2만 1,931대의 장비는 그 규모만으로도 의미가 있지만, 그에 앞서 투입된 시기와 장소, 그리고 용도에 더 큰 의미가 있다. 국방부와 군의 코로나19 대응을 요약하면 앞의 표와 같이 군내(軍內) 감염 차단과 범정부 대응 지원으로 이루어진다고 하겠다.

군내 감염 차단

역사적으로 보더라도 군과 감염병의 관계는 떼려야 뗄 수 없다. 제1차 세계대전의 조기 종전 원인 중 하나로 스페인 독감을 들 정도다. 1918년 스페인 독감이 팬데믹으로 번지면서 감염으로 인한 사상자를 감당할 수 없었던 것이다. 또한 군부대가 감염병 확산의 원인이 된 사례도 적지 않았다. 1918년 9월, 미국 필라델피아에서 열린 자유 국채(liberty bond) 판촉 퍼레이드에 참가한 미군 부대에 이미 많은 수의 스페인 독감 환자가 포함되어 있었다. 군의관들의 만류에도 강행된 퍼레이드에 시민 20만 명이 어울려 참관했다. 그로부터 4주 후 필라델피아에서 스페인 독감으로 인한 시민 사망자가 4,500명이나 발생했다.

군 조직과 같은 집단생활을 하는 곳은 감염병 확산에 매우 취약할 수밖에 없다. 이에 국방부와 군은 코로나19 발생 초기부터 철저한 준

[그림 6-8]

비로 감염 차단에 주력했다. 온 국민이 '사회적 거리두기'를 실행하기
한 달 전부터 우리 군은 전 장병의 휴가, 외출, 외박, 면회를 금지했다.
또한 간부들도 일과 후 숙소에서 대기하는 등 한층 강화된 고강도 거
리두기를 실천해왔다. 아울러 방역 당국의 격리 기준보다 강화된 '예
방적 격리기준'을 전군에 적용하고 격리 해제 시에도 코로나19 감염
여부를 가리는 PCR(Polymerase Chain Reaction) 검사를 2회씩 시행하는
등 방역 관리에 만전을 기했다. 이렇듯 철저한 감염병 유입 차단을 기
반으로 군사대비태세를 유지한 가운데 범정부적 코로나19 대응을 지
원할 수 있었다.

전시에 준한 지원

코로나19 대응에서 국방부와 군이 K-방역의 호미 역할을 할 수 있었던 것은 '적을 얕보면 반드시 패한다'는 경적필패(輕敵必敗)의 교훈을 잊지 않았기 때문이다. 그리고 범정부 대응 지원에서도 그동안의 대민 지원과는 다른 차원의 지원 개념을 설정했다. 지난 2월 28일, 정경두 국방부 장관은 긴급 주요 지휘관 회의에서 "전시에 준한다 생각하고 다른 기관의 요청이 있기 전에 군이 먼저 가용한 모든 자원을 대구·경북 지역 코로나19 확산 대응에 투입하라"며 국방부의 대응 개념을 명확하게 보여줬다. 이는 국내 코로나19 확진자가 500명 이상으로 폭증한 데 따른 결정으로, '사전 보고 및 승인 후 실시'라는 기존의 대민 지원 원칙을 완전히 바꾼 것이었다. 결론적으로 우리 군은 코로나19 대응에서 경적 필패의 교훈에 따라 군내 감염 차단에 성공했고, 이를 바탕으로 전시에 준한 범정부 대응 지원에 전력을 기울일 수 있었다. 범정부 대응 지원은 국방부 방역대책본부를 중심으로, 의료 지원은 국군의무사령부가, 비의료 지원은 국방신속지원단이 컨트롤타워를 맡으며 전례 없는 속도와 강도로 추진되었다.

군의 의료적 지원

의료적 지원은 '국가 감염병 전담 병원 운용'과 '군 의료 인력 지원'으로 구분하여 시행되었다. 코로나19 대응을 위해 국군대구병원과 대전병원을 국가 감염병 전담 병원으로 지정해 운용했다. 그중에서도 국군대구병원은 대구·경북 지역의 확진자 폭증에 대응하는 시급한 임무를 부여받았다. 이에 육군 제1117공병단이 긴급 투입되어 7박 8일의 철야 작업으로 98개 병상을 303개 음압 병상으로 확대시키는 어려운 과제를 완수했다. 정상적인 공사 일정에 비해 기간을 1/3로 단축해야 하는 고난도 임무를 맡은 공병단장은 장병들 앞에서 "이것이 우리가 군복을 입고 있는 이유다. 위기에 빠진 국민은 곧 우리 아버지, 어머니와 같다. 이번 공병 작전이 코로나19 극복의 전기가 될 것이다"라고 당부했다. 이렇게 완공된 국군대구병원 음압 병동에 전군에서 차출된 군의관과 간호장교가 투입되었다. 특히 졸업을 앞둔 국군간호사관학교 생도 75명은 임관식을 앞당겨 실시하고 총원 대구로 파견되었다. 이들 75명은 전원 간호사 국가고시에 합격한 것은 물론 1,080시간에 달하는 임상 실습을 이수한 최우수 의료 자원이다. 문재인 대통령도 "절대 잊지 않겠다"고 격려한 그들의 헌신은 초기 확진자 폭증으로 불안해하던 우리 국민들에게 많은 감동과 위로가 되었다.

코로나19 범정부 대응의 한 축인 군 의료 인력 지원은 사태 초기부터 의료 인력 공백 방지를 위한 것이었다. 1월 27일 전국의 공항 및 항만 검역소 21곳에 군의관, 간호장교 등이 검역 지원 임무에 투입되었다. 2월 5일 광주 소재 21세기병원에서 코로나19 확진자가 나오며 의료진이 격리 조치되자 군 의료지원팀이 파견되어 진료 공백을 막았다. 이후 대구 지역에 본격적인 군 의료 인력 지원이 집중되었고, 5월 12일 기준 2만 8,647명의 군 의료 인력이 범정부 대응 지원에 나섰다. 군 의료 인력은 국군대구병원뿐 아니라 대구 지역 민간 전담 병원인 동산병원에도 파견되어 폭증하는 진료 소요에 대응했다. 동산병원 지원에 편성된 1차 군 의료지원팀은 군의관 10명, 간호장교 10명으로 구성되

[그림 6-9]

었으며, 파견 기간 중 군의관 1인이 500명의 환자를 진료할 정도로 사투에 가까운 임무를 수행하였다. 이처럼 과중한 임무를 수행한 군 의료 지원 인력 중에 감염 사례가 없었던 것도 특기할 만하다. 군 의료 장비의 기여도 역시 적지 않았다. 특히 선별진료소로 운용된 육군의 이동 전개형 의무 시설은 임상병리실, 에어 텐트, 음압기, 이동형 방사선 장비, 혈액검사 장비 등이 갖춰져 있어 민간 시설이 절대적으로 부족했던 초기 단계 대응에 지대한 역할을 했다.

군의 비의료적 지원

범정부 대응 지원에서 비의료적 지원의 중요성도 반드시 기억해야 할 부분이다. 비의료적 지원에서 가장 먼저 시행된 것은 해외 입국자 검역 지원이었다. 국방부는 코로나19 사태 초기였던 2020년 1월 28일, 군 의료 인력 17명과 업무 지원 인력 89명을 전국 공항 및 항만 검역소 21곳에 투입했고, 30일에는 중국어 통역을 포함해 107명을 추가 지원했다. 공항 및 항만 검역소는 한국으로 들어오는 외국인들이 마주하는 첫 관문으로 코로나19 대응의 첫걸음이자 최전선이었다. 유사 이래 최고 강도의 특별 검역을 시행한 검역소의 핵심 인력은 다름 아닌 군 지원 인력이었다. 군의관과 간호장교로 구성된 군 의료진은 선별진료소의 필수 인력으로서 기초 역학조사, 인플루엔자(독감) 배제 진단, 검체 채취 임무를 수행했다. 입국 절차 지원은 파견을 자원한 병사들이 맡아서 중국발 승객과 승무원의 분류·인솔, 건강 상태 질문지 작성, 자가 관리 진단 앱 설치, 국내 연락처 확인 업무를 진행했다. 특히 특별 검역 신고 업무에 지원한 통역 장교들도 검역소의 업무 가중을 막는 데 큰 도움을 주었다. 21개 검역소 중 가장 많은 입국자를 처리한 인천국제공항 검역소장은 언론과의 인터뷰에서 "국방부와 군의 인력 지원이 없었다면 인천공항을 이렇게 촘촘히 검역할 수 없었을 것"이라고 술회했다.

방역 물자 수송도 사태 초기에 핵심적 역할을 했다. 코로나19 확산 저지를 위한 핵심 수단은 개인용 마스크였다. 한때 '마스크 대란'이라고까지 불렸던 수급 불안정 문제는 사태 초기의 최우선 해결 과제였다. 2월 28일 정부 관계기관 회의를 통해 마스크 수급 안정을 위한 군 인력과 차량 지원이 결정되자 부산, 전주, 파주, 안성, 인천, 동해 등 마스크 생산업체에 군 인력과 차량이 투입돼 제품 포장과 배송 임무를 맡았다. 특히 민간 업체에서 대구·경북 지역에 대한 수송을 기피하자 운전 경력이 풍부한 부사관 16명과 차량 16대로 구성된 전담 수송팀이 파견되었다. 전담 수송팀은 감염 예방을 위해 방호복을 갖춘 상태에서 대구·경북 지역의 긴급 의료 물자를 수송하는 동시에 정부 비축 물자, 대한적십자사 위문품 등의 물자 수송을 지원했다. 물자 수송 지원에서 특기할 만한 사례는 공군 수송기 C-130J 2대를 긴급 투입하여 해외 방역 물자까지 공수한 것이다. 애초 보건복지부는 미얀마에서 수술용 가운을 수입하기로 했지만, 갑자기 국적 항공기 운항이 중단되면서 물자를 들여오지 못할 위기에 처했다. 이에 국방부는 과감하게 군 수송기를 보내는 결단을 내렸고, 공군 제5공중기동비행단 소속의 C-130J 수송기 2대는 무박 2일로 강행된 수송 임무를 성공적으로 완수했다. 군 수송기가 민간 해외 물자 도입에 투입된 것은 이번이 처음으로, 미얀마 소재 한국 공장에서 생산한 수술용 가운 8만 벌을 공수하여 대구·경북 지역 등 전국 의료 시설에 전달했다.

지역적으로 가장 광범위하게 이루어진 지원은 지역 및 시설 방역이었다. 대구·경북 지역을 비롯해 군이 방역 및 소독에 투입한 인원은 연인원 2만 9,946명에 이르며 제독차 등 장비도 총 2만 1,579대가 동원됐다. 특히 제2작전사 현장방역작전팀은 화생방부대로서 전문성을 발휘하여 대구 한마음아파트, 한사랑 요양병원 등 코로나19로 인해 생긴 코호트 격리 시설과 같은 고위험 지역의 방역 작전을 도맡아 실시했다. 전국적으로 실시된 지역 방역에서 가장 널리 활용된 장비는 KM9 및 K10 화생방 제독 차량으로 도로나 광장 같은 넓은 공간에 투입되었다. 장병들이 등에 메고 사용하는 중형 제독기는 실내의 좁은 공간 방역을 맡았다. 특히 코호트 격리 시설과 같은 고위험 시설에는 화생방사령부가 보유한 과산화수소 이온발생기와 양압형 공기 호흡기 2형과 특수 장비가 투입되어 높은 살균력으로 코로나19를 박멸했다.

코로나19의 확산세가 한풀 꺾인 3월 중순부터 우리 군의 방역 작전은 대규모 방역에서 생활 밀착형 방역으로 전환하여 방역 사각지내 해소 및 감염원 발생 차단에 중점을 두었다. 국민의 생활공간으로 직접 찾아가는 세심한 방역 작전으로 철도역 및 복합 환승센터, 지역 주민 시설, 교통수단, 학원 등등 생활 밀착형 방역으로 사각지대를 최소화했다. 비의료적 지원 분야는 지방자치단체 행정 지원, 격리·치료 시설 운영 지원, 지역 농수산물 팔아주기 운동, 해외교포 원격 의료 상담 등 일일이 열거하기 어려울 정도로 많았다. 그중에서도 장병들의 자발적인 헌혈 운동은 국가 의료 체계 정상화에 큰 도움을 주었다. 코로나19 확산으로 단체 헌혈이 급감하면서 대한적십자사 혈액관리본부의 혈액 보유량이 3~4일 치로 떨어지자 10만 명의 군 장병이 소매를 걷고 헌혈에 참여해 혈액 공급 안정화에 이바지했다.

특히 국방부와 군의 헌신적 대응이 실시간으로 전해질 수 있었던 것은 사태 초기에 지체 없이 대구 지역에 파견된 〈국방일보〉 기자단 덕분이다. 지원자로 편성된 〈국방일보〉 기자 단은 정확한 현지 상황과 장병들의 활동을 생생하게 전했고, 감염 지역에 접근하지 못하고 있던 일반 언론을 위해 사진과 동영상을 제공했다. 아울러 '인포데믹 (infordemic, 잘못된 정보가 온라인 등을 통해 빠르게 확산되는 현상을 뜻하는 신조어)'까지 우려되었던 사태 초기에 정확한 현지 상황과 올바른 대처법을 전 장병에게 꾸준히 전달한 것은 국방 홍보 전문 매체로서 시의적절한 역할이었다.

팬데믹 대응 개선 방안

코로나19 대응에서 국방부와 군의 헌신적 지원은 발생한 사태를 호미 수준에서 막는 데 결정적으로 기여했다. 무엇보다도 조기에 군내 방역에 성공함으로써 군사대비태세를 견고히 유지했기 때문에 이를 바탕으로 의료적·비의료적 지원을 포함한 가용한 모든 자원을 범정부 대응 지원에 투입할 수 있었다. 하지만 코로나19 사태가 아직 진행 중이고 안심할 수 없는 단계이므로 차후 개선책에서 고려되어야 할 몇 가지를 제시하고자 한다.

첫째, 팬데믹 대응을 계획하고 준비함에 있어 국방부와 군의 지원을 상수로 고정하지 말아야 한다. 물론 팬데믹 대응에서 군은 늘 준비되어 있고(always prepared), 빠르게 전개할 수 있으며(rapid deployable), 자급자족(self sustained)이 가능한 장점이 있다. 그러나 군 본연의 임무는 군사적 위협 대응인 만큼 지원이 불가능한 상황은 언제든지 발생할 수 있다. 따라서 계획 수립 시 국방부와 군의 지원은 비상 상황에 대처하는 변수 차원이어야 한다.

둘째, 포괄안보 차원에서 비전통적 위협에 군 인력과 자산의 투입을 보장하는 법령과 제도의 정비가 필요하다. 코로나19 대응에서는 '전시에 준한' 상황 인식이 제반 지원의 적시성과 적합성을 보장했다. 그러나 필요한 법령과 제도의 밑받침이 없을 경우 예상치 못한 사고나 위험에 대처하기 곤란할 수 있고, 사태가 장기화할 경우 지속성을 유지하기도 어렵다. 이를 위해 「통합방위법」, 「예비군법」, 「재난 및 안전관리 기본법」과 같은 동원 관련 법령의 개정과 '유관 기관 통합 지휘 정보화 체계' 구축 등이 필요하다.

셋째, 전쟁 대응을 위한 'War game'과 같은 팬데믹 대응을 위한 국가 차원의 'Germ game'이 필요하다. 'Germ game'은 빌 게이츠가 5년 전에 역설한 것으로 균과의 전쟁을 상정하고 모의 훈련을 해야 한다는 내용이다. 국가의 모든 가용 자산과 자원이 참여하는 범국가 연습이 빠른 시간 내에 준비 및 시행되어야 한다.

전 세계적으로 확산하고 있는 코로나19는 우리의 일상을 큰 폭으로 변화시켰으며, 장기화될 것이라는 전망까지 나오고 있다. 그러나 한국은 스마트한 대응과 공격적 방역 등 대처에 있어 모범적인 사례로 평가받고 있으며, 지금 이 시간에도 전국 각지에서 국군 장병들이 지원 임무에 최선을 다하고 있다. 장병들의 헌신과 노고에 깊은 감사를 전하며, 코로나19 위기가 오히려 국격을 상승시키는 전화위복의 계기가 되고 남북관계 개선의 전기가 되기를 소망한다.

제57장

디지털 전환 + 코로나19 시대 일자리의 미래

문진영 정책기획위원회 포용사회분과위원장, 경기도일자리재단 대표

광장과 밀실

돌이켜보면 지난 20세기 후반은 사람들이 모여 소통하던 광장의 세기였고, 세계화와 집단 안보를 두 축으로 평화 정착과 경제적 번영을 동시에 이루었던 진보의 세기였다. 특히 시민 참여 민주주의의 정착과 노동 3권 보장을 통한 노동자 권익 향상, 그리고 국민의 기본 생활 보장을 핵심으로 하는 복지국가의 등장과 같은 일련의 세기적 개혁도 사람들이 모여서 교류하며 소통하고 때로는 집단적으로 저항하였던 광장의 문화가 있기에 가능하였다. 한국의 현대사만 보더라도 1960년 4·19 혁명, 1980년 5·18 민주화 운동, 1987년 6월 민주 항쟁, 그리고 최근의 촛불 집회까지 한 시대를 마감하고 새로운 시대로 나아가는 변곡점에는 항상 사람들이 모여들어 하나의 목소리를 이루던 광장이 있었다.

하지만 코로나19 상황에서 개인은 원자화되고 파편화된 밀실 문화로 후퇴하였고, 국제적으로는 인적·물적 교류가 통제되는 성곽도시화되어 속물적 자원민족주의와 천박한 인종주의가 대두되고 있다. 이러한 상태가 고착될 경우, 이성이 창출한 최고의 진보적 가치인 '포용성'

이 위협 받을 가능성이 크다. 하지만 우리 인류는 위기를 기회로 만들어 문명세계를 더욱 발전시킨 경험과 지혜를 가지고 있다. 더욱이 21세기 들어 가속화되고 있는 디지털 전환(digital transformation)과 맞물려, 코로나19의 재난적 위기도 결국 새로운 질서(뉴노멀)의 창출로 이어질 것으로 기대한다.

디지털 전환과 코로나19의 중첩적 위기

역사에서 주기적으로 나타난 재난의 특징은 첫째, 재난은 결코 평등하지 않으며, 둘째, 사회의 가장 약한 고리를 집중 공략하는 못된 습성을 가지고 있다는 것이다. 재난적 위기의 고통이 사회 취약 계층에게 가장 먼저 오고, 가장 강하게 괴롭히며, 가장 나중까지 남아 있는 이유이기도 하다. 그리고 재난적 위기로 가속화된 사회 양극화는 위기가 종식되어 경제가 안정된다 해서 완화되거나 해결되는 것이 아니라, 그 사회의 새로운 질서로 정착하는 패턴을 보인다. 이것이 바로 한국 사회에서 노동시장 양극화와 소득 양극화 수준이 1997년 IMF 경제위기 이전으로 다시 돌아가지 못하는 이유이기도 하다. 여기에 디지털 전환 과정에서 디지털 디바이드(digital divide), 즉 정보 격차가 더해지면 자본, 기술, 좋은 일자리, 여론, 정보, 기회, 능력, 인맥, 그리고 지성마저도 다 가진 소수의 지배계급과 사실상 아무것도 갖지 못한 대다수 피지배계급으로 분열이 가속화될 가능성이 있다.

일반적으로 디지털 전환을 다음의 세 가지 속성으로 설명한다. (1) 기하급수적 기술 진보, (2) 융·복합과 불확실성, 그리고 (3) 탈경계화가 그것인데 이는 현재 전 인류를 재난 상황으로 몰아넣고 있는 코로나19와 가슴이 서늘할 정도로 닮아 있다. 첫째, 인공지능의 발전 수준과 코로나19의 창궐 속도는 모두 기하급수적 지수 증가를 통하여 인간의 통제 범위를 넘어서고 있다. 인공지능의 수준이 기하급수적으로 높아져 인간의 노동 능력을 넘어서게 되면, 대부분의 일자리를 대체하며 일자리 생태계를 파괴할 것이다. 코로나19도 마찬가지다. 대부분의 나라에서 코로나19의 창궐도 지수 증가를 거듭하여 사회의 의료 자원이 통제할 수 있는 수준을 넘어서는 미증유의 재난 상태가 되고 있다.

둘째, 제4차 산업혁명이 도래하면서 모든 사물이 연결되고 제조업과 서비스업의 융·복합으로 산업의 경계가 무너짐에 따라 신산업이 출현하여 우리 삶과 미래가 불확실해지고 있다. 코로나19 역시 지금까지 인류가 경험하지 못한 새로운 질병으로, 그 자체를 정의하고 예측하기 어려워 대응 체계를 마련하는 것이 불가능하다. 그렇다 보니 과연 이 감염병이 우리의 미래를 어떻게 바꿀지, 불확실의 공포로 몰아넣고 있다.

셋째, 제4차 산업혁명으로 초고속 무선통신과 클라우드 네트워크가 발전하면서 상품 간, 상품과 사람 간, 그리고 사람 간에 경계가 무너지고 초연결(hyper-connectivity)되고 있다. 쉽게 말해 사람들이 초연결되어 있는 21세기 페이스북에서는 20세기에 사람을 나누던 국적, 인종, 계급, 성별, 학력 등의 분할선은 중요하지 않다. 코로나19 역시 국적, 인종, 계급, 성별을 넘어 창궐하는 탈경계적 속성을 가지고 있다. 이와 같이 디지털 전환과 코로나19는 '따로 또 같이' 새로운 질서를 추동하고 있다.

코로나19 이후의 일자리

디지털 전환과 코로나19의 중첩적 위기는 일자리 영역에서 더욱 강하게 나타나는 모습을 보인다. 특히 올 상반기부터 세계경제가 대침체기에 접어들면서 대량 실업 사태가 전 세계에서 동시다발적으로 발생하여 "전염병에 걸려 죽기 전에, (일을 못 해) 굶어죽게 생겼다"는 호소가 이어지고 있다.

저명한 노동경제학자로서 미국 클린턴 행정부 시절 노동부 장관을 지낸 바 있는 로버트 라이시(Robert Reich) 교수는 2020년 4월 26일 〈가디언(The Guardian)〉에 실은 기고문에서 코로나19 이후 미국 사회에 네 개의 새로운 계급이 등장하고 있다고 분석하였다. 첫 번째 계급은 원격 근로가 가능한 근로자들(The Remotes)이다. 주로 전문성을 갖춘 전문가, 경영자 그리고 기술자들이 이 계급에 해당한다. 이들은 IT 기술의 발전을 십분 활용하여 집 안에서 세계 각국의 사람들과 화상회의를 할 수 있으며, 대부분의 업무는 사무실 바깥에서 컴퓨터로 수행하고 있다. 임금이 삭감될 위험도 없고, 상대적으로 안정적인 고용 상태를 보이는 이들은 전체 미국 근로자의 약 35% 정도를 차지한다. 두 번째 계급은 필수 노무 제공자들(The Essentials)이다. 간호사, 요양보호사, 아동 보육교사, 농부, 트럭 운전사, 경찰관, 소방관, 군인 등으로 미국 근로자의 약 30%가 이에 해당된다. 이들 대부분은 고객과의 대면 서비스를 제공하는데, 그중 상당수가 코로나19 감염으로부터 자신을 보호하는 장비가 부실하며, 아파도 유급 병가나 휴가를 제대로 이용하지 못하는 등 건강 보장의 사각지대에 머무르고 있다. 세 번째 계급은 무급 노동자(The Unpaid)로, 회사의 경영상의 이유로 무급 휴직 중인 근로자나 무급 가족 종사자들이 해당된다. 이들은 미국 취업자의 약 25%를 차지하고, 현재 미국 실업자보다 규모가 크다. 마지막은 잊힌 사람들(The Forgotten), 즉 사회적 거리두기가 현실적으로 불가능한 사람들이다. 교도소 수감자들이나 불법체류자 구치소, 이주 노동자 캠프, 원주민 보호구역 거주자, 노숙인, 그리고 생활 시설 거주자들이다. 이들은 코로나19에 무방비로 노출되어 있기 때문에 적극적으로 진단하고 적절한 의료 이용과 충분한 거리두기를 해야 하는데도 이들 중 극히 소수만이 이런 혜택을 받고 있다.

이와 같이 재난이 계급 양극화를 초래하는 사례는 현재 미국 사회가 웅변으로 보여주고 있다. 제1계급이라 할 수 있는 원격 근로자들은 디지털 산업의 눈부신 발전 덕분에 안락한 작업 환경에서 상대적으로 높은 임금 수준과 안정적 고용 상태를 유지한다. 반면 나머지 세 계급(필수 노무 제공자, 무급 노동자, 잊힌 사람들)은 코로나19 위기와 함께 디지털 전환의 희생자가 될 위기에 처해 있다. 물론 코로나19로 인한 새로운 계급의 등장과 계급 간 분열 현상은 비단 미국 사회만의 문제는 아닐 것이다. 한국 노동시장도 예외는 아니다. 한국은행 조사국의 최근 연구에 따르면, 비(非)재택근무(비원격 근무) 일자리는 전체 취업자 중에서 74%, 고(高)대면일자리는 55%로 나타났으며, 특히 감염에 취약한 비재택·고대면 일자리는 전체 취업자의 46%에 이르고 있다. 또한 코로나19에 대한 고용 취약성은 저소득, 저학력, 저기술, 청년, 여성 등 취약 계층에서 상대적으로 더 높게 나타나고 있다. 하지만 코로나19가 창궐하기 이전부터 경제 활력은 이미 떨어지고 있었고, 특히 디지털 전환으로 고용 취약 계층의 일자리는 심각하게 훼손되고 있었다. 사실 코로나19는 시간이 문제이지만 결국은 인간의 통제 범위에 들어와 관리될 것이다. 그런데 디지털 전환에 따른 일자리 생태계의 손상은 감염병 창궐과는 차원을 달리하는 영속적이고 구조적인 문제를 가지고 있다.

디지털 전환과 기술적 실업

현대를 살아가는 우리에게 '일자리'는 생활의 방도이자 자아를 실현할 수 있는 공간이자 사회적 관계를 맺고 이어주는 네트워크로, 일상생활에서 가장 중요한 필수 요소이다. 하지만 일자리는 기계제 대공업이 정착된 18세기말 이후에 새로 등장한 개념으로, 그 이전에는 생

[그림 6-1이 〈양털을 손질하는 노동자들〉(1519년)

출처: 아이작 반 스와넨브르크 작품.

활상 활동(activity)과 직업상 일(work)이 명확하게 구분되지 않았다. 풍차나 우마(牛馬)와 같은 자연에너지를 이용하여 자연을 경작하는 행위와 화석에너지를 사용한 기계를 이용하여 일하는 일자리는 천양지차이다. 특히 장원경제의 해체로 노사라는 새로운 생산관계에 편입된 노동자는 비약적으로 발전하는 기술이 장착된 기계에 노동력을 투입하면서 생산 과정에 참여하게 되었다. 그러면서 노동력은 상품으로 시장의 수급에 따라 자유롭게 사고 팔리게 된다. 즉 기계제 대공업 체제하에서 상품화된 노동력이 수요에 따라 수급이 조절되면서 실업이라는 새로운 사회문제가 나타나게 된 것이다.

16~17세기 영국에서 발흥한 인클로저운동(enclosure movement)기에는 "양이 사람을 잡아먹었다"[1]면 18~19세기의 기계제 대공업의 확산은 기계가 노동자들을 잡아먹는, 이른바 기술적 실업자를 양산하기 시작하였다. 이런 점에서 인클로저운동으로 농경지에서 추방당했던 농민들이 목축 울타리를 파괴한 케트의 난(Kett's Rebellion, 1549년)과 뉴턴의 난(Newton Rebellion, 1607년)이 일어났다면, 19세기 초 방직기의 발전으로 실업자가 양산되자 방직 노동자를 주축으로 기계파괴운동(luddite movement, 1811~1816년)이 일어난 것은 필연적 결과였다.[2]

---

1 당시 농경지와 공유지가 목축지로 바뀌는 과정에서 수많은 농부가 농사지을 땅에서 쫓겨나자, 토마스 모어는 "양은 온순한 동물이지만, 영국에서는 양이 사람을 잡아먹는다"라고 표현하였다.

2 기계파괴운동을 벌인 사람들은 방직 노동자라기보다는 자본가로부터 하청을 받아 납품하는 방직 수공업자였다. 이들은 방직기의 도입이 자신의 일자리를 줄일 것을 염려하여 방직기를 파괴하는 운동을 벌이게 된다. 이러한 기계파괴운동은 산업혁명기 시장경제에서 착취당하는 노동자들이 단결하여 자신의 권익을 주장한 최초의 노동운동이라는 점에서 역사적 의미가 있다. 이후 이 운동은 노동자들의 선거권을 요구하는 차티스트운동으로 이어지고, 이 선거권을 바탕으로 1900년 노동자의 정치적 이익을

하지만 19세기에 기계파괴운동을 조직하였던 방직 노동자들의 우려는 현실화되지 않았다. 오히려 19세기 중후반을 거치며 산업화에 박차를 가하면서 일자리는 지속적으로 증가하였다. 한 사회의 고용률이 노동자를 일자리로 끌어들이는 힘과 노동자를 내치는 힘의 균형에서 결정된다면, 실상 산업화 이후 어느 나라에서도 일자리는 줄어들지 않았다. 결국 기술의 발전에 따라 일자리를 보완하는 긍정적 힘이 일자리를 대체시키는 부정적인 힘보다 우위에 있었다는 것이다. 대니얼 서스킨드(Daniel Susskind)는 그 이유에 대해 다음과 같이 깔끔하게 정리하고 있다.[3]

첫 번째는 생산성 효과이다. 기술의 진보에 따라 생산성이 높아지면 품질 좋은 재화와 용역을 싼값에 대량으로 공급할 수 있고, 이는 그 상품의 수요 증가로 이어져 노동력의 수요를 창출한다. 이른바 생산성 향상의 선순환 구조를 말한다. 두 번째는 파이 확대 효과이다. 경제가 성장하면(파이가 커지면) 사람들이 상품을 소비할 소득이 늘어나게 되고, 그런 상품을 생산하는 데 필요한 노동 수요 역시 증가한다. 마지막 세 번째는 파이 탈바꿈 효과로 설명할 수 있다. 기술의 진보에 따라 새로운 가치 생산 영역이 만들어지면서 노동수요 역시 충분히 창출되어 왔다는 것이다. 예를 들어 1960년대 한국의 산업화 초기에 경공업을 중심으로 노동 수요가 일어났다면, 1970년대와 1980년대에는 중화학 공업에서, 그리고 2000년대 들어서면서는 IT 산업에서 엄청난 노동 수요가 창출되었다.

대표하는 노동자대표위원회가 결성되어 영국 노동당의 창당(1906년)으로 이어진다.
3 대니얼 서스킨드, 《노동의 시대는 끝났다》, 김정아 옮김, 와이즈베리, 2020, 35~40쪽.

하지만 기술 진보에 따른 일자리 보완 효과를 디지털 전환기에도 기대할 수 있는가? 다시 말해 '기계와의 경쟁'[4]에서 인간의 노동이 살아남을 수 있는가? 이에 대해서는 두 가지 설명의 흐름이 있다. 첫 번째는 기하급수적 기술의 발전을 인정하면서도 산업혁명 이후 지금까지 인간의 이성으로 기술을 통제하였던 경험에 비추어 이번에도 인간의 노동이 살아남을 수 있다는 것이다. 기계파괴운동이 벌어졌던 산업혁명 초창기뿐 아니라 제2차 산업혁명에 해당하는 19세기 말부터 20세기 초의 눈부신 기술발전[5]에도 인간의 노동을 보완하는 긍정적인 힘이 대체하는 부정적인 힘을 월등하게 앞섰다. 물론 지금의 디지털 전환기 혁신의 속도는 그 이전의 변혁과는 차원이 다르지만, 교육을 전면적으로 재편하고 기업가 정신을 고취시키며 통신과 교통 인프라에 투자한다면 인간이 기계에 종속되지 않을 수 있다고 주장한다.

두 번째는 기술이 지금과 같은 속도[6]로 발전한다면 결국 시간의 문제일 뿐 인간 노동의 대부분이 기계에 의해 대체될 것이라고 예견하는 쪽이다. 인공지능(AI)을 중심으로 가상현실(VR), 증강현실(AR), 빅데이터, 클라우드, 3D 프린팅이 산업 간, 직종 간 경계를 허물고 초연결되

---

4 Erik Brynjolfsson and Andrew McAfee, Race against the Machine, Digital Frontier Press, 2011.

5 당시 주요 대도시의 박람회에 참가했던 사람들은 그 이전과는 완전히 다른 세상이 오리라고 믿었다. 전기를 이용한 다양한 제품이 개발되었고, 자동차와 비행기가 등장하였고, 무엇보다도 의료 기술과 위생이 획기적으로 발전하면서 오늘날의 문명사회의 기틀이 마련되었다.

6 지난 80년간의 기술 발전 속도가 앞으로 80년간 지속된다면, 2100년에는 지금의 기계와 시스템이 무려 1조 배나 강력해진다고 추산한 바 있다. 이건 기술의 축복이 아니라 끔찍한 일이 아닐 수 없다(대니얼 서스킨드, 《노동의 시대는 끝났다》, 김정아 옮김, 와이즈베리, 2020, 181쪽 참조).

어 기술의 발전이 어느 임계점에 다다랐을 때, 업무 잠식 속도 역시 기하급수적으로 빨라질 수 있다는 것이다. 즉 AI를 중심으로 하는 기술 발전에 따른 기술적 실업 (technological unemployment)이 대량 실업의 태풍으로 바뀔 수 있다는 것이다.

마력(馬力) 표기에서 인력(人力) 표기로

기술의 진보가 어느 지점을 통과하여 AI가 인간의 업무 대부분을 대체한다면 인간은 자동차가 등장하면서 운송업계에서 퇴출된 말(馬)의 신세가 될 수 있다. 예를 들어 우리는 자동차의 힘을 마력으로 표기한다.

현대 8세대 쏘나타 하이브리드 자동차에 152마력이라고 표기되어 있다고 하자. 그러면 우리는 그 자동차의 힘이 152마리의 말이 끄는 힘과 같으며, 포드머스탱 Mach-E의 1,400마력에 비하여 약 9분의 1에 지나지 않는다고 인식한다. 이 같이 자동차가 마력을 기준으로 힘의 크기를 표시하는 이유는 명확하다. 기계제 대공업의 총아인 자동차가 그 이전의 지배적 운송 수단이었던 말을 대체하면서 말의 힘을 기준점으로 자동차의 힘을 측정한 것이다. 그 이면에는 기계의 발전으로 자동차 간 편차는 커지지만, 말의 힘은 고만고만해서 표준화하기 쉽다는 가정이 깔려 있다. 즉 말 사이의 힘의 차이는 무시해도 될 정도로 작은 반면 새로이 등장한 자동차는 워낙 다양한 종류가 있기 때문에 힘의 차이가 천차만별이라는 것이다.

그런데 문제는 20세기에 자동차가 맹렬한 속도로 말을 대체하였듯이 21세기에는 AI가 인간의 노동을 대체하게 될 가능성이 있다는 점이다. 즉 AI의 발전이 어느 임계점을 넘어서면 인간의 노동을 전면적으로 대체하기 시작할 것이고, 그때가 되면 자동차의 힘을 몇 마력(馬力)으로 표기하듯이 AI를 이용한 시스템의 능력을 몇 인력(人力)으로 표기하게 될지도 모른다. 예를 들어 구글에서 개발한 어떤 인공지능 시스템의 능력을 표기할 때, 과거 몇 명의 노동자 몫을 한다는 식으로 몇 인력으로 표기하는 방식이다. 바야흐로 인간이 생산의 주역에서 밀려나 어느새 생산의 주체가 된 AI 시스템의 능력을 평가하는 기준점으로 쪼그라드는 시대가 오게 될 가능성이 있다.

사실 이러한 현상은 이미 벌어지고 있다. 2016년 초 세계 최고의 바둑 기사인 이세돌 9단을 4 대 1로 이기면서 전 세계를 충격과 공포로 몰아넣었던 알파고(AlphaGo)가 있다. 그런데 알파고는 이제 진화를 거듭한 새로운 버전인 알파고 제로(AlphaGo Zero)의 상대가 되지 못한다. 초기 알파고가 전문 기사의 수법 3,000만 개를 학습함으로써 최선의 수를 찾아내는 방식으로 인간을 이겼다면, 알파고 제로는 기보 없이 바둑의 기본 규칙 몇 가지를 프로그래밍해서 스스로 학습하게 하는 방식으로 알파고보다 훨씬 강한 실력을 갖추게 되었다. 따라서 2016년 당시 베타 버전이었던 알파고가 인간(프로기사)과 호선 정도의 실력(승률은 압도적으로 높았지만)을 보였다면, 현재 최고의 AI 바둑 프로그램은 프로기사를 3점에서 4점 사이로 접고 둘 수 있는 실력을 갖추고 있다. 이 경우 베타 버전의 알파고와 최고의 바둑 프로그램인 릴라 제로의 기력(棋力) 차이를 설명하는 단위가 인간(프로기사)이 접고 들어가야 하는 치수(置數)[7] 차이가 되는 것이다.

---

7 바둑을 둘 때 실력이 약한 쪽이 미리 접히고 두는 돌의 개수. 일종의 핸디캡.

AI를 연구하는 사람들 사이에서는 AI가 바둑으로 인간을 이기는 것은 인간의 달 착륙만큼이나 새로운 차원의 도약을 의미한다. 바둑의 수 자체가 우주의 별보다 많아 무한대에 가깝기도 하거니와(무려 361!),[8] 계산으로는 설명이 안 되는 인간만이 이해하는 오묘함이 있다고 믿었다. 하지만 알파고의 등장으로 바둑의 미학이나 기세, 모양, 그리고 맥이라는 개념도 미분(微分)을 계속하게 되면 결국 0과 1로 분해되는 단순 계산으로 치환된다는 것을 알게 되었다. 인류 역사상 최고의 두뇌 게임이라는 바둑에서도 인간이 AI에 무너진다면, 우리의 일자리는 무사할 것인가?

정녕 노동의 시대는 저물었는가

물론 자동화된 기계가 인간의 노동을 대체하는 것이 아예 불가능한 일도 있을 것이고, 자동화가 가능하다고 해도 수익이 나지 않아 여전히 인간의 노동에 의존해야 할 일도 있을 것이다. 또한 명인이 정성스럽게 수작업으로 만드는 음식이나 가구처럼, 관례적으로 자동화된 기계로 대체되지 않은 일도 있을 것이고, 아예 법령으로 일정한 자격증을 가진 인간에게만 허용되는 일도 있을 것이다. 하지만 이렇게 기계에 의해 잠식되지 않는 일자리가 현재 경제활동 인구에게 충분히 공급될 수 있는가?

---

8   우주에 있는 원자 개수가 12×1078이라고 하는데, 바둑의 경우의 수는 정확하게는 2.08×10170이라니 상상도 할 수 없을 정도이다.

미래의 노동시장을 연구하는 거의 대부분의 전문가는 결국 시간의 문제일 뿐 대다수 인간의 일자리는 자동화된 기계에 의해 대체될 것이라는 데 동의한다. 우리의 일상을 보더라도, GPS를 이용한 내비게이터가 자동차에 상용화된 지 얼마 안 되어 무인 자동차가 거리를 주행하고 있다. 더 나아가 육체적 피로를 느끼고 때로는 감정을 억누르지 못하는 인간이 운전을 하는 것이 위험하다는 이유로 아예 인간이 운전하는 것이 불법인 세상이 올지도 모른다. 또한 단순 길 안내를 하던 로봇이 이제는 꽤 전문적인 상담을 하는 챗봇으로 진화하였으며, 요양 시설의 노인을 안전하면서도 불평불만(?) 없이 수발하는 로봇이 등장하고 있다. 더 나아가 전쟁도 AI가 지휘하는 로봇이 하는 세상이 올지 모른다. 2020년 8월 미국 존스홉킨스 대학 응용물리연구소(APL)에서는 최고의 베테랑 조종사와 AI가 항공전 시뮬레이터로 겨루는 실험을 하였는데, 결과는 5:0으로 AI의 완승이었다. 체스, 퀴즈 프로그램, 바둑에서 인간을 이긴 AI가 항공전에서도 인간을 압도한 것이다. 이러한 예는 무수하게 많을 것이다. 하지만 여전히 인간의 노동이 자동화된 기계에 의해 전면적으로 대체될 것인지, 대체된다면 어느 정도 규모로 언제 본격적으로 일어날지 현재로서는 아무도 모른다. 하나 확실한 것은 디지털 전환과 코로나19의 중첩적 위기에 어떻게 대비를 하느냐에 따라 우리 사회 공동체의 운명이 결정된다는 것이다.

디지털 전환과 더불어 코로나19의 재난적 위기로 일자리 생태계는 점차 피폐해지고 있다.

올해는 작년보다 어려웠고, 아마 내년은 올해보다 더 어려워질 것이다.

새로운 시대에는
새로운 정신을 담은 새로운 그릇으로

제2차 세계대전을 일으킨 아돌프 히틀러가 최후를 맞은 벙커에서 현대 복지국가의 청사진을 제시한 영국의 〈베버리지 보고서〉(1942)가 발견되었다는 것은 의미심장하다. 실제 히틀러가 읽었는지는 모르지만, 그도 전쟁 이후의 새로운 세상을 그려봤을 것이다. 한편 승전국 영국에서는 1945년 7월 선거에서 "새로운 미래를 맞이하자(Let us face the future)"는 구호를 내건 클레멘트 리처드 애틀리(Clement Richard Attlee)의 노동당이 제2차 세계대전을 승리로 이끈 전쟁 영웅 윈스턴 처칠(Winston Churchill)이 이끌었던 보수당을 큰 의석 차이로 이기고 집권하였다. 집권 이후 노동당 정부는 기간산업의 국유화와 더불어 〈베버리지 보고서〉의 제안대로 사회보장제도를 정착시킨 복지국가를 건설하게 된다. 결국 전쟁 이후 새로운 시대에는 새로운 정신을 담은 새로운 그릇이 필요하다는 것을 보여주었다.

디지털 전환과 더불어 코로나19의 재난적 위기로 일자리 생태계는 점차 피폐해지고 있다. 올해는 작년보다 어려웠고, 아마 내년은 올해보다 더 어려워질 것이다. 이러한 우울한 전망은 공황과 전쟁을 제외하고는 아직까지 인류가 경험해보지 못한 새로운 현상이다. 역사적으로 전쟁이나 공황 그리고 팬데믹과 같은 커다란 위기가 닥치면, 기존 질서는 파괴되고 새로운 질서가 구축되는 창조적 파괴의 패턴을 보였다. 그리고 그 패턴의 특징은 첫째, 압도적인 힘으로 이전의 다양한 논란거리를 잠재우고 새로운 질서를 만들어나가며, 둘째, 그 이전 질서로는 절대로 되돌아가지 못한다는 것이다. 따라서 현재는 이제껏 엄두

조차 내지 못하던 새로운 관리 방식이 필요한 시점이다.

그 방식 중의 하나가 최근 활발하게 논의되는 기본소득이다. 기본소득은 좌우에서 각기 다른 이유로 지지하는 매우 독특한 제도이다. 효율성을 강조하는 보수주의 우파 진영에서는 복지국가의 관료화에 따른 번문욕례(繁文縟禮)를 해소할 수 있는 묘안으로 기본소득을 주장한다. 반면 소득 재분배와 사회적 권리를 강조하는 진보 진영에서는 노동력의 상품화에서 벗어나 인간다운 생활을 할 수 있는 물적 토대로서 기본소득을 지지한다. 특히 헬리콥터에서 돈을 뿌려서라도 수요를 유지해야 하는 현재와 같은 극심한 불황기에는 누구나 조건과 조사 없이 재난지원금을 주는 것이 바람직하다. 하지만 이후 경제가 안정화되었을 때 조건과 조사 없이 누구에게나 이전의 생활을 유지할 수 있는 수준으로 충분히 지급하는 것은 현실적이지 않다. 따라서 기본소득의 기본 정신을 받아들이되, 실정에 맞추어 다양한 변주(變奏)를 신축적으로 사용할 필요가 있다. 이를 위한 전제 조건 중의 하나는 일의 개념을 바꾸는 것이다. 일자리에 출근하여 일하지 않더라도 다양한 공동체 활동, 예를 들자면 환경 감시나 숲 해설과 같은 자원봉사, 가족 내 보육이나 돌봄, 무급 교육이나 훈련 등에 참여하는 것도 일자리로 인정한다면 건강한 상생의 생태계가 지속될 수 있으리라 기대한다.

제58장

변모하는 자본주의에 적응하기
: 한국판 뉴딜의 성공, 국민이 고른 참여에 달렸다

김공회 정책기획위원회 국민성장분과위원, 경상대학교 경제학과 부교수

한국판 뉴딜, 어디로 가고 있는가?

한국판 뉴딜이 선포된지 이제 1년이 되어간다. 돌아보면 정말 쉼 없이 달려온 시간이었다. 문재인 대통령이 제5차 비상경제회의에서 '뉴딜'의 필요성을 처음 언급한 것이 2020년 4월 22일이었고 정부의 「한국판 뉴딜 종합계획」이 발표된 날이 7월 14일이었다. 불과 80여일 만에 대통령의 언급이 종합적인 정책 패키지로 정리된 것이다. 이 「종합계획」에는 디지털 뉴딜, 그린 뉴딜, 안전망 강화 등 세 개의 축을 중심으로 2025년까지 국비 114조 원을 포함해 총 160조 원을 투입해 190만 개의 일자리를 창출한다는 야심찬 계획이 담겼다. 이후 '지역균형 뉴딜'이라는 차원이 새롭게 추가되면서 한국판 뉴딜은 그 체계성과 내실을 다지기도 했다.

그런데 그간 계획 수립 단계에서 보였던 급박함이 요즘엔 좀처럼 느껴지지 않는다. 코로나19의 전국적인 3차 대유행 그리고 보궐선거와 같은 잇따른 주요 정치 일정으로 한국판 뉴딜이 슬쩍 뒤로 밀리고 있는 것은 아닌지 걱정이다.

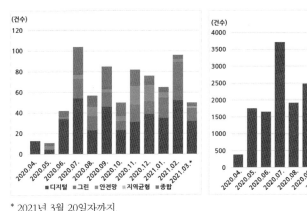

[그림 6-11] '한국판 뉴딜'을 다루는 중앙정부 부처의 보도자료와 언론기사 건수 추이*

(a) 중앙정부 부처 보도자료**

(b) 언론기사 건수***

* 2021년 3월 20일자까지.
** 출처: http://www.knewdeal.go.kr (검색일: 2021.03.24).
*** 출처: http://www.bigkinds.or.kr (검색일: 2021.03.24 검색어: 한국판 뉴딜). 중앙지·경제
　　지·지역종합지·방송사·전문지 등 이 사이트에 등재된 모든 언론사 대상.

[그림 6-11]은 그것이 단순한 기우가 아닐 수 있음을 시사한다. 왼쪽은 대통령의 뉴딜 필요성 언급이 있었던 2020년 4월부터 최근(3월 20일)까지 중앙정부 부처들이 발표한 뉴딜 관련 보도자료 개수의 월별 추이를 보여준다. 이는 우리 정부가 개설한 범부처 '한국판 뉴딜' 포털 사이트(http://www.knewdeal.go.kr)에 게시된 보도자료들을 대상으로 했으니 나름의 포괄성을 갖추고 있는데, 이로부터 「종합계획」이 발표된 7월 이후 월평균 74개 정도의 정부 보도자료가 꾸준히 발표되고 있음을 알 수 있다. 그렇다면 뉴딜을 구성하는 개별 사업을 시행하는 중앙정부 부처들은 분주히 움직이고 있으니 아무 문제 없다고 할 수 있을까? 뉴딜이라는 것도 결국엔 정부의 여러 부처들이 행하는 사업들의 묶음일 터이니 뉴딜이 시행 단계에 잘 진입하고 있다고 말해도 좋을까?

[그림 6-11]의 오른쪽 그래프는 사뭇 다른 모습을 보여준다. 이는 언론진흥재단이 운영하는 뉴스 빅데이터 분석 서비스 빅카인즈(http://www.bigkinds.or.kr)에서 위와 동일한 기간을 대상으로 '한국판 뉴딜'이 언급되는 언론기사 건수의 월별 추이를 나타낸다. 「종합계획」이 발표된 7월을 예외로 간주한다면 4월부터 11월까지 뉴딜에 대한 언론의 관심은 상승기조였으나 이후 빠르게 줄어들고 있음을 확인할 수 있다. 정부는 꾸준히 일을 하고 있는 반면, 국민 여론을 반영하는 동시에 그 여론이 만들어지는 토대이기도 한 언론매체에서 한국판 뉴딜의 존재감은 빠르게 약화되고 있는 것이다. 이러한 비교는 아주 단순하고 엄밀성이 떨어지기는 하지만 한국판 뉴딜이 처한 현실의 중요한 하나의 단면, 그것도 매우 우려스러운 단면 하나를 보여주는 것 같다. 이렇게 뉴딜이 공론장에서 논의되지 않고 정부 부처들의 일상적 사업들로 전락하는 순간 그것은 더 이상 '뉴딜'이라고 부르기 어렵다.

애초 '뉴딜'이 무엇이었던가? 우리 경제와 사회의 재편을 불가피하

[그림 6-12] 제3차 한국판 뉴딜 전략회의(2020.11.16).

출처: 청와대.

게 만드는 안팎의 변화에 대응하여 산업 전반의 틀과 내용을 업그레이드하는 것, 동시에 사회의 주요 세력들 간의 관계를 재정립하는 것 (이른바 '새로운 사회계약')이 뉴딜이다. 그러니 이러한 과정은 민간 스스로 만들어 나가는 게 최선이라는 것은 말할 필요도 없다. 다만 그 시급성과 중요성 때문에 정부의 개입이 불가피한 것인데, 그렇다 하더라도 정부의 역할은 새로운 거래(뉴딜)의 규칙을 세우고 민간의 주체들이 성의껏 거래에 임할 수 있도록 분위기를 조성하는 것을 넘어설 수는 없다. 뉴딜이란 우리 경제와 사회의 전반적 체질, 그 안에서 사람들 간의 관계를 바꾸는 일이기 때문이다.

뉴딜에 우리 사회를 이루는 다양한 주체들이 참여토록 하는 것, 그리하여 뉴딜을 다시 뉴딜답게 만드는 것, 이것이야말로 1주년을 향해 나아가고 있는 지금 한국판 뉴딜이 취해야 할 기조다.

코로나19, 뜻밖의 '기회'?

한국판 뉴딜은 코로나19의 대유행 아니었으면 불가능했을 기획이다. 코로나19의 발발, 그리고 글로벌 팬데믹으로의 급속한 확산은 누구도 예상하지 못했던 것이었고 전 세계 경제전문가들은 1930년대 대공황 이후 가장 심각한 경기침체가 닥치리라고 입을 모았다. 정체를 알 수 없는 치명적인 감염병에 걸릴 것이 두려워 사람들은 밖에 나오질 않았고 무장한 군경만이 텅 빈 거리를 활보하는 모습도 연출되었다. 전시를 방불케 하는 이러한 상황에서 국민의 최소한의 삶을 보장해주는 것은 정부의 기본 책무다.

대부분의 정부들은 이런 책무를 수행하는 것만으로도 힘에 부쳤다. 반면 우리 정부는 세계적으로 찬사를 받을 정도로 감염병의 전염을 성공적으로 틀어막아 피해 자체를 최소화했고 덕분에 확보한 정책수행의 공간을 '코로나19 이후'를 대비하는 방책들로 채워 넣을 수 있었다. 여기엔 크게 두 가지 차원이 있었는데, 하나는 과거와 관련된 것이고 다른 하나는 미래와 관련된 것이다.

첫째, 코로나19의 대유행을 통해 드러난 한국 경제의 구조적 취약성을 보완하는 것이다. 우리는 세계에서 보기 드물게 급속한 경제발전을 이루었으나 바로 그런 성공 때문에 남다른 어려움을 겪어온 것도 사실이다. 크고 복잡한 경제가 원활하게 작동하는 데 필요한 제도적 인프라가 아직은 엉성하며 이제는 과거가 되어버린 고도성장기에 최적화된 제도들도 성장률은 다소 낮더라도 안정적인 경제에 맞게 정비되어야 한다. 전문가들이 한국 경제에 대하여 이런 문제를 제기하면서 이를테면 사회안전망 강화를 촉구한 지가 이제 줄잡아 20년은 되었지

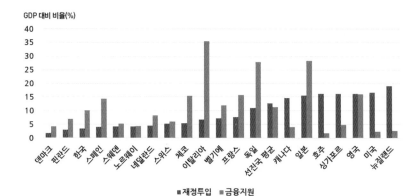

[그림 6-13] 선진경제권 정부의 코로나19 대응

출처: IMF(http://www.imf.org).

만 우리는 그간 고도성장에 대한 미련을 버리지 못했고 개혁에 소홀했다. 그러니 결과적으로 우리에게 코로나19 위기는 그간 차일피일 미뤄온 숙제를 끝낼 수 있는 절호의 기회와도 같았다. 우리 정부는 '안전망 강화'를 한국판 뉴딜의 3대 정책방향 가운데 하나로 삼음으로써 여기에 화답하고자 했다.

다른 한편으로 성공적인 방역으로 형성된 자신감을 발판 삼아 우리 정부는 코로나19 이후의 세계에서 글로벌 경제를 선도하겠다는 포부를 한국판 뉴딜 구상에 투영할 수 있었다. 뉴딜을 구성하는 두 개의 축, 그러니까 '디지털 뉴딜'과 '그린 뉴딜' 기획은 그런 포부를 실현시킬 구체적인 사업들로 가득 채워져 있다. 그것들은 '지역균형 뉴딜'을 통해 보다 구체적인 의미를 부여받을 터다.

다가오는 소멸시효

그러나 우리가 성공적인 방역으로 획득한 '어드밴티지'는 영원한 것이 아니다. 그것은 시한부인데 그 유효기간은 역설적이게도 코로나19의 충격이 예상되었던 것보다 덜하다는 이유로 빠르게 단축되고 있다. 무엇보다 이것은 각국 정부들이 코로나19 퇴치를 위해 엄청난 물량공세를 퍼붓고 있는 덕택이다. 나라마다 사정이 다르니 일률적으로 비교하긴 어렵지만 국제통화기금(IMF)에 따르면 이 기관이 '선진국(advanced economies)'으로 분류한 20개국(한국도 포함) 정부가 코로나19 팬데믹에 대응하기 위해 2020년 12월 31일까지 투입한 재정은 전체 국내총생산(GDP)의 12.7%에 달한다. 금융적 지원도 11.3%나 된다. 각국의 현황은 [그림 6-13]에서 확인할 수 있는데 우리나라의 경우엔 아무리 방역이 성공적이었다고 해도 지원 수준이 지나치게 낮다는 것도 이 그림은 명확히 보여준다. 이러한 불균형 또한 유효기간 단축에 기여했을 것이다. 재정 여력이 떨어지는 기타 신흥국이나 저소득국도 선진국에는 미치지는 못해도 나름대로 최선을 다해 경제 방역에 나섰다. 이렇게 주로 정부가 코로나19에 적극적으로 대응한 결과 경제의 규모는 비록 줄어들기는 했지만 코로나19가 한창일 때 예상되었던 것보다는 수축의 정도가 훨씬 덜 하다. 이는 〈표 6-3〉에서 확인할 수 있다.

〈표 6-3〉 주요 기관의 세계경제 및 한국경제 성장률 전망

(단위: %)

기관명	전망시점	세계경제		한국경제	
		2020	2021	2020	2021
국제통화기금 (IMF)	2020.06	-5.2	5.4	-2.1	3.0
	2021.01	-3.5	5.5	-1.0	3.4
경제협력개발기구 (OECD)	2020.06	-6.0	5.2	-1.2	3.1
	2021.03	-3.4	5.6	-1.0	3.3
한국은행	2020.08	-4.1	4.7	-0.8	2.8
	2021.02	-3.7	5.0	-1.0	3.0

출처: 각 기관.
2020년에는 코로나19 전개 양상에 대한 상이한 시나리오에 입각해 기관들은 복수의 전망치를 내놓는 일이 많았는데 표에 제시된 숫자는 모두 기본 시나리오에 입각한 전망치들임.

우리 어드밴티지의 소멸시효를 재촉하는 다른 요인들도 있다. 백신 개발이 예상보다 앞당겨짐에 따라 코로나19와의 '전쟁'의 국면이 방역에서 백신접종으로 빠르게 전환되고 있다는 게 중요하다. 대체로 방역은 국내 문제라고 볼 수 있는 반면 백신은 국제적인 힘의 논리에도

강하게 결박되어 있어 우리 입장에서는 상대적으로 정책 구사의 자율성이 떨어질 수 밖에 없는 영역이다.

끝으로 국제경제적 불확실성도 얼마간 정리되고 있다는 점도 살펴야 한다. 줄잡아 2007~2008년의 선진국발 금융공황이 발발한 이후 국제경제질서는 그야말로 무질서가 대세였다. 공황 이후 오늘에 이르기까지 미국의 반짝 경기회복 정도를 빼면 선진경제권은 장기침체에서 헤어 나오지 못하고 있고 그러는 사이에 포퓰리즘적 정치세력이 크게 성장했다. 이들은 극좌에서 극우까지 정치적 스펙트럼에 폭넓게 분포하면서 기존의 '정치문법'에서 벗어난 행보로 대중의 지지를 받았는데 여기서 선진 세계의 최강대국에 속하는 두 나라도 예외가 아니었다. 미국과 영국에서 각각 도널드 트럼프와 보리스 존슨이라는 의외의 인물이 정치적으로 최고 권좌에 올랐기 때문이다. 두 나라 각각에서 이들에게 가장 강력하게 대항했던 세력들도 관습에서 다소 벗어나 있었다. 바로 이러한 혼란이 코로나19의 대유행 와중에 어느 정도 정리되었다. 브렉시트 일단락으로 영국은 물론 유럽에서도 '앓던 이' 하나가 빠진 격이었고 미국에서는 아예 대통령이 보다 예측 가능한 인물로 바뀌었다. 좋은 의미에서든 나쁜 의미에서든 일종의 '정상화'로의 길이 열리고 있는 것이다.

자본주의의 '거대한 전환'

사실 우리의 한국판 뉴딜에도 들어가 있는 '디지털'과 '그린'은 코로나19 대유행이 발발하기 훨씬 전부터 자본주의의 발본(拔本)적 변화

의 방향을 가리키는 양대 키워드였다. 4차 산업혁명이니 녹색성장이
니 하는 담론들이 우리 사회에서 유행한 것도 그런 사정을 반영한다.
그러나 지금까지 대체로 그런 논의들은 특정 정권의 '트레이드마크',
또는 특정 자본의 '숙원사업'의 수준에 머물렀다는 것도 부정하기 어
렵다. 왜일까? 아무래도 세계 자본주의 구조의 커다란 전환과 같은 문
제를 둘러싸고는 경제를 구성하는 여러 집단들 간의 이해관계 대립이
어디에서보다 첨예할 수밖에 없기 때문이다. 말하자면 4차 산업혁명
이란 기술의 문제가 아니라 인간관계의 문제인 것이다.[9]

　이 갈등은 경제의 구조 전환을 원하는 쪽과 원하지 않는 쪽의 갈등
이라기보다는, 구조 전환 자체는 받아들이지만 그 속도와 방향을 둘러
싸고 상이한 이해관계를 갖는 세력들 간의 '전략적' 갈등이다. 신생 전
기차 업체인 테슬라와 제너럴모터스, 토요타 같은 전통적인 자동차 회
사 사이에서 미래차의 향방을 둘러싸고 첨예한 대립이 있는 것 같지
만, 실제로는 전통적인 내연기관 자동차의 강자 폭스바겐도 최근 전기
차 시장에서 테슬라를 제치고 1위에 올라서겠다는 포부를 밝힌 바 있
으니 말이다.[10]

　그리하여 자본주의의 구조전환을 현실화하는 데 가장 중요한 것은
주요 강대국 정부들과 저마다의 업계에서 글로벌 차원의 독점력을 갖
는 몇몇 대기업들을 포괄하는 집단 내에서 각자의 복잡한 이해관계가
조절되어 마침내 적정 수준에서 실효성 있는 합의들이 만들어지는 것

9　김공회, 「'4차 산업혁명', 정치경제학적 관점에서 그 실체와 의미」, 「의료와 사회」 제
　6호, 2017.

10　"폭스바겐의 전기차 야망… 테슬라 넘어 1위 굳히기 목표", 조선비즈, 2021.03.11.
　(https://biz.chosun.com/site/data/html_dir/2021/03/11/2021031102258.html).

이다. 이를 위해 각국 정상들 간의 양자 및 다자 협의는 물론이고 다보스(Davos) 포럼 같은 비공식적인 성격의 자리들도 긴요한 역할을 한다.

지구 전체가 코로나19라는 큰 재앙을 동시에 겪은 지금이야말로 그러한 조절 내지 협의를 이루기에 가장 좋은 시기다. 현대사의 향방을 결정지은 많은 국제적 협의들이 두 차례의 세계대전 직후에 있었던 것은 결코 우연이 아니다.

코로나19와 직접적인 관련은 적겠지만 어쨌든 때마침 대서양 양안에서 국제정치경제적 불확실성이 줄어들고 기존 질서가 자리를 잡는 움직임은 이미 시작되었다. 2021년 초 취임한 미국의 바이든 대통령은 트럼프 대통령의 명령으로 탈퇴했던 파리기후협약에 복귀를 선언했고 역시 트럼프 치하에서 좌초되었던 범대서양무역투자동반자협정(TTIP) 등 유럽과의 공조 움직임도 재개될 것이다.

'전환'이 의미하는 것

그러면 이렇게 '디지털'과 '그린'이라는 두 축을 중심으로 자본주의가 구조전환을 한다고 하면, 실제로 어떤 일이 벌어질까? 이것이야말로 우리가 궁극적으로 살펴볼 질문이다.

10년 단위로 세계 10대 기업 순위가 어떻게 달려졌는지를 보면 석유화학 분야의 공룡들이 물러난 자리를 IT 계열의 신흥 강자들이 조금씩 차지하고 있음을 쉽게 알 수 있다. 당연히 이런 변화는 앞으로도 계속될 것이다. 지혜로운 사람이라면 변화의 향방을 미리 가늠하고 대처하고자 할 터이다. 바로 이것이 2020년 여름 발표된 「한국판 뉴딜 종합계획」에서 엿보이는 핵심 문제의식이다. 이는 스스로 디지털과 그린으로 명명한 자본주의의 변화 속에서 우리 기업들이 거기 알맞은 재화나 서비스를 다른 나라보다 먼저 개발할 수 있도록 국가가 지원한다는 기획으로 읽을 수 있다.

이것 자체가 잘못된 건 아니다. 그러나 만약 문제가 이런 정도에 그친다면 새로운 물결에 동참할 것인지 여부는 어느 정도 개인이 선택할 수 있는 문제이리라. 예를 들어보자. 「종합계획」이 말하는 '그린'이란 대체로 선진경제권을 중심으로 한 환경규제 강화 움직임을 의미한다. 이러한 규제의 영향을 받는 업종에 속한 기업이라면 생산과정을 개편(예: 탄소 사용을 낮추도록 가치사슬을 조절)하거나 신제품을 개발(예: 친환경 선박)함으로써 선제적으로 변화에 대응하여야 할 것이다. 하지만 이런 변화에 적극적으로 맞서기 싫으면 업종을 바꿀 수도 있고, 여차하면 까탈스러운 유럽에 물건을 팔지 않을 수도 있다. 이런 기업들은 한국

[그림 6-14] EU는 2023년부터 '탄소국경조정제도' 도입을 준비하고 있다.

판 뉴딜에도 동참할 필요가 없을지 모른다.

하지만 지금 글로벌 차원에서 만들어지고 있는 협의들은 '돈의 향방'을 바꾸는 정도에 그치지 않을 것이다. 그것은 우리의 가치체계 전체를 뒤흔들 것이다. 무엇보다 지금은 환경규제가 일부 선진적인 지역에서만 행해지고 있는데 앞으로도 그럴까? 흔히 일국 내에서의 규제를 그 나라 정부가 자율적으로 결정한다고 생각하기 쉽지만 우리는 국제통화기금(IMF) 관리체제를 겪으면서 그런 믿음이 신화임을 깨달은 바 있다. 이를테면 적정 수준의 환경규제 여부가 국가신인도 결정에 반영된다면, 꼭 과거와 같은 구제금융 사태를 겪지 않는다 해도 우리 국민 모두가 부담을 져야 할 것이다. 둘째, 탄소배출의 비용이 점차 높아지고 있다는 것도 특기할 점이다. 거의 모든 생산과정에서 배출되는 탄소의 가격이 높아진다는 것은 탄소 배출을 줄이는 생산방식과 생활방식을 확보한 기업 및 개인들에게는 고스란히 이득이 된다. 서유럽 등 선진국들이 탄소 가격이나 탄소세를 높이거나 새롭게 부과하는 움직임이 지난해와 올해 특히 두드러지고 있다.[11]

끝으로, 최근에 'ESG 경영'이라는 것이 빠른 속도로 주목받고 있다는 점도 언급해 두자. ESG란 환경(Environment), 사회(Social), 거버넌스(Governance)의 약자로 과거 지속가능경영이니 기업의 사회적 책임(CSR)이니 하는 것의 새로운 이름이라고 봐도 좋을 것이다. 문제는 이러한 경영행태가 점차 기업에 강제되고 있다는 사실이다. 일단 코로나19 위기 속에서 위 세 가지 가치의 중요성이 부각되기도 했으니 그 자

---

11 "독일, 올해부터 탄소세 부과", 투데이에너지, 2021.01.20. https://www.todayenergy.kr/news/articleView.html?idxno=232944.

체로 경제적 가치도 상당함이 입증된 터다. 또한 최근 몇몇 글로벌 투자회사들은 기업의 이른바 'ESG 지수'를 투자결정의 핵심 요소로 삼겠다고 발표하기도 했다. 이는 향후 보다 일반화될 전망인데, 그럴 경우 ESG 경영에 소홀한 기업은 분야와 업종을 막론하고 금융기관에서 돈을 조달받기도 힘들어질 수 있다.[12]

세계의 강대국들과 대기업들이 이러한 움직임을 이끄는 까닭이 뭘까? 자기들에게도 상당한 비용이 될 터인데 말이다. 이유는 간단하다. 자기들에게도 부담이 되지만, 남들에겐 더 부담이 되기 때문이다. 더구나 비용 부담의 세세한 규칙은 그들이 정하지 않는가.

미래를 위한 자양분

글의 서두에서 한국판 뉴딜의 성공이 국민 모두의 고른 참여에 달려 있다고 한 것은 바로 그래서다. 그것은 당위가 아닌 우리 경제가 살아남기 위한 필수적인 조건이다. 우리 앞에 놓인 과제는 단순히 하나의 역병이 초래한 아수라장을 수습하거나 새로운 환경에 맞는 새로운 돈벌이 영역을 개척하는 것이 아니다. 우리가 목전에 둔 것은 자본주의의 근본적인 변화이며, 거기 적응하지 못하는 국민은 엄청난 비용을

---

12 ESG는 환경뿐 아니라 흔히 '경제민주주의'라고 하는 것과도 연관된다. 이를테면, 일정 규모 이상의 기업인데도 이사진에 노동자 대표를 포함하지 않으면 앞으로는 외부에서의 자금조달에 큰 어려움을 겪을 수도 있다. 그런 의미에서 ESG는 우리 경제의 민주화를 촉진한다고도 볼 수 있지만, 주체성이 결여된 외부로부터 강제된 민주주의가 진정한 민주주의일지는 고민해볼 일이다.

치르지 않을 수 없다. 코로나19 위기만 놓고 보면 우리는 성공적인 방역을 발판으로 그 어떤 나라보다도 발 빠르게 '포스트-코로나'라는 화두에 몰입했다. 하지만 그것만으로는 이제껏 수십 년에 걸쳐 시민의 광범위한 동참 아래 꾸준하게 미래를 위한 자양분을 축적해온 선진국들을 넘어선다는 것은 쉽지 않을 것이다. 이 자양분에는 기업들의 윤리성, 그것을 강제하는 시민들의 감시, 너무 위험하지 않은 적정 수준의 근로조건, 생태친화적 소비 및 생활 행태 등이 포함된다. 지금까지 그것들은 좋기는 하지만 굳이 해야만 하는 것은 아닌 번거로운 일이었을지 모른다.

하지만 이제 선진국들을 중심으로 이러한 자양분들을 경제적 가치로 전환시키는 작업이 본격화하고 있다. 바로 그것이 자본주의 전환이 내포하는 경제적 본질이며, 자본주의는 그런 것조차 돈벌이로 전환시킬 수 있는 능력을 지닌 체제다. 이런 성격을 가리켜 자본주의가 진보적이라고도 하지만, 그런 진보의 과실이 인류 모두에게 균등하게 향유되지는 않으리라는 걸 우리는 알아야 한다. 그러니 저런 자양분이 우리 경제와 사회에 가급적 빠르게 스며들게 하는 것이야 말로 가장 필요한 일이다. 한국판 뉴딜이 거기에 기여할 수 있을까? 애초 구상이 무엇이었든 한국판 뉴딜이 그런 역할을 수행하지 않을 수 없도록 사태가 흘러가고 있다는 것만큼은 분명해 보인다.

제59장

남북한 공공인프라 연결을 통한 '한반도 뉴딜'

민경태 정책기획위원회 평화번영분과위원, 국립통일교육원 교수

미·중 전략경쟁 시대의 생존 전략

사람이든 국가든 고난이 닥치면 감춰져 있던 내면이 드러나게 된다. 코로나19는 누구도 미처 예상치 못한 전 세계적 위기상황을 초래하면서 미·중 갈등을 더욱 선명하게 부각시켰다. 트럼프 행정부의 무역 분쟁을 통해 미·중 패권경쟁이 본격화되자 지난 40년간 '키신저 질서(Kissinger Order)' 하에서 상호 협력에 중점을 두던 과거 방식에 큰 변화가 왔음을 알게 되었다. 양국 간 긴장은 경제적 측면만이 아니라 군사·안보·기술·가치 등 모든 분야에서 고조되고 있다. 미국은 경쟁 상대로 부상하는 중국에 조만간 뒤쳐질 수 있다는 초조감을 느끼는 듯하다.

그 배경에는 중국의 '기술굴기'가 있다. 중국 정부가 포스트 코로나 시대의 경기부양책으로 제시한 '신(新)인프라건설' 정책은 2018년 12월 중국 중앙경제공작회의에서 처음 언급되었는데 5G, 빅데이터, 인공지능, 산업인터넷, 신에너지 충전, 특고압, 고속철과 궤도교통, 위성 네트워크 등 8대 중점 분야로 구성된다. 이제 중국의 신인프라는 더 이상 토건산업이 아니라 4차 산업혁명을 위한 기반시설에 초점을 맞

추고 있음을 알 수 있다.

중국은 지난 수십 년간 과학기술 분야의 연구개발에 집중하며 막대한 투자를 했다. 특히 미·중 기술 냉전의 초점이 된 5G 이동통신은 4차 산업혁명의 핵심인프라 기술로서 중국이 상당한 우위에 있다. 5G로 가능해진 사물인터넷 발전은 인공지능으로 이어진다. 이러한 중국의 기술 도약에 대해 미국은 매우 심각한 위협으로 인식하고 있다. 결국 누가 핵심기술을 선점하느냐에 따라 세계 제조업 패권과 국제 권력 구도에도 중대한 변화를 가져올 수 있기 때문이다.

그러나 미·중 전략경쟁이 심화된다 해서 군사적 충돌로까지 이어질 가능성은 매우 낮다. 강대국들이 보유한 핵능력으로 인해 어느 누구도 일방적 승자가 되기 어려우며 경제적 상호의존성이 높아진 상태에서 전쟁으로 얻는 득보다 실이 훨씬 크기 때문이다. 또한 바이든 행정부의 주요 지지층은 중국과의 무역 단절이나 전면적 충돌을 원하지 않고 있으며 오히려 대중 적대정책이 완화되기를 기대하고 있다. 트럼프 행정부가 추진했던 리쇼어링을 통한 미국 제조업의 부활도 큰 성과를 거두지 못하고 글로벌 공급망에서 중국을 떼어 놓으려는 노력도 쉽지 않은 상황이다. 결국 경제적 상호이익 구조가 미·중 충돌을 억제할 수 있는 중요한 열쇠이다.

미·중 갈등이 심화된다면 국제정치는 냉전시대의 진영 간 대립을 재연할 가능성이 있다. 미국은 다자주의를 앞세워 동맹과 우방국들의 연대를 통해 중국 견제와 압박에 나설 것이다. 한국은 지정학적 위치, 분단 상황, 북핵 문제 등으로 인해 다른 어느 국가보다 미·중 갈등 상황에 취약하다. 만약 양자택일을 해야 하는 순간이 오면 우리 입장은 매우 난처하게 될 것이다.

그러나 미국이 당장 중국을 적으로 규정하지 않고 장기적인 전략적 경쟁자로 본다는 것은 어떤 의미에서는 서로 공생관계라는 뜻이다. 결국 미·중 관계는 사안에 따라 제한적인 갈등과 협력이 반복될 가능성이 높다. 따라서 우리는 미·중 사이에서 어느 일방을 선택하는 문제로 접근해서는 안 된다. 단순한 편 가르기 논리로 한반도의 지정학에 매몰되는 오류를 범하지 말고 미·중 전략경쟁을 초월하는 새로운 구상이 필요하다.

한반도의 경쟁력을 되살리는 방법

한반도의 지리적 경쟁력은 대륙으로 접근하거나 해양으로 진출하기에 용이하다는 점이다. 하지만 한반도가 유라시아 대륙과 직접 연결되어 소통하던 것은 이미 역사 속의 얘기가 되어버렸다. 대륙세력과 해양세력의 대립으로 인해 한국은 '섬 아닌 섬'으로 전락했다. 해양세력은 한반도가 대륙으로부터 단절되어 해양의 영향권에 놓이기를 바란다. 남한만이라도 대륙으로부터 떼어놓아 해양세력의 일부로 기능하게 하는 것이 전략적으로 유리하기 때문이다.

이에 맞서 대륙세력은 북한을 그 영향권 아래에 유지하려고 애쓴다. 북한 김정은 위원장 집권 후에도 오랜 기간 만나주지 않았던 중국 시진핑 주석은 2018년 북미 관계가 갑자기 호전될 분위기가 보이자 김 위원장을 세 차례나 중국으로 불러들여 극진히 환대하기도 했다.

이렇듯 한반도에는 대륙과 해양의 대립으로 인해 남북한을 서로 떼어 놓으려는 원심력이 작용한다. 패권국은 다자주의라는 이름으로 자기편을 줄 세운다. 안보 분야에서 미국은 일본·인도·호주와 함께 쿼드 (Quad) 4개국 협의체를 가동하고 있다. 인도 태평양 지역에서 지리적으로 중국을 포위하는 해양세력의 네트워크를 만들어 대(對)중국 전선을 구축하려는 포석이다. 미·중 전략경쟁이 고조되면서 미국은 한국·베트남·뉴질랜드 3개국이 추가로 참여하는 '쿼드 플러스' 구상을 추진하고 있다.

한반도는 미·중 모두 쉽게 양보하기 어려운 곳이다. 동아시아를 무대로 하는 체스판에서 한반도는 해양세력과 대륙세력이 충돌하는 지점이자 빼앗겨서는 안 될 전략적 요충지이다. 이러한 배경을 들여다보면 답답한 한반도 상황이 보다 쉽게 이해된다. 2018년 남북 정상이 만나 남북철도 연결, 금강산 관광 및 개성공단 재개 등을 어렵게 합의했지만 실질적 진전을 보지 못하고 있다. 미국의 인도 태평양 전략 관점에서 보면 '한반도의 봄'은 그리 반가운 일이 아닐 것이다. 한반도에서 긴장이 완화되고 남북이 평화적 교류협력을 진행하는 것은 중국의 영향력을 저지하기 위한 공고한 전선에 균열이 생길 수 있다는 의미이기 때문이다.

안타깝고 슬프지만 바로 이것이 한반도의 지정학적 운명이다. 국제 정치의 냉혹한 현실에서 모두 자국의 이기적인 목적을 위해 노력할 뿐이다. 한반도의 분단을 그 누구의 책임으로 돌릴 수도 없고 그것을 극복하는 것도 오로지 우리의 몫이다. 단순히 북한이 '개과천선' 한다고 해서 한반도 문제가 쉽게 해결되지 않는다. 거대 세력 간의 지정학적 대립을 이대로 유지한 채로는 한반도에 평화체제를 구축하는 것은 요원하다. 지정학의 역학구도를 그대로 따르면 해결 방안이 보이지 않는다. 아예 판을 바꾸는 발상의 전환이 필요하다.

[그림 6-15] 한반도 뉴딜 사업 중 하나인 대륙철도 상징조형물 '잇다' 제막식
(2020.12.10, 서울역 맞이방)

출처: 국토교통부.

지정학이 아닌 지경학(Geo-Economic)의 관점에서 접근하면 어떨까. 지정학적 충돌에서는 배타적으로 어느 한쪽을 선택하도록 강요받지만, 지경학적 연결에서는 복합적인 선택과 연계 협력이 허용된다. 한국이 미·일 주도의 아시아개발은행(ADB)만이 아니라 중국 주도의 아시아인프라투자은행(AIIB)에도 회원국으로 참여하고 역내포괄적경제동반자협정(RCEP)에 이어 환태평양경제동반자협정(CPTPP) 가입을 검토하는 것도 바로 그런 이유에서다.

한반도의 탈진영화를 위한 해법은 모두를 만족시키는 경제적 이익을 창출하는 것이다. 지정학적 충돌의 접점이라는 말을 경제적 관점에서 해석하면 물류·교통의 중심이 될 수 있는 자리를 의미한다. 대륙과 해양을 잇는 한반도의 특성을 되살려 지정학적 에너지의 충돌을 지경학적 협력으로 전환해야 한다. 만약 한반도 주변국가의 이익이 실현되는 시스템을 만들 수 있다면 지정학적 대립과 충돌마저도 상호보완적 교류와 협력으로 바꿀 수 있을 것이다.

우리의 미래는 한반도를 무대로 하는 거대한 이익 공유 시스템을

설계하고 주변 강대국들을 설득해낼 수 있느냐에 달려있다. 북한 경제개발과 남북 경협의 효과가 미·중의 이익으로도 연결될 수 있는 다양한 프로젝트를 구상할 필요가 있다. 한반도 주변 열강들의 지정학적 기득권을 대체할 수 있는 지경학적 이익을 창출해야 한다. 새롭게 창출되는 이익은 한반도에 분단과 대립 상황이 유지될 때 얻을 수 있었던 기존 시스템의 이익을 훨씬 초과해야만 한다.

북한과 함께 하는 '한반도 뉴딜'

문재인 대통령은 2020년 5월 취임 3주년 연설에서 '한국판 뉴딜'을 국가 프로젝트로 추진하겠다고 밝혔다. 코로나19 대응의 모범으로 전 세계가 주목하는 가운데 디지털 인프라 구축, 비대면 산업 육성, 국가 기반시설의 스마트화 등을 통해 새로운 일자리를 창출하고 선도형 경제를 만들겠다는 구상이다. 한국판 뉴딜은 디지털 인프라 구축을 통해 4차 산업혁명 관련 산업을 육성하는 것을 목표로 하고 있으며 사회간접자본(SOC) 건설에 있어서도 전통적 개념의 토건산업 중심이 아니라 첨단기술을 활용한 스마트화를 추진하고 있다.

한국판 뉴딜이 단지 남한 내부에서만 적용되는 개념이 아니라 북한을 포함하는 남북경협으로 발전하기 위해서는 '한반도 뉴딜'로 확대되어야 한다. 지금 북한은 제재로 인해 힘겨운 상황에서 코로나19로 경제난이 더욱 심화되고 있다. 글로벌 경제시스템으로부터 고립된 북한을 그대로 놓아둔 채 남한만의 뉴딜로 격차가 확대된다면 미래 한반도의 번영을 위해서도 결코 바람직하지 않다. 지금부터라도 남북한의 경제적 격차를 완화하고 사회적·문화적 상호 이해를 확산시켜 나가는 것이 미래 세대의 통합과 지속가능한 성장을 위해 반드시 필요하다.

한반도 뉴딜을 실현하기 위해서는 남한과 북한이 각자 보유한 산업 경쟁력을 극대화할 수 있도록 상호보완적 산업협력 구조로 재편되어야 한다. 이를 위해 필수적인 철도·도로·통신·에너지 등 공공인프라 네트워크는 혈관과도 같이 남북한 산업을 연결하게 될 것이다. 특히 한반도의 대동맥으로 기능하게 될 철도는 단지 남북한을 잇는 것이 아니라 뉴딜 경제권을 동북아와 유라시아로 확대하는 경제적 영토 확장을 가능하게 해 준다.

북한을 통과하는 철도가 연결되면 부산과 목포는 한반도 남단의 항구도시가 아니라 유라시아 대륙의 관문 도시로 새롭게 태어나게 된다. 동남아의 크루즈 관광객들이 목포에 와서 KTX로 갈아타고 서울과 평양을 거쳐 베이징, 모스크바, 유럽의 도시들로 여행하게 될 것이다. 일본의 컨테이너를 실은 선박이 부산항으로 와서 한반도 종단철도를 통해 유라시아 대륙으로 물류가 이동하게 될 것이다.

이와 같이 우리의 경제적 영토가 넓어지면 다양한 남북 경제협력 사업이 탄생하고 일자리 창출 기회도 열릴 수 있다. 우리 젊은이들의 기술력과 아이디어를 접목하여 북한 젊은이들과 함께 벤처를 창업하고 중장년층은 한국의 산업화 과정에서 얻은 다양한 경험과 노하우를 활용해 북한이 필요로 하는 분야에서 교육·자문·멘토링 등으로 기여할 수 있다. 한반도 뉴딜을 통한 북한의 경제성장은 평화를 더욱 공고히 하고 미래 한반도의 지속가능한 번영으로 이어져 '평화경제'의 선순환 구조를 실현하게 될 것이다.

[그림 6-16] 국제 협력을 통한 북한 인프라 개발

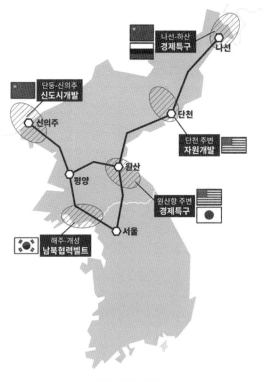

출처: 필자 작성.

국제 컨소시엄을 통한 공공인프라 건설

비상업적 공공인프라인 철도는 북한의 군사력 증대와는 무관하게 국제사회가 함께 평화적으로 이용하는 기반시설이다. 따라서 보다 적극적으로 유엔을 설득해서 철도에 대해서는 경제제재의 예외 조치로 적용받는 것을 추진할 필요가 있다. 만약 우리가 혼자서 시도하기 어렵다면 국제 컨소시엄을 구성해 동아시아 철도공동체 차원에서 추진하는 것도 생각해 볼 수 있다.

국제 컨소시엄은 남북한을 비롯해 중국·러시아·일본·미국 등 국가들로 구성될 수 있으며 철도망 구축과 함께 북한 경제특구 개발에도 이들 국가의 참여를 유도할 필요가 있다. 국제 컨소시엄의 기능을 철도 연결에만 국한하지 않고 북한 경제특구 개발까지 포함하는 것은 경제적 목적 이상의 전략적인 의미가 있다. 북한 성장의 열매를 참여 국가들과 나누는 이익 공유 시스템을 제공함으로써 한반도 평화를 향한 국제사회의 동의와 지원을 이끌어 낼 수 있기 때문이다.

그동안 한반도 주변 국가들은 북한 개발에 많은 관심을 보여왔다. 중국은 창지투(창춘-지린-투먼) 산업벨트의 해양 네트워크 연결을 위해 북한의 나진항 부두를 확보하고 철도망을 구축했으며 이제는 신의주 신도시 개발과 평양-신의주 구간 경의선 고속철을 계획하고 있다.

러시아는 시베리아 횡단철도(TSR)를 한반도로 연장해 극동러시아 지방을 연계 발전시키려는 신동방정책을 구상해왔으며 북·중·러 접경지역 경제특구 개발에도 관심이 크다. 북한과는 내륙철도 현대화 사업을 협의한 바도 있다.

일본은 북일 관계가 개선된다면 전쟁배상금을 활용한 대북 투자가 가능할 것인데 특히 원산과 같은 동해안 항만도시의 경제특구 개발이 유망하다. 2019년 9월에는 북한이 일본 측에 평양-원산 구간의 신칸센 건설 의사를 타진했다는 보도가 나오기도 했다.

미국은 동해안 관광단지와 단천 주변 자원개발에 참여할 수 있을 것이다. 전 세계적으로 전자부품에 필수적인 희토류 수요가 높아지는 상황에서 북한 광물자원 개발에 미국이 함께한다면 의미 있는 전략적 포석이 될 것이다.

서울과 평양을 잇는 다중 교통망 구축

　남북한 경제협력의 핵심 지역은 서울과 평양을 연결하는 경의선 축이다. 두 도시를 잇는 교통망은 실질적인 남북한의 대동맥으로서 상호보완적 산업협력의 기반이 될 것이다. 서울과 평양의 직선거리는 200km 밖에 되지 않는데 이미 상용화된 중국 고속철이 시속 350km 이상임을 감안하면 신(新)경의선 고속철의 서울-평양 구간은 1시간이 채 걸리지 않게 된다.

　따라서 미래에는 서울과 평양이 서로 떨어진 두 개의 도시가 아니라 '서울-평양 메가시티'라는 단일 광역 경제권으로 기능하는 것도 생각해 볼 수 있다. 이를 실현하기 위해선 남북을 촘촘하게 잇는 다중 교통망 구축이 필요하다. 한반도의 지형적 특성을 감안하면 서울과 평양 사이의 평야와 완만한 구릉 지대가 가장 중요한 개발 축이 될 가능성

[그림 6-17] 서울-평양 철도 연결 제안

출처: 필자 작성.

이 높다. 이 지역을 통과하는 교통망은 단지 남북한만이 아니라 유라시아 대륙과 해양을 연결하는 여객·물류 수용능력을 갖춰야 한다. 따라서 서울-평양 구간에만 최소 2~3개의 철도노선이 필요하게 될 것이다.

기존 경의선 철도 노선의 특성상 고속화하기 어렵다면 개보수하여 화물 전용으로 활용하고 대신 새로 건설하는 신(新)경의선은 김포·개성·해주·남포 등을 경유하는 노선을 생각해 볼 수 있다. 수도권 광역교통망인 GTX를 확장하는 방안도 검토할 수 있다. GTX-A 노선은 파주 운정역까지 예정되어 있는데 여기서 좀 더 연장하여 임진강을 건너면 바로 개성이다. 운정을 종착역이 아닌 경유역으로 전환하고 평양까지 철도를 연결한다면 가장 빠른 시일 내에 구축 가능한 현실적 대안이 될 것이다. 또한 서울·경기 남부를 잇는 GTX-D 노선은 인천공항·김포공항과 연계하고 강화도·교동도를 거쳐 해주와 평양까지 연결하는 방안도 생각해 볼 수 있다.

남북철도 연결을 위한 강한 추진력이 필요하다

북한은 2021년 1월 노동당 제8차 당대회를 통해 국가경제발전 계획을 수립하고 전략적 방향을 제시했다. 그 무엇보다도 내부 역량을 강화해서 '자력갱생'을 통해 난관을 돌파하겠다는 의지를 밝혔다. 금속 및 화학공업을 중심으로 투자를 집중해 전체 경제 부문에서 생산을 정상화하면서 이를 바탕으로 농업과 경공업을 육성하겠다는 계획이다. 자원과 역량이 제한된 상태에서 '선택과 집중' 전략을 통해 원자재를 조달하고 타 산업과 연계 발전을 추진하겠다는 의도로 보인다.

그러나 북한이 순수하게 자력으로 경제난을 극복하는 것은 결코 쉽지 않은 일이다. 작은 국토를 가진 나라가 경제적으로 고립된 상태에서 그나마 이 정도까지 버텨온 것이 오히려 신기할 정도다. 유엔 경제제재가 압박하고 있는 상황에서 북한이 앞으로 선택할 수 있는 경제발전 방안은 매우 제한되어 있다. 이 상태가 지속된다면 결국 북한은 중국에 더욱 밀착하는 방식으로 생존을 유지할 수밖에 없을 것이다.

북미 관계가 교착된 상황에서 한반도에 대한 중국의 영향력이 더욱 확대되는 것은 미국의 입장에서도 바람직하지 않다. 미·중 갈등이 심화되면서 남북은 서로 멀어지는 상태이다. 이제 이 악순환의 고리를 끊고 거시적인 방향 전환을 모색할 필요가 있다. 북한이 중국에 기형적으로 의존하는 경제구조를 탈피하고 대신 남북이 경제적으로 연계되는 방안을 찾아야 한다.

철도·도로와 같은 공공인프라 구축은 남북 경협의 기반이 되는 핵심 사업으로서 남북한 모두에게 중요하다. 북한도 이번 당대회에서 '철도 현대화' 계획을 언급했다. 만약 남북 관계 교착 국면이 이대로 지속된다면 북한은 중국과 협력해 평양-신의주 고속철을 건설하고 러시아와 함께 내륙철도 현대화 사업을 추진할 가능성이 있다. 우리는 2018년 남북 정상회담에서 철도연결에 합의하고 기초조사를 진행한 후 더 이상 진전이 없다. 북미 관계가 교착되면서 남북 교류도 모두 정지된 상태다.

북미 관계가 개선되지 않는다면 남북 교류도 시작할 수 없다는 것이 마치 상식과도 같이 여겨진다. 하지만 이런 생각이야말로 70년 분단을 통해 우리 안에 자리 잡은 고정관념과 패배의식이 아닐까. 현실적으로 북한 비핵화 문제 해결에는 상당한 시간이 소요될 수밖에 없다. 따라서 이를 남북 협력의 전제조건으로 둔다면 실제로 아무것도 진행하지 못할 것이다. 이제부터는 북한 비핵화 문제와 남북교류 사업을 서로 연계시키지 않는 디커플링을 진지하게 고려해야 한다.

우리 정부는 미래 한반도의 성장기반이 될 남북철도 연결을 위해 보다 강한 추진력을 보여줄 필요가 있다. 한편으론 미·중 전략경쟁이 심화되는 상황에서 한국이 대륙세력과 가까워지는 것을 경계하는 미국이 남북철도 연결에 부정적일 수도 있다. 하지만 한반도 정세를 안정적으로 관리하고 비핵화를 위한 북한의 전향적 태도를 유도하기 위해서라도 남북한 교류·협력은 지속되어야 한다는 점을 미국에 설명할 필요가 있다. 특히 한반도에서 중국의 영향력이 일방적으로 확대되는 것을 제어하기 위해서라도 한·미·일이 경제적으로 북한을 포용하는 정책을 펼칠 필요가 있음을 설득해야 한다.

동북아의 핵심 거점인 한반도를 둘러싸고 초강대국들의 복잡한 이해관계로 인한 갈등과 대립, 때로는 관여와 협력이 앞으로도 변화무쌍하게 펼쳐질 것이다. 우리 스스로 강한 의지와 치밀한 전략을 가지고 물살을 거슬러 헤쳐나갈 용기가 없다면 열강의 다툼과 국제 정세의 흐름 속에 수동적으로 몸을 맡긴 채 그저 주어진 현실을 감내할 수밖에 없을 것이다. 미·중 전략경쟁 시대를 맞아 앞으로 우리 정부가 내딛는 발걸음 하나하나가 한반도의 미래 운명을 결정하게 될 것이다.

제60장

글로벌 대유행 위기를 극복해 온 K-경제 대응과 평가

양종곤 정책기획위원회 국민성장분과위원장, 단국대학교 경영학부 교수

서론

전 세계 코로나19의 최초의 확진자가 2019년 11월 17일 중국 후베이성 우한시에서 발생한 이후 우리나라에서는 약 2개월 뒤 2020년 1월 20일 중국 여행객 확진자 이후 현재에 이르고 있다. 사스와 메르스와 같이 두렵지만 단기간 종식의 기대는 물거품이 되었다. 전 세계 국민은 사회적 격리활동의 불편함을 감내해야 했고 기업은 초유의 글로벌 공급망 붕괴로 인한 경제활동 봉쇄를 경험하기도 했다. 지역감염에서 세계적으로 확산된 초유의 감염병 바이러스와 우리는 현재도 전쟁을 치르고 있다. 불행 중 다행스럽게 한국은 모범적인 K-방역 시스템으로 현재까지 바이러스의 확산을 잘 관리하고 있다.

한편 코로나19의 급속한 유행에 대해 대부분 선진국의 대응은 감염병 확산방지를 위한 국경이나 직장 폐쇄(Lockdown)등의 조치였다. 이는 경제활동의 폐쇄 또는 수축을 초래하였는데 우리나라는 경제활동과 관리 가능한 감염병 유지 모두를 훌륭히 수행하는 세계에서 몇 안되는 국가이다. 따라서 코로나19 글로벌 대유행을 극복해 온 K-경제활동 관점에서 대응 전략을 살펴보고 이를 평가하는 것은 의미 있는

일이다. 최근 발표되는 국제기관의 우리나라 경제 대응에 대한 평가는 긍정적이다. 대표적으로 가장 최근 월가의 경제 칼럼니스트 윌리엄 퍼섹이 〈포브스〉에서 2021년 한국의 1/4분기 경제성장률이 1.6%에 달하며 코로나19 이전 경제 규모를 회복하고 있는데 이는 회의론자의 주장이 틀렸다는 것을 의미한다고 강조한 내용이다. 이 글은 상대적으로 저평가되고 있는 정부의 코로나19 위기에 대한 노력과 그에 따른 결과를 정리하고 평가하고자 한다.

K-경제위기 대응 시스템

메르스의 경우 2015년 5월 바레인에서 귀국한 첫 번째 감염자가 메르스 확진 판정을 받았다. 그 후 메르스 확산에 당황한 박근혜 정부는 환자와 병원의 정보 비공개를 원칙으로 했다. 그 결과 국민의 불안감과 근거 없는 유언비어 유포를 경험했다. 오죽하면 메르스 검역을 강화하라는 WHO의 권고를 묵살했다는 주장도 제기되었을 정도였다. 이와 달리 코로나19의 경우 현 정부는 현장을 바탕으로 감염병 위기 매뉴얼을 축적하고 이와 함께 세계적으로 방역과 관련하여 호평을 받은 3T(Test, Trace, Treatment) 방역 시스템을 결합하여 초기 대응과 격리 시설 보강 등으로 잘 대응해왔다. 한편 정부는 방역과 경제를 분리하여 봉쇄정책을 주장하는 자와 달리 경제활동과 방역 모두의 성과를 달성할 수 있다는 원칙하에 코로나19 위험 수준에 따른 적절한 사회적 거리두기 원칙과 함께 경제정책을 수립하고 실행해왔다. 이를 K-방역 시스템에 대응한 K-경제위기 대응 시스템이라 명명하며 정부의 활동을 정리하고자 한다.

코로나19 첫 확진자가 발생한 후 정부에서 취한 경제 대응은 1997년 IMF 위기와 2008년 세계 금융위기를 타파하기 위해 펼쳤던 대응 방안과 유사점 그리고 차이점을 가지고 있었다. 유사점은 환율시장이나 금융시장의 붕괴와 관계없이 금융시장과 실물경제의 붕괴 위험성에 대한 대처이다. 코로나19 발발 당시 글로벌 주식시장은 2020년 2월 20일에서 3월 17일까지 약 1개월 동안 미국의 다우지수가 약 31.2% 그리고 우리나라 코스피가 약 24.3% 폭락함으로써 공포 그 자체였다. 이는 IMF와 2008년 금융위기에서 겪었던 공포와 비슷한 상황이었다. 차이점이라면 당시 IMF 위기의 발원지는 세계 금융시장의 미미한 영역이던 한국과 동남아였기에 세계시장에 미치는 충격은 상대적으로 작은 크기였다. 우리나라의 경제위기는 심대하였지만 선진국의 금융시장이 받은 타격은 미미했다. 하지만 2008년 금융위기의 경우는 글로벌 금융 시스템에 편입된 은행과 투자회사의 파산이었기에 글로벌 경제에 미치는 영향은 막대했다. 전 세계는 하나의 시장이었기에 아직도 우리는 당시 문제의 미해결 상황에서 경제생활을 영위하고 있다.

세계경제에 미친 영향의 관점에서 2008년 금융위기와 2020년 코로나19 경제위기는 비슷한 공통점이 있다. 하지만 2008년 금융위기가 선진국, 특히 미국의 금융기관의 양적완화 정책이 일차적 문제 해결의 실마리라면 코로나19 위기는 재정정책과 금융정책 모두의 슬기로운 해결을 필요로 한다는 관점에서 보다 복잡한 경제 대응을 필요로 하는 위기 성격을 갖추고 있다. 이번의 경제위기가 미국의 1930년대 대공황 위기와 비교되는 것에서 코로나19 위기의 깊이와 넓이를 가늠할 수 있다. 정부는 신속하고 과감한 위기 극복을 위해 지난 1년간 다

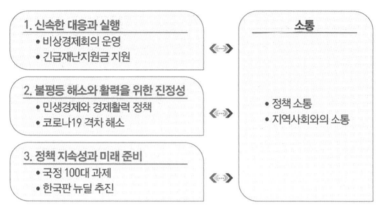

[그림 6-18] K-경제 대응 3+1 전략

1. 신속한 대응과 실행
- 비상경제회의 운영
- 긴급재난지원금 지원

2. 불평등 해소와 활력을 위한 진정성
- 민생경제와 경제활력 정책
- 코로나19 격차 해소

3. 정책 지속성과 미래 준비
- 국정 100대 과제
- 한국판 뉴딜 추진

소통
- 정책 소통
- 지역사회와의 소통

출처: 필자 작성.

양한 정책을 제시·실행했으며 이번 위기 대응도 문재인 정부의 기존 경제 국정철학인 소득주도성장, 포용성장 그리고 혁신성장의 관점을 견지했다. 정부의 코로나19 경제위기 대응 활동을 3+1 전략이라 정리할 수 있으며 전략 1은 신속한 대응과 실행, 전략 2는 불평등 해소를 위한 진정성, 전략 3은 정책의 지속성과 미래 준비 그리고 또 다른 전략 1은 모든 전략의 근간이 되는 민주적, 개방적 그리고 투명한 소통이다.

[그림 6-18]에서처럼 K-경제 대응은 3+1 전략과 8대 실행 영역으로 구성되어 있다. 신속한 대응과 실행에는 비상경제회의 운영과 긴급재난지원금 지원, 불평등 해소와 활력을 위한 진정성에는 민생경제와 경제활력 그리고 코로나19 격차 해소 노력, 정책의 지속성과 미래 준비에는 100대 국정과제 중 국민성장분과에 해당하는 26개 과제와 한국판 뉴딜, 그리고 소통에는 정부의 소통과 정책기획위원회 지역사회와의 소통으로 구분될 수 있다.

전략 1. 신속한 대응과 실행

위기 상황에서의 신속한 정책은 목숨과 같고 정책 효과 달성은 자존심과 같다. 무엇보다도 속도가 중요하고 여기에 선제적 대응이 포함된다면 정책 효과는 배가될 것이다. SNS가 발달한 시대에는 더욱 신속한 대응과 처방이 중요하다. 긴급성이 담보되지 못한다면 유언비어의 유포가 심각하기 때문이다. 세월호 당시 우리 국민은 위기 상황에서 지도자의 신속한 대처 그리고 리더십의 중차대함을 직접 목격했다. 문재인 정부는 코로나19 글로벌 대유행에서 소중한 지난 경험을 바탕으로 시의적절한 대처능력을 보여주었다. 대표적인 2가지 실행정책으로 첫째, 비상경제회의 개최와 둘째, 긴급재난지원금 지원이다. 우리 정부는 주가 폭락의 마지막 시점인 3월 17일 이틀 후인 19일에 즉시 대통령 주재 비상경제회의를 소집하고 총 8차례 회의를 개최했다. 비상경제회의 소집 5차 회의인 2020년 4월 22일에는 상시적 위기관리 대응체제로의 전환을 위해 경제부총리를 본부장으로 하는 비상경제 중앙대책본부회의를 결정했다. 2021년 4월 3일 자를 기준으로 총 33회의 비상경제 중앙대책본부회의를 개최하여 위기경제 대처를 위한 다양한 의제를 토론·심의했다. 비상경제회의와 비상경제 중대본 회의에서는 금융지원과 민생지원에 대한 중요한 정책들이 의결되었다. 대표적인 비상경제회의 결정사항은 2020년 4월 20일 개최된 5차 비상경제회의에서 기간산업안정기금 40조 원과 긴급 고용안정대책에 10조 원의 유동성을 공급하는 기간산업의 보호와 고용의 불안정성 해소에 노력한 것이다. 한편 6차 비상경제 중대본 회의에서는 부실기업의 생존을 위해 기업자산매각 프로그램으로 1조 1천억 원의 유동성을 공급하는 정책을 의결함으로써 비전통적 금융정책을 수행하여 어려움에 처한 기업 살리기에 나섰다. 〈표 6-4〉는 비상경제회의 및 비상경제 중대본 회의에서 결정한 적극적 위기 대응을 위한 굵직한 금융지원과 민생지원 정책의 대표적 성과를 정리한 것이다.

〈표 6-4〉 비상경제회의 및 비상경제 중대본 회의 대표 성과

금융지원	민생지원
- 소상공인, 자영업자, 창업기업, 중소기업, 중견기업 - 대출: 소상공인 대상 10조 원 규모 대출 - 보증: 중·소상공인 특례보증 5조 5천억 원 - 신용회복: 소상공인 및 개인 채무자 대상 2조 원 지원 - 채무연장: 대출 만기 최소 6개월 이상 연장 - 자금지원:「위기극복과 고용을 위한 기간산업 안정기금」 40조 원 조성 등	- 긴급재난지원금 전국민 100만 원 지원(4인 이상 가구 기준) - 사회보험료 3개월 납부 유예: 국민연금, 고용보험, 산재보험 등 - 입원치료·격리자에 대한 생활 지원비 및 유급휴가비용 지원 - 저소득층 한시생활지원: 기초생활수급자 약 138만 가구 - 코로나19 피해 및 폐업 점포 지원 - 코로나19 긴급 고용안정 지원금 - 민간 및 공공부문에 대한 선결제, 세제 혜택 등 내수 보완

긴급재난지원금의 경우는 2021년 5월 10일까지 4차의 재난지원금이 지급되었고 1차의 경우는 국민 전체를 대상으로 4인 가구 최대 100만 원까지 지급되었다. 논란이 있지만 어려움에 처한 자영업 소비 활성화에 도움이 되었다는 것이 일반적 평가이다. 2차부터는 보편적 지원에서 상대적으로 피해가 심한 자영업·소상공인 대상 선별 지원 원칙으로 지원되었고, 특히 2021년 지급된 4차는 가장 많은 19조 5천억 원이 지급되었다. 선별·차등 원칙에 따라 〈표 6-5〉에서처럼 집합금지 업종에 최대 500만 원, 매출 감소 업종에 최소 100만 원을 지급하여 부족하지만 사회적 거리두기의 직접적인 피해자를 배려했다. 재난지원금 지원정책은 정책의 신속성과 효율성을 동시에 추구하여 진

행되었고 사태 초기에는 피해자 선별 및 피해 정도 측정의 어려움을 감안하여 반대에도 불구하고 과감한 보편지원을 단행하였다. 향후 지원에는 피해정도가 심한 집합금지나 제한업종 그리고 매출 감소 등의 업종을 분류하여 지급함으로써 정책 효과를 극대화하려고 노력하였다.

〈표 6-5〉 긴급재난지원금 지급 현황

	1차	2차 (소상공인 새희망자금)	3차 (소상공인 버팀목자금)	4차 (소상공인 버팀목자금 플러스)
목적	코로나19 영향 경제위기 극복	코로나19 영향 소상공인 등 고용취약계층 맞춤형 지원	3차 코로나 확산으로 영업 제한된 소상공인, 고용취약 계층 등 지원	집합금지, 영업제한, 일반업종 피해 소상공인 385만 명
규모	14조 3천억 원	7조 8천억 원	9조 3천억 원	19조 5천억 원
시기	2020년 5월~	2020년 9월 말~	2021년 1월~	2021년 4월
대상	국민 전체 (4인가구 최대 100만 원)	소상공인, 특수형태근로자, 프리랜서, 아동돌봄, 미취업 청년 등	소상공인, 자영업자, 특수고용 노동자 등 고용취약계층	집합금지연장업종(500만 원) 집합금지완화업종(400만 원) 집합·영업제한업종(300만 원) 경영위기업종(200만 원) 매출감소업종(100만 원)

전략 2. 불평등 해소와 활력을 위한 진정성

코로나19는 승자와 패자의 결과를 더욱 극대화시키는 악마성을 여지없이 발휘하였다. 특히 대면으로 활동이 이루어지는 대표적인 업종인 예술, 스포츠, 여행업, 항공업 그리고 숙박업은 국외 여행 금지와 집합금지 제한으로 직격탄을 맞았다. 하지만 비대면 업종의 경우는 코로나 특수를 누렸는데 물류 중심 기업과 온라인 플랫폼 산업이 대표적이다. 자영업·소상공업도 사회적 거리두기로 인해 피해를 본 업종이다.

정부는 위축된 경제심리 반전과 내수효과 개선을 위한 다각적 지원정책을 제시했는데 이를 분류하면 첫째 민생안정과 경제활력, 둘째 포용적 회복을 위한 격차 해소로 정리할 수 있다.

민생안정 및 경제활력을 위한 정책은 세 종류의 범주로 정리할 수 있는데 〈표 6-6〉에서처럼 첫째 소비 활성화, 둘째 포용적 내수확충 그리고 셋째 소상공인 보호 및 지원정책이다. 소비 활성화의 경우 2019년 온누리 상품권 발행 규모를 약 2조 원에서 2020년 2배 늘어난 4조 원을 발행하여 피해 업종인 자영업·소상공인 매출 향상을 위해 노력했다. 특히 2020년 4월에서 7월 모든 국민을 대상으로 한시적으로 소득 공제율 80%까지 상향하여 소비 진작을 위한 정책을 제시했다. 신용카드 소득공제 한도도 30만 원 한시적으로 상향시켜 소비 활성화에 기여했다. 포용적 내수 확충의 경우는 정책의 연속선상에서 살펴볼 수 있는데 기초연금 인상의 경우 2019년 소득하위 20%에서 2020년 소득하위 40% 그리고 2021년 소득하위 70%까지 확대하여 내수 확대 기여정책을 수립하여 실행하고 있다. 소상공인 보호 및 지원의 경우는

〈표 6-6〉 민생안정 및 경제활력

소비 활성화	포용적 내수확충	소상공인 보호 및 지원
- 신용카드 등 소득공제율 및 공제한도 한시적 확대 - 차량 개별소비세 인하 (70%↓) - 고효율 가전기기 구매 환급 - 온누리 상품권 발행 확대 - 코리아세일 페스타	- 기초연금 인상 ('19) 소득하위 20% → ('20) 소득하위 40% → ('21) 소득하위 70%까지 확대 - 근로소득자 소득보장 - 고용보험 사각지대 해소 - 통신비 경감대책	- 「소상공인 기본법」 제정을 통한 정책 기반 확충 - '생계형 적합업종' 지정 - 소상공인진흥기금 규모 대폭 확충 ('19) 3조 1천억 원 → ('20) 9조 6천 7백억 원 - 임대료 인상률 상한 인하 (9% → 5%) - 착한 임대료 세제 확대

착한 임대인에게는 2020년 임대료 인하의 경우 인하액을 50%까지 세액공제를 확대하여 자영업을 지원했다.

코로나19 극복을 통한 포용적 회복을 위한 격차 해소 정책은 첫째 포용적 고용, 둘째 포용적 금융 그리고 셋째 일반적 포용 정책으로 정리된다. 포용적 고용의 대표적 정책으로는 고용유지지원금을 2019년 대비 34배 확대하여 2020년 2조 3천억 원을 지원한 것이다. 이를 통해 코로나19 피해로 어려운 경영상황에 직면한 기업이 종업원 감축 대신 고용을 유지할 수 있도록 장려하기 위해 노력했다. 향후에도 산업별 경기 차이로 인한 양극화가 심화되는 상황에서 고용유지 지원은 적극적으로 추진되어야 하며 더욱 확대되어야 한다.

2020년 12월에는 정부의 100대 국정과제 중의 하나인 전국민 고용보험 달성을 위하여 '전국민 고용보험 로드맵'을 수립하여 발표하였다. 정부는 이미 첫 단계로 보험설계사, 대리운전기사 등 특수고용직 9개 직종 가입을 독려했고 로드맵에 따라 기타 고용보험 사각지대인 특수고용직과 자영업자를 위한 고용 안전망을 제시했다. 소상공인 보호

〈표 6-7〉 포용적 회복을 위한 격차 해소

포용적 고용	포용적 금융	일반적 포용 지원
- 고용유지지원금 대폭 확대('20) 2조 3천억 원 (전년 대비 34배 증가) - 고용보험 사각지대 생계 안정 지원 - 「전국민 고용보험 로드맵」 수립·발표('20.12)	- 「금융소비자보호법」 제정을 통한 금융소비자 위상 강화 - 서민·취약계층과 개인 채무자에 대한 서민금융 공급 확대 - 고금리, 불법추심 등 불법 사금융 엄정 대응 및 법정 최고 금리 인하 추진(24% → 20%)	- 입원치료·격리자 생활지원비 및 유급휴가비용 지원 - 저소득층 한시 생활지원 - 건설일용근로자 1인당 최대 2백만 원 무이자 대출 - 무급휴직 신속지원프로그램

및 지원 영역에서는 2019년 소상공인진흥기금 3조1천억 원을 9조 6천 7백억 원으로 약 3배 증액하여 어려움에 처한 소상공인에게 저금리의 정책 자금 유동성을 제공했다.

전략 3. 정책의 지속성과 미래 준비

문재인 정부는 출범 시 달성해야 할 100대 국정과제를 선정하였으며 국민성장분과와 관련된 국정과제는 26개이다. 이는 소득주도성장, 공정경제, 민생경제, 4차 산업혁명 그리고 혁신성장에 해당한다. 과제는 임기 내 달성 가능 과제와 중장기 과제로 구분되어 진행되고 있다. 코로나19 이전까지는 100대 과제가 국정 중심이었다. 외생변수 코로나19로 인해 정부는 사회·경제적 대전환을 위해 한국판 뉴딜을 제시했다. 한국판 뉴딜은 현재 위기 극복과 미래 준비를 위한 대전환의 출발점이었다. 추격형 경제에서 선도형 경제로, 탄소의존 경제에서 저탄소 경제로 그리고 불평등 사회에서 포용 사회로의 도약이라는 비전하에 디지털 뉴딜, 그린 뉴딜, 사회안전망 강화 그리고 지역균형 뉴딜로 정리되었다. 이 정책은 2020년 7월 14일 발표되었고 5년간 160조 원의 재정을 투입하여 190만 개의 신규 일자리 창출을 목표로 한다. 그린 뉴딜은 발전하여 2020년 12월 7일 2050 탄소중립을 목표로 탄소중립 추진전략이 발표된다.

한국판 뉴딜은 본격적으로 2020년 8월부터 추진되어 2020년 12월까지 약 5개월의 짧은 기간에 편성된 예산 4조 8천억 원 중 4조 7천억 원을 집행하여 집행률 98%를 달성하였다. 2021년에는 본격적 뉴딜 투자를 위해 기존 계획보다 10% 증액된 21조 원을 편성하여 한국판 뉴딜의 본격 추진을 진행하고 있다. 뉴딜 추진 기반 조성을 위한 국민 참여 뉴딜펀드의 경우도 2021년 4월 2,000억 원 규모의 펀드가 짧은 기간 완판되어 뉴딜 추진에 속도가 더해질 것으로 판단된다.

전략 4. 소통

위기 극복을 위한 대표적 정책은 이해관계자와의 소통이다. 대표적 성공 사례가 코로나19 상황에서의 정부, 특히 방역본부가 수행한 투명하고 신속한 대국민 소통이다. 국민과의 민주적이고 투명한 소통은 코로나19로 인한 불안감과 공포심을 극복하고 정부의 방역수칙을 준수하는 중요한 원천이었다. 전 세계 각국의 언론매체로부터 모범적 대응 사례라 평가받는 연유이기도 하다. 정부의 소통정책과 더불어 한국

[그림 6-19] 한국판 뉴딜 국정자문단 출범식(2020.12.04)

출처: 정책기획위원회.

판 뉴딜의 경우 짧은 준비 기간과 즉각적 실행으로 인해 지역 기반 뉴딜이어야 함에도 계획과 실행 사이의 정책적 간극이 발생했다. 정책기획위원회는 추진 동력 확보를 위해 지역사회와의 소통을 시도했다. 한국판 뉴딜 추진을 위해 사회적 거리두기 제한에도 불구하고 2021년 4월까지 3회의 전국 순회 토론회와 간담회를 개최했다. 2020년 12월에는 한국판 뉴딜 국정자문단 출범식 그리고 한국판 뉴딜 성공적 실행을 위한 지역공감대 확산과 지역대학 총장단, 언론인, 기업인, 공기관 대표 등의 의견 정취를 통한 대안 모색에 주력했다.

K-경제 대응 평가

언급한 것처럼 코로나19 피해 극복을 위해 정부는 경제위기 대응을 위한 3+1 전략 하에 8대 분야의 실행과제를 수행하였다. 과감하고 신속한 4차례의 추경을 포함한 310조 원 규모의 재정지원이 이루어졌다. 최근 한국개발연구원(KDI) 경제전망실에서 발표한 '코로나19 위기 시 재정의 경기 대응에 대한 평가와 시사점' 보고서에서 2020년 4차례 추가경정예산은 경제성장률을 0.5%p 상승시키는 효과 그리고 2021년 한 차례의 추경은 0.3%p 상승 효과가 있었다고 판단하고 있다. 또한 재정지원 규모는 주요 선진국과 비교하여 상대적으로 크기가 작았음을 덧붙인다. 한편에서 주장하는 재정 규모는 과대한 크기가 아니었으며 국제적으로 비교했을 때 상대적으로 작았음을 입증하는 좋은 예이다. 주어진 재정 규모 하에 정부가 코로나19 위기에서 달성한 GDP 성장률 1.0은 상대적으로 우수한 경제성과였으며 재정투입이 효

[그림 6-20] K-방역과 경제성장률(2020)

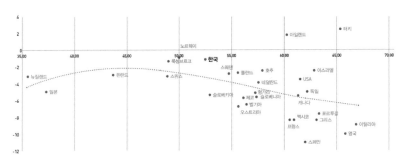

X축: OECD 국가의 방역수준 (100점 만점을 기준으로 0은 방역수준이 낮은 수준이고 100은 방역수준이 높은 수준에 해당함), Y축: 경제성장률

율적으로 활용되었음을 나타내는 지표라고 보고 있다. [그림 6-20]은 K-방역과 2020년 경제성장률을 나타내는 표이다.

X축에 해당한 방역수준은 Our World in Data에서 OECD 국가의 방역수준 자료를 1년간 추적하여 평균한 값을 나타내고, 0은 방역수준이 낮은 수준이며 100은 방역수준이 높은 수준에 해당한다. 총점 계산을 위해 9개의 지표를 활용하고 서열척도로 측정하여 100점 만점을 기준으로 환산한 자료이다. Y축은 2020년도 각국의 경제성장률이다. [그림 6-20]에서처럼 우리나라의 방역수준은 보통 사람의 인식처럼 높은 수준이 아니라 실제로는 중간 수준에 해당하고 경제성장률은 상대적으로 좋은 성과를 달성했다. 즉 적절한 방역 수준과 경제활동을 수행하면서 경제성장률은 OECD 상위에 해당함을 알 수 있다. 우리나라 산업은 GDP에서 차지하는 제조업 비중이 타 국가와 비교하여 높은 관계로 코로나19가 발생하여 일시적인 각 나라의 폐쇄 조치에서 경제활동이 재개되면서 제조업 중심의 산업 구조로 인한 일정 정도의 혜택이 존재했다고 판단된다. 또한 세계적인 모범사례가 된 효과적인

K-방역 시스템 그리고 사회적 거리두기와 마스크 착용 등과 같이 일상생활의 불편함을 감내하고 코로나 블루(Corona Blue)라는 신종 우울감과 무기력증에도 적극적인 방역정책에 동참한 국민의 노력도 원인 중의 하나일 것이다. 마지막으로는 지금까지 언급한 정부의 경제위기 대응 시스템의 체계적이고 선도적인 정책은 분명 2020년 훌륭한 거시경제적 성과를 달성하는 원천 중의 하나였음을 확인하였다. 2020년의 우수한 거시경제적 성과 2021년 연속선 상에서 추세의 움직임을 나타내고 있으며, 우리나라는 위기 이전의 GDP 수준을 회복할 것으로 추정되는 3개의 선진국인 미국, 한국, 호주 중 대표적 국가가 될 것으로 예상된다. 경제성과는 다양한 지표를 통해 비교되지만 대표적 거시경제 지표는 GDP 성장률임을 부인할 수 없다고 판단한다면 일부 언론에서의 주장과 달리 코로나19 위기 시 대응한 정부의 경제위기 대응 시스템은 다시 평가되어야 할 것이다.

향후 경제에 대해 대다수의 전문가는 K자형 경제회복을 예상하는데 양극화 해소를 위해 자영업·소상공인, 중소기업 그리고 피해업종 등을 적극적으로 지원하는 경제정책을 통해 모든 곳에 온기를 체감할 수 있도록 전개되어야 할 것이다.

제61장

탄소중립을 위한 대전환기: 도전과 기회

윤순진 전 정책기획위원회 지속가능사회분과위원장, 서울대학교 환경대학원 교수

1.5℃ 목표와 탄소중립

기후위기가 갈수록 심화되어 국제사회의 기후위기 대응 필요성이 높아지면서 '탄소중립(Carbon Net-Zero 또는 Carbon Neutrality)'이 시대적 과제가 되었다. 탄소중립은 이제 우리나라만이 아니라 전 세계적 과제이다. 2015년 12월 프랑스 파리에서 열린 제21차 유엔기후변화협약 당사국총회(COP21)에서 당사국들은 인류 역사 최초로 온도 상승 억제 목표에 대한 합의를 담은 파리협정(Paris Agreement)을 채택하였다. 산업화 이전 시기에 비해 온도 상승이 2℃를 넘지 않기로 하였고, 더 나아가 1.5℃ 이내로 제한하기 위해 노력하기로 했다.

이후 2018년 기후변화에 관한 정부간 협의체(Inter-governmental Panel on Climate Change: IPCC)가 제48차 총회에서 '지구온난화 1.5℃ 특별보고서'를 만장일치로 채택하였다. 이 특별보고서에서 IPCC는 1.5℃와 2℃는 0.5℃ 차이임에도 불구하고 두 온도 간에는 상당한 차이가 있는 것으로 평가하였다(자세한 내용은 〈표 6-8〉 참조). 거의 대부분의 영역에서 2℃에서는 1.5℃에 비해 거의 두 배 이상 피해가 더 느는 것으로 나타났다. IPCC가 〈지구온난화 1.5℃ 특별보고서〉를 채

택한 후 파리협정에서보다 강화된 1.5℃가 지구온도 상승 억제 목표가 되었으며 많은 국가들이 탄소중립을 선언하고 나섰다.

〈표 6-8〉 2100년까지 전 지구 평균 온도 1.5℃와 2℃ 상승 시 영향

구분		1.5℃	2℃
고유 생태계 및 인간계		높은 위험	매우 높은 위험
기온	중위도 폭염일	3℃ 상승	4.5℃ 상승
	고위도 한파일	4.5℃ 상승	6℃ 상승
산호초 소멸		70~90% 소멸	99% 소멸
기후영향·빈곤 취약 인구		2℃ 온난화에서 2050년까지 최대 수억 명 증가	
물 부족 인구		2℃에서 최대 50% 증가	
그 외		평균 온도 상승(대부분의 지역), 극한 고온(거주지역 대부분), 호우 및 가뭄 증가(일부 지역)	
육상 생태계		중간 위험	높은 위험
다른 유형 생태계로 전환되는 면적		약 6.5%	약 13%
생물종 (10만 5천 종) 서식지 절반 절멸률	곤충	6%	18%
	식물	8%	16%
	척추동물	4%	8%
대규모 기상이변 위험		중간 위험	중간에서 높은 위험
해수면 상승		26~77cm 상승	30~93cm 상승
연안 홍수 위험		보통	매우 높음
여름철 북극해 해빙 완전소멸 빈도		100년(복원 가능)	10년(복원 불가능)
		1.5℃ 초과 시 남극 해빙 및 그린란드 빙상 손실	
어획량		150만t 감소	300만t 감소

탄소중립 선언 국가 현황

IPCC가 〈지구온난화 1.5℃ 특별보고서〉를 채택한 후 2021년 4월 22일 지구의 날 미국 조 바이든 대통령이 세계기후정상회의를 주최한 후 4월 말에 이르기까지 탄소중립을 선언한 국가 수는 131개에 달했다. 25%를 차지하는 배출량 1위 중국과 12%인 2위 미국을 포함해서 선언국가 131개국의 2017년 배출량 총합은 세계 배출량의 73%

[그림 6-21] 탄소중립 선언 국가 비중(상)과 선언의 효과(하)

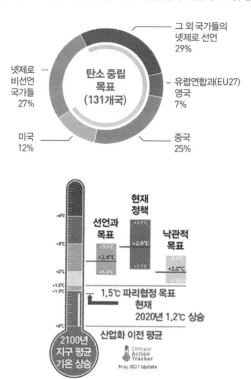

출처: Climate Action Tracker, 2021, "Warming Projections Global Update."

에 달한다. 2015년에 파리 기후변화협약 당사국총회에서 발표한 목표에 2020년 9월부터 가속화된 2030년 국가감축목표 상향 선언 결과 이러한 선언과 목표가 지켜진다면 이번 세기 말까지 2.4℃가 상승할 것으로 전망되고 있다. 이는 파리협정 채택 당시 선언과 목표 달성으로 2.6℃ 상승이 예상되었던 데 비해 0.2℃를 낮추는 효과를 가져왔다. 만약 탄소중립을 선언한 국가들이 선언을 그대로 이행하는 경우를 낙관적 목표라 본다면 그 경우 지구 온도 상승은 2℃로 제한할 수 있게 된다. 하지만 여전히 1.5℃ 목표 달성은 어렵기에 세계 총 배출량의 23%를 차지하는 비선언 국가들의 탄소 중립 동참이 요청되는 상황이다. 게다가 그런 선언과 달리 현재의 정책을 유지한다면 온도 상승은 2.9℃에 이를 것으로 전망된다. 이미 전 세계 평균 온도는 산업화 이전에 비해 1.2℃ 상승한 상태다. 그만큼 시간이 별로 남지 않은 것이다.

우리나라의 2050 탄소중립 선언

파리협정에 따라 모든 당사국들은 2050년까지의 장기저탄소발전전략(Long-term low greenhouse gas Emission Development Strategies: LEDS)을 2020년 말까지 유엔기후변화협약(United Nations Framework Convention on CLimate Change: UNFCCC)에 제출하도록 요청 받았다. 2019년 9월 뉴욕에서 열린 세계기후행동정상회의에 참석한 문재인 대통령은 2020년 말까지 LEDS를 제출하겠다고 발표하였다.

정부는 LEDS 수립 단계부터 민간 의견을 충분히 수렴하기 위해 2019년 3월부터 학계, 산업계, 시민사회 등 다양한 분야의 전문가들이 참여하는 '2050 저탄소 사회 비전 포럼'을 구성하여 운영하였다. 이 포럼에서는 2050년 국가 온실가스 감축 목표와 비전을 검토하였는데, 포럼 검토 결과는 LEDS 수립을 위한 정부 내 논의와 다양한 이해관계자 의견을 수렴하는 사회적 논의의 기본자료로 활용되었다. 저탄소 사회 비전 포럼은 2019년 12월까지 운영하였는데 총괄분과(13명)와 전환(13명), 산업(15명), 건물·수송(13명), 농축수산·산림·폐기물(10명), 청년분과(6명) 등 6개 분과에 총 70명이 참여하였다. LEDS가 2050년을 목표로 하여 미래지향성이 큰 만큼 청년 분과를 별도로 두어 운영하였고 총괄분과에 배석하여 발언하도록 하였다. 또한 22개 국책연구기관이 참여하는 기술작업반을 구성해서 온실가스 감축 시나리오 분석 결과를 제공하는 등 포럼의 의사결정을 기술적으로 지원하는 역할을 맡겼다. 포럼에서는 2050년 목표로 2017년 배출 대비 40%, 50%, 61%, 69%, 75% 감축의 5가지 시나리오를 제안하였다.

이에 2020년 2월 15개 부처가 참여하는 범정부협의체의 논의를 거쳐 포럼에서 제안한 5안(75% 감축)과 탄소중립안을 추가해서 온라인 설문(6월~7월), 전문가 의견 수렴(7월 5회), 국민 토론회(10월 17일), 공청회와 같은 사회적 논의를 통해 산업계, 시민사회 및 미래세대 등 다양한 집단의 의견을 종합하여 최종안을 마련하였다. 온라인 설문조사의 경우 응답자의 91.5%가 기후변화 현상이 심각하다고 하였으며, 96.8%가 기후변화가 생활에 큰 영향을 미친다고 응답하였다. 2050 목표에 대해서는 92.5%가 우리나라의 2050 탄소중립 달성 검토가 필요하다고 응답하였으며, 탄소중립 달성 검토 시 주요 고려사항으로 ① 경제·사회에 미치는 영향(58.9%), ② 파리협정 목표 기준(42.2%), ③ 해외 LEDS 목표(33.9%) 순으로 응답하였다. 토론회는 관심 있는 누구나 참여할 수 있도록 온라인 방식으로 진행하였으며, 지역·성별·연령을 고려하여 사전에 선정한 토론회 참가자를 대상으로 토론회 후 LEDS 비전에 대한 설문조사를 실시한 결과, 참가자의 91%가 2050년 탄소중립 사회 지향에 동의하였으며, 탄소중립을 위한 비용부담에도 88%가 동의한다고 응답하였다.

LEDS 수립을 위한 공론화가 진행되는 동안 2020년 6월 5일 환경의 날에는 225개 기초지방정부가 기후위기비상선언을 선포했으며 7월 7일에는 17개 광역지자체들이 탄소중립을 선언하였다. 2020년 7월 14일에는 정부가 한국판 뉴딜 종합계획을 발표하였는데 공론화가 진행되는 중이었기 때문에 뉴딜 계획에는 탄소중립을 지향한다고 표명하긴 하였으나 시점이 정확히 제시되지 않았다. 하지만 시민사회에서는 2050년 탄소중립을 명시적으로 담고 있지 않다고 비판하였다. 이어 9월 24일에는 국회가 기후위기 비상대응 촉구 결의안을 의결하였다. 재적 의원 258명에 찬성 252명, 반대 0명, 기권 6명으로 97.7%

[그림 6-22] 우리나라의 탄소중립 선언 관련 국내외 사회적 논의와 활동

- 2019.03~12. 학계·산업계·시민사회 회 등 전문가 1000여 명이 참여하는 저탄소사회비전 포럼
- 2020.02~ 15개 부처 범정부협의체 : 사회적 논의, 전략마련
- 2020.06.05 기초지방정부(225개) 기후위기비상선언
- 2020.07.07 17개 광역지자체 탄소중립 선언
- 2020.07.14 한국판 뉴딜(그린 뉴딜) 발표
- 2020.09.24 국회 기후 위기 비상대응 촉구 결의안 의결
  재적 258명, 찬성 252명, 반대 0명, 기권 6명 : 97.7% 찬성률
- 2020.10.28 문재인 대통령 2050 탄소중립 목표 선언
- 2020.12.07 정부 합동 '2050탄소중립 추진 전략' 발표
- 2020.12.30 유엔기후변화협약에 LEDS 제출
- 2021.03.31 과학기술정보통신부 탄소중립 추진을 위한 기술혁신 전략
- 2021.05.29 대통령 직속 탄소중립위원회 출범

의 찬성률을 보였다.

마침내 10월 28일 문재인 대통령이 국회에서 가진 2021년도 예산안 시정연설에서 2050년 탄소중립을 선언하였다. 이어 12월 7일에는 관계부처 합동으로 「2050 탄소중립 추진 전략」을 발표하였다. 정부는 2050 탄소중립을 위한 추진 전략으로 '적응적(adaptive) 감축에서 능동적(proactive) 대응으로: 탄소중립·경제성장·삶의 질 향상 동시 달성'을 비전으로 하면서 3+1 전략을 제시하였다. 경제구조의 저탄소화, 신유망 저탄소산업 생태계 조성, 탄소중립 사회로의 공정전환을 3대 정책으로 하면서 재정·녹색금융·R&D·국제협력 분야에서 탄소가격 시그널 강화와 탄소중립 분야 투자 확대 기반 구축을 내용으로 탄소중립 제도적 기반 강화를 제시하였다. 그리고 조직 차원에서는 2050 탄소중립위원회와 사무처 설립을, 운용 차원에서는 사회적 합의 도출과 전략적 우선순위 설정을 통해 단계적 성과 확산을 내용으로 하는 추진체계를 제시하였다. 이러한 사회적 논의 결과를 담아서 정부는 12월 30일 유엔기후변화협약에 LEDS를 제출하였다.

2050 탄소중립위원회의 출범과 역할

2021년 5월 29일, 탄소중립 사회로의 전환을 위한 대통령 소속의 민관합동기구인 2050 탄소중립위원회(이하 탄중위)가 출범하였다. 세계 최초로 탄소중립이란 이름을 전면에 내걸었다. 탄중위 출범일은 서울에서 열린 제2차 P4G(Partnerning for Green Growth and the Global Goals 2030, 녹색성장과 글로벌 목표 2030을 위한 연대) 서울 녹색미래 정상회의 개최일 바로 전날이었다. 파리협정이 본격적으로 이행되는 신기후체제 (New Climate Regime)의 원년인 2021년에 출범했을 뿐 아니라 '포용적 녹색회복을 통한 탄소중립 비전 실현'이라는 정상회의의 주제에서 드러나듯 제2차 P4G의 주요 관심사인 탄소중립에 대한 주최국의 확고한 이행 의지를 드러냈기에 P4G 행사 개막 전날 탄중위가 출범한 것은 상당한 의미가 있었다. 2018년 덴마크 코펜하겐에서 열렸던 제1차 P4G에 5개국 정상이 참여했던 데 반해 P4G에서는 47개국 정상과 21개 국제기구의 수장 등 총 68명의 세계 지도자들이 참여했을 정도로 의미 있는 행사였다. 더군다나 2020년에 열었어야 했지만 코로나19 대유행으로 1년을 미뤄서 열게 되었으나 여전한 코로나19 상황에서 이정도 규모로 온라인과 오프라인을 결합해서 주최했다는 점에서 K-방역의 우수성과 디지털 기술의 선도성을 드러내면서 탄소중립 의지를 강조했다는 점에서 상당한 의의가 있었다. 또한 한국은 길지 않은 기간 동안 개도국에서 선진국으로 전환되어 개도국과 선진국의 가교 역할을 할 수 있다는 사실도 드러냄으로써 국제협력을 위한 촉매제이자 마중물 역할을 자임할 수 있었다.

탄중위는 2021년 5월 4일에 시행에 들어간 「2050 탄소중립위원회의 설치 및 운영에 관한 규정」에 기초를 두고 출범하게 되었다. 이 규정에 따르면 탄중위는 국무총리와 민간공동위원장을 포함해 50~100인의 위원으로 구성하도록 되어 있는데 1기 탄중위는 당연직인 18개 중앙행정기관(15개 부처와 금융위, 방통위, 국무조정실)의 장과 대통령이 위촉하는 민간위원 77명, 국무총리와 민간공동위원장 2명 등 총 97명으로 출발하였다. 위촉직 민간위원은 탄소중립 사회로의 전환에 관하여 전문적인 지식이나 경험이 풍부한 사람으로 기후, 에너지, 경제, 산업,

[그림 6-23] 2050 탄소중립위원회 조직도

기술 등 분야별 전문가들과 시민사회, 청년, 산업, 노동 등 사회 각계 대표로 구성되어 있다.

탄중위는 탄소중립 사회로의 전환을 위한 사항들을 심의하고 사회적 대화를 통해 탄소중립에 대한 사회적 공감대와 합의를 마련해가는 역할을 한다. 심의 대상으로는 ① 탄소중립에 대한 국가 비전 및 국가정책에 관한 사항, ② 탄소중립 사회로의 전환을 위한 이행계획 수립에 관한 사항, ③ 탄소중립 이행계획의 이행점검, 실태조사 및 평가에 관한 사항, ④ 탄소중립 사회로의 전환을 위한 법·제도 개선에 관한 사항, ⑤ 탄소중립 사회로의 전환을 위한 기후변화 대응 및 에너지 정책에 관한 사항, ⑥ 탄소중립에 관한 연구개발, 인력양성 및 산업육성에 관한 사항, ⑦ 탄소중립 관련 국민 이해 증진 및 홍보·소통에 관한 사항, ⑧ 탄소중립과 관련된 국제협력에 관한 사항, ⑨ 그밖에 탄소중립 사회로의 전환에 관한 사항으로서 위원회 위원장이 필요하다고 인정하는 사항이 있다.

탄중위는 분야별 중점 검토를 위해 기후변화, 에너지 혁신, 경제산업, 녹색생활, 공정전환, 과학기술, 국제협력, 국민참여의 8개 분과위원회를 두고 있다. 분과위원과 다양한 분야의 전문가들로 '전문위원회'를 별도로 구성하여 각 분과위원회가 다루는 업무 관련 전문성을 보완하고 안건 관련 자문을 제공한다. 일반국민과 지역, 현장의 목소리를 직접 듣기 위해 산업·노동계, 시민사회, 청년, 지자체 등 분야별로 '협의체'를 구성하여 소통하면서 정책 공감대를 형성하고 협력사업을 발굴해간다. 또한 사회적 파급효과가 크고 이해관계가 첨예한 쟁점 사항에 대해 사회적 합의를 도출하기 위해 성별 연령별 지역별 대표성을 가진 500명 규모의 '국민정책참여단'을 구성하여 학습과 토론, 숙의를 진행할 계획이다.

탄소중립위원회는 2021년 내로 「2050 탄소중립 시나리오」와 「2030년 국가온실가스 감축목표 상향 계획」 수립이라는 당면과제를 안고 있다. 「2050 탄소중립 시나리오」는 30년 후인 2050년의 경제·사회적 변화를 보여주는 청사진이자 2050년까지의 탄소중립을 위한 정책 방향과 전환 속도 등 장기적 방향성과 함께 부문별 감축량과 감축수단 같은 이행수단, 중장기 R&D 전략 등 지원대책도 제시하는 '정책 나침반'이라 할 수 있다. 우리나라의 2030년 감축 목표는 현재

2017년 온실가스 배출량 대비 24.4%를 저감하는 것이다. 하지만 이러한 목표 수준은 배출 규모나 부담 능력 등에 비춰 매우 불충분하다는 국내외 비판을 받아 왔다. 문재인 대통령은 임기 말까지 2030년 감축목표(Nationally Determined Contribution: NDC)를 상향 발표하겠다고 약속했고 4월의 세계기후정상회의에서는 연내 상향 발표를 약속하였다. 그리고 5월 한미정상회담 공동선언문을 통해서는 2021년 10월 초 상향 NDC 초안 발표와 제26차 유엔기후변화협약 당사국총회(COP26)까지 최종 NDC 발표를 약속하였다. 불과 10년도 남지 않은 2030년 NDC 강화는 쉽지 않은 과제다. 당면한 두 과제 모두 사회 전 분야의 대전환을 요구하는 도전적 과제로 모든 사회 구성원들에게 미치는 영향과 의미가 매우 크기에 국민적 공감대와 합의 마련이 필수적이다. 국민적 공감대와 사회적 지지가 있을 때 탄소중립정책이 지속적이고 일관성 있게 추진될 수 있기에 다양한 이해관계자 의견의 충분한 수렴이 그만큼 더 중요할 것이다.

우리나라는 제조업 중심의 수출 주도형 경제구조를 가진 국가이자 에너지 다소비 국가이다. 2017년 기준 GDP 중 제조업 비중이 32.1%, 수출의존도가 35.3%를 차지하였다. 세계 8위의 대표적 에너지 다소비 국가로서 산업 구조상 제조업의 비중이 높고 특히 철강, 석유화학, 자동차, 반도체 등 에너지 집약 업종이 높은 비중을 점하는 까닭에 산업부문 최종에너지 소비가 60% 이상을 차지한다. 2050년 탄소 중립을 내걸고 그린 (뉴)딜을 추진 중인 EU와 미국은 향후 탄소국경조정제(Carbon Border Adjustment Mechanism) 도입을 공언한 상태다. 또한 재생에너지 100% 전력 사용을 약속하는 기업들의 자발적 캠페인인 RE100 참여 기업들이 갈수록 늘어나 2021년 6월 중반 현재 316개에 달하는 상황이다. 구글, 마이크로소프트, 애플, 월마트 등 세계 굴지의 기업들은 이미 RE100을 달성한 상태다. 이들 기업은 자신들의 RE100 가입에 그치지 않고 협력업체들에도 RE100을 요구하고 있어 수출의 존도가 높은 한국 기업에게 변화가 절실하다. 2020년 12월부터 현재까지 SK 6개사(SK홀딩스, SK텔레콤(SK브로드밴드 포함), SK하이닉스, SKC, SK머티리얼즈, SK실트론)와 아모레퍼시픽, LG 에너지솔루션, 한국수자원공사가 RE100에 가입한 상태다. 이제 기후위기문제는 환경문제이면서 경제문제가 되었다. 변화에 제대로 부응하거나 혁신의 기회로 삼지 못할 경우 상당한 경제적 타격이 우려된다. 이는 사업자들만이 아니라 해당 산업에 고용된 노동자들의 고용과 해당 산업 입지 지역의 경제와도 연결되어 있어 심각한 사회경제 문제가 될 수 있다. 기후위기와 탄소중립은 탈탄소사회로의 전환을 요구하기에 이 전환과정에서 소외와 배제, 일방적 피해를 당하는 개인과 집단이 발생하지 않도록 정의로운 전환 대책을 마련하지 않으면 안 된다.

2050 탄소중립위원회는 탄소중립을 향한 사회적 대화를 통해 다양한 국민 여론을 수렴하고 국민인식을 제고하면서 부처 간 업무를 조율하고 조정하며 탄소중립 이행을 이끌어가는 탄소중립정책의 관제탑(Control Tower) 역할을 감당해야 한다. 하지만 현재 탄중위는 대통령령에 근거를 두고 출범한 상태로 법률에 근거를 두고 있지 않다. 산업·경제·사회 모든 영역의 대전환을 요구하는 탄소중립이란 과제는 2050년까지 흔들림 없이 추진되어야 하기에 정권 교체에 영향 받지 않고 독립적이면서 안정적 운영을 위해 법률에 설립 근거를 규정하고 강력한 권한과 역할을 부여할 필요가 있다. 또한 탄소중립 과정에 필요한 재원인 기후대응기금을 마련하고 기후영향평가와 같은 제도 신설을

위해서도 법률 제정은 무엇보다 중요한 일이다. 전환 피해를 최소화하는 정의로운 전환을 위한 산업 전환 특별지구 지정, 지원센터 설치 등의 문제와 함께 지자체의 기후위기적응대책 수립·이행 지원을 위해서도 법적 근거가 필요하다. 따라서 탄소중립 이행 관련 법률의 보다 신속한 제정이 절실한 상태다. 2020년 9월에 국회에서 기후위기 비상대응 촉구 결의안이 대다수 의원들의 찬성으로 통과된 만큼 국회는 여야를 넘어 탄소중립의 중요성과 긴급성을 헤아려 탄소중립 관련 법률 제정을 하루 빨리 서둘러야 한다.

제62장

코로나19 이후 포용적 성장을 위한 조세정책 방향

김학수 정책기획위원회 국민성장분과위원, 한국개발연구원 선임연구위원

2019년 말 중국에서 시작된 새로운 감염병 확산에 따른 보건위기는 경제전반의 수요와 동시에 공급을 위축시키며 전례 없는 경제위기로 파급되었고, 정부는 이에 대응하며 조기에 극복하고자 다양한 정책수단을 실시했다. 누구도 예상하지 못했던 코로나19라는 충격이 가져온 어려운 시기를 이겨내는 과정에서 그간 정부는 적극적 재정의 역할을 거듭 강조하며 가용한 모든 수단과 정책들을 도입하며 위기를 새로운 도약의 기회로 만들기 위해 노력해 오고 있다.

이번 위기를 기회로 만들기 위해서, 그리고 그 기회가 모든 경제주체들에게 골고루 주어지도록 만들기 위해 적극적 재정정책을 추진하는 것은 피할 수 없는 정책기조일 수 있다. 적극적 재정정책은 재정지출뿐 아니라 조세정책을 통해서도 이루어질 수 있으며, 정책조합의 형태로 보다 종합적인 관점에서 정책수단들을 살펴보고 정책방향을 결정해야 한다. 조세정책 분야에서도 크게 세 가지의 축으로 코로나19 위기 대응을 위한 정책수단을 도입한 것으로 평가된다. 첫 번째 축은 피해가 집중된 영세사업자에 대한 지원이고, 두 번째 축은 경제전반의 소비 활성화를 위한 지원이며, 세 번째 축은 경제의 미래 성장동력 확충을 위한 여러 투자 촉진 지원 정책이다. 여기서 코로나19 이후 정부

가 추진해온 조세정책 분야의 정책들을 살펴보고 향후 과제를 제시한다.

영세사업자 지원정책

중소기업을 포함하여 영세사업자를 위한 다양한 조세 및 세정지원 제도가 시행됐다. 연매출 8,000만 원 이하 개인사업자의 부가가치세 한시 감면, 간이과세자 부가가치세 납부면제 기준금액을 기존 3,000만 원에서 4,800만 원으로 한시 상향, 자발적 상가임대료 인하액의 50% 세액공제 등이 시행된 바 있다. 이외에 감염병 특별재난지역 소재 중소기업 소득세 및 법인세 30~60% 감면하는 형태로 중소기업특별세액감면제도를 확대했다. 내국세 및 지방세의 신고·납부기한을 9개월~1년 연장하고, 징수 및 체납처분을 최대 1년간 유예했으며, 세무조사 연기 등 세정지원도 함께 이루어졌다. 이러한 조세 및 세정지원의 대부분은 2020년 3월 코로나19 대책으로 도입된 이후 지속되고 있으며 2020년 세제 개편을 통해 2021년 임대료 인하액의 세액공제율은 70%로 상향되어 시행되고 있다.

이러한 대책들은 영세 사업자를 위해서 필요한 적극적 지원 대책이라 할 수 있으나 그간의 대책에 일시적 결손사업자들을 위한 제도가 포괄되지 못한 점은 크게 아쉬웠다. 감염병과 같은 외적 충격에 의해 일시적으로 결손 전환된 소규모 사업자들의 지원이 여전히 흑자 상태인 기업들에 대한 지원에 가려 보이지 않았다.

특별재난지역 중소기업들 중 여전히 흑자 상태인 기업들은 수익이 발생한 중소기업이라는 이유만으로 긍정적 외부효과를 기대할 수 있는 투자나 고용과 같은 특정 행위 요건도 없이 산출세액의 5~30%를 감면받을 수 있는 중소기업특별세액감면제도가 30~60%의 감면을 받을 수 있는 제도로 확대되는 대책이 시행됐다. 그러나 이는 위기 상황에서도 여전히 흑자를 보이고 있는 기업들을 위한 대책이다. 과거 흑자를 보이던 양호한 사업자들이 코로나19로 인해 일시적으로 적자 전환된 경우 소규모 업체들의 유지존속 및 현금흐름 개선을 위한 정책적 개입을 고려했어야 한다.

결손사업자들은 결손금을 미래에 발생하는 과세 대상 소득에서 이월공제하는 것이 통상적이다. 그러나 개인사업자를 포함하여 모든 중소기업의 경우에는 한 가지 선택지가 더 있다. 이는 결손금 소급공제제도로서 직전연도에 납부한 세액을 한도로 직전연도 사업소득과 과세연도의 결손금을 통산하여 과거의 납부세액을 환급받는 제도이다. 결손금소급공제제도는 코로나19와 같은 외적 충격으로 인해 일시적으로 결손 전환된 법인사업자뿐 아니라 개인사업자들의 현금흐름을 개선해줄 수 있는 유일한 조세지원제도라 할 수 있다. [그림 6-24]에서 볼 수 있듯이, 2008년 국제금융위기 당시 평균적으로 중소법인의 결손금액이 이전 연도의 두 배에 달하는 수준으로 확대되었으며 결손금 대비 소급공제액 비율은 낮아졌다. 코로나19로 인해 중소법인 등 영세사업자들의 결손금 규모는 2017~2019년보다 확대될 가능성이 크고 전년도의 납세액을 한도로 일시적 결손 사업자들의 결손금을 충분히 공제해주기 어려울 가능성이 있다. 기업의 영속성을 고려하면, 이익에 대해 철저히 과세하는 만큼 영세사업자들에게 결손금 소급공제의 길을 보다 넓게 열어줄 필요가 있다.

[그림 6-24] 일시적 적자 중소법인의 결손금 소급공제 활용 추이: 사업연도 기준

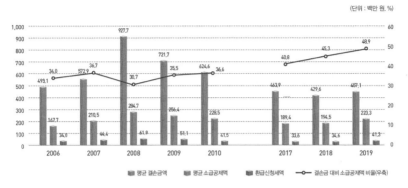

(단위 : 백만 원, %)

출처: 국세청의 협조자료(2021년 4월)을 이용하여 저자 작성.

미국의 경우 과거 2년 소득을 한도로 모든 기업에 허용하던 소급공제제도를 2017년 세제개편 시 세율 인하에 대한 세수보완 대책으로 폐지했으나, 코로나19 대응을 위해 소급공제 한도를 직전 5년 세액으로 확대하여 다시 도입하였다. 미국을 포함한 독일, 일본 등 6개 국가는 기존 제도의 공제한도 또는 적용대상 기업들을 확대했으며, 호주, 뉴질랜드, 오스트리아 등 6개 국가는 코로나19 대응과정에서 결손금 소급공제제도를 신설했다. 직전연도 납세액을 한도로 허용되는 우리나라의 결손금소급공제제도는 이번 경제위기 과정에서 확대될 가능성이 큰 영세사업자의 결손금에 대한 충분한 지원제도로 작동하기 어려울 수 있다. 다행히 이를 보완하기 위해서, 내년부터 시행될 결손금소급공제제도의 소급 한도를 직전 1년 납세액에서 직전 2년 납세액으로 확대하는 방향의 개선안이 2021년 세법개정안에 포함되어 국회의 심의 및 의결을 기다리고 있다.

소비활성화 정책

소비활성화를 위한 조세정책의 경우 범부처 차원의 2020년 3월 대책뿐 아니라 이후 경제정책 방향, 세법개정안 등에서 여러 정책 수단들을 도입하여 시행하고 있다. 예를 들어, 소비활성화를 위해서 승용차 구매 시 개별소비세 한시 인하제도 연장, 체크·신용카드 등 사용액에 대한 소득공제율 확대 및 소득공제 한도 인상, 기업의 접대비 손금산입 한도의 한시적으로 확대 등이 시행된 바 있다. 이 대책들은 경제전반의 소비 위축을 완화하기 위해 승용차와 같은 내구재에 부과되는 개별소비세의 인하를 연장하여 운영하는 한편, 음식점 등 바닥 경제의 과도한 침체를 완화하기 위해 체크·신용카드 사용액의 소득공제율과 한도를 인상하고 기업들의 접대비 손금산입 한도를 확대하여 여력이 있는 경제주체들의 소비를 진작시키기 위한 제도들이다.

보다 적극적 소비진작을 위해 재난지원금과 같은 보편적 현금이전이 시행된 바 있으며, 지방정부에서 개별적으로 소비진작을 위한 여러 정책을 시행했고 지금도 진행되고 있다. 이러한 개별 제도들에 대한 평가는 다양할 수 있으나 새로운 감염병에 의해 대면 서비스업을 중심으로 위축될 것으로 예상되는 소비 위축을 완화하기 위해 정부가 할 수 있는 그리고 피할 수 없는 정책 수단들이라고 판단된다. 다만 승용차와 같은 내구재 개별소비세 인하의 소비 진작 효과가 명확하지 않고, 소비 진작 효과가 있더라도 1차적 지원혜택의 귀착은 완성차업계와 신차 구매력이 있는 여력 있는 소비자라는 점에서 피해계층에 대한 두터운 지원에 앞서 반드시 필요했던 것일까라는 합리적 의문의 여지는 남아 있다.

성장잠재력 확충을 위한 조세지원 정책

위기 이후 우리경제의 성장잠재력 확충을 위한 조세지원정책도 적극적으로 추진되었다. 2020년 세법 개정을 통해 기존 시행 중이던 9개 특정시설 투자세액공제와 중소·중견 투자세액공제를 통합하여 통합투자세액공제 신설하고 지원 대상 자산의 폭을 일반 사업용 유형자산을 공제 대상으로 대폭 확대했다. 또한 과거 3년 평균 투자액을 초과하는 투자분에 대해 3%의 추가세액공제가 주어지게 됐다. 기본적으로 당해 연도 투자분에 대해 기본 세액공제를 기업규모에 따라 차등적으로 대·중견·중소 각각 1%·3%·10%씩 받을 수 있고 과거 3년 평균 투자액 초과분에 대해 3%의 추가공제를 허용한 것이다.

1990년대 이후 우리나라 자산 유형별 연평균 투자 추이를 살펴보면, 설비투자 증가율도 과거보다 현저히 둔화됐으나, 2000년까지 연평균 10%를 상회하던 지식재산생산물투자 증가율이 2015~2019년 연평균 4.5%에 그치는 것으로 나타났다. 지식재산생산물투자는 다시 연구개발투자와 소프트웨어·데이터베이스 등과 같은 기타지식재산생산물 투자로 구분되는데, 동 기간 전체 지식재산생산물투자의 30% 수준에 달하는 기타지식재산생산물투자의 증가율의 급격한 둔화가 두드러진 것으로 나타났다.

경제규모가 성숙됨에 따라 일정 수준 투자 증가세가 둔화되는 것은 당연하게 받아들일 수도 있으나, 향후 우리 경제의 먹거리와 성장잠재력은 유·무형자산에 대한 보다 적극적인 투자에 의해 좌우된다고 할 수 있다. 특히 우리나라와 같이 특별한 부존자원이 없는 경우 지속적으로 기업들이 왕성한 기업가정신의 발현을 통해 새로운 이익기회의

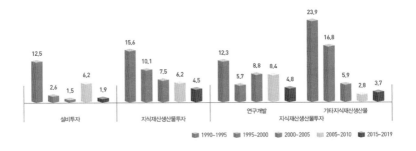

[그림 6-25] 자산 유형별 연평균 투자 증가율 추이

실현을 위한 부단한 투자 확대가 필요하다. 특히 4차 산업혁명이 진행되고 있는 혁신주도형 경제로의 완전한 이행과 성과제고를 위해 지식재산생산물에 대한 투자가 적극 지원될 필요가 있다.

2020년 개편을 통해 도입된 통합투자세액공제제도의 의미는 상당히 크다. 과거 기존 투자세액공제제도에 열거된 특정시설뿐 아니라 모든 일반 사업용 유형자산 투자를 적격 세액공제 대상으로 설정함으로써 업종간 차등 지원의 폭을 축소하고 세후 자산가격의 왜곡을 축소하여 자원의 효율적 배분을 도모할 수 있게 됐다. 또한 추가적 인센티브로 과거 투자 패턴을 벗어난 과감한 투자를 유인하는 구조도 갖추게 됐다. 한편 한국형 뉴딜 등 신산업 투자에 대한 기본공제율을 2%p 상향 지원함으로써 핵심 국정과제인 한국형 뉴딜도 조세지원을 통해 재정지출과 함께 지원하고 있다.

이러한 의의에도 불구하고 새로운 성장동력으로 인정받고 있는 기타지식재산생산물과 같은 무형투자에 대한 지원은 포괄하지 못함에 따라 4차 산업혁명 시대에 요구되는 경제행위를 충분히 유인하지 못할 수 있다는 한계가 있었다. 이러한 한계는 2021년 세법 개정을 통해 특허권 등 일부 무형자산에 대한 투자를 적격 세액공제 대상으로 제한적으로 허용함으로써 일부 보완되었다. 그러나 세액공제 대상 적격 무형자산투자의 범위를 보다 적극적으로 확대할 필요가 있다.

또한 국회의 심의·의결을 통해 확정될 반도체·배터리·바이오 등 국가전략기술로 규정된 업종의 연구개발 투자에 대한 대폭적인 세액공제율 상향조정도 향후 동 산업의 발전에 기여할 수 있는 기본적 토대로서 이번 세법개정안에 포함된 것도 긍정적이라고 볼 수 있다. 그러나 우리나라와 같이 경제규모가 일정 규모 이상 되는 선진국의 경우 특정 업종에 대한 지원 확대를 통해 경제성장과 일자리 창출의 효과보다는 특정 투자에 대한 지나치게 우호적 지원에 의해 초래되는 세후 상대가격체계의 왜곡에 기인한 자원배분의 효율성 저하라는 부작용이 더 클 수 있다는 기존 연구결과들에 유념할 필요가 있다.

한편 반도체·배터리·바이오 등 국가전략산업 영위 중소기업의 경우에는 대폭 상향된 세액공제율의 혜택을 조금은 볼 수도 있을 것으로 예상되나 내야할 세액이 많지 않고 투자 금액이 크지 않아 추가적 투자 유인을 기대하기는 어려울 수 있다. 추가적 대규모 투자 유인은 부담세액과 투자 여력이 큰 대규모 선도 기업들에게서 기대되어야 하지만, 현행 세법에서 규정하고 있는 최저한세제에 의해서 이들 기업들의 세후 투자수익률이 제고되기 어렵고 결과적으로 투자 유인효과를 대규모 선도 기업들로부터 기대하기 어렵다.

포용적 성장을 위한 향후 과제

코로나19와 같은 예상치 못한 외부 충격에 의해 발생한 경제위기 상황에서 추진할 수 있는 한시적 조세정책은 많지 않으므로 현재 정부가 추진한 정책 방향은 대체로 적절한 것으로 평가되나 보다 피해자 중심의 지원대책이 충분히 반영되지 못한 점은 아쉬운 점이라 판단된다. 영세사업자 지원대책 중 감염병 특별재난지역 소재 사업자들에게 적용되는 중소기업특별세액감면율을 기존 5~30%에서 30~60%로 확대한 정책은 여전히 흑자를 기록하고 있는 사업자들을 위한 정책으로 일시적으로 적자 전환된 사업자들의 재기를 도와주기에는 부족했다. 특별재난지역 소재 중소기업뿐 아니라 코로나19의 여파로 일시적으로 적자 전환된 중소기업들에게도 위기를 함께 극복할 수 있는 정책적 배려가 필요하다.

다행히 2021년 세법개정안에서 한시적으로 적자 전환 중소 사업자들의 결손금 소급공제의 한도가 직전 2년 부담세액으로 확대되기는 했다. 그러나 향후 코로나19 사태가 더욱 장기화될 경우 결손금 소급공제 한도의 추가적 확대가 고려되어야 한다. 또한 이명박 정부의 법인세율 인하 이후 세수보완 대책으로 미래에 발생하는 소득에서 과거의 결손금을 공제하는 이월결손금공제 한도를 일반기업의 경우 지속 축소해왔다. 중소기업의 경우에는 해당 과세연도 사업소득의 전부를 이월결손금으로 공제할 수 있도록 유지되고 있으나, 이외의 기업들의 경우에는 지속 축소되어 현재 사업소득의 60%까지만 공제하도록 축소됐다. 코로나19 이후 결손 일반기업들의 재기를 지원하기 위해 한시적으로나마 이월결손금 공제한도를 확대하는 것이 필요하다.

소비활성화 대책 중 승용차 개별소비세 인하 정책도 1차적 수혜자가 완성차업계와 소비여력이 있는 소비자들이라는 점에서 코로나19 피해가 집중된 자영자 및 소규모 사업자들을 위한 코로나19 대응 정책으로 적절하다고 보기 어렵다. 정상과세를 통해 확보된 재원으로 피해계층을 보다 두텁게 지원하는 방안을 고려해야 한다. 또한 포스트 코로나 기업경영 환경 개선을 통한 성장잠재력 확충을 위해 기존 제도들을 통합하여 신설된 통합투자세액공제제도의 경우 중소기업 투자를 우대해주는 형태의 제도이고 업종간 조세지원 격차를 축소할 수 있다는 점에서 매우 긍정적이나 중소기업의 투자가 전체 투자에서 차지하는 비중이 크지 않다는 점에서 향후 경제전반의 성장을 촉진하기에는 미흡한 것으로 평가된다. 세수여력이 안정적으로 확대되는 추이가 확인되면 향후 중견기업과 대기업의 세액공제율을 보다 확대하는 방향의 정책조합도 고려해 볼 만하다.

4차 산업혁명시대에 우리의 미래는 현재 진행되고 있는 기업들의

[그림 6-26] 연구개발 조세지원 수준 국제비교: 수익성 확보 기업 기준

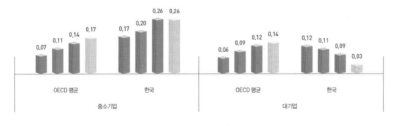

주: 이 그림은 OECD에서 최근 발표하기 시작한 각 국가의 연도별 R&D tax subsidy rate(=1-B-index)을 이용하여 기간별로 평균한 것임. 이 지표의 값이 클수록 조세지원수준이 높은 것을 의미함. 2015년 이후 우리나라의 평균 대기업 지원수준은 0.03인 반면 OECD 평균은 0.14로 나타남.
출처: OECD.Stat(https://stats.oecd.org/)를 이용하여 저자 작성.

연구개발 및 기타지식재산생산물에 대한 투자에 의해 좌우된다고 해도 과언이 아니다. [그림 6-26]에서 볼 수 있듯이, 중소기업의 연구개발투자에 대한 조세지원 수준은 OECD 평균을 크게 상회하지만, 중소기업 외의 일반기업 연구개발 투자에 대한 조세지원 수준은 2000년대 초반 이후 지속적으로 축소되어 최근 OECD 평균의 1/4에도 미치지 못한다는 점에 대해서도 심각하게 고민할 필요가 있다. 대기업의 연구개발 지원제도가 2014년 이후 과도하게 축소되어 왔다는 점과 대기업의 법인세 최저한세율이 지나치게 높아 국가전략기술 연구개발투자 세액공제율을 대폭 확대해도 실효적이지 않을 수 있다는 우려를 고려하여 일정 수준 제도 개편을 고려할 필요가 있다. 또한 통합투자세액공제 적격 투자 대상으로 특허권 등 외에 소프트웨어, 시장조사비용, 브랜드이미지 제고를 위한 광고비용 등의 지식기반자본(knowledge based capital)의 상당 부분을 포괄하는 방안도 함께 고려할 필요가 있다.

국정과제협의회 정책기획시리즈 21

국정의 상상력 II

발행일	2022년 03월 30일
발행인	조대엽
발행처	**대통령직속 정책기획위원회** 서울특별시 종로구 세종대로 209 정부서울청사 13층 대통령직속 정책기획위원회 (02-2100-1499)
판매가	26,000원
편집·인쇄	경인문화사 031-955-9300
ISBN	979-11-978306-7-9 93300